警官高等职业教育"十二五"规划教材

婚姻家庭法
原理与实务

Hunyin Jiating Fa Yuanli yu Shiwu

主　编◎王明霞
副主编◎张文胜
撰稿人◎（以撰写章节先后为序）
　　　　王明霞　杨晓雯　张文胜

中国政法大学出版社
2014·北京

警官高等职业教育"十二五"规划教材编审委员会

主　任　胡来龙　李传敢

副主任　徐　伟　彭　晔

委　员　周善来　刘传兰　阚明旗　姚亚辉

主编简介

王明霞 女，1964年4月生，汉族，安徽巢湖人。1986年毕业于安徽大学法律系，法律硕士，兼职律师。现任安徽警官职业学院副教授，法律二系副主任，院级精品课程《婚姻家庭法》项目负责人。中国法学会会员，安徽省法学会婚姻家庭法学研究会理事，安徽省合肥市五里墩街道清溪路社区失地农民法律援助驿站驻站律师，巢湖市司法局普法讲师团成员，安徽省省直事业单位公开招聘人员专业测试考官库成员，安徽省民行检察专家咨询委员会委员。

　　主要从事《民法学》、《婚姻家庭法学》等法学专业课程的教学及研究工作，经常受邀到司法一线开展婚姻家庭、人民调解等相关司法业务知识讲座，具有丰富的教学经验、较高的理论水平和实践能力。曾担任警官高等职业教育系列教材《婚姻家庭法》主编、《民法》副主编，先后参加《商事法学》、《合同法学》等多部著作的撰写工作，并在《安徽大学学报》、《安徽警官职业学院学报》等刊物上发表学术论文多篇。主持申报并参加2013年度院级教学研究项目《社区管理与服务专业人才培养模式探究》以及安徽省婚姻家庭研究会立项的课题《安徽省农村妇女土地问题的研究》等多项科研课题的研究。

编写说明

作为高等职业教育的重要组成部分，警官类高等职业教育正随着经济社会的快速发展和一线政法工作对专门人才的迫切需求而与时俱进。近年来，全国警法类高职院校都积极探索高职教育教学规律、改革专业人才培养模式，以适应经济社会发展对警法类专门人才的客观需求，改革内容涉及各个方面，包括专业建设、课程建设、师资队伍建设等，当然也少不了至关重要的教材建设。编写一套以就业为导向、以能力培养为核心、以服务学生职业生涯发展为目标、突出当前警官高等职业教育教学特点的系列规划教材就显得尤为重要。

为适应警法类专业人才培养的需要，安徽警官职业学院决定遴选理论功底扎实、教学能力突出、实践经验丰富的优秀教师组成编写组，对警官类高等职业教育原有的系列教材进行重新编写。本次编写工作按照"就业导向、能力本位、任务驱动"等职业教育新理念的要求，遵循高职学生自身的认知规律，紧密联系司法工作实务、相关专业人才培养模式以及课程教学模式改革实践，对教材结构和内容进行了革故鼎新的整合，力求符合教育部提出的"注重基础、突出适用"的要求，在强调基本知识和专业技能的同时，强化社会能力（含职业道德）和方法能力的培养，把基础知识、基本技能和职业素养三者有机融合起来。

本系列教材的主要特点是：

1. 创新编写思路，培养职业能力。"以就业为导向，注重培养学生的职业能力"是高等职业教育课程改革的方向，也是职业教育的本质要求。本系列教材针对警法类高职院校学生的特点，在教材编写过程中突出实用性和职业性，以我国现行的法律、法规和司法解释为依据，使学生既掌握法学原理，又明晓现行法律制度，提高学生运用法律知识解决实际问题的能力。同时，在教材内容编排上，本系列教材遵循由浅入深和工作过程系统化的编写思路，为学生搭建合理的知识结构，以充分体现高职的办学要求。

2. 体例设计新颖，表现形式丰富。为了突出实践技能培养，践行以能力为本位的职业教育理念，本系列教材改变以往教材以理论讲述为主的教学模式，采用新颖的编写体例。除基本理论外，本系列教材在体例上设置了学习目标、工作任务、导入案例、案例评析、实务训练、延伸阅读等相关教学项目，并在每章结束时通过思考题的形式，启发学生巩固本章教学内容。该编写体例为学生课后复习和检验学习效果提供便利，对提高学生的学习兴趣、促进学以致用、丰富教学形式、拓宽学生视野、提升职业素养具有积极的推动作用。

3. 课程针对性强，职业特色明显。高等职业教育教材突出相关职业或岗位群所需实务能力的教育和培养，并针对专业职业能力构成来组织教材内容。而法律实务类专业在社会活动中具有与各方面接触频繁、涉及面广的特点，要求学生具有较高的综合素质和良好的应变能力。因此，本系列教材采用案例教学法，通过大量的案例导入，并辅以简洁的案例分析，提供规范的实务操作范例，使学生能够更为直观地体会法律的适用，体验工作的情境和流程，增强学生的综合能力。

4. 文字表述简洁，方便学生使用。本系列教材在概念等内容编写中，尽量采用简洁明了的语言表述，使学生明确概念的要点即可，从而避免教材"一个概念多个观点"、"理论争论较多"的现象。

本系列教材共 14 本，在其编写过程中借鉴吸收了相关教材、论著的成果和资料；中国政法大学出版社也给予作者们大力支持和指导，责任编辑在审读校阅过程中更是付出了辛勤的劳动，在此我们深表谢忱。同时，由于时间紧、任务重，教材中难免出现不足和疏漏，恳请广大师生和读者给予批评指教，以便我们再版时进一步改进和提高教材质量，更好地服务于警官类高等职业教育事业。

警官高等职业教育"十二五"规划教材编审委员会
2013 年 12 月

前 言

《婚姻家庭法原理与实务》是在原高等警官职业教育系列教材《婚姻家庭法》基础上进行的一次修订。婚姻家庭作为社会最基本的细胞和最普遍的社会关系，与社会的发展变革息息相关。21世纪的到来，为婚姻家庭领域的法制建设提供了新的机遇和条件，也对婚姻家庭法学研究提出了更高的要求。

本教材以历史唯物主义为指导，考察了婚姻家庭制度的本质和历史类型、婚姻家庭法的历史发展和中国婚姻家庭立法的情况，系统论述了婚姻家庭法的概念、调整对象、基本原则和婚姻家庭法领域的各项具体制度，包括亲属制度、结婚制度、家庭制度、收养制度、离婚制度、救助措施与法律责任等。

为了确保教材质量，充分反映婚姻家庭法学的教学规律和教学成果，本教材在撰稿人的选择、编写体例和编写内容上均精心组织、合理安排。本教材根据高职高专专业人才培养的特点以及人才培养总目标的要求，以应用能力培养为本位，吸收最新婚姻家庭法立法成果，在总结多年高职高专婚姻家庭法教学改革经验的基础上，结合司法工作实际的需要，以必需、够用为原则，重点阐述了我国婚姻家庭法体系中与司法工作实际密切相关的知识内容。

本次修订的基本方面有三：一是取材务求其新，全面反映我国婚姻家庭法制的最新面貌。二是体系结构力求简洁明了，更加突出其应用性和实践性。三是通过再一次统稿，删除了一些重复、陈旧和冗杂的内容。本次修订注重理论与实际的结合，特别突出了对现行婚姻法和若干司法解释的阐述，并将婚姻家庭领域中的最新研究成果引进教材，及时反映当代婚姻家庭法学的研究动态和发展轨迹，具有很强的知识性、操作性和针对性。

基于婚姻家庭法教学应用性的要求，本书采取独具特色的编排形式，每章均附有学习目标、工作任务、导入案例、案例解析、延伸阅读、示范案例及习作练习等，结构简洁，重点突出，实现了理论与实践、法律与案例的有机结合，强化了学生理解、应用、操作能力的培养与提升，体现了"教、学、做"三者合一的高等职业教育特色。

《婚姻家庭法原理与实务》为研究或学习婚姻家庭法的教师和学生搭建了一个体系合理、内容翔实、剪裁得当、符合认知规律、富有启发性且便于学习的知识平台。本教材对于学生培养正确的婚姻家庭观念和法律意识，运用婚姻家庭法律知识解决婚姻家庭领域的法律问题，以及参加法律本科自学考试和国家司法考试等，均具有重要的参考价值。

本教材撰稿人均为安徽警官职业学院长期从事民事法律、婚姻家庭法教学与研究的教师。主编王明霞老师拟定编写提纲并统一修改、定稿，副主编张文胜老师参与了部分统稿工作，杨晓雯老师为教材编写付出了大量辛勤劳动。此外，杨璐娜老师也为本教材的编写提出了很多合理的建议。

本教材撰写人员分工如下（以撰写章节先后为序）：

王明霞：第一章，第二章，第四章；

杨晓雯：第三章，第五章，第六章；

张文胜：第七章，第八章，第九章。

由于作者水平有限，加之编写时间紧迫，教材中难免存在疏漏或不当之处，衷心希望各位读者批评指正。本教材在写作过程中参考或引用了一些婚姻家庭方面的著作、教材、网站等公开的媒体资料，有的进行了注释，有的可能疏于呈列，敬请见谅。在此，我们真诚地向诸位专家学者致谢！

编　者

2014 年 4 月

目 录

第一章 婚姻家庭法导论 ………………………………………… 1
  第一节 婚姻家庭概述 ……………………………………… 1
  第二节 婚姻家庭制度 ……………………………………… 10
  第三节 婚姻家庭法 ………………………………………… 17

第二章 婚姻家庭法的基本原则 ………………………………… 38
  第一节 婚姻家庭法的基本原则概述 ……………………… 38
  第二节 婚姻自由 …………………………………………… 41
  第三节 一夫一妻 …………………………………………… 44
  第四节 男女平等 …………………………………………… 48
  第五节 保护妇女、儿童和老人的合法权益 ……………… 50
  第六节 计划生育 …………………………………………… 55
  第七节 维护平等、和睦、文明的婚姻家庭关系 ………… 59

第三章 亲属制度 ………………………………………………… 66
  第一节 亲属概述 …………………………………………… 66
  第二节 亲属的种类和范围 ………………………………… 69
  第三节 亲系与亲等 ………………………………………… 72
  第四节 亲属关系的发生、终止与效力 …………………… 77

第四章　结婚制度 …… 86
第一节　结婚制度概述 …… 86
第二节　婚约 …… 90
第三节　结婚条件 …… 95
第四节　结婚程序 …… 102
第五节　无效婚姻与可撤销婚姻 …… 110

第五章　家庭关系 …… 121
第一节　家庭关系概述 …… 121
第二节　夫妻关系 …… 122
第三节　亲子关系 …… 142
第四节　祖孙关系、兄弟姐妹关系 …… 163

第六章　收养制度 …… 171
第一节　收养制度概述 …… 171
第二节　收养制度的基本原则 …… 174
第三节　收养关系的成立 …… 176
第四节　收养关系的无效与解除 …… 182

第七章　离婚制度 …… 193
第一节　离婚制度概述 …… 193
第二节　登记离婚 …… 199
第三节　诉讼离婚 …… 202
第四节　判决离婚的法定标准 …… 207
第五节　离婚的法律后果 …… 219

第八章　救助措施与法律责任 …… 242
第一节　救助措施 …… 242

第二节　妨碍婚姻家庭的法律责任 …………………… 245
第三节　违反收养法的法律责任 ……………………… 249

第九章　附论 ………………………………………………… 256
第一节　民族婚姻问题 ………………………………… 256
第二节　涉外婚姻家庭及收养问题 …………………… 260
第三节　涉及华侨、港澳台同胞的婚姻及收养问题 ………… 266

附录 ………………………………………………………… 277
中华人民共和国婚姻法 ………………………………… 277
中华人民共和国收养法 ………………………………… 283
婚姻登记条例 …………………………………………… 287
最高人民法院关于适用《中华人民共和国婚姻法》
　若干问题的解释（一） ……………………………… 291
最高人民法院关于适用《中华人民共和国婚姻法》
　若干问题的解释（二） ……………………………… 295
最高人民法院关于适用《中华人民共和国婚姻法》
　若干问题的解释（三） ……………………………… 299

参考文献 …………………………………………………… 302

第一章 婚姻家庭法导论

学习目标与工作任务

通过本章的学习，要求大家能够了解我国婚姻家庭的概念、特征及职能；掌握我国婚姻家庭关系的性质及婚姻家庭法发展演变的线索和轨迹；并能灵活运用我国婚姻家庭法的基本原理去解决司法实践中普遍存在的婚姻家庭纠纷，从而达到维护社会和谐稳定的目的。

第一节 婚姻家庭概述

导入案例

李林与刘洋家住同村，自幼青梅竹马，两小无猜。中学毕业后因未考上大学，二人便准备外出打工。为便于相互照顾，李林便向刘洋父母提出想与刘洋结婚的请求，刘洋的父母也同意了。因当时刘洋尚未达到法定婚龄，李林和刘洋的父母便伙同村干部密谋，由村委会出具一份证明刘洋的哥哥刘逸为女性的材料，之后冒充刘逸到乡政府办理了结婚登记。乡政府在未认真审核身份的情况下，办理了李林与刘逸的同性结婚登记，并发给了当事人结婚证。之后，李林与刘洋还按农村的习俗举办了婚礼。

试分析：在本案中，李林与刘洋的婚姻是否存在违法的问题呢？

本案知识点：婚姻的含义；婚姻的属性

教学内容

婚姻和家庭，是人类社会中极其普遍的社会现象，是两性、血缘关系的社会形式；婚姻家庭制度是社会制度体系中的重要组成部分；婚姻家庭问题，是千百年来不同社会制度的国家都存在的重要的社会问题。婚姻家庭法学作为规范和调整婚姻家庭关系、研究和确认婚姻家庭制度的一门重要的法律学科，主要阐述了婚姻家庭法的调整对象、基本性质、发展渊源、体系结构等基础知识和基本原理。通过认真学习研究婚姻家庭法学，对于深刻理解和掌握婚姻家庭法的基本理论体系和各项制度规定，对于社会主义精神文明建设以及和谐社会的构建，都具有十分重要的指导作用。

一、婚姻家庭的概念

（一）婚姻

1. 婚姻的概念。婚姻一词，在法律上和理论上有多种解释，无统一的定论。就其所经历的不断演进变化的过程来看，常被人们在以下几种不同意义上加以理解和使用：

（1）作为结婚的同义词，认为婚姻就是结婚，是指创设夫妻关系的行为。《诗·郑风》曰："婚姻之道，谓嫁娶之礼。"《白虎通》解释："婚姻者何谓，昏时行礼，故曰婚。妇人因夫而成，故曰姻。"这些论述都旨在表明我国古代婚姻的含义是指男女在昏时举行的结婚仪式。

（2）作为某种社会关系而加以理解使用，认为婚姻乃是指因结婚而产生的夫妻关系或姻亲关系。《礼记·经解》说："男曰婚，女曰姻。"即是说男女结婚后所产生的夫妻人身关系。《尔雅·释亲》说："婿之父为姻，妇之父为婚；妇之父母，婿之父母相谓为婚姻；妇之党为婚兄弟，婿之党为姻兄弟。"郑玄注《礼记·昏义》则更为明确地概括为"妇党称婚，婿党称姻"。这些解释则说明婚姻是指男女结婚后，夫妻一方与对方的亲属之间所发生的姻亲关系。

（3）作为宗法伦理观念下传宗接代的需要而从其功能上加以理解使用，认为婚姻为"人伦之始"、"夫妇之义"。如《礼记·昏义》中说："婚礼者，将合二姓之好，上以事宗庙，下以继后世也。"

在国外，古代罗马法时期，其著名的学者莫迪斯汀曾将婚姻定义为：夫妻间发生神事与人事的共同关系的终身结合。在寺院法时期，更将婚姻视为神作之合，结婚是宣誓圣礼之一，故人不可离异之。可见古代西方多数国家的婚姻观念是以宗教神学为基础的。

近代大陆法系的学者多认同后期罗马法学家对婚姻所下的定义：婚姻是一男一女以永久共同生活为目的的结合。英美法系国家的学者对婚姻的定义强调当事人的主观意愿和感受，认为婚姻是一男一女排他的自愿结合，甚至认为婚姻是指固定化的性结合单位。但是在现代更强调法律对婚姻的调整作用。如史尚宽先生认为，婚姻是以终身共同生活为目的的一男一女的合法结合关系。

现代意义上的婚姻是指为当时社会制度所确认的男女两性互为配偶的结合。这种结合所形成的特定的以永久共同生活为目的、以夫妻权利义务为内容的两性关系即为夫妻关系，又称婚姻关系或者配偶关系。其含义如下：

（1）婚姻是男女两性的结合，这是婚姻自然层面的要求。男女两性的结合是婚姻成立的前提条件，这也是婚姻关系与其他社会关系的重要区别之一。两性结合是人伦之本，男女两性的性差别、性吸引和人类固有的性的本能是产生婚姻的原始动力，是婚姻成立的自然条件。无此，便无人类的繁衍和社会的发展。

目前，在世界范围内，特别是西方国家同性恋的存在是无可置疑的事实，但是在是否赋予其法律地位的问题上，尽管有少数国家通过立法允许同性结合享有与异性夫妻相同的法律地位，但绝大多数国家均不承认同性结合具有婚姻的效力。同性为婚，不能繁衍人种、延续社会，是违背自然规律的。

（2）婚姻必须是为当时的社会制度所确认的男女两性的结合，这是婚姻的社会层面的要求。作为结婚当事人的男女，应当有基于合乎法律以及道德的爱情而为其结婚的意思表示，这是男女结婚最起码的必备要件，必须符合当时社会制度所确认的婚姻法规范。既然婚姻是合乎人伦秩序的结合，则如果男女双方的行为不合乎人伦道德，如纳妾，即使男女双方合意结合，也不能为法律所承认。

婚姻除须男女双方合意外，还须依法具备形式要件，否则男女因合意而同居，在法律上也不能成立夫妻关系。此时，该同居男女仅为事实上的夫妻，而不是法律上的夫妻，故不能受到法律的全面保障。

在本节导入案例中，李林与刘洋的婚姻很显然是不合法的。因为我国婚姻法中所阐述的婚姻的含义和婚姻的属性均表明，在我国婚姻是男女两性的结合，并且结婚应符合我国婚姻法规定的条件和程序。鉴于此，本案中刘洋因未达法定婚龄，故不符合结婚的实质要件，乡政府在未认真审核身份的情况下，为李林与假冒刘逸身份的刘洋办理了同性结婚登记，也有违结婚的程序要件，因而该婚姻是无效的。

（3）婚姻是男女双方以终身共同生活为目的的两性结合，这是婚姻的内在本质要求。婚姻关系应当具有永久性、自愿性，这既是婚姻当事人的主观心理要求，也是现代婚姻制度对婚姻的理想要求。

所谓"共同生活"，是指居住在一起，成为一个家庭的成员，处在同一个生活消费的共同体中。著名学者史尚宽先生认为，婚姻生活主要包含三个方面：①精神的共同生活（互敬互爱、精神的结合）；②性的共同生活（肉体的结合）；③经济的共同生活（家产的共有）。婚姻关系的当事人一般都具有以上三个方面的共同目的。当然，现实中能够同时达到这三种要求的婚姻关系所占的比例不多，这个要求只能是视为现代社会引导人们去追求理想婚姻的一个美好的目标。

婚姻的目的是什么？不同的国家，不同的历史时期，有着不同的表述。我国古代一直以"上以事宗庙，下以继后世"为婚姻的目的；基督教婚姻，结婚的目的在于子女的生养教育以及夫妻之间的相互扶养和性要求；近现代各国的法律也对婚姻的目的作了种种规定。这些目的虽然纷繁复杂，但是透过这些表面的目的，我们可以发现它们有一点是共同的，那就是它们都强调结为婚姻的男女双方必须"永久共同生活"。这既是婚姻当事人主观心理状态的要求，也是一直为人们所追求的婚姻在理想层次上的含义。男女双方结合时具有这种主观的愿望，排除了附条件、附期限的结合，使夫妻这种包括精神、肉体、经济以及其他权利义务关系的结合，具有持久性、稳定性，区别于其他的违法的两性结合。

现在，许多年轻人已经不再把"白头偕老"视为婚姻的目的，而推崇所谓的"只在乎曾经拥有"，不在乎"天长地久"。因此，年轻人普遍缺乏婚姻家庭的责任心和责任感，这也是今日草率结婚、轻率离婚的现象大量存在的原因。家庭是人生的港湾，而稳定的婚姻则是构筑家庭的基础。家庭一旦解体，受害的是下一代，许多单亲家庭的孩子由于缺乏母爱、父爱，产生自卑以致仇视社会的心理，给社会带来十分严重的后果。因此，强调永久性，有利于稳定婚姻家庭关系，进而有利于稳定社会关系。

（4）婚姻是男女双方以法定的权利义务为内容的结合，这是婚姻法律层面的要求。男女双方当事人一旦缔结婚姻关系以后，就产生了夫妻的法定身份，与此相应地也就产生了人身和财产方面的权利义务。婚姻是双方具有夫妻身份的结合，夫妻间的权利义务关系在大多数国家均为强行性规范，当事人不得任意变更、免除。

2. 婚姻的性质。关于婚姻的性质，资产阶级学者的看法五花八门，归纳起来大体有以下几种观点：

（1）婚姻契约说。该学说最初为康德提出，是在西方国家产生并至今仍在法学界占统治地位的重要学说。该学说认为婚姻关系是"性的共同体"，是基于人性法则必要的契约。该学说最早由法国宪章（第7条）所确认："法律只承认婚姻是一种民事契约。"并由此在世界范围内奠定了婚姻自由的法则。现代的婚姻家庭法学者将契约说进一步发展，认为：从法律的角度来看，婚姻是一男一女为了共同的利益而自愿终身结合、互为伴侣、彼此提供性的满足和经济上的帮助以及生儿育女的契约。在美国，绝大多数的州都视婚姻为建立在契约基础上的法律关系，婚姻契约具有伦理性与制度性。早在1888年美国联邦最高法院就指出了婚姻契约与其他契约不同，其他契约只要在当事人意思表示一致后即可变更，甚至可以完全撤销。而婚姻契约一旦建立，法律即介入其中，规定其权利义务关系，当事人不得自行制定或修改契约的内容，法律禁止夫妻间彼此免除对方的义务，以保护国家和公民的根本利益。婚姻契约说是对封建包办买卖婚姻的反叛，在人类的婚姻史上具有历史性的进步意义。

（2）婚姻伦理说。德国著名哲学家黑格尔是此学说的创始人，并由新黑格尔派承继。黑格尔认为，婚姻是"精神的统一"，"实质是伦理关系"。这种自我意识与对方的统一就是爱，而这种爱是"具有法的意义的伦理性的爱"[1]。这种学说表现了在资本主义条件下人们追求美好感情的愿望，但这种观点完全忽视了爱情婚姻本身广阔的社会背景及其深刻的历史动因，也解释不清为何历史上长期存在着无爱婚姻的现象。

（3）婚姻制度说。该学说创始于大陆法系的法国。1902年法国学者卢斐补主张婚姻并非契约，而为制度之一。持此说的人认为，婚姻当事人仅有制度上的权能，故婚姻当事人结婚后，制度的效力立即发生，而与当事人意思无任何关系。夫妻不能变更婚姻效果，更不能因解除的合意而将婚姻自行予以解除。彭奴卡也认为，结婚行为是使婚姻当事人结合而达成婚姻制度上的效果为目的的法律行为。夫妻不能变更婚姻效果，更不能因解除的合意而将婚姻自行予以解除。婚姻关系由法律制度所确认，但不能由此认定制度是婚姻的本质，否则，任何法律关系的本质均可认定为制度。

（4）信托关系说。这种学说为当代一些英美法系国家的法学家所主张。他们把婚姻看成是国家与个人之间的一种信托关系，如同信托关系中的委托人与受托人一样，国家自己作为委托人，而将配偶置于受托人的地位，给予他们在处理家庭问题上的一系列权利，同时又保留了婚姻利益中一些对社会有潜在影响的权利。国家所保留的这部分权利是婚姻信托利益的重要部分。因此，婚姻信托的效果在于把不完全的婚姻所有权及其附属的自然权利，如子女扶养、夫妻性生活以及婚姻身份权等交给配偶。但如果父母虐待子女，国家就会剥夺其父母的权利。与此相同，配偶享有彼此性爱的权利，但国家从来都保留着对夫妻一方在夫妻生活中过度淫乱行为的惩罚权。很显然，法律把婚姻当作一种信托关系所要达到的目的仅是防止配偶因获得完全和至上的所有权而损害社会利益。但婚姻关系是当事人之间的身份关系，国家的信托权利从何而来？

目前，我国婚姻法学界对婚姻性质的看法，多数人认同的是身份关系说。该学说认为，婚姻本质上是一种身份关系，婚姻双方在财产上的权利义务关系附随于人身上的权利义务。创设此关系的婚姻是一种身份法上的行为。但婚姻成立的条件、程序、效力和解除的原因都是法定的，非当事人意思。因此，不

---

[1] 引自［德］黑格尔：《法哲学原理》，范杨、张企泰译，商务印书馆1982年版，第177页。

应当将婚姻关系视为契约关系。

(二) 家庭

1. 家庭的概念。家庭是以婚姻、血缘、共同经济为纽带而组成的,共同生活的、其成员间互享法定权利、互负法定义务的一定范围内的亲属所组成的社会生活单位。其特征如下:

(1) 家庭是社会中的一个共同生活单位,具有同财共居的特点。家庭负有组织家庭消费和进行家庭教育的职能,家庭成员共同生活、共同居住、共同财产、共同消费,构成了社会中最密切、不可替代的人际关系。

(2) 家庭是由一定范围内的亲属所构成的共同生活单位。家庭成员一般以一定的亲属关系为前提条件,具有固定的身份和称谓,包括婚姻、血缘和法律拟制等来源。家庭不是人们随意的组合,生活在同一家庭的成员,相互间必须具有亲属关系,有固定的身份和称谓,有法律赋予的权利和义务。没有这些关系的人组成的单位,不能称之为家庭,只能称之为其他社会组织。但是任何时代并非所有亲属都构成一个家庭,家庭成员必须限制在一定的范围,这是因为:家庭是一个庞大的群体。任何人都有许多亲属,他们纵横交错,亲疏有别,远近有序。只有一部分近亲属才能组成家庭,共同生活。家庭成员越多,人际关系越复杂,越容易发生矛盾,造成家庭不和,不利于家庭的团结和稳定。我国汉唐以来,一些封建王朝为了发挥个体家庭的生产职能,极力推行大家庭制度,提倡五世同堂,但也只是由一部分宗亲组成,并不包括外亲和妻亲。

(3) 家庭成员之间互享法定权利、互负法定义务。因此,法律意义上的家庭,其成员之间必须基于共同生活的目的而互相之间具有权利义务关系。

2. 家庭的结构。家庭结构一般是指特定社会中家庭内部成员的代份与亲缘关系的组合状况,也即家庭的总体构成。就我国目前的家庭结构来看,主要包括以下几种类型:

(1) 核心家庭,这是我国近年来发展很快,并在城市普遍存在的一种家庭类型。核心家庭,即由一对夫妻与未婚子女组成的家庭。

(2) 缺损家庭,这是一种在家庭成员的组成上存在一些缺憾的家庭类型。主要包括以下几种形式的家庭:①单身家庭,即终身不婚,或者丧偶、离异后独居生活者的家庭;②单亲家庭,即丧偶、未婚或离异后一方单独与子女组成的家庭;③丁克家庭,即仅有一对夫妻而无子女者组成的家庭;④断代家庭,即由祖父母或外祖父母与失去父母的未婚青少年组成的家庭;⑤空巢家庭,即子女均已成年并单独成家生活或子女不幸死亡,只剩下夫妇两人的家庭。

(3) 扩大家庭,这是我国较为传统的一种家庭类型。主要是由两对或两对以上夫妻及其未婚子女组成的家庭。目前主要有两种表现形式:①直系家庭,即由两对或两对以上均为异代的夫妻与未婚子女所组成的家庭；②联合家庭，即指至少有两对或两对以上同代夫妻及其未婚子女所组成的家庭。

以上对现行家庭结构的分析，对于我们了解家庭的社会职能，正确运用法律处理婚姻家庭关系，具有重要的现实意义。

3. 家庭的职能。婚姻家庭是适应人类社会发展的客观需要而产生的，从其产生之日起就担负着一定的社会职能。

（1）性爱职能。性爱是人的生理本能，无可厚非。但由于这种行为可能产生生儿育女、繁衍后代的结果，关系到新生命的健康成长及社会的正常生活，因而社会必须加以规范、调节。历史证明，婚配主义是实现男女因生理冲动而产生的性爱需要的最佳选择。男女要获得正常的、为社会承认的、健康的、安全的、长期的性爱关系，只能通过婚姻的形式结合成家庭而得以满足。因而，性爱乃是家庭夫妻生活的重要内容，是存在夫妻关系的家庭所应承担的重要功能，其不仅符合人的生理需求，而且符合社会的共同利益。

（2）生育职能。人类自身的生产，即种的繁衍是人的本性使然，种的繁衍维系了人类的发展和社会的进步。自个体家庭出现开始，人类人口再生产就是通过家庭来实现的。生育职能是家庭的自然职能，受家庭社会因素的制约。从我国目前的人口状况和经济文化发展水平来看，在现在和今后相当长的一个时期内，必须实行以降低人口增长速度、提高人口素质为目标的人口政策，从而使得人口质量和增长速度与国民经济和社会发展水平相适应。

（3）经济职能。包括生产职能与消费职能，这是家庭产生至今恒久不变的职能。家庭的经济职能是一个动态发展的过程，其变化反映了一定社会的生产方式和生活方式的要求。在原始社会，氏族家庭是主要的社会组织形式，担负着多种社会功能。人们共同打猎、共同消费、共同生活，共同防御野兽和自然灾害的侵袭。在奴隶制和封建制社会，家庭仍然是社会的基本结构形式，家庭的社会职能除了生活职能外，还包括生产职能和消费职能，家庭既是生活和消费的部门，又是从事生产的单位。随着资本主义的发展，社会分工愈加细密，生产技术和生产规模愈加现代化和社会化，生产职能逐渐从家庭分离出来，成为社会职能，家庭变为单纯的消费和抚育子女的场所。新中国成立之初，刚刚脱离半殖民地半封建社会，我国广大的农村家庭，不仅是消费单位、生活单位，也是重要的生产单位，城市家庭则已经基本丧失了生产职能。随着社会主义制度的建立，生产资料的公有化，我国城市家庭均丧失了生产职能，成为单纯的生活单位与消费单位。20世纪70年代后期实行经济体制改革后，多种经济成分又重新并存，农村承包经营户、城市个体工商户的大量涌现，使农村家庭的生产职能得到了恢复，城市中也有部分家庭具有了生产职能。目前，中国相当一部分家庭不仅是生活与消费的单位,也是生产单位。

(4) 教育职能。家庭是教育单位,承受着教育家庭成员、培养下一代的职能。在古代,社会教育相当不发达,对子女的教育主要通过家庭来实现,因而家庭教育在社会教育中具有极其重要的地位。随着社会化大生产的实现,学校教育与其他社会教育有了长足发展,对下一代的教育主要由社会来承担。但家庭所具有的亲情、感情与关爱仍然是社会教育所不可替代的,特别是子女的学龄前教育,仍然以家庭教育为主。由于家庭教育所具有的优势,现代西方国家出现了回归家庭教育的趋势,如美国在相当一些州允许在小学阶段开办家庭学校,由具有资格的家长担当老师,对子女因材施教。总之,对子女的家庭教育不可忽视,充分发挥家庭的教育职能,对于发现人才、培养人才,提高人口质量,具有十分重要的意义。

(5) 扶养职能。扶养,包括经济上的供养和精神情感的交流。养老育幼、抚养缺乏劳动能力、没有经济来源的家庭成员,是我国家庭的传统职能,在社会保障制度尚不发达的今天更具有现实意义。家庭是人们精神、思想、感情交流最充分、最坦然的场所,家庭内的人际关系是最亲密、最自然的人际关系,在物质生活日益发达的现代社会,提倡家庭成员之间的精神情感交流,强调相互之间的关怀、爱护与支持,有利于促进家庭成员的心理健康,有利于协调个人与社会的矛盾,维持社会与家庭的稳定。在家庭生活中,既反对溺爱子女,讲求养教并举,同时也要注意子女对父母在物质上所承担义务以及精神上的慰藉和要求。家庭和睦,父母子女之间相互关心,老有所养,幼有所育,这是人们所企求的,也是人类社会的一个理想状态。我国古代儒家的家庭伦理思想也特别注重家庭成员之间的相互责任和义务。一方面,父母对子女的抚育、兄长对弟妹的照顾都被看作是人生的义务和责任;另一方面,子女、弟妹对父母、兄长也要尽其义务;强调家庭成员之间应尽的合理的义务和责任及其双向性,这也是儒家家庭伦理思想的一个好传统。儒家所实行的"君臣有义、父子有亲、兄弟有爱、夫妇有别、朋友有信"的"五伦"之道,则是儒家伦理思想对人类婚姻家庭的重大贡献。

(三) 婚姻与家庭的关系

婚姻与家庭是两种既有联系又有区别且难以割舍的社会关系。其中,婚姻是家庭产生的重要前提,家庭是婚姻成立的必然结果。作为婚姻主体的夫妻关系必然包含在家庭关系之中,且是家庭关系的核心所在。正因为如此,婚姻质量的高低,直接影响到家庭的稳定与否,进而对社会秩序的稳定和谐有着至关重要的作用。

二、婚姻家庭关系的性质

婚姻家庭关系是以男女两性结合为前提,以亲属间的血缘联系为纽带的一种特定的人与人之间的社会关系。既具有一般社会关系的共性，又具有其自身独具的特点与属性，即婚姻家庭关系具有双重属性，是自然属性和社会属性的统一体。

（一）自然属性

这是婚姻家庭赖以形成的自然因素。这些因素是婚姻家庭与生俱来、客观存在、难以改变的，因而自然因素是婚姻家庭内在的、固有的因素，是婚姻家庭关系形成的必要条件，体现了生物学、生理学规律在人类婚姻家庭方面的作用。它具体表现为：

1. 男女两性的生理差别和人类固有的性的本能，是男女两性结合的生理学基础。

2. 通过生育而实现的种族繁衍是家庭生物学上的自然功能。

3. 家庭成员间的血缘联系以及由此而产生的亲属团体体现了其在生物学上的特征。

随着婚姻家庭制度的确立，婚姻家庭制度的自然属性由自发的作用逐步上升为自觉的把握，成为婚姻家庭立法的必要因素。任何时代，任何国家的立法者在从事婚姻家庭立法时都必须考虑其自然属性。如以达到一定年龄、没有禁止结婚的血亲关系或者疾病作为结婚的法定条件，以缺乏性行为能力作为准予离婚的法定条件，以出生的事实作为确定血亲关系的依据等，都反映了婚姻家庭所固有的自然属性。婚姻家庭的自然属性及其生理规律、遗传规律对婚姻家庭的发展都起着不可忽视的作用，违背自然规律、遗传规律，不受自然规律的约束，就会受到自然规律的惩罚，贻害无穷。

（二）社会属性

婚姻家庭的社会属性，是指社会制度赋予婚姻家庭的本质属性，是决定婚姻家庭的社会力量以及婚姻家庭所包含的社会内容。它具体表现为：

1. 社会性是人类的根本属性。荀子曰："力不若牛，走不若马，而牛马为用，何也？曰：人能群，彼不能群也。"婚姻家庭以人为主体，是一种人与人之间的社会关系。马克思指出："人的本质并不是单个人所固有的抽象物，在其现实性上，它是一切社会关系的总和。"[1] 人的本性决定了婚姻家庭的本质属性，婚姻家庭是社会关系的一种特殊形式，依存于一定社会结构、具有一定社会内容。

2. 社会性是人类婚姻家庭从低级向高级发展的根本动因。两性结合与血缘联系普遍存在于一切高等动物之中，但婚姻家庭却是人类专属的社会现象。有关婚姻与家庭的合法性，以及婚姻家庭在社会生活中的地位和作用，特别是婚

---

[1]《马克思恩格斯选集》第 1 卷，人民出版社 1995 年版，第 56 页。

姻家庭自阶级社会以来从低级到高级演进，仅仅以生理学、生物学的自然规律是无法解答的。人类的自然属性在近几千年并未发生重大的变化，但婚姻家庭的形态却在不同的历史时期各具特色，不断演进，这只能从婚姻家庭的社会性中寻找答案，是人类社会生产方式要求人类两性结合的行为采取社会形式的结果，而非人类性的本能的要求。

3. 婚姻家庭是一定社会物质社会关系和思想社会关系的统一。婚姻家庭关系作为一种特殊的社会关系，其存在和发展决定于社会的生产关系，并受社会上层建筑、意识形态等诸多因素的影响和制约，其发展和演变是社会各种条件和各种因素综合影响的结果。

（三）自然属性与社会属性的关系

自然属性是婚姻家庭的特点与形成的前提条件，舍此便无婚姻家庭。社会属性是婚姻家庭的本质属性，它决定着婚姻家庭演进的方向。

人类社会的两性关系由自然选择过渡到社会选择，由生物进化到社会进化，是人类以社会属性控制自然属性、战胜自然属性的过程，也是人类社会在自然界进化过程中始终保持卓尔不凡的根本动因。一方面婚姻家庭制度必须适度反映两性、血缘关系的自然属性，遵循其固有的自然规律，这是该制度得到人们普遍认同和接受的前提条件。另一方面，婚姻家庭制度又必须对婚姻家庭固有的自然本能和个体利益倾向给予必要的引导和约束，使自然属性向有利于社会稳定和健康发展的方向运行，以保证婚姻家庭所代表的社会利益或统治阶级利益得到最大的实现，社会属性因此而成为婚姻家庭的本质属性。

第二节　婚姻家庭制度

导入案例

《梁祝》与《孔雀东南飞》同是大家熟知的我国古代著名的爱情故事，《孔雀东南飞》确有其事，在乐府诗里有记载；而《梁祝》则是四大传说之一。这两个故事有着许多相似之处，而从这些相同点，我们可以看到我国古代婚姻的许多外在表现形式。

试结合古代这两个典型事例，谈谈你对我国古代社会婚姻家庭制度的理解。

本案知识点：我国古代社会婚姻家庭制度的特点和表现

教学内容

一、婚姻家庭制度的本质

（一）婚姻家庭制度的概念

婚姻家庭制度，是一定社会中占统治地位的婚姻家庭形态在上层建筑领域中的集中反映。它是将婚姻家庭关系用法律形态根据社会习惯加以固定化，使之成为人们共同遵守的行为规则。作为特定社会所确立的有关婚姻家庭规范化的综合体系，婚姻家庭制度在无阶级社会由人们所共同遵守的习惯和道德规范所构成，它体现的是社会全体成员的共同意志和利益。在阶级社会它所体现的则是统治阶级的意志和利益，主要由法律以及起补充作用的道德、宗教、风俗习惯所构成，其中，由统治阶级所制定的法律是阶级社会的婚姻家庭制度最集中、最典型的体现。在婚姻家庭制度形成的过程中，既要遵循自然规律，不违背婚姻家庭的自然属性，又必须根据统治阶级的意志与利益，对自然属性予以制约、引导、调控，使其有利于社会的稳定与发展。因而，只要不违背自然属性，统治阶级的意志与利益在制定婚姻家庭制度，特别是制定法律的过程中，起着决定性的作用。

（二）婚姻家庭制度与婚姻家庭关系

婚姻家庭制度，反映和确定的是一定社会中占统治地位的婚姻家庭形态，它在上层建筑领域中表现了经济基础对婚姻家庭关系的要求，在阶级社会里表现了统治阶级的意志和利益。婚姻家庭关系与婚姻家庭制度相比却是形式不一，性质有别，两者有着明显的不同。在阶级社会中，由于各个阶级在生产关系中所处的地位不同，除了占统治地位的婚姻家庭形态以外，还存在着多种婚姻家庭形态。婚姻家庭关系就该社会的具体的婚姻家庭形态而言，必然具有多样性。而婚姻家庭制度是由各种行为规范所构成的，在特定的社会制度下则具有统一性。因此，把婚姻家庭制度与婚姻家庭关系区别开来，有助于对婚姻家庭问题进行全面的、历史的、阶级的分析。

（三）婚姻家庭制度的社会地位

婚姻家庭制度是社会制度的重要组成部分。要想深刻理解婚姻家庭制度的本质，则必须通过分析婚姻家庭制度与经济基础及上层建筑的关系，从而进一步了解婚姻家庭制度在不同社会制度中所处的地位。

1. 婚姻家庭制度与经济基础。婚姻家庭制度，作为一定社会经济基础上的上层建筑，其性质与特点，要由作为经济基础的生产关系所决定，其产生、发展及变化，取决于经济基础的产生、发展及变化。在一定的社会形态中，有什么样的经济基础，就会有与之相适应的婚姻家庭制度。人类历史上的各种婚姻家庭制度的依次更替，都是经济基础发展变化的必然结果。但是，婚姻家庭制度对经济基础又具有反作用。婚姻家庭制度作为一个能动的因素，一旦形成则具有相对稳定的性质；对其赖以产生和存在的经济基础并非消极、被动的，而是可以通过自身机制和特定途径能动地反作用于经济基础，并通过经济基础对生产力的发展发挥不同的影响作用。

2. 婚姻家庭制度与上层建筑。建立在同一经济基础之上的各种上层建筑包括意识形态构成相互联系、相互影响和相互制约的社会系统。因此，我们不仅要看到经济基础对婚姻家庭制度的决定作用，而且要看到上层建筑各部门对婚姻家庭制度的制约和影响。在上层建筑领域中，对婚姻家庭制度作用最明显的是政治、法律、道德、宗教和风俗习惯。此外，文学艺术通过其生动活泼的艺术形象，反映婚姻家庭生活，对人们的婚姻家庭观念和行为起着潜移默化的作用，也是影响婚姻家庭制度的一个重要的因素。

综上，我们对婚姻家庭制度的本质可以这样理解，婚姻家庭制度是由有关婚姻家庭的各种行为规范所构成的制度，属于一定社会的上层建筑范畴，由一定社会的经济基础所决定，因而具有强烈的阶级性。在我国，婚姻家庭制度是社会主义性质的，由社会主义婚姻家庭法加以规范和调整。

二、婚姻家庭制度的历史类型

婚姻家庭作为一种社会现象，不是一成不变的，它属于历史的范畴，是社会发展到一定阶段的产物，并且随着社会的发展变化而发展变化。婚姻家庭的历史类型的依次更替是与人类社会制度的更替相适应的，它的发展又都取决于生产力的提高和生产关系的变更。恩格斯在《家庭、私有制与国家的起源》中充分肯定了摩尔根对原始社会婚姻家庭制度划分的几种类型，并对其演变模式作出精辟的概括："群婚制是与蒙昧时代相适应的，对偶婚制是与野蛮时代相适应的，以通奸和卖淫为补充的一夫一妻制是与文明时代相适应的。"[1]

（一）前婚姻时期

在原始社会早期，由于生产力水平极其低下，自然生存环境极其恶劣，再加上人类刚与动物界分化，因而人类必须"以群的联合力量和集体行动来弥补个体自卫能力的不足"[2]，过集体群居生活。同一群体的成员，在两性关系方面没有任何限制，处于"杂婚"、"乱婚"时期。所谓的杂乱，是因为那时在两性关系上的任何排他性，都必然会削弱联合力量和影响集体行动，从而影响人类的生存。这种没有任何禁例的杂乱性交状态是以一切男子属于一切女子，一

---

[1]《马克思恩格斯全集》第 21 卷，人民出版社 1965 年版，第 88 页。
[2]《马克思恩格斯全集》第 21 卷，人民出版社 1965 年版，第 45 页。

切女子属于一切男子为特征的。恩格斯指出："所谓杂乱，是说后来为习俗所规定的那些限制那时还不存在。"[1] 所以，在漫长的远古时代，任何意义上的婚姻家庭都不存在，更谈不上存在婚姻家庭制度。

（二）群婚制

群婚制又称集团婚制，是原始社会中一定范围内的一群男子与一群女子互为夫妻的婚姻形式。群婚是人类社会最早的婚姻家庭形态，其与杂乱性交关系的根本区别是：两性关系受到一定范围的血缘关系的限制与排斥。按照摩尔根在《古代社会》中提出的婚姻家庭进化模式，群婚制又可分为血缘群婚制和亚血缘群婚制两个阶段。

1. 血缘群婚制。其又称血缘家庭，是群婚制的低级阶段，与旧石器时代的生产力水平相适应。血缘群婚制是同辈份的男女之间的集团婚，即辈分相同的男女可以互为夫妻，发生两性关系，排除了不同辈分男女之间的两性关系，是人类婚姻史上的第一个禁忌。与血缘婚制相对应的血缘大家庭，就是一个低级的有纵向两性关系禁忌的群婚原始群体。因此，当时奉行的是族内婚。恩格斯曾经指出："血缘家庭已经绝迹了，甚至在历史所记载的最蒙昧的民族中间，也找不出它的一个不可争辩的例子来。但是，从夏威夷群岛残存的亲属制度和家庭后来的全部发展来看，这种原始的群婚制是确实存在过的。"[2] 据考证，我国考古中发现的湖北"长阳人"、山西"丁村人"、广东"马坝人"等，已经进入到了血缘群婚制阶段。

2. 亚血缘群婚制。其又称普那路亚家庭，是群婚制的高级阶段，是排除了兄弟姐妹之间通婚的集团婚。尽管它仍然是一种同行辈的集团婚，但在两性关系上排除了兄弟姐妹。最初排除了同胞兄弟姐妹之间的两性关系，后来又逐渐排除了血缘较远的兄弟姐妹之间的两性关系。恩格斯曾经指出，排除兄弟姐妹之间的性交关系，是人类婚姻史中的第二个进步。"这一进步，由于当事者的年龄相近，所以比第一个进步重要得多，但也困难得多。"[3] 这一时期，亚血缘群婚制逐渐取代了血缘群婚制，氏族代替了原始群体。婚姻由氏族内部的族内婚发展为族外婚。婚姻当事人分属于不同的氏族，世系只能按女系来计算，所以最早的氏族是母系氏族。它既是一个血缘团体，又是当时的基本生产、生活单位。我国出土发现的"资阳人"、"柳江人"、"河套人"和"山顶洞人"等文化遗迹中，也有这种婚姻形态痕迹。

---

[1]《马克思恩格斯全集》第21卷，人民出版社1965年版，第31页。
[2]《马克思恩格斯全集》第21卷，人民出版社1965年版，第48～49页。
[3]《马克思恩格斯选集》第4卷，人民出版社1972年版，第32页。

（三）对偶婚制

对偶婚制又称对偶家庭，指一男一女在或长或短的时间内保持相对稳定的偶居关系的婚姻形式。即一个男子在许多妻子中有一个主妻，一个女子在许多丈夫中有一个主夫，主夫与主妻在一定的时期内保持相对稳定的两性同居关系，同时又可以与其他异性发生两性关系。对偶婚制作为原始社会晚期的主要婚姻形态，是集团婚向个体婚的过渡形态和中间环节。

与群婚制相比，其婚姻的范围缩小，关系相对稳定，和个体婚制相比，这种结合又极不牢固。它可以根据男女双方任何一方的意愿而解除。对偶婚制既有群婚制的遗迹，又是一夫一妻制的雏形。因此，它是群婚制向一夫一妻制的过渡阶段。

对偶婚制实行族外婚，夫从妇居，女娶男嫁，女子婚后定居于本氏族，所生子女属于母方家庭成员，世系从母。对偶婚制的出现，为子女确认生父提供了可能，为母系氏族转化为父系氏族、为一夫一妻制的确立提供了可能。

（四）一夫一妻制

一夫一妻制，又称为个体婚制，是一男一女结为夫妻的婚姻制度。根据一定社会规范的要求，一男一女结为夫妻，任何人在同一时间里不得有两个或两个以上的配偶的婚姻制度。它是在原始社会崩溃、阶级社会形成的过程中逐步确立的。建立在私有制的经济基础和阶级剥削制度之上的一夫一妻制，从萌芽到最后形成的过程，就是人类从无产阶级进入阶级社会的过程。因而，它的最后胜利，是文明时代开始的标志之一。

一夫一妻制是在对偶婚制的基础上发展起来的。一夫一妻制的确立，既不是自然选择规律的作用，也不是男女性爱的结果，而是私有制的产物。可以说，私有财产的产生，以及对占有与维护私有财产的需要是一夫一妻制的催产士。对此，恩格斯回答得十分清楚，他说："要使对偶婚制家庭进一步发展为牢固的一夫一妻制，除了我们已经看到的一直起着作用的那些原因以外，还需要有别的原因。在成对配偶中，群已经减缩到它的最后单位，仅由两个原子组成分子，即一男一女。自然选择已经通过日益缩小婚姻关系的范围而完成了自己的使命，在这一方面，它再也没有事可做了。因此，如果没有新的、社会的动力发生作用，那么，从成对配偶中就没有任何根据产生新的家庭形式了。但是，这种动力开始发生作用了。"[1] 这种新的动力就是随着原始社会末期生产力的发展而出现的私有财产，"一夫一妻制"的形成就是私有制确立的必然结果。具体体现为：

---

[1]《马克思恩格斯全集》第21卷，人民出版社1965年版，第64～65页。

1. 生产力的巨大发展带来了财产的私有化，为个体家庭脱离氏族成为独立的经济单位奠定了物质基础。原始社会末期，由于生产力的进一步提高而出现了两次社会大分工，即农业和畜牧业、农业与手工业的分工。其结果，使个体劳动在生产中的作用加强了，当各个家庭和某些个人可以单独劳动生产时，生产资料以及产品逐渐变为私人所有，使私有制的产生成为可能。此时，个体家庭已经成为一种力量，并具备了与氏族经济对抗的实力。因而，"一夫一妻制"是"不以自然条件为基础，而以经济条件为基础，即以私有制对原始的自然长成的公有制的胜利为基础的第一个家庭形式"[1]。

2. 男女两性社会地位的转变，摧毁了母系氏族，确立了男权统治，个体婚姻家庭形式与父系氏族同时产生。社会分工的另一结果是确立了男权统治，男子在生产部门中占据了主导地位，他们又利用了这个有利的地位，把剩余财产据为个人所有，使自己成为社会财富的占有者、掌管者。"随着财富的增加，它一方面使丈夫在家庭中占据了比妻子更重要的地位；另一方面，又产生了利用这个增强了的地位来改变传统的继承制度使之有利于子女的意图。但是，当世系还是按母权制来确定的时候，这是不可能的。因此，必须废除母权制，而它也就被废除了。"[2] 废除母权制，实行以父权为特征的"一夫一妻制"，是确立子女按父方计算世系和承袭父亲财产的必要条件。

3. 父权制下的私有财产继承制度，构成了导致"一夫一妻制"产生的直接诱因。随着生产力的发展及社会财富的增加，丈夫在家庭中占据比妻子更加重要的地位，由此产生的"一夫一妻制家庭"则是"建立在丈夫的统治之上的，其明显的目的，就是生育出确凿无疑的出自一定父亲的子女，而确定出自一定的父亲之所以必要，是因为子女将来要以亲生的继承人的资格继承他们父亲的财产"[3]。

由上分析可见，私有制和阶级的出现，给氏族公社一个致命的打击，使这个组织最后彻底解体而告结束。母权制为父权制所取代，子女由母方氏族成员变为父方氏族成员，子女的血统、世系也改为按父方计算，实行子女承袭父方财产的新的继承制度，一夫一妻制的婚姻家庭形式逐渐形成。

三、阶级社会中婚姻家庭制度的主要表现

"一夫一妻制"是私有制的产物，也是阶级社会婚姻家庭制度的主要表现形式。以私有制为基础的"一夫一妻制"婚姻家庭制度自确立之后，到目前为止，

---

[1]《马克思恩格斯全集》第21卷，人民出版社1965年版，第77页。
[2]《马克思恩格斯全集》第21卷，人民出版社1965年版，第67页。
[3]《马克思恩格斯全集》第21卷，人民出版社1965年版，第74页。

已经历了奴隶社会、封建社会、资本主义社会和社会主义社会四个不同社会阶段的历史演变过程。由于在不同社会阶段，婚姻家庭制度的性质与特征都反映了该社会的经济基础与上层建筑的要求。因而，就整个私有制社会婚姻家庭制度的表现形式来看，它不可避免地具有以下特征：

1. 形式上的片面性。即表面上的一夫一妻制，实际上是一夫多妻制或一夫一妻多妾制。人类自进入私有制社会以后，一夫一妻制似乎就成为普遍的合法的婚姻形态。由于一夫一妻制的确立是为了适应私有财产继承的需要，因而，从一开始就具有片面性，只是对妻子单方面的要求，反映在私有制社会的不同阶段，其表现的特点也各不相同。如奴隶制的"一夫一妻制"是父权、夫权统治下的公开的一夫多妻制；封建制的"一夫一妻制"是包办强迫、男尊女卑的一夫一妻多妾制；资本主义社会的"一夫一妻制"则是用形式上的婚姻自由代替了包办强迫，用所谓的男女平等代替了男尊女卑，用隐蔽的多妻制代替了公开的多妻制。总之，剥削阶级的法律所规定的一夫一妻制，在很大程度上反映出在男权社会中男子统治、压迫、玩弄妇女的社会现象，因而都不可能是真正的男女平等的一夫一妻制。

2. 婚姻不自由。实行父母包办，买卖婚姻，男女毫无婚姻自由。结婚是"合二姓之好，上以事宗庙，下以继后世也"。婚姻关系一经建立就不能由双方自由解除。"父母之命，媒妁之言"是那个时代父母包办婚姻的鲜明写照。如唐律明确规定，"娶妻无媒不可"。此外，基于封建的等级制度，家世的不同、门第的高低以及男方钱财的缺乏等，都为男女间的通婚设置了难以逾越的障碍。

3. 男女不平等。即男尊女卑，实行夫权统治。个体婚制在历史上绝不是男女相爱的结果，而是两性冲突、女性被男性奴役的标志。正如恩格斯所说，母权制的颠覆，乃是女性地位具有全世界历史意义的失败。男子掌管了家中的管理权，而妇女失掉了荣誉地位，降为贱役，变成男子淫欲的奴婢，变成生孩子的简单工具了。因此，反映在婚姻家庭中，男女两性的地位必然是不平等的。

4. 家长专制，漠视子女的利益。《孔子家语·本命解》说："天无二日，国无二君，家无二尊。"在家庭中，则实行"父为子纲"，甚至将"父要子亡，子不得不亡"与"君要臣死，臣不得不死"相提并论。由此可见，家长在家中的地位达到了至高无上的程度，子女则处于绝对服从的地位，没有什么权利可言。

本节导入案例中，这两个故事都发生在我国古代封建社会，主题相似，都是通过青年男女在追求自由爱情婚姻过程中被逼无奈而双双殉情的故事揭露了封建家长的自私、狭隘、专制、无情，也都借此表现了反对封建压迫的主题。其结局雷同，虽然两个故事，一个化为孔雀，一个化为蝴蝶，但是这种浪漫手法的运用，生动体现了人们对美好爱情的向往、追求以及对他们爱情悲剧的同情。这两个故事的不同点主要表现为：一是造成悲剧结局的原因不同，《梁祝》的悲剧是由当时等级森严的门阀制度所造成的；而《孔雀东南飞》的悲剧是一种道德矛盾产生的悲剧。二是《孔雀东南飞》还提出了一个千古以来始终存在并依然在社会上颇为重要的家庭问题，即婆媳矛盾。

  总之，从整个私有制社会婚姻家庭制度的特点来看，一夫一妻制都难以真正实现。虽然在反对封建专制的过程中，资产阶级提出了"自由"、"平等"、"民主"、"天赋人权"等革命口号。且随着资产阶级革命的胜利，这些口号在政治、法律等上层建筑领域中得到了一定程度的贯彻与实现，在婚姻家庭制度中也得到了一定反映。但是，由于资本主义社会的经济基础仍为资本家占有生产资料的私有制，商品货币关系成为支配一切社会关系的基础，与此相适应的婚姻家庭制度，其本质仍以金钱、财产为转移，从而使得婚姻自由原则、男女平等原则不可避免地带有一定的虚伪性和不彻底性。只有社会主义最终战胜资本主义，一种新型而真正的一夫一妻制才会成为现实。

  社会主义社会建立了生产资料公有制及按劳分配制度，从而为男女平等的真正实现奠定了必要的经济基础。在上层建筑诸部门，不仅宣布男女完全平等，而且在法律上以及婚姻家庭中也完全确立了男女平等的地位。婚姻自由、男女平等、一夫一妻、保护妇女儿童和老人的合法权益等均被作为婚姻家庭法的基本原则加以规定。法律不允许任何形式的重婚、纳妾现象出现。实践证明，在社会主义婚姻家庭制度建立后，仍需要经历一个逐步完善的过程。在一定的发展阶段，婚姻家庭领域里还不可避免地存在着旧制度、旧思想的残余。但是，随着生产力的发展，社会的进步，人类婚姻家庭制度必然会从低级向高级发展，并最终以一个崭新的、真正符合人类婚姻家庭本质要求的形式出现，这是不以人们的意志为转移的客观规律。

第三节 婚姻家庭法

导入案例

  张某与任某是某名牌大学同班同学，在校学习期间，双方逐渐相识、相知并相爱。大二时，双方明确建立了恋爱关系并在校外租房同居。双方同居一年后，任某意外怀孕并生育一女。由于张某是家中独子，张家重男轻女。此后，张某对任某的感情逐渐冷淡。大学毕业前夕，张某通过网上聊天，认识了一位富家千金余某，考虑到毕业后的就业和以后能舒适地生活，便提出与任某分居并断绝关系。任某不同意，遂起诉到法院，要求法院判决张某断绝与余某的关系，要求张某与自己结婚并承担照顾和抚养孩子的义务。

试问：本案应如何处理？

本案知识点：婚姻家庭法的调整对象；恋爱关系；非婚同居关系

教学内容

一、婚姻家庭法概述

（一）婚姻家庭法的名称和形式

1. 婚姻家庭法的名称。婚姻家庭法的名称有四种：婚姻法，家庭法，婚姻家庭法和亲属法。这主要是因为：一是基于调整内容的范围不同而命名不同；二是与认识上的原因和传统习惯有关。

我国婚姻法学界在对1980年婚姻法进行修订时，对婚姻法名称问题的讨论是与立法模式相联系的。其观点主要有三种：

（1）回归民法。即把婚姻法列为民法的一编，更名为亲属编。按此模式，婚姻家庭法被民法吸收，婚姻法以及有关法律被列入民法的亲属编，婚姻法的名称即改为亲属法。

（2）保持独立地位。婚姻法不作为民法典的组成部分而独立存在，名称可以改为婚姻家庭法，但体系、内容将大大补充。许多学者认为，修改采取这种模式最为理想。它既符合中国的实际情况和立法传统，也是切实可行的。至于名称，调整婚姻家庭关系的法律应该更名为婚姻家庭法，使法律的调整内容与名称达到统一，才可真正使之名副其实。

（3）基本维持现状。婚姻法仍保留独立地位，名称不变，主要框架结构不变，可做一些补充和修改。

最后立法机关采纳了第三种意见。

以婚姻法之名调整婚姻家庭关系，被许多法学工作者认为是名不副实——法律名称与法律调整的对象不相符合，提出了将婚姻法更名为婚姻家庭法的动议，但最终未被采纳。其理由主要有二：①考虑到自1950年婚姻法制定以来，婚姻法的名称已经深入人心，婚姻法作为调整婚姻家庭关系的法律规范已为广大人民群众所熟知并予以接受；②此次婚姻法的修订规模有限，是一个阶段性的成果，并未将所有应当修订的内容囊括在内，且修订的内容大多集中在调适婚姻关系的法律规范方面，故此次修订以不改名称为宜。

2. 婚姻家庭法的形式。

（1）根据婚姻法调整对象和范围的不同，可以将其分为广义的婚姻法和狭义的婚姻法。

广义的婚姻法指既调整婚姻关系，又调整基于婚姻关系而产生的家庭关系的法律。婚姻关系是家庭关系产生的基础，家庭关系是婚姻关系发展的结果。立法者可以将这两种社会关系加以统一规定和调整。世界上许多国家采用广义婚姻法的立法形式，正是以此为理论依据的。广义的婚姻法所调整的内容包括婚姻的成立、婚姻的解除，以及婚姻的效力、父母子女之间、其他家庭成员之间的身份关系与财产关系等内容。所谓亲属法、婚姻家庭法、家庭法等都是广义的婚姻法。我国的婚姻法也是广义的婚姻法。

狭义的婚姻法专指规定婚姻的成立、婚姻的终止以及婚姻的效力即夫妻间的权利义务关系的法律，其内容不涉及婚姻关系以外的其他家庭关系事项。婚姻关系与家庭关系是两种不同性质的社会关系，婚姻关系是以男女两性关系为特征的，家庭关系是以家庭成员之间的血缘关系为特征的，他们可以作为不同的调整对象，分别立法，单独调整，这是一些国家制订狭义婚姻法的立法依据。如美国的统一结婚离婚法，南斯拉夫塞尔维亚共和国婚姻法等。

（2）根据编制方法的不同，可以分为形式意义上的婚姻法和实质意义上的婚姻法。

形式意义上的婚姻法专指以婚姻法、家庭法、亲属法等命名的法律或者民法典中的婚姻家庭部分。它不但内容上规定调整婚姻关系或亲属关系，而且在形式上也是以婚姻法、家庭法、亲属法等名称命名的法律。形式意义上的婚姻法有着大量的、集中而系统的实质意义上的亲属法规范，能够从总体上反映一定国家的婚姻家庭法律制度的全貌。

实质意义上的婚姻法专指调整婚姻家庭关系的法律规范的总和。这些规范集中而系统地规定在形式意义上的婚姻法中，同时又散见于其他规范性文件中。尽管这些法律并不具有婚姻家庭法的名称和形式，只是规定了调整婚姻家庭关系的某些实质内容，但在学理上，则将一切调整婚姻家庭关系的法律规范都称为实质意义上的婚姻法。有关婚姻家庭法学的研究也是以全部婚姻家庭法律规范体系为内容的，而不是仅仅以形式意义上的婚姻法为限。

（二）婚姻家庭法的概念和调整对象

1. 婚姻家庭法的概念。我国的婚姻家庭法是指规定和调整婚姻家庭关系的发生和终止，以及婚姻家庭主体之间的权利和义务的法律规范的总和。其含义如下：

（1）婚姻家庭法是一种法律规范。是由国家立法机关制定或者确认的，并由国家强制力保证实施的法律规范。可分为授权性规范、义务性规范及禁止性规范三种。

（2）婚姻家庭法是以婚姻家庭关系为调整对象的法律规范。任何法律，都必以一定的社会关系为调整对象，并由此构成自己与其他法律的区别，形成自己独立的内容与地位，婚姻家庭法也不例外。婚姻家庭法对婚姻家庭关系的发生和终止，以及婚姻家庭主体之间的权利和义务具有规定和调整作用。

（3）婚姻家庭法是所有规定和调整婚姻家庭关系的法律规范的总和。即一切调整婚姻家庭关系的法律规范，均属婚姻家庭法的范畴。其不仅包括婚姻家庭法典有关调整婚姻家庭关系的法律规范，而且包括其他法律、法规以及司法解释中有关调整婚姻家庭关系的法律规范。

2. 婚姻家庭法的调整对象。有关婚姻家庭法的调整对象，可以从不同的角度来加以分析。

（1）从婚姻家庭法调整对象的范围来看，婚姻家庭法既调整婚姻关系，又调整家庭关系；既包括婚姻家庭关系的发生、变更和终止的动态运行的全过程，又包括该动态运行的婚姻家庭关系中主体之间的权利和义务。婚姻关系因结婚而成立，又因一方死亡或离婚而终止。所以，关于结婚的条件和程序、夫妻间的权利和义务，关于离婚的处理原则、程序、条件以及离婚后财产分割和生活困难帮助等问题，都属于婚姻关系范围。家庭关系基于子女的出生、法律拟制（如收养）等原因而发生，又因离婚、家庭成员死亡、拟制血亲关系解除等原因而消灭。因此，关于确认家庭成员之间的亲属身份，规定家庭成员之间的权利义务及其产生、变更和终止等方面的事项，均属于家庭关系的范围。无论是婚姻关系还是家庭关系，都要接受婚姻家庭法的规范。

本节导入案例中，张某与任某未办理结婚登记即在一起租房同居生活是非婚同居关系，双方所生子女为非婚生子女。张某与余某的关系，只是恋爱关系，这两种关系均不属于我国婚姻家庭法的调整对象，即都不属于我国婚姻家庭关系的范围。对于任某起诉到法院要求判决张某断绝与余某关系并与自己结婚的要求，法院不可能支持。但对于任某提出的要求张某承担照顾和抚养孩子的义务，应予支持。因为我国婚姻法规定非婚生子女享有与婚生子女同等的权利和地位。无论父母是否结婚，父母子女间的权利义务关系都是我国婚姻家庭法保护和调整的对象。

（2）从婚姻家庭法的调整对象的性质来看，既有婚姻家庭方面的人身关系，又有婚姻家庭方面的财产关系。其中人身关系居主导地位，财产关系以人身关系为先决条件，其居于从属依附地位。所以婚姻家庭法在性质上应认定为身份法而非财产法；它所调整的对象是基于婚姻家庭而产生的人身关系以及与此相联系的财产关系。具体来讲：

第一，婚姻家庭方面的人身关系，是指在具有特定亲属身份的主体之间存在的，本身没有直接经济内容的一种社会关系。具有两个基本特征：①婚姻家庭关系主体之间必须具有特定的亲属身份。如配偶的身份，父母子女的身份，等等，否则，便不能形成婚姻家庭关系。②婚姻家庭主体之间的人身关系并不直接体现经济内容。婚姻家庭中的人身关系，虽然会与经济内容相联系，但就其本质而言，本身并没有直接的经济内容。如因结婚、收养而形成的人身关系，虽然也具有一定的经济内容，但这并不是其创设的根本目的，而只是其维持人身关系正常存在的必要。这也是婚姻法所调整的人身关系与其他法律所调整的人身关系的根本区别。如民法通则中所调整的名誉权、荣誉权等人身权的享有，就根本与亲属身份没有关联。

第二，婚姻家庭方面的财产关系，是指以婚姻家庭中的人身关系为前提而产生的直接体现经济内容的社会关系。其发生和终止要以婚姻家庭中的人身关系的发生和终止为先决条件，如夫妻间的共同财产因结婚而发生，因离婚而分割，因死亡而消灭等，都说明婚姻家庭中的财产关系必以婚姻家庭中的人身关系为依据，即从属和依附于婚姻家庭中的人身关系。它与其他民事法律调整的财产关系相比较，具有下列明显区别：①两者参与的主体不同。婚姻家庭中财产关系的主体是具有特定身份的亲属，而其他民事法律调整的财产关系的主体则无限制。②两者的性质不同。婚姻家庭中的财产关系都不具有有偿性、等价性，而其他民事法律调整的财产关系则以有偿性、等价性为一般特征。③两者发生、终止的根据不同。婚姻家庭中财产关系以人身关系的发生为基础，而其他民事法律调整的财产关系则以法律规定的事实的发生为依据。④两者反映的社会经济要求不同。婚姻家庭中的财产关系所反映的是亲属共同生活的要求，是实现家庭各种职能的基础，而其他民事法律调整的财产关系则反映的是社会主义市场经济的要求，是实现整个社会经济职能的基础。

（三）婚姻家庭法的特征

婚姻家庭法调整对象的范围和性质决定了婚姻家庭法具有以下四个明显特征：

1. 婚姻家庭法在适用上具有极大的广泛性。婚姻家庭关系是一种最广泛、最普遍存在的社会关系。每个社会成员，不论性别、年龄，都不可避免地同婚姻家庭法发生联系，每个人，既是婚姻家庭关系的产物，又是婚姻家庭关系的主体，承受婚姻家庭法上的权利义务。所以，任何人不论是否意识到，只要生活在社会中，都不可能不参与婚姻家庭领域的法律关系。因此，在一国之内婚姻家庭法是适用于全体公民的普通法，而不是只适用于部分公民的特别法。当然，婚姻家庭法在适用范围上的广泛性，并不妨碍法律在某些问题上对部分公民作出特别的规定，如关于现役军人的配偶要求离婚的规定等。

2. 婚姻家庭法在调整对象的身份上具有多重性。在婚姻家庭关系中，一个人一般是以多重法律关系的主体身份出现,同时处于多层次的权利义务关系中,而且具有持久性或终身性。人的一生,从出生到死亡,往往是以不同的身份受到婚姻家庭法的调整。一个人出生后,以子女的身份与父母发生绝对的权利义务关系,与兄弟姐妹、祖父母外祖父母存在附条件的权利义务关系;成年结婚后,与配偶发生夫妻关系;生育子女后,又以父母身份与子女发生亲子权利义务关系。可见,由于婚姻家庭的固有特性,在婚姻家庭生活中,客观上必然会导致多层次的法律关系存在。

3. 婚姻家庭法在内容上具有鲜明的伦理性。所谓伦理,按照古汉语的解释是指"人伦物理"。简言之,就是指人与人相处的各种道德准则。我国封建社会的伦理道德最基本的关系有五种,称为五伦关系,即"君臣、父子、夫妇、兄弟、朋友"。五伦关系中的父子、夫妇、兄弟实际上就是婚姻家庭关系。这种尊卑、长幼的关系被认为是不可改变的常道(又称伦常)。中国亲属法文化源远流长,博大宽阔,内涵丰富,其源头就来源于儒家的伦理思想。婚姻家庭法属于身份法,其调整的婚姻家庭关系既是一种身份关系,又是一种现实的伦理关系。伦理道德与法律的一致性,在婚姻家庭领域中表现尤为突出。许多婚姻家庭关系的原则和具体规范,既是法律的规定,也是伦理道德的要求。例如,父母抚养教育子女、子女赡养扶助父母的义务,就是婚姻法以社会中的伦理道德为基础所作出的规定。和其他法律相比,特别是财产法相比较,婚姻家庭关系具有更深刻的伦理性。

4. 婚姻家庭法在对行为的规定中大部分体现的是强制性。强制性是一切法律部门的共同特点,在婚姻家庭法上的表现尤为明显。当一定的法律事实如结婚、出生、死亡、收养等发生之后,其法律后果由法律预先指明并严格规定,当事人不得自行或者合意改变。如有违反,则要依法受到制裁。缔结婚姻,成立收养,不允许附加条件和期限。结婚、离婚、成立收养和收养解除必须符合法定的条件与程序,等等。当然,婚姻家庭法中也有一部分是任意性规范,如允许夫妻就财产问题作出不同于法定财产制的约定,允许离婚的当事人以协议的方式处理子女的抚养教育、财产和生活问题等。但是,处理此类问题也必须遵循婚姻家庭法的原则及相关规定的要求。

二、婚姻家庭法的渊源

法律渊源一词在不同的场合有着不同的含义,一般将其界定为法律规范的表现形式。婚姻家庭法的法律渊源就是婚姻家庭法借以表现和存在的形式。根据我国现行的法律规范的体系、层次和立法模式,婚姻家庭法的渊源主要有以下几种:

(一)宪法

宪法在我国法律体系中居于母法的地位,是一切法律部门共有的法律渊源和立法基础。宪法中的有关规定，也是我国婚姻家庭法的立法依据和指导原则。一切调整婚姻家庭关系的规范性文件，均不得与宪法的原则性条款内容相冲突。

（二）法律

作为法律渊源的法律，是狭义的严格意义上的法律，专指由全国人大及其常务委员会制定的规范性文件。又分为三个层次：一是构成独立法律部门的基本法，如民法、刑法、行政法、民事诉讼法等。在这些部门法中，均有涉及婚姻家庭关系的相应规范，而且本身又是由多层次、多形式的法律规范所组成。其中，《中华人民共和国民法通则》（以下简称《民法通则》）、《中华人民共和国继承法》（以下简称《继承法》）两个法律是婚姻家庭法的重要渊源。二是尚无明确法律部门归属的法律。此类法律规范具有法律的立法地位和效力，但却无明确具体的法律部门划定，如《中华人民共和国妇女权益保障法》（以下简称《妇女权益保障法》）、《中华人民共和国未成年人保护法》（以下简称《未成年人保护法》）等，它们也是婚姻家庭法的渊源之一。三是直接调整婚姻家庭关系的专门性法律，即《中华人民共和国婚姻法》（以下简称《婚姻法》）、《中华人民共和国收养法》（以下简称《收养法》）。这是婚姻家庭法的较系统、较集中的渊源，其中，《婚姻法》是基本准则，是基本法，《收养法》是专门调整收养关系的具体规范，是特别法。

（三）行政法规和国务院所属部门制定的有关规章

国务院是国家最高权力机关的执行机关，一方面负责法律的执行，另一方面经过全国人民代表大会授权可以制定与法律不相抵触的规范性文件。这些规范性文件大多以"条例"、"决定"、"规定"、"办法"等形式表现出来。在我国现行的婚姻家庭法中，有一些规范是国务院及其所属的各部、委、局制定的，它们具有针对性、操作性、具体性等诸多实用的特点，对于贯彻执行宪法、法律中有关婚姻家庭的规定，发挥了重要的作用。如民政部颁发的《婚姻登记条例》等。此类规范性文件应作为婚姻家庭法的渊源。

（四）地方性法规和民族自治地方的有关规定

地方国家机关在立法法赋予的权限范围内，以宪法、法律为依据，制定的有关婚姻家庭的地方法规；民族自治地方颁行的有关贯彻婚姻家庭法的变通或补充规定的地方性的规范性文件，如各省、直辖市、自治区的人民代表大会及其常务委员会制定的关于婚姻登记管理的规定，关于计划生育的规定，关于保护妇女、儿童和老人合法权益的规定等，均具有较强的可操作性，是保证法律贯彻实施的重要措施。因此，应作为婚姻家庭法的渊源。但应指出，这种规范只在该地区范围内具有效力，并不具有适用全国的普遍效力。

（五）最高人民法院所作的司法解释以及援用、认可的有关判例

人民法院在审判过程中如何理解、掌握、具体适用法律、法规，是一项积

极主动的创造性的工作。最高人民法院根据婚姻家庭法的精神，在总结审判经验的基础之上作出的关于适用法律的司法解释和指导性文件以及确立、援用、认可的并以"批复"的形式下达的各种典型判例就是婚姻家庭法的重要渊源之一。例如，最高人民法院《关于适用〈中华人民共和国婚姻法〉若干问题的解释（一）》（以下简称《婚姻法解释（一）》）、《关于适用〈中华人民共和国婚姻法〉若干问题的解释（二）》（以下简称《婚姻法解释（二）》）、《关于适用〈中华人民共和国婚姻法〉若干问题的解释（三）》(以下简称《婚姻法解释（三）》)、《关于人民法院审理离婚案件如何认定夫妻感情确已破裂的若干具体意见》、《关于人民法院审理未办结婚登记而以夫妻名义共同生活案件的若干意见》、《关于人民法院审理离婚案件处理子女抚养问题的若干具体意见》，等等。最高人民法院的司法解释以及典型判例对婚姻家庭法的作用主要表现为：一是填补成文法律本身的空白；二是明确可能引起歧义的条文；三是明确某些法律概念的外延；四是根据法律精神对法律本身进行修正。

（六）我国缔结或参加的国际条约

根据《民法通则》的有关规定，处理涉外婚姻家庭关系时可以适用我国缔结或者参加的国际条约（特定的情况下还可以适用国际惯例），因此，经我国批准生效或者参加的有关婚姻家庭的国际条约也是婚姻家庭法的渊源。此外，在一定的条件下，党和国家在特定的历史时期制定的有关婚姻家庭的政策，以及某些为法律所认可、符合社会主义婚姻家庭道德要求的习惯，也具有婚姻家庭法渊源的地位和作用。

由上可知，我国婚姻家庭法的渊源不是单一的。各种渊源在整个法律体系中处于不同的位阶，具有不同的法律效力。有的适用于全国，有的只适用于一定的地区。婚姻家庭法是一个以宪法和民法通则为依据，以起着婚姻家庭基本法作用的《婚姻法》为核心，由不同种类、不同层次的规范性文件组成的规范体系。

三、婚姻家庭法的地位

婚姻家庭法的地位，集中反映在两个方面：一是婚姻家庭法在法律体系中所处的地位，反映了婚姻家庭法在立法体例上的发展和演变；二是婚姻家庭法与其他法律的联系与区别，反映了现实社会中婚姻家庭法与各部门法相互渗透、相互作用的内在关系。

（一）婚姻家庭法在立法体例上的发展

自婚姻家庭法产生以来，其在立法体例上的发展，大体经历了三个阶段，呈现出三种类型：

1. 诸法合体时期的古代婚姻家庭法。在整个古代，不论是奴隶社会还是封建社会，中外各国在立法上均采用民刑不分、诸法合体的形式。在这种立法模式下，有关调整婚姻家庭关系的法律规范，在法律体系中未取得独立的地位，而是包容在统一的法典中，所以称为诸法合体时期的古代婚姻家庭法。中国奴隶社会、封建社会各朝代的律令、古巴比伦王国的《汉谟拉比法典》、古希腊帝国的《十二铜表法》和后来的《查士丁尼国法大全》以及欧洲中世纪的寺院法等都带有这一特色，反映了历史上诸法合体的共性。

诸法合体时期的古代婚姻家庭法具有三个显著的特征：①婚姻家庭法与其他法律规范相混杂，共存于统一的法典之中。但这一时期的婚姻家庭法内容并不充分完备，而是以分散附带的形式置于法典之中，所占比重不大，表现出法典的重刑轻民的古代法色彩。②法律规范的功能作用呈单一形态。对于违反婚姻家庭规范的行为，普遍采用刑罚的方法来处理。婚姻家庭法的刑法色彩较为浓厚。③婚姻家庭法对其他社会规范的依赖性较大。宗教、道德、习惯等社会规范在规范和调整婚姻家庭方面作用十分突出。这些社会规范成为婚姻家庭制度的基本内容，是古代婚姻家庭法的重要补充。

2. 附属于民法的近代婚姻家庭法。随着近代资本主义制度的建立和发展，资本主义法制和法律体系也逐步形成和完善。由于社会化大生产带来的生产力发展和社会分工的细密，社会关系日益复杂，利益冲突愈来愈多，不可以再用统一的法典来调整众多的社会领域。因此，资本主义国家建立以后，开始了法律体系由诸法合体的形式向各个法律部门分支独立的演变。这一演变首先由资产阶级法学家提出一系列的理论依据，后被国家立法付诸实践，将法律划分为若干部门，分别调整特定的社会关系，形成了资本主义法律体系。在当时的法律体系中，婚姻家庭法尚无系统独立的法典，仍然不是一个独立的法律部门，而是包括在民法之中。因为在资产阶级看来，婚姻家庭关系就是一种契约关系，是财产关系，当然应该由民法来调整。并以亲属法或者其他名称形式作为民法的一个组成部分，从而形成了附属于民法的近代婚姻家庭法的历史类型。

3. 成为独立法律部门的社会主义婚姻家庭法。20世纪以来，一方面西方资本主义社会发生了较大的变化，顺应现代社会的要求，婚姻家庭法相继得到改革和完善；另一方面诞生了以苏联为代表的一批社会主义国家，社会主义婚姻家庭法登上历史的舞台，从一开始就以独立法律部门的地位呈现出来。苏联十月革命后首开婚姻家庭法独立于其他法律部门的历史先河；受其影响，第二次世界大战后东欧成立的社会主义国家如南斯拉夫、罗马尼亚都采用了这种立法形式。新中国成立之后，先后在1950年和1980年两个重大的历史转折时期颁布了《婚姻法》，基本上是仿效苏联模式，都带有独立部门法的特点。社会主义婚姻家庭法之所以一开始就形成独立的法律部门，并非偶然，而是由一定的理论背景、社会背景、文化背景和法制背景等多重因素共同作用的必然结果，反映出当时的合理性和进步性。

4. 属于民法组成部分的我国婚姻家庭法。长期以来，我们把婚姻家庭法作为单行法，而不是放到民法中去考虑，是受到了独立法律部门说影响的结果。苏联在十月革命以后，婚姻家庭法就独立于民法之外而成为一个独立的法律部门，后来的社会主义国家都沿用了这一体制。我们国家也受这一观念影响，我国早期的婚姻法学者也是最早主张独立法律部门说的。但实践证明，不管从哪个方面说，都应该把婚姻家庭法纳入到民法中考虑。

（1）就历史发展来看，20世纪，我国的婚姻家庭法与民法就经历了一个始合后分的过程。清末制定的《大清民律草案》，北洋军阀的《中华民国民律草案》，以及1930年制定、1931年施行的《中华民国民法》，都是把亲属编纳入整个民法草案或民法典的。

（2）就世界各国的情况来看，除了苏联、东欧一些国家把婚姻家庭法典作为与民法典平行的部门法以外，凡是制定民法典的大陆法系的国家，没有一个不包括亲属编或者是婚姻家庭编的，制定民法典却不把婚姻家庭纳入其中可以说是从未有过。当然英美法一些国家例外，但是它们连民法典都不编，都是单行法，所以就不会发生这些问题。因此，我们把婚姻家庭法纳入其中加以考虑是十分适宜的。

（3）就当前情况来看，随着中国法制建设的全面铺开并向纵深发展，民事立法也得到了迅猛发展。以《民法通则》为龙头、以各单行基本法律为主干、以其他各种层次法律渊源为配套的中国民事法律体系初具规模并日臻完善。尤其是民法典的编纂及草案的出台更说明了这一点。为此，在特殊历史条件下形成的婚姻家庭法的独立部门法地位发生动摇。实际上，从20世纪80年代我国《民法通则》的颁行即正式宣告了婚姻家庭法向民法的回归，确立了婚姻家庭法在立法体制上应属于广义民事法律的组成部分。《民法通则》第2条规定"中华人民共和国民法调整平等主体的公民之间、法人之间、公民和法人之间的财产关系和人身关系"。显然，婚姻家庭法中的人身关系和财产关系正是发生在平等主体的公民之间，符合民法规范的范围。现在，通过制定民法典的工作，我们把婚姻家庭法纳入法典化的民法中，就进一步从法律体系结构和编制方法上使婚姻家庭法实现了向民法的最后回归。

因此，在我国现行的立法体例上，婚姻家庭法和继承法、知识产权法、合同法等居于相同层次的法律地位，都是属于民法不可分割的有机组成部分。同时，也应当看到，婚姻家庭法同其他民法规范相比较，仍有其自身的固有特点，所以在民法中又具有相对独立的地位。

（二）婚姻家庭法同其他法律的关系

我国现行的社会主义法律体系是一个有机联系的整体，不同法律部门之间既互相独立，又互相联系；既相互分工，又相互补充和配合。在现实生活中，各种社会关系相互交错、紧密联系，婚姻家庭问题总要直接地或者间接地渗透到其他法律当中去，其他法律则不可避免地要涉及婚姻家庭的法律规范和内容。

1. 婚姻家庭法与宪法。宪法是国家的根本大法，是一切法律的立法基础。它规定我国的社会制度、国家制度、国家机构的组织与活动原则、公民的基本权利与义务等带有根本性的问题，具有最高的法律效力。可以说，宪法与婚姻家庭法的关系即"母法"与"子法"的关系。我国《宪法》规定，"中华人民共和国妇女在政治的、经济的、文化的、社会的和家庭生活的各个方面都享有与男子平等的权利"、"国家保护妇女的权利和利益"、"婚姻、家庭、母亲和儿童受国家的保护"、"夫妻双方有实行计划生育的义务"、"父母有抚养教育未成年子女的义务，成年子女有赡养、扶助父母的义务"、"禁止破坏婚姻自由，禁止虐待老人、妇女和儿童"。宪法的这些规定，体现了党和国家对待婚姻家庭问题的一贯政策，是婚姻家庭法的指导思想和运作方向，也是婚姻家庭法的基本根据和原则所在。婚姻家庭法根据这些原则来制定和操作，是宪法的原则性规定的具体化和系统化。

2. 婚姻家庭法与民法。婚姻家庭法是民法的重要组成部分，民法是一切民事活动的基本准则。我国民法通则所确立的民事活动的共性原则，对所有的民事法律具有统管性。但是，鉴于婚姻家庭关系的特殊性，婚姻家庭法既遵循民法通则中的一部分共性原则，又有其自己的基本原则。我国《民法通则》第105条规定"妇女享有与男子平等的民事权利"，第103条规定"公民享有婚姻自主权，禁止买卖、包办婚姻和其他干涉婚姻自由的行为"，第104条规定"婚姻、家庭、老人、母亲和儿童受法律保护"，第147条规定"中华人民共和国公民和外国人结婚适用婚姻缔结地法律，离婚适用受理案件法院所在地法律"等，这些直接构成了婚姻家庭法的渊源，在婚姻家庭法的具体执行过程中，必须要遵守这些基本法则。而民法通则中的某些一般规定，如关于公民的权利能力和行为能力、监护、宣告死亡、法定代理、财产所有权和共有、父母对未成年子女致人损害的民事责任等也同样适用于婚姻家庭法领域。此外，婚姻家庭法同某些民事单行法也有密切的联系，如婚姻家庭法确定的亲属身份是我国继承法确定和调整亲属关系的基本依据，而婚姻家庭法与亲属继承权的原则性规定在继承法中得到了明确的体现。

由上分析可见，婚姻家庭法与民法的关系，归根结底属于同一法律部门中的内部关系。

但是，由于婚姻家庭关系本身的特殊性，因而，其在调整对象、调整目的和调整方法等方面与民法的区别也是显而易见的：①在法律调整对象上，婚姻家庭法调整的人身关系和财产关系是在婚姻家庭这个特定的领域当中的，发生在特定亲属之间，因而受亲情和伦理的影响较大，其人身关系具有相对性，财产关系从属于亲属间的身份关系，具有稳定性、持续性、无偿性和与亲属间的身份关系的不可分离性等特点；民法调整的人身关系和财产关系是广泛社会领域里的，发生在一般人之间，因而则不受亲情与伦理的影响，其人身关系具有绝对性，财产关系则具有平等性、自愿性、等价有偿性等特点。②在法律调整的价值目的上，民法的主要价值趋向在于充分运用价值规律，发展商品经济；婚姻家庭法的主要价值趋向则在于维系家族利益，实现家庭的社会职能。③在调整方法上，民法基本上是一种调整人们行为的法律，它以意思自治为基本的调控手段；婚姻家庭法是一种身份法，它对婚姻家庭关系的调整除需要坚持平等原则外，还要充分考虑感情、伦理等对婚姻家庭关系的影响，它对亲属间平等地位的维护也采取了民法所没有的一系列手段，贯彻着保护妇女、儿童、老人等弱者合法权益的原则。

3. 婚姻家庭法与行政法。行政法是调整国家行政管理机关在实现其管理职能的过程中所发生的各种社会关系的法律规范的总和。婚姻家庭领域有不少方面的行为要受到行政法规的直接调整。保障公民婚姻家庭权利时，必须运用这些法律规范。①公民的结婚登记、离婚登记、复婚登记、收养登记和办理有关出生、死亡、婚姻状况和亲属关系的公证等均属于行政管理的范围。而民政部颁布的《婚姻登记条例》既属于行政法的范畴，又是婚姻家庭法的重要内容之一，具有双重性。②公民因出生、死亡、结婚、离婚和收养等身份变化引起家庭成员的户籍、住所的变更，必须进行户籍登记，按照户籍法规办理。③对于违反婚姻家庭法规定尚未构成犯罪的行为，如殴打家庭成员，造成轻微伤害；虐待家庭成员，受虐待人要求处理的，依照有关行政法给予行政处分和行政处罚。④夫妻实行计划生育，行使生育权，也需要借助相应的行政措施。因此，婚姻家庭法在很大程度上得依靠行政法的规范和操作才能保证实施，国家行政机关的有关管理活动是婚姻家庭法赖以依托的基本社会力量。目前，涉及婚姻家庭关系的行政法规，主要有国务院及其所属部门发布的涉及婚姻家庭的条例、规定、办法和决定等规范性文件。它们也是婚姻家庭法的重要渊源，对于贯彻宪法、法律有关婚姻家庭的规定，起着主要的作用。

4. 婚姻家庭法与民事诉讼法。民事诉讼法，是关于处理民事案件的程序的法律规范的总和。作为人民法院与诉讼参与人进行民事诉讼活动的法律规范，民事诉讼法与婚姻家庭法是程序法与实体法的关系。正如马克思曾生动形象地指出"审判程序和法二者之间的联系如此密切，就像植物的外形和植物的联系，动物的外形和血肉的联系一样"[1]不可分割，相互依存，相辅构成。处理婚姻家庭案件时，实体问题适用婚姻家庭法的有关规定，程序问题则适用民事诉讼法的有关规定。也就是说，婚姻家庭法上的各项制度和原则的贯彻实施，都要依靠民事诉讼法从司法程序上加以保证。两者必须做到内容和形式、方法和目的的统一。任何只重视实体法而轻视程序法的现象，都是错误的。

5. 婚姻家庭法与刑法。刑法是规定有关犯罪和刑罚的法律，是维护社会秩序、保护公民人身权利、民主权利的有力武器。公民在婚姻家庭方面的合法权益，既受到婚姻家庭法的保护，也受到刑法的保护。我国《刑法》第四章第257～262条对暴力干涉婚姻自由罪、重婚罪、破坏军婚罪、虐待罪、遗弃罪等妨害婚姻家庭的犯罪作了具体的规定。刑法的这种通过惩罚以维护社会主义婚姻家庭制度的作用成为婚姻家庭法强有力的后盾，也是其他法律所不可替代的必要强制手段。可以说，婚姻家庭法和刑法，在建立和维护社会主义婚姻家庭关系方面，有着合理分工和密切配合的关系。

此外，婚姻家庭法同劳动法、国际私法等许多法律，也存在着这样或那样的联系，在处理某些相关问题时也应当注意把握。

四、我国婚姻家庭立法的发展及其完善

在我国古代奴隶社会和封建社会，由于实行的是诸法合体、重刑轻民的立法思想和统治阶级以礼辅法、礼法并重的宗法制度，因而表现在婚姻家庭立法上，可以说主要是以礼为依据的。在其内容上则主要体现为包办强迫，毫无婚姻自由、男尊女卑，野蛮的一夫多妻制、家长专制，漠视子女利益。这也是我国延续了几千年之久的封建社会婚姻家庭制度的基本特征。对这种野蛮的、束缚生产力发展的婚姻家庭制度加以改革，是我党领导的革命事业中的一项重要任务。

新中国成立前革命根据地时期，随着工农民主政权的建立，有关解放妇女、改革婚姻家庭制度的决议和命令陆续出台。1931年12月，颁布了《中华苏维埃共和国婚姻条例》，后来在总结经验的基础上，1934年对条例进行了修改，重新颁布了《中华苏维埃共和国婚姻法》。这是我国第一部比较完整的婚姻法，是我们党和国家改革旧的封建主义婚姻家庭制度的最初的法律文献，它的公布和施行，标志着我国婚姻家庭制度革命的开端。

新中国成立以来，我国婚姻家庭立法的发展与完善，主要经历了以下几个

---

[1] 《马克思恩格斯全集》第1卷，人民出版社1965年版，第178页。

阶段：

（一）1950年婚姻法

1950年婚姻法的颁布，标志着我国婚姻家庭制度的改革进入了一个新的阶段。

1950年5月1日颁布的《中华人民共和国婚姻法》，这是新中国成立后的第一部重要法律。毛泽东称其重要性仅次于宪法。该法的基本精神就是废旧立新，即废除封建主义的婚姻家庭制度，建立新民主主义的婚姻家庭制度。实质上就是建立社会主义的婚姻家庭制度。其主要内容共8章27条，规定了婚姻自由、一夫一妻、男女平等的原则，结婚的条件和程序，夫妻间的权利义务，父母子女关系及离婚后的子女抚养和教育、财产分割和生活等。可见，1950年婚姻法，是我国婚姻史上的第二个重要发展阶段。

（二）1980年婚姻法

从1950年婚姻法到1980年婚姻法的颁布，时隔30年，人们的婚姻家庭和社会生活等各个方面都发生了巨大的变化，原有的某些规定已经不能适应新时期的需要，因此需要加以修改。1980年婚姻法的颁布和实施，是我国人民社会生活中的一件大事，具有重要的现实意义。

1.1980年婚姻法的任务和作用。主要体现在以下几方面：①健全法制，巩固和发展社会主义的婚姻家庭制度。②调整婚姻家庭关系，维护公民的合法权益。③提高道德水平，建设社会主义两个文明。

2.1980年婚姻法是1950年婚姻法的继续和发展。所谓继续，是指它继承了前者行之有效的部分，发展是指在前者的基础上所作的修改和补充，表现为：①完善了婚姻法的基本原则。除了重申原婚姻法的各项基本原则之外，增加了保护老人合法权益和实行计划生育的内容。②修改了结婚条件。将原法中规定的男女结婚的法定婚龄分别都提高了两岁即为男22周岁，女20周岁。关于禁婚亲，将原法中的规定改为禁止直系血亲和三代以内的旁系血亲结婚。③扩大了家庭关系的法律调整。除夫妻关系、父母子女关系外，将祖孙关系、兄弟姊妹关系也列入调整范围。在夫妻财产制、扶养、抚养、赡养、收养、继父母继子女关系、对未成年子女的管教和保护等问题上，修改后的条款都比原规定有所改进。④增补了离婚的相关条款。对于男女一方要求离婚的纠纷，在程序上增加了可由有关部门进行调解或直接向人民法院提出离婚诉讼的规定，在实体上增加了有关判决离婚的法定理由的规定。在离婚后子女的抚养教育、财产和生活等问题上，也根据新的情况对原规定作了适当的修改。

总的来看，1980年婚姻法在一定程度上丰富和发展了我国的婚姻家庭立法，它是我国婚姻发展史上的第三个重要阶段。但是，它的内容没有脱离1950年婚姻法的框架，修改和补充的幅度并不是很大。

（三）2001年婚姻法修正案的重大立法突破与发展

2001年4月28日全国人大常委会通过了《关于修改〈中华人民共和国婚姻法〉的决定》（以下简称《决定》）。在1980年婚姻法的基础上，从我国实际出发，坚持社会主义婚姻家庭的基本原则和制度，在总结长期以来行之有效的婚姻立法、司法实践经验的基础上，作了较大幅度的修改、补充，它填补了一些立法空白，对公民婚姻方面的权利增加了一些保障性的规定，对于维护平等、和睦、文明的婚姻家庭关系，促进社会主义物质文明和精神文明建设，具有十分重要的现实意义和历史意义。

与1980年婚姻法相比，新婚姻法增加了救助措施与法律责任一章，增补了15条，删除了1条，修改了22条，完整保留了14条，全文共计6章51条。其修改幅度之大、涉及范围之广、增补内容之多、创新色彩之浓，不失为中国现行婚姻家庭立法之空前。此次修正案修改的内容，主要表现在以下几方面：

1. 在总则中，在保留原婚姻法的五项基本原则和四个禁止性规定的基础上，增设了两项内容：①补充了"禁止有配偶者与他人同居"和"禁止家庭暴力"的规定。②体现婚姻法的立法宗旨，明确规定"夫妻应当相互忠实，互相尊重；家庭成员间应当敬老爱幼，互相帮助，维护平等、和睦、文明的婚姻家庭关系"。

2. 在结婚制度中，在肯定原婚姻法关于结婚条件和结婚登记程序的基础上，修改、补充了五项内容：①鉴于我国在防治麻风病方面已取得伟大成就，从文字上和形式上删除了"患麻风病未经治愈"禁止结婚的规定，实际上将其纳入医学上认为不应当结婚的疾病。②维护婚姻登记制度，补救事实婚姻，补充了"未办结婚登记的，应当补办登记"的规定。③贯彻男女平等原则，确认夫妻平等的住所选择权和决定权，将原条文修改为"男方可以成为女方家庭的成员"，删除了"也"字。④补充了婚姻无效规定，正式确定了无效婚姻制度。⑤创设了可撤销婚姻制度。

3. 在家庭关系中，凸现夫妻财产制的法律地位，提升司法解释中行之有效的内容，加强亲属关系的法律调整，修改、增补了七项内容：①修改夫妻财产关系的制度模式，较为明确地规范了夫妻共同财产制、夫妻个人财产制、约定财产制三类财产关系的静态构成和动态运作。②在父母子女关系中补充了"禁止弃婴"的规定。③将父母在未成年子女对国家、集体或他人造成损害时有"赔偿经济损失"的义务修改为父母有"承担民事责任"的义务。④将"非婚子女的生父应负担子女必要的生活费和教育费的全部或一部分，直至子女能独立生活为止"修改为"不直接抚养非婚生子女的生父或生母，应当负担子女的生活费和教育费，直至子女能独立生活为止"。⑤修改规定"有负担能力的祖父母、外祖父母，对于父母已经死亡或父母无力抚养的未成年的孙子女、外孙子女，有抚养的义务"，补充规定"有负担能力的孙子女、外孙子女，对于子女已经死亡或子女无力赡养的祖父母、外祖父母，有赡养的义务"。⑥补充规定"由兄、姐扶养长大的有负担能力的弟、妹，对于缺乏劳动能力又缺乏生活来源的兄、姐，有扶养的义务"，并将原法中的"抚养"改为"扶养"。⑦增加了"子女应当尊重父母的婚姻权利，不得干涉父母再婚以及婚后的生活。子女对父母的赡养义务，不因父母的婚姻关系变化而终止"的规定。此外，明确规定"子女可以随父姓，可以随母姓"，去掉了原婚姻法中的"也"字。

4. 在离婚制度中，针对原婚姻法关于离婚条件、程序和法律后果规定的不足，修改补充了八项内容：①对双方自愿离婚的程序修改为"双方必须到婚姻登记机关申请离婚。婚姻登记机关查明双方确实是自愿并对子女和财产问题已有适当处理时，发给离婚证"。②继续坚持以"感情确已破裂"作为裁判离婚的实质标准，补充规定了应准予离婚的五类具体情形，确立了例示主义的法定离婚标准模式。③将"现役军人的配偶要求离婚，须得军人同意"修改为"现役军人的配偶要求离婚，须得军人同意，但军人一方有重大过错的除外"。④在关于一定期间内限制男方离婚请求权的规定中补充了"女方中止妊娠后6个月内男方不得提出离婚"的内容。⑤在离婚后父母子女关系的法律规范中，引入了"直接抚养"称谓，增设了"离婚后，不直接抚养子女的父或母，有探望子女的权利，另一方有协助的义务"的规定，并对探望权的行使作了相关的界定。⑥与新的夫妻财产制相对应，对离婚时的财产分割、债务清偿作了必要的修改和补充。⑦对离婚后，男女双方自愿恢复夫妻关系的，修改规定为"必须到婚姻登记机关进行复婚登记"。⑧对离婚时的困难帮助问题更明确地规定为"离婚时，如一方生活困难，另一方应从其住房等个人财产中给予适当帮助"。

5. 在增设的"救助措施与法律责任"一章中，删除了原《婚姻法》第34条"违反本法者，得分别情况，依法予以行政处分和法律制裁"的规定，补充了六项内容：①针对家庭暴力或虐待行为，明确规定了受害人的救济请求权和社会救治责任与渠道。②针对不履行扶养义务、遗弃家庭成员的行为，规定受害人有权提出请求，居民委员会、村民委员会以及所在单位应当予以劝阻、调解；人民法院应当根据受害人的请求依法作出支付扶养费、抚养费、赡养费的判决。③针对重婚行为、实施家庭暴力或虐待、遗弃家庭成员构成犯罪的行为，不仅规定依法追究刑事责任，而且规定"受害人可以依照刑事诉讼法的有关规定，向人民法院自诉；公安机关应当依法侦查，人民检察院应当依法提起公诉"。④针对因一方过错违法行为而导致的离婚，引入民事责任制度，赋予无过错方的民事损害赔偿请求权。⑤针对离婚中发生的侵犯夫妻共同财产权的行为，规定了民事处理方式，纳入了民事制裁范畴。⑥鉴于婚姻家庭关系与诸多法律法规存在渊源关系，明确规定"其他法律对有关婚姻家庭的违法行为和法律责任另有规定的，依照其规定"。此外，将原《婚姻法》第35条的规定修改为"对拒不执行有关扶养费、抚养费、赡养费、财产分割、遗产继承、探望子女等判决或裁定的，由人民法院依法强制执行。有关个人和单位应负协助执行的责任"。

由上可知，2001年婚姻法修正案主要对总则、结婚制度、家庭关系、离婚制度以及救济措施与法律责任五个方面进行了相应的调整和增补。虽然，从全面完善婚姻法这个高度来审视的话，此次修法还很不到位，仍然留下了许多立法空白，使许多具体制度仍然没有形成配套，法律缺乏本应有的系统性、科学性和前瞻性。但是，这次修法仍可以说是我们发展和完善婚姻家庭法所取得的一个重要阶段性成果，或者说是一个过渡性的立法措施。我们寄希望于民法典出台对婚姻家庭制度给予进一步的完善。

思考题

1. 如何从法律上界定婚姻、家庭？
2. 简述婚姻家庭法的概念及调整对象。
3. 如何理解婚姻家庭的自然属性和社会属性？
4. 当代婚姻家庭有哪些社会职能？
5. 如何理解社会主义婚姻家庭制度的本质？
6. 试述婚姻家庭制度产生演变的历史进程和规律。
7. 2001年婚姻法修正案对哪些方面进行了修改和补充？

实务训练

（一）示范案例

程晨与秦欢一向交往密切，在别人眼里她们不是情人胜似情人。两人自18岁后便在一起同居，且从不与男性打交道。为达到长相厮守的目的，她们决定"结婚"。因为是同性，婚姻登记机关不予登记。无奈，程晨到上海做了变性手术。1年后，两人拿着医院开具的程晨变成了男性的证明，再次到婚姻登记机关要求办理结婚登记手续，登记机关以变性人结婚没有法律依据以及程晨户口本和身份证上性别仍是女性为由，不予登记。

试分析：变性人可否结婚？该案应如何处理？

[分析要点提示]

变性人登记结婚的确是新事物。在人类历史上，婚姻制度是以男女两性生理差异的存在为基础，婚姻承担着满足性生活和人类自身繁衍的两大功能，这是由婚姻的自然属性所决定的。因此，婚姻必须是一男一女的结合，同性结婚被认为是不符合婚姻的本意和宗旨的。但是，婚姻关系并非只由自然属性决定，它还将借助这些自然属性、条件而形成新的社会关系。因此，婚姻作为社会关系的特殊形式具有一定的社会内容，它必须与所在社会的物质生活条件和社会制度密切相关。

鉴于此，虽然我国法律目前没有明确具体规定变性人可否以变更后的性别结婚，但根据民政部2003年12月作出的规定，在确定结婚双方性别为一男一女之后，变性人也可以办理结婚登记手续。变性人变性后虽然不具有生育能力，但其确实具有了另一种性别的生理特征。因此，在当事人做了变性手术后，可申请更改原户籍上登记的性别。只要申请结婚登记的双方当事人在户籍登记上的性别不是同性，婚姻登记机关就应给各方面都符合条件的申请人办理结婚登记手续。

（二）习作案例

杜文与白洁于1993年国庆节结婚。次年生育一女杜梅，现年19岁。2009年，杜文与白洁因感情破裂双方协议离婚。约定女儿杜梅由母亲白洁抚养，杜文每月支付500元生活费。为了使孩子受到最好的教育，杜文主动与白洁协商，每月再多付教育费500元。后来，杜梅高中毕业，未能如愿考上大学。看到孩子很消沉，白洁给女儿选择了一所中外合资的私立大学，但学费较高，每年2万元，4年共计8万元。由于此时白洁已下岗，经济比较困难，便希望杜文能承担部分教育费。但由于此时杜文已再婚，并又生育幼子，生活负担较重，故不愿再多承担女儿的教育费。在几次协商未果的情况下，白洁便让女儿起诉父亲，要求其增加女儿的教育费。

试问：该案中原被告之间的关系是否属于婚姻家庭法的调整对象？你认为该案应如何处理？为什么？

延伸阅读

云南摩梭人的走婚习俗[1]

在我国云南西北部的古老的摩梭族至今还保留着母系社会的痕迹，仍实行

---

[1] 本文摘自王美："云南摩梭人的走婚习俗"，载《神州民俗》2008年第5期，内容有所删减。

着"男不娶女不嫁"这一奇特的"走婚"习俗。"走婚"是摩梭人传宗接代繁衍后代的途径,与传统的主流婚姻不同。

一、"走婚"的基本特点

"走婚"是摩梭人中一种历史悠久的两性关系结合方式,至于何时产生及其产生的原因,文献中并无明确记载,口述历史中也没有明确说明。历史上的摩梭人处于母系氏族阶段,其性关系是以"走婚"为主要形式的。"走婚"在以前的文献中又被称为"阿夏异居婚"或"阿注婚"或"阿夏婚"。"阿夏"是摩梭语,是男子称呼女情人的称谓;而女子称呼男情人是"阿都"。也有的用"阿肖"(肖是躺下之意)一词来指称走婚。"'阿注'一词所指非常广泛,在男与男、男与女、女与女、外民族与本民族之间皆可称'阿注',甚至同路人也可以称'阿注',意即'朋友伙伴'。"如果用(阿注)这一词来指称走婚是不确切的,既不符合语义语音,也不符合本民族的习惯。有的学者认为"用(阿夏)这一概念来命名摩梭人的母系形态婚姻是比较准确的,既符合本民族的风俗习惯和语义语音,又具有一定的科学性和特定的涵义"。

关于"走婚"的特点,以前的文献中记录很多,都认为"男不娶、女不嫁,配偶双方各居母家。通常由男子夜晚到女子家里访宿,次日拂晓便返回母家从事生产劳动,同母家成员一起生活。建立这种婚姻关系的男女,只是不定期结成偶居伴侣,彼此互称'阿注',而不称作夫妻",这是"走婚"的主要特点。这种两性关系缔结容易,解除也容易,方便男女间的接触。只要彼此同意,男子就可以到女家夜访。关系的缔结以母系血统为界限,带有氏族外婚的特征。凡属同一母系血统的成员,是禁止性关系的,不属于同一个母系血统的男女都可以建立"伴侣"关系。结交"伴侣"时,一般仅仅互相交换定情礼物,如一根腰带、一支手镯、一条项链或一个戒指等,也有不交换礼物的。过去每个人一生中都会有多个"伴侣",但大部分男女在一段时期内都有一个固定的、公开的、较稳定的伴侣。现在"伴侣"关系趋于相对稳定,大多数对生父已经确知,但有的也"只知其母、不知其父"。在缔结了"伴侣"关系的男女之间,经济和感情上的联系是不多的。对于临时性和短期性的"伴侣",男子可以随便送给女伴侣一些实物和现金,也可以什么都不送。唯有保持长期关系的"伴侣"才有较多的联系。现在则有一种尊重长期"伴侣"的风尚。"伴侣"关系的建立不受家庭、年龄、民族的限制,也不受家庭和外人的随意干涉,基本上由自己做主。任何一方不愿继续保持关系时,男的不再到女家走访,或女的不再接纳男的进门,便算解除关系。

二、"走婚"的新变化

摩梭人的"走婚"是很自由的,但自由也不是无度的,更不是放肆的。"他们仍有自己的道德规范和行为准则，就像村规民约一样。只不过，他们不用文字作布告，大家都得遵守的是约定俗成，简言之，就是风俗习惯。比如，男子可以选自己的'阿夏'，女子也可以自由选择自己的'阿都'，但是，不可以同时与几个人相好，只能选取一个。一旦双方感情破裂，断了关系后，才可以与另一个维持关系。不能脚踏两只船，甚至脚踏多只船。这样的人，在生活中，会出现个别现象，但那要受到社会舆论的谴责，被人认为是'添口水的人'或者'脸上有毛的人'（指他是牲口，不懂感情的人）。"以前有的学者认为摩梭人的"走婚"存在着同母兄妹结交阿注、母女共阿注、舅父与甥女为阿注、父子二人与姐妹二人为阿注、舅甥共阿注等现象，这些都是群婚、血缘婚的残余。是历史上的记录，尤其是20世纪五六十年代的调查和研究得出的结论，这些结论深深地影响着人们的认识和观念。这些结论来源于摩尔根和马恩的经典结论，是先有结论而后进行的推论。但据调查了解，事实情况并非如此。

　　如果说以前的"走婚"是很自由的话，那么今天则有一种趋于稳定和固定的迹象。摩梭人的"走婚"并不像以前有些人所说的那样，可以自由交结伴侣，性关系解除自由、随便。他们（她们）一般都很看重男女间的关系，尤其在确定了正式的"走婚"关系后。现在"走婚"的对象一般都是固定的，无论是男人还是女人，很少有同时与数个异性进行"走婚"的现象。在摩梭人中，如果谁同时和几个男人或女人"走婚"，会被人们看作是"连畜生都不如的人"，当事人将因此而遭到人们的唾弃。如果因为特殊原因导致"走婚"的男女双方分手，那么，女方通常就被人们称为"寡妇"。人们在与多人"走婚"的情况下必须承受一定的社会舆论的压力。

　　如今摩梭人的"走婚"随着时代的发展已经出现了一些新的现象，即男女之间的分手、性关系的解除不再是一件轻松的事，尤其是有着长期"走婚"关系的男女，在分手之后当事人双方一方面要承担一定的经济负担，另一方面也要承受一定的社会舆论的压力。以前文献中所说的男女关系的解除是极为自由的，不需要承担任何的负担和压力，到现在已经发生了变化。之所以会有如此的变化主要是受到汉族婚姻习俗的影响。

三、"走婚"的利弊

　　关于"走婚"的利弊，以前的学者多有论述，普遍都认为"走婚"有许多的优点。如有的认为"走婚"有利于家庭团结和睦、没有老人问题、减少社会问题、老幼男女皆无后顾之忧、无经济压力、两性和谐平等、感情纯度高、感情自由、少压力、符合优生原则等。也有的认为摩梭人实行"走婚"是合乎摩梭人之情、摩梭人之理的，它有利于营造融洽和睦的家庭环境、有利于提倡恋爱婚姻自由、有利于减轻社会负担、有利于人口的稳定增长、有利于孕育健康聪明的后代、有利于节省家庭开支、有利于社会分工、有利于维持母系家庭，并认为这是摩梭人实行"走婚"的原因。

有社会学家认为，摩梭人的走婚，以自我为中心，以女人为中心，女人一生只为自己的骨肉付出。这样的婚姻形态，使男女关系变得轻松，家庭成员亲密友好，社会生活简单和睦，这是一种科学的、人性化的家庭组合方式。

那么，现今的摩梭人又是如何看待"走婚"的呢？摩梭人对走婚主要持有两种观点：一种认为有利有弊，认为有利的方面是，男女双方建立"走婚"关系后，分别在自己的家庭里生活、劳动，男的不娶，女的不嫁，这样男子的父母亲就不必为儿子的婚事操太多的心，不用花很多的钱去盖房子，而汉族的家庭则要在孩子的婚事上花费很多的金钱和精力。并且在结婚以后，还要分家，分家带来的结果是大家的土地越分越少，家里的可供合作的劳动力也越来越少，所以家庭经济比较困难，在摩梭人实行"走婚"的家庭里，家庭关系比较容易处理，住在一个院子里的人都是一家人，都是一个母亲的儿女，即使发生矛盾，也比较容易解决，还有就是，在摩梭人的家庭里，老人是很幸福的，他们都能够得到儿女及孙辈的照顾。不利的是，在摩梭人家里，男人普遍很清闲，而女人则相反，她们一年到头都很忙，女人家里家外的事都要干，而且孩子父亲与子女的关系没有舅舅与外甥的关系亲密，虽然父亲也要对子女的成长承担一定的经济责任，但是这种责任是很有限的。还有一种观点是认为不如汉族结婚的好，因为摩梭人"走婚"，每一个家庭里的人都很多，做事的时候，有人可以偷懒，把工作推给别人，而汉族结婚的家庭，家里人少，所有活计都必须一起干，而且男人和女人一起养育自己的孩子，还是这样的家庭好。

正是由于"走婚"有着这些优于一夫一妻制的特点，同时"走婚"又能以其独特的形式帮助人们实现两性的性生活，并适应摩梭人特殊的社会和文化背景，因而能够得到摩梭人的普遍接受和认可。

第二章　婚姻家庭法的基本原则

学习目标与工作任务

通过本章的学习，要求大家能够了解我国婚姻家庭法基本原则的含义，认真领会诸原则的精神实质；充分认识社会主义婚姻家庭制度的优越性；掌握处理各种违反婚姻法行为的政策界限；能灵活运用我国婚姻家庭制度的基本原则去解决司法实践中常见的各类违反婚姻家庭法的事件。

第一节　婚姻家庭法的基本原则概述

导入案例

2005 年 8 月 18 日，著名小品演员高某突发心脏病去世，随后国内媒体惊爆高某与著名剧作家何某只是"名义夫妻"，何某与前妻张某一直没有办理离婚手续。当年，何某与高某相识后也曾向张某提出离婚，但遭到张某和子女的强烈反对，离婚因此搁浅。何某则从此离家，开始与高某以夫妻名义公开露面。这让一些喜欢二人作品的观众在感叹的同时，又不禁发出这样的疑问——他们的这种做法是否符合婚姻家庭法基本原则的精神？何某的行为应如何认定？

本案知识点：婚姻家庭法基本原则；重婚

教学内容

婚姻家庭法的基本原则是我国社会主义婚姻家庭制度的核心，是贯穿在婚姻家庭法各章各条中的基本指导思想。总的说来，我国婚姻家庭法的基本原则可概括为：婚姻自由原则，一夫一妻原则，男女平等原则，保护妇女、儿童和老人的合法权益原则，实行计划生育原则以及维护平等、和睦、文明的婚姻家庭关系原则。

一、婚姻家庭法基本原则的含义

婚姻家庭法的基本原则是对婚姻家庭立法具有指导作用的根本准则，它是制定、解释、执行和研究婚姻家庭法的依据与出发点。婚姻家庭法的基本原则既是婚姻家庭法的立法指导思想，又是婚姻家庭法规范的基本精神，也是婚姻家庭法操作、运行的基本准则。

我国《婚姻法》第2条规定："实行婚姻自由、一夫一妻、男女平等的婚姻制度。保护妇女、儿童和老人的合法权益。实行计划生育。"第3条规定："禁止包办、买卖婚姻和其他干涉婚姻自由的行为。禁止借婚姻索取财物。禁止重婚。禁止有配偶者与他人同居。禁止家庭暴力。禁止家庭成员间的虐待和遗弃。"第4条规定："夫妻应当互相忠实，互相尊重；家庭成员间应当敬老爱幼，互相帮助，维护平等、和睦、文明的婚姻家庭关系。"这些规定自始至终贯穿于婚姻法的各章节之中，从不同的方面，概括了我国婚姻家庭法的六项基本原则的内容，反映了我国婚姻家庭制度的本质，构成了我国婚姻家庭制度区别于一切剥削阶级婚姻家庭制度的基本特征。

在本节导入案例中，何某与高某的这种做法并不符合婚姻家庭法基本原则的精神。按我国《婚姻法》第3条第2款的规定，"禁止重婚，禁止有配偶者与他人同居"。由于何某与前妻张某一直没有办理离婚手续，因而何某与高某以夫妻名义公开露面的行为已经构成了事实上的重婚。在我国无论是法律上的重婚，还是事实上的重婚，都是违反一夫一妻制原则的违法行为，是不受法律保护的。因而，现在高某因病去世，何某则不享有以配偶的身份处理其相关身后事务的权利。

婚姻家庭立法的基本原则是由该国的政治制度、经济制度和法律观所决定的，因而，不同社会制度的国家，其立法的指导思想既有共性也存在着许多的不同之处。就立法技术而言，在婚姻家庭法中是否规定基本原则，各国的做法不同，主要有三种：

（1）不规定原则或者总则。其立法指导思想在具体制度中体现，因而，所谓的基本原则是学者们在嗣后整理出来的，而非立法者在立法时确定的。如《法国民法典》。

（2）不规定原则但规定总则。就亲属的一般性问题作出原则性的规定，实质上是技术性与解释性的规定，没有表明立法的性质。如《日本民法典》。

（3）明确规定原则。在原则中标明立法的宗旨、目的与任务，将立法者的立法理念与价值取向昭示于民。如《俄罗斯联邦家庭法典》。

总之，无论各国的法律是否将原则单独列出规定，但作为指导性的法律思想以及立法的基本标准和价值取向，则必然要在法律的具体规定中体现出来。

二、外国法关于婚姻家庭法基本原则的相关规定

从目前世界各国的婚姻家庭法的立法状况来看，外国法中关于婚姻家庭基本原则的规定，大体上可归纳出以下几个原则：

（一）个人本位原则

此原则是资产阶级在反对封建主义家长制，废除家族本位原则的基础上提出的。这一原则往往被以"人权"或"个人尊严"的名称规定在宪法中。根据此项原则，所有具有行为能力的家庭成员在法律上享有独立的人身权利和财产权利，如婚姻自主权、个人财产权等。个人本位主义将个人作为社会最小的细胞予以保护。但是，不改变私有制，试图完全消除个人本位的消极影响是极其困难的。

（二）私法自治原则

该原则是和国家干预原则相对而言的，是资产阶级针对封建专制提出的口号。婚姻家庭法作为私法领域，实行国家不干涉主义。在私法范围内，政府的作用是承认私权并保护私权的实现。依据此原则，人人都有处分自己民事权利的自由，不受国家和其他个人的干涉。目前资本主义社会的一些当事人即利用私法自治这一原则规避社会道德和法律，同性恋、婚外恋者也在意思自治、私生活权利受保护的原则下日益增多，这一现象值得社会的关注。

（三）契约自由原则

当代资本主义各国的法律几乎都将婚姻作为一种民事契约，即婚姻契约只能基于当事人双方的自由意志，依双方的结婚合意而产生。资产阶级革命初期，已经明确地将婚姻宣布为"天赋人权"。1792年法国立法会议宣布"法律上承认婚姻是一种民事契约"。1804年法国民法典第146条规定"未经合意，不得成立婚姻"。此后，资本主义各国宪法、亲属法或婚姻家庭法，大多规定了类似的条款。这一原则至今仍是资本主义国家婚姻家庭法神圣不可侵犯的基本原则。

（四）过错原则

既然当代资本主义国家民事责任的首要责任是过错原则，因而婚姻作为民事契约也必然以此为原则。根据过错原则，只有当事人有一定过失或过错，违反婚姻义务时，才能处罚当事人或准许分居和离婚。现在，资本主义国家婚姻家庭法的此项原则正在逐步被无过错原则所取代。不过，目前绝大多数资本主义国家仍奉行此项原则，有些国家把该项原则与无过错原则结合起来，共同调整婚姻家庭关系。

纵观世界各国婚姻家庭法的基本原则，其中有一些在形式上是相同的，这种相同性导致了一些国际条约的形成。其中最突出的是婚姻自由和男女平等的原则，这些原则在我国人大批准参加签署的1979年第34届联合国大会通过的《消除对妇女一切形式歧视公约》中得到了肯定。

第二节 婚姻自由

导入案例

韩某是一位中学教师，早年丧夫，为了不让儿子受苦，一直未再嫁。后来儿子长大成人，结婚成家。本以为会苦尽甘来，没想到儿媳过门后，家中却战火不断。一天，韩某不慎摔倒造成腿部骨折，生活不能自理，此时儿子和媳妇却不管不问，韩某经常以泪洗面。邻居离异的赵老师见此情景，经常给予照顾。二人相互依赖，逐渐心生好感。儿子得知此事，不仅不支持，反而辱骂自己的母亲"不要脸"、"老不正经"。韩某羞辱交加，想要自杀。

试问：对本案中韩某儿子的行为，应如何处理？

本案知识点：婚姻自由原则

教学内容

一、婚姻自由的概念、内容

（一）婚姻自由的概念与特征

1. 婚姻自由的概念。婚姻自由是婚姻当事人按照法律规定，在婚姻问题上享有的充分权利，任何人不得强制或者干涉。婚姻自由是宪法赋予公民的一项基本权利，又是婚姻法的一项重要原则。

2. 婚姻自由的特征。

（1）婚姻自由是法律赋予公民的一项权利。《宪法》第 49 条第 4 款规定："禁止破坏婚姻自由……"《民法通则》第 103 条规定："公民享有婚姻自主权……"《婚姻法》第 2 条规定："实行婚姻自由……"第 3 条规定："禁止包办、买卖婚姻和其他干涉婚姻自由的行为。……"第 5 条规定："结婚必须男女双方完全自愿……"

（2）婚姻自由的行使必须符合法律的规定。婚姻自由权利和公民的其他权利一样，不是绝对的，而是相对的。行使婚姻自由权必须在法律规定的范围内进行。我国婚姻法明确规定了结婚的条件和程序，离婚的条件和程序，这些规定是在婚姻问题上区分合法与违法的界限。

（二）婚姻自由的内容

婚姻自由包括结婚自由与离婚自由两个方面。结婚自由是指婚姻当事人有依法缔结婚姻关系的自由。当事人是否结婚，与谁结婚，是其本人的权利，任何人无权干涉。自愿是实现婚姻自由的前提,是婚姻以互爱为基础的必要条件。离婚自由是指夫妻有依法解除婚姻关系的自由。既然婚姻的成立和维系都要以爱情为基础,那么双方感情确已破裂,夫妻关系无法维系时,解除这痛苦的婚姻关系,无论对于双方,对于社会,都是一件幸事。

结婚自由与离婚自由是互相结合、缺一不可的。结婚自由是婚姻自由的主要方面,离婚自由是对婚姻自由的重要补充。结婚是一种普遍行为,离婚是特殊行为,保障结婚自由,是为了使当事人能够完全按照自己的意愿,结成共同生活的伴侣;保障离婚自由是为了使感情确已破裂,无法共同生活的夫妻能够通过法定途径解除婚姻关系。结婚自由与离婚自由虽然各有侧重,但其目的都是为了巩固和发展社会主义婚姻家庭关系。因此,当事人应本着对自己、对后代、对社会严肃负责的态度来认真对待这个问题,以利于建立幸福美满的婚姻家庭。

二、婚姻自由的历史发展

婚姻自由是社会发展到一定阶段的产物。古代奴隶、封建社会的婚姻关系,主要是为了实现家族的利益,满足传宗接代的要求。实行的是"父母之命,媒妁之言"的包办强迫婚姻,男女当事人毫无婚姻自由。恩格斯早就指出:"在整个古代,婚姻的缔结都是由父母包办,当事人则安心顺从。古代所仅有的那一点夫妇之爱,并不是主观的爱好,而是客观的义务;不是婚姻的基础,而是婚姻的附加物。"[1]

现代意义上的婚姻自由,是资产阶级在反对封建专制的斗争中首先被提出来的。一些资产阶级启蒙思想家在提出"民主、自由、平等"的口号的同时,将婚姻宣布为"天赋人权",认为只有摆脱了封建束缚的婚姻,才符合人类理性的要求。随着资产阶级革命的不断发展,婚姻自由的斗争亦从思想文化领域发展至政治、法律领域,并且逐渐为资本主义各国所确认,成为一项普遍的原则。但是,由于资本主义社会实行的仍是资本家占有生产资料的私有制,其婚姻自由不可避免地带有一定的虚伪性与不彻底性。首先,资产阶级的婚姻自由是契约自由的特殊形式,它从本质上反映了商品交换的自由。在资本主义社会,一切都变成了商品,连爱情、婚姻也不例外。其次,资产阶级的婚姻自由往往导致对自由的滥用。资产阶级在主张婚姻自由的同时,往往走向极端,有的甚至用"性解放"、"性自由"代替婚姻自由,从而导致两性关系的轻率放荡及婚姻关系的极不稳定,并最终给婚姻家庭以及社会带来不良的后果。

在社会主义制度下,由于生产资料公有制的建立和男女两性社会地位的深

---

[1]《马克思恩格斯全集》第21卷,人民出版社1965年版,第90页。

刻变化，尤其是社会物质生活和精神生活方面的极大丰富，为婚姻自由的真正实现开辟了广阔的道路。但是，由于我国尚处于社会主义的初级阶段，封建社会、资本主义社会中一些关于婚姻关系观念的糟粕还无法在短期内消除，一些妨碍婚姻自由实现的消极因素还不时发生，因此，要实现真正的婚姻自由，就必须采取相应的措施加以制止。

三、婚姻自由原则的贯彻实施

（一）禁止包办婚姻、买卖婚姻和其他干涉婚姻自由的行为

1. 包办婚姻和买卖婚姻是干涉婚姻自由的两种主要形式。包办婚姻，是指第三者（包括父母）违背婚姻自由的原则，无视婚姻当事人的意志，包办强迫他人的婚姻。买卖婚姻，是指第三者（包括父母）以索取大量财物为目的，包办强迫他人的婚姻。

包办婚姻和买卖婚姻既有联系又有区别。两者的共同之处在于：都是违背当事人的意愿，对婚姻实行包办强迫。不同之处在于：买卖婚姻是以索取大量的财物为目的的；而包办婚姻则无此目的。由此可见，包办婚姻不一定都是买卖婚姻，而买卖婚姻则必定是包办婚姻。

2. 其他干涉婚姻自由的行为。其他干涉婚姻自由的行为，是指除包办、买卖婚姻以外的各种违反婚姻自由原则的行为。如：父母干涉子女婚姻，子女干涉父母再婚，干涉男到女家落户等。对于以暴力干涉婚姻自由构成犯罪的，依照《刑法》第257条的规定追究其刑事责任。

在本节导入案例中，韩某可以儿子"干涉婚姻自由"为案由诉讼到法院。婚姻自由是我国《婚姻法》的主要原则，其内容包括结婚自由和离婚自由。《婚姻法》第30条规定："子女应当尊重父母的婚姻权利，不得干涉父母再婚以及婚后的生活。子女对父母的赡养义务，不因父母的婚姻关系变化而终止。"此外，根据我国新修订的《老年人权益保障法》第21条规定："老年人的婚姻自由受法律保护。子女或者其他亲属不得干涉老年人离婚、再婚及婚后生活。赡养人的赡养义务不因老年人的婚姻关系变化而消除。"被告违反法律规定不仅不认真履行赡养义务，而且还采取辱骂的方式干涉母亲的婚姻自由，法院可依据上述相关法律规定，判决被告停止侵权。

（二）禁止借婚姻索取财物

借婚姻索取财物，是指当事人自愿结婚但以索取一定的财物作为结婚必要条件的行为。这种婚姻基本上是自主自愿的，但一方（大多数是女方）以索取一定的财物作为结婚的先决条件，有时女方的父母也从中索取一定的财物，不满足就不结婚。借婚姻索取财物的行为实质上是对婚姻自由原则的滥用，会导致一系列家庭矛盾，甚至还会衍生一系列社会问题，因此，对于这种违法行为，

婚姻法必须予以禁止和反对。

（三）划清婚姻关系中合法行为与违法行为的界限

坚持婚姻自由，必须正确地理解和掌握法律的精神和实质，认真划清婚姻关系中合法行为与违法行为的界限。

1. 划清包办婚姻与父母主持或经人介绍、本人同意的婚姻的界限。包办婚姻，违反婚姻自由原则，是违法行为；经本人同意缔结的婚姻，不论是由父母主持还是经人介绍的介绍婚，都符合婚姻自由原则，是合法行为。

2. 划清买卖婚姻与借婚姻索取财物行为的界限。前者是以包办强迫为手段索取大量财物，是严重的违法行为；后者是在婚姻自由的情况下索取财物，虽也是违法行为应予以禁止，但二者情节和处理方法不同。

3. 划清借婚姻索取财物与男女自愿赠与的界限。前者主要是女方或女方父母家人以不同意结婚或推迟结婚为要挟而索取财物，是违法行为；后者是男女双方因相互爱慕，自愿赠与财物以表示心意或作为纪念，是一种合法行为，只要符合民事法律的有效性，就受法律保护。

4. 划清说媒骗财和正当婚姻介绍的界限。前者以说媒为手段，目的在于骗取钱物，是违法行为；后者是亲朋好友为男女双方相识提供帮助，或是诸如婚姻介绍所等社会公益性质开展的正当业务活动，它是一种合法行为，应予以保护和鼓励。

5. 划清一般干涉婚姻自由与以暴力干涉婚姻自由的界限。二者都是干涉他人的婚姻自由，前者是违法行为，后者是犯罪行为。我国《刑法》第257条规定："以暴力干涉他人婚姻自由的，处2年以下有期徒刑或拘役。犯前款罪，致使被害人死亡的，处2年以上7年以下有期徒刑……"

划清以上几个界限的目的，是要根据不同的情节，运用法律加以不同的处理。合法行为受国家法律保护，违法行为要受到教育和处理，情节恶劣，触犯刑律的，则要依照刑法予以制裁。

第三节 一夫一妻

导入案例

2008年元旦，被告人陈某与李某结婚，婚后生有一子。2010年2月14日，被告人胡某与吕某登记结婚，婚后生有一女。两位被告人陈某与胡某是同村邻居，平时关系较好。2010年3月，陈某自己办了一个厂，聘请胡某为业务员。

后来，两个人关系暧昧，并发展到租房同居，导致两个家庭矛盾冲突。2010年10月中旬，陈某与胡某经过密谋，决定远走他乡，并在外地公开以夫妻名义共同生活。时间长达两年半之久，期间还生养一子。2013年4月，陈某原配李某得知此情，便向人民法院起诉，请求法院判令解除陈某和胡某非法同居关系，并对二人的违法行为予以处罚。

试问：人民法院应如何处理？

本案知识点：一夫一妻制原则；事实重婚的认定

教学内容

一、一夫一妻制的概念

一夫一妻，是指一男一女结为夫妻，互为配偶的婚姻制度。包括如下含义：①任何人，不论其地位高低、财产多寡、官职大小以及其他情况有多不同，都不得同时有两个或两个以上的配偶。②任何已婚者即有夫之妇或有妇之夫，在配偶死亡包括宣告死亡或双方离婚之前，都不得再行结婚。③一切公开的或隐蔽的一夫多妻或一妻多夫的两性关系都是非法的，要受到法律的禁止、取缔及制裁。④凡是违反一夫一妻制原则的行为如重婚、姘居、通奸、卖淫等行为，都要依法依纪承担相应的责任；情节严重，构成犯罪的，应当受到刑事制裁。

二、一夫一妻制的历史发展

一夫一妻制产生于原始社会末期，它绝对不是男女平等互爱、相互忠诚的结果，而是财产私有制和阶级不平等的产物。在私有制社会，无论是国内还是国外，都在法律上确认了一夫一妻制。但实际上，这一时期的一夫一妻制或是公开的一夫多妻制，或是一夫一妻多妾制，或是以通奸、卖淫这种隐蔽的形式为补充。总之，损害一夫一妻制的行为大量存在。

社会主义婚姻关系是指男女两性基于爱情的结合，爱情的专一性和排他性必然要求一夫一妻的结合，实行一夫一妻制是社会主义婚姻关系的必然要求，是实现法律面前人人平等的重要条件，符合婚姻的本质，符合共产主义道德观念。社会主义制度下，由于消灭了生产资料的私有制，实现了男女平等，一夫一妻制才真正有了可靠的保证。社会主义物质文明和精神文明建设为实现真正的一夫一妻制提供了条件和可能。从私有制社会中片面的一夫一妻制发展到社会主义社会中真正的一夫一妻制，是人类两性关系的巨大变革。

三、一夫一妻制原则的贯彻实施

（一）禁止重婚

1. 重婚的概念。重婚是指有配偶者又与他人结婚的行为。即已经有了一个婚姻关系，后又与他人缔结了第二个婚姻关系，前者称前婚，后者叫后婚，又叫重婚。

2. 重婚的形式。重婚有两种形式：一是法律上的重婚，是指前婚未解除又与他人办理结婚登记的行为；二是事实上的重婚，指前婚未解除，又与他人以夫妻名义共同生活但未办理结婚登记的行为。社会上较多的是事实重婚，多发于经济比较发达的地区。对于重婚问题，既要加强婚姻法的宣传教育，积极预防其发生，同时也必须不断完善法律的规定，加大对其制裁打击的力度。

3. 关于重婚的法律后果。重婚不具有法律效力。重婚既是婚姻无效的原因之一；也是构成离婚的法定理由之一；还是构成无过错一方请求离婚损害赔偿的法定情形之一。处理重婚问题原则上是，承认和保护前婚，否认和解除后婚，但与此同时，还应根据不同时期的一些特殊情况，区别对待：

（1）1950年婚姻法颁行以前的重婚、纳妾。一般不加干涉，当事人相安无事，法律不予追究。当事人提出离婚要求的，应准予离婚。男方一直与妻妾共同生活，男方死亡后，妻妾均有继承遗产的权利，妻妾所生子女的法律地位相同。1950年婚姻法颁行以后的重婚、纳妾，是完全违法的，不应承认其具有婚姻的效力，并应依法予以惩处。

（2）1981年前西藏地区的重婚。当事人不主动提出解除婚姻关系者，准予维持，法律不予追究，当事人提出离婚的，应予支持。

（3）涉台婚姻中的重婚。由于海峡两岸长期隔绝，对于双方分离后未办理离婚手续，一方或者双方分别在大陆和我国台湾地区再婚的，对这种由于特殊原因形成的婚姻关系，一般不以重婚对待。

（4）2001年婚姻法修正后，重婚行为当事人所承担的法律后果：

第一，重婚被作为婚姻无效的原因之一来对待。任何违反一夫一妻制所缔结的婚姻，无论是否经过婚姻登记机关的婚姻登记，均不受法律保护。

第二，重婚是构成离婚的法定理由之一。《婚姻法》第32条第3款规定，当事人重婚或有配偶者与他人同居的，一方要求离婚，人民法院调解无效的，应准予离婚。

第三，重婚是构成无过错一方请求离婚损害赔偿的法定情形之一。《婚姻法》第46条规定，夫妻一方重婚导致离婚时，无过错一方有权请求离婚损害赔偿。

第四，重婚者情节严重的，应承担刑事责任。我国《刑法》第258条规定："有配偶而重婚的，或者明知他人有配偶而与之结婚的，处2年以下有期徒刑或者拘役。"但是，不知对方有配偶而与之结婚的，不构成重婚罪，仅产生婚姻无效的民事后果。为了保护军人婚姻，我国《刑法》第259条第1款对破坏军婚作了加重处罚的特别规定："明知是现役军人的配偶而与之同居或者结婚的，处

3年以下有期徒刑或者拘役。"

在本节导入案例中，被告人陈某和胡某，各自都有配偶，二人却目无国法，公开以夫妻名义同居生活两年多，并生养一子，严重破坏了双方正常的婚姻家庭关系，违反了我国《婚姻法》中所确立的一夫一妻制原则，人民法院应判令予以解除他们之间的非法同居关系。鉴于二人的行为均已构成了事实上的重婚，应根据《刑法》第258条之规定，依法分别追究两被告的重婚罪刑事责任。

（二）禁止有配偶者与他人同居的行为

有配偶者与他人同居，又称婚外同居，也称姘居。是指男女一方或双方已有配偶而又与婚外异性持续稳定地共同居住生活，但对外不以夫妻名义相称的行为。姘居与通奸、重婚有所不同。通奸是指男女一方或双方有配偶，而又与他人秘密地、自愿地发生两性关系的行为。通奸双方对外不以夫妻名义相称，对内没有共同生活。重婚则是指有配偶者又与他人结婚的行为。重婚对外以夫妻名义相称，对内共同居住生活。姘居与通奸和重婚这三者之间既有区别又有相应的联系，如长期通奸，形成公开同居，则构成姘居，再以夫妻名义同居，则构成事实上的重婚。

值得注意的是，近几年来，在有的地方出现的"包二奶"、养情人的现象呈增多的趋势，已严重破坏了一夫一妻的婚姻制度，严重违背社会主义的道德风尚，往往导致家庭破裂，甚至发生情杀、仇杀、自杀的悲剧，严重影响了社会的安定团结，还影响了计划生育国策的落实。因此，对有配偶者与他人同居的行为必须予以严肃处理。

最高人民法院、最高人民检察院、公安部1983年《关于重婚案件管辖问题的通知》第3项规定："公安机关发现有配偶的人与他人非法姘居的，应责令其立即结束非法姘居，并具结悔过；屡教不改的，可交由其所在单位给予行政处分，或者由公安机关酌情予以治安处罚；情节恶劣的，交由劳动教养机关实行劳动教养。"2001年新修正的婚姻法，在第3条第2款的"禁止重婚"的规定之后，补充规定了"禁止有配偶者与他人同居"。配偶一方有婚外同居的行为，除应受到道德、舆论的谴责外，还要承担相应的法律后果。根据《婚姻法》第32条和第46条的规定，有配偶者与他人同居的，既是构成离婚的法定理由之一，同时也是无过错一方请求离婚损害赔偿的法定情形之一。

第四节　男女平等

导入案例

金山与吴兰于 2009 年 9 月经人介绍相识，经过两年多的恋爱，两人情投意合，后在双方父母的不断催促下开始谈婚论嫁。2012 年春节前夕，就在两人满心欢喜准备去领证结婚时，却不料节外生枝。双方父母就他们婚后到谁家生活一事发生纠纷。吴兰的父母要求其结婚后先在娘家住几年，等吴兰哥哥从部队退役回来再到婆家去住。而金山的父母却认为，金山结婚后去女方家住，等于入赘，这是十分丢脸的事情，所以坚决不同意。为此，两人的婚事便被拖下来，双方十分着急。

谈谈你对双方所争执问题的看法。

本案知识点：男女平等原则；移风易俗

教学内容

一、男女平等的概念及意义

男女平等是指男女双方在婚姻家庭关系中享有平等的权利，履行平等的义务。这一原则在各种制度和有关规定中都有明确、具体的表现，具有十分广泛的内容，包括男女在经济方面、政治方面、文化方面和婚姻家庭方面的平等，既表现为权利上的平等，又表现为义务上的平等。

现在，我国已形成了以宪法为基础，以妇女权益保障法为主体，包括国家各种单行法律法规、地方性法规和政府各部门行政法规在内的一整套保护妇女权益和促进男女平等的法律体系。男女平等原则，深刻体现了我国婚姻法的社会主义本质。它是破除男尊女卑的旧传统，促进妇女的彻底解放、巩固和发展我国社会主义婚姻家庭关系的根本保证。

二、男女平等的基本内容

1. 在结婚和离婚方面，男女双方的权利和义务是平等的。例如，结婚必须男女双方完全自愿，不许任何一方对他方加以强迫或任何第三者加以干涉。登记结婚后，根据双方约定，女方可以成为男方家庭的成员，男方也可以成为女方家庭的成员。男女双方都有依法提出离婚的权利。离婚时，男女双方都有抚育子女、分割共同财产、清偿债务等权利和义务。

2. 在家庭关系中，不同性别的家庭成员的权利和义务是平等的。

(1) 在夫妻关系方面，夫妻在家庭中地位平等。夫妻双方都有各用自己姓名的权利,都有参加生产、工作、学习和社会活动的自由,夫妻应当相互忠实,不得与婚外他人有性关系,都有实行计划生育的义务,都有抚养教育子女的权利和义务,对共同财产都有平等的处理权,都有相互扶养的义务和相互继承遗产的权利。

(2) 在父母子女关系方面,父母对子女有抚养教育的义务,子女对父母有赡养扶助的义务;父母有保护和教育未成年子女的权利和义务,在未成年子女对国家、集体或他人造成损害时,父母有承担民事责任的义务。父母子间的继承权都是平等的。在姓氏问题上,子女可以随父姓,也可以随母姓。

(3) 在其他家庭成员关系方面,祖父与祖母、外祖父与外祖母、孙子与孙女、外孙子与外孙女、兄弟与姊妹等,男性和女性亲属的权利义务也都是平等的。

在本节导入案例中,双方所争执问题主要是对男女平等原则的理解和对影响人们几千年来的传统习俗"入赘"的看法问题。依我国婚姻法规定,男女双方在婚姻家庭关系中享有平等的权利,负有平等的义务。这里当然也包括双方婚后住所的选择及子女姓氏的确定等问题。女到男家和男到女家生活应该是平等的,但传统习俗却认为"入赘"是十分丢脸的事情,男方没有地位,也得不到应有的平等和尊重。所以,应通过法制宣传和耐心细致地调解,来改变双方父母的陈旧观念,使情投意合的金山与吴兰两人早日喜结连理。

三、男女平等原则的贯彻实施

男女平等原则所追求的应是实质意义上的平等,而不是形式上的平等。实现婚姻自由和一夫一妻制首先要求实现男女平等,没有男女平等就没有真正的婚姻自由和一夫一妻制。

但是男女平等的真正实现并不是一蹴而就的。虽然新中国成立以来,随着我国社会经济、政治、文化和婚姻家庭等领域的深刻变革,妇女解放运动取得了巨大成就,妇女的地位有了全面的提高。但是,在婚姻家庭领域,男尊女卑、虐待和歧视妇女、残害女婴的旧的传统观念,在一定程度上仍然存在着。因而,要彻底消除男女两性在社会生活和婚姻家庭生活中的实际差别,还需要经历一个相当长的过程。

在新修正的婚姻法中特别增加了"夫妻应当相互忠实、互相尊重"的规定,专门强调了夫妻间的相互义务。这是法律对男女平等的又一明确规定。实现男女平等,必须坚决反对夫权思想和男尊女卑的旧传统观念,禁止一切歧视、遗弃和虐待妇女的行为,要不断丰富妇女自身的思想水平和文化修养,努力提高妇女自我保护意识,切实保障妇女享有与男子平等的一切权利,真正实现男女从法律到实际生活中的完全平等。

第五节　保护妇女、儿童和老人的合法权益

导入案例

潘老太年近古稀，丈夫去世后一直与大儿子住在一起，后来儿媳单位增配一间住房，儿媳为了住得更宽敞，利用潘老太目不识丁，让婆婆在房屋使用交换协议上签了字，同意搬到增配房去住。老太搬过去后，环境不适应，生活不方便，没过多久就又搬了回来。没想到儿媳竟以老太违反协议为由，告到了法院。潘老太又气又急，不知如何是好。邻居看不过去，纷纷联名到法院要求公正处理。

你认为该案应如何处理？

本案知识点：保护老人的合法权益的原则

教学内容

保护妇女、儿童和老人的合法权益是婚姻法的又一重要原则。保护妇女、儿童和老人的合法权益是指，国家依法规定妇女、儿童和老人在婚姻家庭方面的权利和利益并给予特殊的重视和保护。我国1950年《婚姻法》曾规定了保护妇女、儿童合法权益的原则，1980年《婚姻法》在总结多年司法实践经验的基础上，根据当时的现实情况，又补充了保护老人合法权益的内容。2001年《婚姻法》修正案重申了1980年婚姻法这一基本原则。它体现了党和国家关怀妇女、爱护儿童，尊重老人的精神，反映了社会主义制度在这方面的优越性。

一、保护妇女、儿童和老人合法权益的意义

我国《婚姻法》把保护妇女、儿童和老人的合法权益作为一项基本原则加以规定，具有十分重要的法律及现实意义。

1. 由于男女生理上的原因和人的生命周期的自然规律，妇女、儿童和老人在社会生活中，事实上处于弱者的地位，他们的权利和利益日益受到侵犯，因此有必要加以特殊的保护。

2. 在我国，男尊女卑的封建思想仍然大量存在，在现实生活中置妇女、儿童和老人的合法权益于不顾，肆意侵犯和加害的现象非常普遍，有的情况还十分严重，因此，必须给予特殊的重视和保护。

3. 妇女、儿童和老人在婚姻家庭中的合法权益，主要以夫妻、父母和子女的法律义务为基础。在一方为权利，另一方则为义务，而且权利是在履行法律

义务的基础上才能实现。由于权利义务双方的对应人均为亲属关系,因此,侵犯妇女、儿童和老人的合法权益的行为,常常被人们轻率地视为家务事、个人的私事。因此,法律必须对这些弱势的人群加以特殊的保护和重视。

二、保护妇女、儿童和老人合法权益的具体表现

(一)保护妇女的合法权益

1. 保护妇女合法权益的必要性。保护妇女合法权益的原则,是对男女平等原则的必要补充。为什么婚姻法中规定了男女平等原则,还要规定保护妇女合法权益呢?理由有两点:

(1) 基于历史原因对客观存在的现实情况的影响。我国是一个有着几千年历史的封建古国,重男轻女、男尊女卑、三纲五常、三从四德的封建残余和旧的传统观念在人们的头脑和思想意识中根深蒂固。虽然新中国已建立60多年了,广大妇女的政治、经济地位在一定程度上有了显著的提高,男女在婚姻家庭中的地位也日趋平等,但是遗弃、迫害和歧视妇女的现象在一些地区尤其是偏远的农村并没有完全消除,剥夺妇女继承权、虐待生女婴的母亲等事件时有发生,妇女合法权益仍不同程度地受到侵害。为了改变妇女地位不平等所造成的合法权益受到侵害的现象,必须借助于法律的力量来加以保护。

(2) 基于妇女具有不同于男性的特殊生理机能的需要。恩格斯曾指出:"劳动妇女,由于她们的特殊生理机能,需要特别的保护。"列宁在谈到男女平等的意义时指出:"这里不是指的要使妇女的劳动生产率、劳动量、劳动时间和劳动条件等都要同男子相等,而是使妇女不再因经济地位与男子不同而受到压迫。"妇女承担着人类生产与再生产的任务,对妇女的特殊保护,也是推进人类发展和社会文明的标志。因此,我国婚姻法在规定男女平等原则的同时,从男女两性社会地位存在差异的客观实际出发,对妇女的合法权益加以特殊照顾和保护是十分必要的。

2. 保护妇女合法权益的法律措施。我国婚姻法在婚姻家庭关系及离婚时的人身和财产关系方面,均赋予妇女享有与男子同等的权利。①在结婚和家庭关系方面,婚姻法禁止干涉妇女的婚姻自由,保护妇女的婚姻自主权和生育自由权;妇女对共同财产享有与配偶平等的占有、使用、收益和处分的权利;对未成年子女享有平等的监护权,父亲死亡、丧失行为能力或者由于其他情形不能担任监护人的,任何人不能侵犯母亲的监护权等。②在离婚方面,在处理子女抚养问题上,离婚时女方因实施绝育手术或者其他原因丧失生育能力的,应在有利于子女的条件下,照顾女方的合理要求;在对共同财产的分割上,《婚姻法》明确规定了法院判决时"照顾子女和女方权益"的原则;在离婚程序的规定上,《婚姻法》对妇女在怀孕期间和分娩后1年内或中止妊娠后6个月内,作出了男方不得提出离婚的规定，从而赋予了妇女享有特殊的保护和照顾的权利等。

我国法律十分重视对女性权益的保障。我国《宪法》明确规定，"妇女在政治的、经济的、文化的、社会的和家庭生活等各方面享有同男子平等的权利"、"国家保护妇女的权利和利益，实行男女同工同酬，培养和选拔妇女干部"、"婚姻、家庭、母亲和儿童受国家保护"、"禁止破坏婚姻自由，禁止虐待老人、妇女和儿童"。依据宪法确定的原则，我国陆续颁布了《婚姻法》、《选举法》、《继承法》、《民法通则》、《刑法》等十余部基本法，制定了几十种行政法规、规章及地方性法规，这些法规都明确规定了保护妇女权益的条款。任何一部中国法律都不存在对妇女的歧视性条款。我国妇女立法的基本原则是男女权利平等，保护妇女特殊权益，禁止歧视、虐待、残害妇女。

1992 年 4 月 3 日第七届全国人民代表大会第五次会议通过，1992 年 10 月 1 日颁布实施，2005 年 8 月 28 日第十届全国人民代表大会常务委员会第十七次会议《关于修改〈中华人民共和国妇女权益保障法〉的决定》修正的《妇女权益保障法》，为进一步提高妇女的社会地位，保障妇女的基本权益，提供了有力的法律武器。《妇女权益保障法》第 61 条规定对妇女权益的保障主要表现为：政治权利、文化教育权益、劳动和社会保障权益、财产权益、人身权利、婚姻家庭权益六个方面。法律在明确规定妇女的各种具体权益的同时，强化国家机关在保障妇女权益方面的职责，明确妇联等妇女组织在诉讼中的特殊地位和作用，全面确定了保障妇女权益的法律机制。随着中国现代化建设的深入发展，中国保障妇女权益的法律体系将会不断完善。

总之，保护妇女合法权益的原则和男女平等的原则的精神是一致的，男女平等是基础，保护妇女的合法权益是补充，二者相互配合，相辅相成，才能有利于男女平等原则的真正实现。

（二）保护儿童的合法权益

1. 保护儿童的合法权益的必要性。儿童是祖国的未来，民族的后代，保护儿童的合法权益是振兴国家和民族的需要，是培养和造就社会主义事业接班人的需要，也是巩固和发展社会主义婚姻家庭关系的需要。

在旧中国，儿童被当做父母、家长的私产，子女的权利和利益是完全被漠视的。他们没有独立的人格，人身和财产权益得不到保护，父母子女之间是一种统治与被统治的关系。

在资本主义国家，子女的法律地位虽然有所提高，但是由于资产阶级利己主义的恶性膨胀，儿童的部分权益仍得不到有效保障，青少年犯罪现象极为普遍。在新中国，由于社会制度从根本上改变了儿童的生存地位和环境，因而，其法律地位和合法权益都得到了切实保障。我国《宪法》第 46 条第 2 款规定：

"国家培养青年、少年、儿童在品德、智力、体质等方面全面发展。"第 49 条第 1 款规定:"婚姻、家庭、母亲和儿童受国家保护。"新中国成立后的两部婚姻法都作了保护儿童合法权益的规定。但是,近些年来,弃婴、溺婴、拐骗、贩卖儿童的旧的习惯势力又在某些地区死灰复燃。因此,必须引起人们的高度重视。

2. 保护儿童合法权益的法律措施。1991 年 9 月 4 日第七届全国人民代表大会常务委员会第二十一次会议通过,2006 年 12 月 29 日第十届全国人民代表大会常务委员会第二十五次会议第一次修订,2012 年 10 月 26 日第十一届全国人民代表大会常务委员会第二十九次会议第二次修正,自 2013 年 1 月 1 日起施行的《中华人民共和国未成年人保护法》在家庭保护、学校保护、社会保护、司法保护、法律责任等方面对未成年人的合法权益作出了保护的规定。我国婚姻法在家庭关系、离婚等章中,都有保护儿童的具体规定。①明确规定了父母对子女的抚养和教育义务,即使父母双方离婚,这种义务也不免除。如果父母不履行义务,子女有权要求父母给付抚养费。在特殊的情况下,有负担能力的祖父母、外祖父母或者兄姐有义务抚养未成年的、没有独立生活能力的孙子女、外孙子女或者弟妹。②规定了不同类型的子女的法律地位一律平等。即婚生子女、非婚生子女、养子女和形成抚养关系的继子女,其法律地位都是平等的,任何人不得对他们进行歧视、虐待或加以危害。③明确规定保护子女的遗产继承权和个人财产权,任何人不得侵犯。④明确规定了禁止溺婴、弃婴和其他残害婴儿的行为。

(三) 保护老人的合法权益

1. 保护老人合法权益的必要性。尊重、赡养和爱护老人是中华民族的传统美德,老人为国家、民族和家庭贡献了毕生的精力,创造出巨大的社会财富。当他们年老体衰、丧失劳动能力的时候,有权获得来自社会和家庭的尊重和照顾。子女要在经济上给予帮助、生活上给予关心、精神上给予安慰。保护老年人合法权益是 1980 年婚姻法对 1950 年婚姻法基本原则的重要补充。根据宪法的规定,国家和社会采取了许多措施,健全对老年人的社会保障制度,逐步改善保障老年人生活、健康以及参与社会发展的条件,实施老有所养、老有所医、老有所为、老有所学、老有所乐。但在社会主义初级阶段,社会保障仍不能取代家庭赡养,我国老年人养老仍主要依靠家庭来实现。

2. 保护老人合法权益的法律措施。当前,老年人晚年生活的社会保障已经成为世界性的社会问题。老年人在人口构成中所占比重增加的问题在许多国家都存在着。如何让老年人有一个幸福的晚年,必须通过相关立法来切实加以保障。1996 年 8 月 29 日第八届全国人民代表大会常务委员会第二十一次会议通过,根据 2009 年 8 月 27 日第十一届全国人民代表大会常务委员会第十次会议

《关于修改部分法律的决定》修正，2012年12月28日第十一届全国人民代表大会常务委员会第三十次会议修订的《中华人民共和国老年人权益保障法》在家庭赡养与扶养、社会保障、社会服务、社会优待、宜居环境、参与社会发展、法律责任等方面对老年人的合法权益规定了较为详尽的保障措施。

　　我国婚姻法对老人合法权益的保护包括对人身权利和财产权利保护两个方面：①明确规定了子女对父母的赡养义务。如果子女不履行，父母有要求子女给付赡养费的权利。另外，在一定的条件下，有负担能力的孙子女或者外孙子女有赡养子女已经死亡或无力赡养的祖父母、外祖父母的义务。②明确规定了禁止家庭成员遗弃和虐待老人。婚姻法中还专门针对现实生活中子女干涉老人再婚问题特别规定：子女应当尊重父母的婚姻权利，不得干涉父母再婚以及婚后的生活。子女对父母的赡养义务，不因父母婚姻关系的变化而终止。

　　在本节导入案例中，初看起来是潘老太违背了协议，不应该搬回原来的住处，事实上是儿媳以欺骗手段让潘老太签订了协议，妄图侵占老太的房屋。我国《老年人权益保障法》第72条规定："老年人合法权益受到侵害的，被侵害人或者其代理人有权要求有关部门处理，或者依法向人民法院提起诉讼。人民法院和有关部门，对侵犯老年人合法权益的申诉、控告和检举，应依法及时受理，不得推诿、拖延。"因此，法院应进行认真细致的调查工作，及时查明案件真相，认定房屋交换协议无效，让潘老太继续住在自己原来的老房子里，依法维护潘老太的合法权益。

三、保护妇女、儿童和老人合法权益原则的贯彻实施

　　为了保障男女平等，保护妇女、儿童和老人合法权益等原则的贯彻执行，巩固和发展团结和睦、尊老爱幼的婚姻家庭关系，我们必须不断加强社会主义法制和道德的宣传教育，破除封建夫权和家长制的残余影响以及资产阶级的利己主义思想。坚决杜绝一切破坏婚姻家庭关系，有悖于社会主义伦理道德，侵害家庭成员的人身和财产权利的违法行为发生。

　　（一）禁止家庭暴力

　　《婚姻法解释（一）》第1条规定，家庭暴力是指行为人以殴打、捆绑、残害、强行限制人身自由或者其他手段，给其家庭成员的身体、精神等方面造成一定伤害后果的行为。持续性、经常性的家庭暴力，构成虐待。

　　对此条规定应把握的问题是：其一，家庭暴力是侵犯人权的行为，尽管对其防治已引起国际社会的广泛关注，但定性必须坚持标准，须造成一定伤害后果；其二，家庭暴力是否包括性暴力，该解释显然有意回避，对此持慎重态度；其三，家庭暴力与虐待的表现形式有诸多相似之处，但毕竟二者不是一回事。不能对任何家庭暴力都作为虐待犯罪加以惩罚。

家庭暴力与虐待的界限：新婚姻法多次提到"家庭暴力"，但概念很模糊。司法解释做了一个界定，将"家庭暴力"限定为一种作为的方式，即殴打、捆绑等伤害到家庭成员身体和精神的行为。其实家庭暴力还有不作为的方式，如言辞侮辱、不给予适当衣食、患病不给治疗、居住上的歧视性待遇、几个月不理不睬等。第48届联合国大会通过的《消除对妇女的暴力行为宣言》中，将对妇女的暴力定义为三方面：身体暴力、性暴力和心理暴力。最高人民法院考虑到中国国情及取证困难等因素，对此很严谨，回避了心理暴力等问题，对家庭暴力采用了狭义解释。经常性、持续性地以不作为形式伤害家庭成员不是家庭暴力，但却构成虐待。

（二）禁止家庭成员间的虐待、遗弃

虐待是指以作为或者不作为的方式，对家庭成员故意歧视、折磨、摧残，使其在精神上、肉体上遭受损害的违法行为。比如打骂、恐吓、冻饿、捆绑、患病不予治疗、限制人身自由等。

遗弃是指家庭成员中负有赡养、抚养、扶养义务的一方，对需要赡养、抚养或者扶养的另一方拒不履行其应尽义务的违法行为。遗弃通常是以不作为的形式出现的，通过应为而不为，致使被遗弃人的合法权益受到侵害。如父母不抚养未成年子女；成年子女不愿赡养已经无劳动能力的或者生活困难的父母；夫或妻不履行扶养对方的义务等。

我国《刑法》第260条规定了虐待罪、第261条规定了遗弃罪。《妇女权益保障法》第38条规定："妇女的生命健康权不受侵犯。禁止溺、弃、残害女婴；禁止歧视、虐待生育女婴的妇女和不育的妇女；禁止用迷信、暴力等手段残害妇女；禁止虐待、遗弃病、残妇女和老年妇女。"现行婚姻法又在总则中作了禁止性的规定，目的就是为了更好地保护妇女、儿童和老人的合法权益。

第六节 计划生育

导入案例

小林与小红2008年8月经人介绍相识，后经自由恋爱结婚。婚后一年就生了一个女儿。由于小林是家中独子，重男轻女的封建思想比较严重，因此他坚持要生二胎，但遭到事业心极强的妻子的反对。2011年，小红意外怀孕，欲终止妊娠，但小林不同意，提出让小红辞去工作，躲到外地去偷偷生下孩子，双方因此事产生隔阂，后小红瞒着丈夫小林到医院做了人流手术。小林得知此事，遂向人民法院起诉,要求与小红离婚。

你认为该案应如何处理为妥?

本案知识点:计划生育原则;中止妊娠的权利

教学内容

一、计划生育的概念及意义

(一)计划生育的概念

计划生育,是指有计划地调节人口的发展速度,提高或者降低人口增长率。它包括节制生育和鼓励生育两个方面。从我国 70 年代开始提出实行计划生育政策的初衷来看,实行计划生育的目的是要有计划地降低人口的发展速度,控制人口的数量,提高人口的质量。但是党的十八大报告中对人口工作的表述:"坚持计划生育的基本国策,提高出生人口素质,逐步完善政策,促进人口长期均衡发展。"从 2000 年党中央国务院决定"稳定低生育水平",到 2006 年中央决定"千方百计稳定低生育水平",到 2012 年十八大报告不再提"稳定低生育水平"。由此可见,我国的计划生育政策正悄悄发生着变化。

(二)实行计划生育的意义

计划生育是我国的一项基本国策。我国《宪法》第 25 条明确规定:"国家推行计划生育,使人口的增长同经济和社会发展计划相适应。"我国《婚姻法》第 16 条规定:"夫妻双方都有实行计划生育的义务。"2001 年 12 月 29 日第九届全国人民代表大会常务委员会第 25 次会议通过的,自 2002 年 9 月 1 日起施行的《中华人民共和国人口与计划生育法》(以下简称《人口与计划生育法》)第 17 条规定:"公民有生育的权利,也有依法实行计划生育的义务,夫妻双方在实行计划生育中负有共同的责任。"由此可见,我国《婚姻法》将计划生育作为一项基本原则,这对有效地调节人口的再生产和有计划地控制人口增长具有十分重要的意义。

1. 实行计划生育是社会主义制度下人口再生产的客观要求。人类的生产分为两种,一种是物质资料的生产和再生产,一种是人口的生产和再生产。两种生产互为条件,互相影响、互相制约。其中,物质资料的生产方式,是人类生存的基础和社会发展的决定力量。人口的生产从属于物质资料的生产,人口的状况虽然不能决定社会性质的变化,但却对社会的发展起到促进或延缓的重要影响和作用。社会主义社会的国民经济是有计划、按比例发展的,这就要求人口的再生产必须有计划。

2. 实行计划生育是实现现代化建设的重要条件,有利于不断提高人民的物质文化生活水平。新中国成立 60 多年来,特别是改革开放以来,我国人民的物质文化生活水平虽然已有了很大的提高，但仍远远落后于发达国家和地区。究其原因，主要是人口数量的众多，影响了整体人均生活水平的提升速度。因此，我国作为世界人口大国，必须自觉地、有计划地调节人口的增长速度，正确处理消费与积累、生产和需要以及经济和社会发展中的各种比例关系，以达到不断促进社会经济发展，迅速提高人民物质文化生活水平的根本目的。

3. 实行计划生育有利于减轻家庭的经济负担，提高人口素质和保护母亲的健康。实行计划生育不仅对国家、社会有利，对家庭同样有益。一方面，它可以使父母从繁重的家庭负担中解脱出来，将精力更好地投入到工作和学习中去；另一方面，它也可以使子女受到更好的教育和培养，并使之全面发展。相反，如果不实行计划生育，在子女过多、过密，而父母的精力和财力又极为有限的情况下，必然会对父母抚养子女产生不利的影响。从而，也使得中华民族的兴旺发达难以得到根本的保证。

总之，实行计划生育对社会的发展、国家的建设、人口素质的提高以及人民物质文化生活的极大丰富都有重要的意义。

二、计划生育原则的基本内容

我国现行生育政策的内容是：提倡晚婚晚育、少生优生，提倡一对夫妇只生育一个孩子；国家干部和职工以及城镇居民除特殊情况经过批准外，一对夫妇只生育一个孩子；农村某些群众确有实际困难，包括独女户要求生二胎的，经过批准可以间隔几年以后生第二胎；不论哪种情况都不能生第三胎；少数民族地区也要提倡计划生育，具体要求和做法可由有关省、自治区根据当地实际情况制定。

2013年11月15日，十八届三中全会通过的《中共中央关于全面深化改革若干重大问题的决定》对外发布，其中提到"坚持计划生育的基本国策，启动实施一方是独生子女的夫妇可生育两个孩子的政策"，这标志着延宕多年的"单独二胎"政策将正式实施。这是国家根据人口状况、经济社会发展状况进行的必要调整。我国将分省分步放开单独二胎生育新政策。

从国家对现行生育政策的总的要求来看：

（一）提倡晚婚、晚育

这是国家对生育时间上的要求。晚婚必然会推迟生育年龄，达到晚育。我国《婚姻法》规定的法定年龄为男22周岁、女20周岁。在此基础上推迟3年以上结婚的为晚婚，即男方满25周岁，女方满23周岁结婚的为晚婚；已婚妇女年满24周岁后生育即为晚育。国家提倡晚婚、晚育，并通过相应的法规给予晚婚、晚育者增加婚假，延长产假等奖励。

（二）坚持少生

这是国家对生育数量上的要求。国家坚持实行少生政策。主要措施有以下三方面的内容：①推行和奖励一胎。凡响应国家号召，只生育一个孩子的，国家给予奖励；在某些农村地区，为了使独生子女家庭尽快富裕起来，国家还给予优惠。②严格控制二胎。对于情况特殊要求生育二胎的家庭，只有符合国家人口与计划生育法律的规定和各省有关二胎生育新政策的规定，才能生育第二胎。③杜绝和惩罚多胎。不合规定的二胎或多胎，国家都予以禁止。违反者都要受到惩罚，如给予行政处分，经济制裁等。

（三）实行优生、优育

这是国家对生育质量上的要求。国家通过对《婚姻法》、《母婴保健法》等相关法律、法规的宣传，使人们充分认识到优生、优育的重要性和应当掌握的一些基本医学知识以及所应采取的一些必要措施，从而达到在控制人口数量的同时，保证人口的身体素质，进而实现富民强国的目的。

三、计划生育原则的贯彻实施

实行计划生育是我国的一项基本国策。我国目前是世界第一人口大国，占世界人口的1/5。我国目前仍然是发展中国家，可耕地面积少却人多，要改变贫穷就要有计划地控制人口的增长，提高人口素质，做到少生、晚生、优生、优育和鼓励晚婚。我国《婚姻法》第16条明确规定："夫妻双方都有实行计划生育的义务。"这条规定要求每个家庭、每对夫妻都要对社会承担计划生育的义务，并将计划生育视为夫妻双方共同的义务，我们的社会制度也应该为计划生育提供保障。这项基本国策利国利民，应当进行广泛、深入地宣传教育，应坚决破除"多子多福"、"重男轻女"和"传宗接代"的陈腐观念，树立以计划生育为荣，生男生女都一样的社会新风尚。实行计划生育，除了加强法律调整，还必须辅之以必要的经济措施和行政措施。但是，必须坚持以思想教育为主，鼓励和提倡为主，通过扎实细致的工作，使法律的规定成为广大公民的自觉行动。

此外，我国《人口与计划生育法》对人口发展规划的制定与实施、生育调节、奖励与社会保障、计划生育技术服务和法律责任等也都进行了详细的规定。法律调整规范的重点是计划生育，同时也规定了有关的人口问题，与婚姻法的关系非常紧密。我们必须认真学习和掌握，并切实保障计划生育原则的贯彻和实施。

在本节导入案例中，虽然妻子小红瞒着丈夫小林到医院做了人流手术表面上看似侵犯了丈夫小林的生育权，但事实上妻子小红中止妊娠的做法符合我国《婚姻法》第16条"夫妻双方都有实行计划生育的义务"的规定。丈夫小林重男轻女的封建思想比较严重，在当时不符合生二胎条件的情况下，企图采用不当手段偷生的做法，显然是不合法的。但是在本案处理时，根据我国《婚姻法解释（三）》第9条的规定，夫以妻擅自中止妊娠侵犯其生育权为由请求损害赔偿的，人民法院不予支持；夫妻双方因是否生育发生纠纷，致使感情确已破裂，一方请求离婚的，人民法院经调解无效，应准予离婚。

第七节　维护平等、和睦、文明的婚姻家庭关系

导入案例

2007年10月，胡琴经人介绍与邻村的小伙刘茂恋爱结婚。婚后刘茂好吃懒做，大男子主义思想严重。他认为男人是一家之主，家里所有的事情都应由他说了算，妻子无权对自己指手画脚。稍不如意，就对妻子胡琴拳打脚踢，导致夫妻关系一直十分紧张。2009年3月，胡琴生下一女，刘茂大为不满，打骂妻子女儿更成了家常便饭。2012年5月，胡琴以夫妻感情确已破裂为由，向法院起诉要求与刘茂离婚。

你认为，本案中导致双方感情破裂的主要原因是什么？

本案知识点：家庭成员地位平等；家庭暴力

教学内容

一、夫妻间应当相互忠实，互相尊重

我国《婚姻法》第4条规定："夫妻应当相互忠实，相互尊重；家庭成员间应当敬老爱幼，互相帮助，维护平等、和睦、文明的婚姻家庭关系。"这既是社会公认的道德准则，也成为婚姻家庭法律规范，成为法律原则性、倡导性的规定。家庭是人类最基本的生活共同体，家庭关系是社会关系的重要组成部分，家庭成员朝夕相处，既有感情、伦理和思想上的联系，又有法律上的权利义务关系。法律的功能既在于向公众展示家庭成员之间的权利义务关系以及合法与违法的界限，也在于通过规范婚姻家庭主体的行为，向公民提供一种价值导向。

为维护一夫一妻制，我国婚姻法不仅在总则中规定了夫妻相互忠实原则，在离婚制度中还明确规定了如果一方违反忠实义务，受害方可采取如下救济措施：①请求离婚。根据我国《婚姻法》第32条的规定，配偶一方重婚或与他人同居，是法院裁判准予离婚的法定理由，受害方可请求离婚。②离婚时请求损害赔偿。根据我国《婚姻法》第46条的规定，因配偶一方重婚或与他人同居而导致离婚的，无过错方有权请求损害赔偿。可见，对于夫妻相互忠实的规定，应从两个方面理解：一方面，我国《婚姻法》第4条明确规定夫妻互相忠实，这是一个肯定的、明确的规定；另一方面，这也只是一条原则性规定、倡扬性

的规定，如果当事人仅依此条款单独提起诉讼的，人民法院将不予受理。

二、家庭成员间应当敬老爱幼、互相帮助、平等和睦

家庭成员间敬老爱幼，互相帮助，这是家庭幸福的必要条件。敬老爱幼，是中华民族的优良传统美德，自古就有"老吾老以及人之老，幼吾幼以及人之幼"之说。互相帮助，是社会主义人际关系的主要内容，更是社会主义家庭成员关系的必要方面。

家庭成员间平等和睦，是婚姻家庭关系平等、民主的必然反映。当前主要应当摒弃两种不良作风：一是摒弃大男子主义作风，漠视男女平等原则，歧视妇女；二是摒弃家长作风，不能把妻子、子女看作自己的附属品，按自己的喜怒哀乐动辄对他们发号施令。

在本节导入案例中，胡琴和刘茂结婚后在家庭中的地位不平等，刘茂的大男子主义思想严重，重男轻女以及对妻子女儿的家庭暴力，是导致双方感情破裂的主要原因。因此，对刘茂的违法行为应予以严肃批评教育，情节严重的，可依法追究其法律责任。对于胡琴的离婚诉讼请求，可根据我国《婚姻法》第32条第2款的规定，人民法院审理离婚案件，应当进行调解；如有实施家庭暴力或虐待、遗弃家庭成员的情形的，调解无效的，应准予离婚。

综上，我国婚姻家庭法的各项基本原则，是互相联系、互相制约的，它们构成了一个不可分割的整体。全面地贯彻执行这些基本原则，对于巩固和完善社会主义婚姻家庭制度，消除婚姻家庭领域里封建残余思想和资产阶级的腐朽思想，建设社会主义精神文明，都具有重要意义。

思考题

1. 如何理解婚姻自由？
2. 一夫一妻制有哪些要求和合理性？
3. 如何认定和处理重婚问题？
4. 如何将男女平等原则真正落到实处？
5. 计划生育有哪些具体要求？国家调整计划生育政策意义何在？
6. 联系实际，谈谈在我国制定《反家庭暴力法》的必要性及现实意义。

实务训练

（一）示范案例

曾明离婚后不久，通过征婚与也曾离异的阚虹相识。经过几个月短暂的接触，双方感觉不错，准备登记结婚。由于两人均系再婚，为慎重起见，2000年

6月，夫妻俩经过"友好协商"，签署了一份"忠诚协议书"。协议约定，夫妻婚后应互敬互爱，对家庭、配偶、子女要有道德观和责任感。协议书中还特别强调了"违约责任"：若一方在婚期内由于道德品质的问题，出现背叛另一方的不道德行为（婚外情），要赔偿对方名誉损失及精神损失费30万元。协议签订后，在婚姻存续期间，阚虹发现曾明与其他异性有不正当关系。2002年5月，曾明向法院提出离婚诉讼，与此同时，阚虹以曾明违反"夫妻忠诚协议"为由提起反诉，要求法院判令曾明支付违约金30万元。

试就本案情节，依据有关法律和司法解释，谈谈你的看法并简述理由。

[分析要点提示]

夫妻之间的忠诚义务有狭义和广义两种理解。狭义上的夫妻忠实义务，又称贞操忠实义务，仅仅意味着配偶性生活的排他专属义务。广义上的夫妻忠实义务，不仅包括夫妻在性生活上互守贞操，不为婚外性行为，也包括夫妻不得恶意遗弃配偶，不得为第三人利益牺牲、损害配偶的利益。我国《婚姻法》第4条明确规定："夫妻应当互相忠实，互相尊重……"而且《婚姻法》第32条又将"重婚或有配偶与他人同居"作为可以离婚的法定事由之一。

关于忠诚协议是否应当受到法律保护的问题，是审判实践中的一个热点、难点。对此，有一种观点认为，《婚姻法》第4条所规定的忠实义务，是一种道德义务，而不是法律义务，夫妻一方以此道德义务作为对价与另一方进行交换而订立的协议，不能理解为确定具体民事权利义务的协议。因此，对夫妻双方签有忠实协议，现一方仅以对方违反忠实协议为由，起诉要求对方履行协议或支付违约金及赔偿损失的，应当根据《婚姻法解释（一）》第3条"当事人仅以婚姻法第4条为依据提起诉讼的，人民法院不予受理；已经受理的，裁定驳回起诉"的规定，不予受理。另一种意见则认为，对违反夫妻忠诚协议、情节尚未达到"与他人同居"程度的，如何承担责任法律没有明确规定，但法律也没有明文禁止当事人对此作出约定，夫妻在婚姻关系存续期间所签订的"忠诚协议"完全符合婚姻法的原则和精神。

我们认为，对于忠诚协议等婚姻契约纠纷，关键是审查有关协议是否违反了法律禁止性规定。如果该协议违反法律禁止性规定的，当然是无效的，不应受到法律的保护。但如果协议没有违反法律的禁止性规定，且是双方当事人真实的意思表示，则该协议是有效的，应当得到法律的支持。当然，如果约定的赔偿数额过高的，可以予以调整。具体理由分析如下：

（1）《婚姻法》第4条规定："夫妻应当互相忠实，互相尊重；家庭成员间应当敬老爱幼，互相帮助，维护平等、和睦、文明的婚姻家庭关系。"据此可知，相互忠实是夫妻之间的法定义务。法律这样规定，对于维护一夫一妻原则，保护婚姻家庭和受害一方的权益,都具有重要的意义。这一规定,对于夫妻关系来说,既有规范性,又有导向性。法律要求夫妻互相忠实,并不意味着用法律手段强行维持感情确已破裂的夫妻关系,也不意味着法律能够强制违反忠实义务的一方履行忠实义务。但是,法律既然将互相忠实规定为法定义务,则当事人违反该种义务的情况下,就可能要承担一定的法律后果。例如,《婚姻法》第46条就明确规定,在离婚时,受害的无过错方可以要求过错方进行赔偿。而这里的过错,主要就是指违反婚姻法规定的相互忠实的义务的情形。在法律已经明确规定夫妻双方应当互相忠诚的情况下,有些人还坚持认为相互忠诚只是夫妻双方的道德义务而非法律义务,显然是不正确的。

(2) 夫妻相互保持忠诚是婚姻关系最本质的要求,婚姻关系稳定与否很大程度上有赖于此。违约赔偿的"忠诚协议",实际上是对婚姻法中抽象的夫妻忠实责任的具体化,完全符合婚姻法的原则和精神,所以应该而且能够得到法律的支持。

(3) 有人认为,忠诚协议属于情谊行为,这种行为并不受法律的保护。实际上,这种观点是值得商榷的。婚姻并非儿戏,其与请客吃饭等情谊行为是不同的。请客吃饭等情谊行为只受道德调整,而不受法律规定,答应请客的一方不践行诺言的,他人并不能依照法律的途径强制其请客,也不能要求其承担违约责任。而婚姻关系则有所不同,其既受道德调整,同时受法律规范。因此,在婚姻关系中,男女双方达成的忠诚协议,并不属于情谊行为。

(4) 实际上,忠实义务虽然是一种法定义务,但这种义务却并不具有可强制执行性,因此,夫妻一方以另一方违反忠实义务为由要求对方依法履行该种义务的,法院对该类案件不予受理。不过,在夫妻之间签订了"忠诚协议"的情况下,夫妻一方起诉的依据并非婚姻法第4条,而是双方签订的协议本身。因此,这类案件并不适用上述《婚姻法解释(一)》第3条的规定。

(二) 习作案例

1. 张某与王某是同村村民,1989年2月二人确立恋爱关系,第二年10月1日举行婚礼并宴请亲朋好友,但未履行结婚登记。之后王某与张某便以夫妻名义公开共同生活。王某于1992年生育一女孩。共同生活初期,两人感情很好。张某在外跑运输,王某则在家里种植农田,二人家中生活条件比同村多数村民要好。1999年,张某在县城找到一份专为某公司运输货物的稳定工作,经与王某商量,张某在县城租了一套房子准备长期干下去。2000年春,张某在城里认识了个体户刘某,两人逐渐产生感情,自2000年底起,张某和刘某开始同居生活,刘某于2001年10月生下一子,周围的人都以为他们是夫妻。2002年春节期间,王某听同村在县城工作的人提起张某和刘某的事,后经调查发现确有其事，非常气愤。遂于 2002 年 3 月向县人民法院起诉，要求追究张某与刘某的重婚罪并要求与张某离婚。

问题：

（1）该案中张某与王某的关系如何？是否受法律保护？为什么？

（2）该案中张某与刘某的关系如何？是否构成了重婚？为什么？

2. 杨某（男）和胡某（女方）结婚后，杨某第三个月便去日本打工，本计划两年后回来，但两年过去了，杨某的归期却一拖再拖，两人吵翻，胡某准备与杨某离婚，但由于杨某本人不在中国无法协议离婚，诉讼离婚手续麻烦，于是胡某向法院申请宣告杨某死亡，经过一年死亡公告期后胡某终于拿到宣告杨某死亡的裁定书并第二次结了婚，但过了两个月杨某从日本归来。杨某证明自己在半年前还向胡某银行账户寄了钱，于是法院撤销了杨某死亡宣告，杨某向法院起诉胡某重婚。

问：胡某是否构成重婚？为什么？

延伸阅读

我国第一部《反家庭暴力法》草案亮点[1]

2011 年 3 月在两会期间，全国妇联相关负责人向记者透露，我国第一部全国性的《反家庭暴力法》草案已经起草完成。目前我国已具备了出台反家暴立法的必要条件。2011 年 7 月 15 日，全国人大常委会已将反家庭暴力法纳入预备立法项目。这标志着全国人大常委会对这部法律的研究论证工作正式开始。

全国妇联的一项最新抽样调查表明，家庭暴力现象目前在我国具有相当的普遍性，中国近三成家庭存在家暴。它不仅发生在夫妻之间，还多发于父母与未成年子女、成年子女与年迈父母之间。据统计，全国 2.7 亿个家庭中，遭受过家庭暴力的妇女已高达 30%，其中，施暴者九成是男性。每年有近 10 万个家庭因家庭暴力而解体。受中国传统家庭的观念影响，很多人还抱有男尊女卑的看法，一些人错误地认为，打老婆、打小孩都是家务事，不违法。而受害者觉得家暴是家丑，"不可外扬"，所以很多人选择默默忍受。

据了解，将同居关系首入家暴范围、认为精神暴力与身体暴力一样应受到关注，是该草案的亮点。

---

〔1〕 本文摘自锦龙编辑："我国第一部《反家庭暴力法》草案亮点"，载《法制晚报》，中国网新闻中心，news.china.com.cn.

1. 同居期间遭拳脚，首入家暴范围。

案例：深圳一对夫妻已离婚5年，可一直选择同居生活。因怀疑同居的前妻李艳（化名）有外遇，吃醋的前夫便开始对李艳拳脚相加。

草案：家庭暴力通常是指发生在私人生活或家庭内部，婚姻关系或同居关系中的一方对另一方所犯的虐待行为，从程度上讲，对受害人造成任何损害和伤害的行为都应属于家庭暴力的范畴。

解读：在此次《反家庭暴力法》草案中，第一次把同居关系列入了适用范围。全国妇联解释道，家庭暴力的本质是控制权，共在一个家庭，同居一家，无论什么关系遭遇暴力都可适用这个范围。

2. 老公在家不吭声，算实施"冷暴力"。

案例：林玲结婚一年多，丈夫最近突然变得不爱和她说话。林玲对他发脾气，他就一声不吭地走开。面对丈夫的冷漠，林玲反而希望丈夫这时能够和她吵架，或许这样还能知道他在想什么。

草案：精神暴力是指通过长期拒绝与配偶过性生活、长期讽刺、挖苦、言语攻击、无端挑剔，或漠不关心对方、将语言交流降到最低限度。这种暴力的实施其危害性较之身体暴力要严重得多。

解读：根据妇联的相关调查，有很大一部分已婚妇女曾遭遇过不同程度的精神暴力，这种暴力是用精神折磨来摧残对方，非常容易让受暴力一方患上抑郁症，所以这一群体应该成为《反家庭暴力法》保护的对象。

3. 挨打离家出走，应有救助机构。

案例：2010年9月18日，云南妇女牛妞回家时，喝了酒的丈夫要打她，牛妞跑出了家门。夜深了，无处栖身的牛妞一回家，即被丈夫张强揪住头发按倒在地毒打。出于本能，牛妞顺手抄起斧头反击，导致张强死亡。

草案：《反家庭暴力法》应将预防和制止家庭暴力纳入社区建设；要求社区设立相应的庇护机构，建立受虐妇女庇护场所。

解读：全国妇联表示，家暴受害者在遭到家暴离家出走后，非常容易处于危险情况，这段时间迫切需要司法救助和社会救助。所以将建立受害人救助机制写入《反家庭暴力法》就显得非常有必要。

《法制晚报》记者专访草案的主要起草人之一、全国妇联权益部部长蒋月娥：

1. 现行法律，家里"挨打"少人管。

《法制晚报》：我国《婚姻法》、《妇女权益保障法》等都有涉及反对家庭暴力方面的内容，为什么还要出台专门的《反家庭暴力法》？

蒋部长：我国现行有关家庭暴力的法律规定有几个明显的不足：一是可以

适用于处理家庭暴力的法律没有形成国家干预家庭暴力行为的指导思想、基本原则和干预机制。二是明确涉及家庭暴力的内容散见在《妇女权益保障法》、《婚姻法》、《未成年人保护法》、《老年人权益保障法》的9条规定当中，且多属于宣示性条款，甚至没有对家庭暴力概念的界定。公安、司法机关对家庭暴力行为的认定不统一，实践中缺乏可操作性。三是现行法律对家庭暴力只有制裁施暴者的功能，如刑法中的虐待罪、治安处罚法中的一些处罚措施和行政强制措施，但没有预防和制止暴力、救助受害人的措施，尤其是对正在进行的暴力或者持续发生的暴力无法及时、有效地干预。

2. 遭家暴，男人也可能是弱势群体。

《法制晚报》：这部法律只针对家庭暴力中受暴妇女？

蒋部长：家庭暴力的本质是性别歧视和权利控制，其受害者是家庭中的弱势群体，既有女性，也有男性，既有成人，也有儿童。《反家庭暴力法》的出台将使包括妇女、儿童和老人在内的所有家庭成员获得更好的保护。家庭暴力是对人权的严重侵犯。一个人首先是一个独立的权利主体，其次才是某一个家庭的成员。任何人都不能因为婚姻家庭关系而获得歧视、践踏和控制他人的权利。

3. 地方法规和政策的规定，有欠缺。

《法制晚报》：我国已有20多个地区出台了反家庭暴力的地方性法规或政策，与全国性的法律是否会有冲突？

蒋部长：地方法规和政策是在国家立法缺位的情况下，出于对公民权利保护的迫切需要，规范、指导地方反家暴工作的有益探索，但由于效力等级的限制，只能规定地方政府或部门的职责，无法涉及公民基本权利的内容。实践中，各地各部门在反家庭暴力工作中认识、行动不统一、类似案件处理结果各有不同，对于解决反家暴实践中的问题作用有限。所以制定一部全国性的统一的《反家庭暴力法》就非常有必要。

第三章 亲属制度

学习目标与工作任务

通过对本章的学习,要求学生了解亲属的概念、特征、基本分类以及亲属的法律效力;掌握中外法律中有关亲等的几种不同计算方法;尤其是能准确把握依我国的代数辈分计算法所得出的三代以内的直系血亲、旁系血亲的范围;从而更有助于我们对司法审判实践中有关禁止近亲结婚范围的判断和认识。

第一节 亲属概述

导入案例

刘峰是刘玉刚夫妇的独生子,成年后与李红结婚,育有一子刘大明。由于刘峰夫妇工作较忙,刘大明由祖父母抚养长大,与祖父母感情深厚,工作后按月给祖父母生活费。2009年10月刘玉刚妻子病逝,半年后刘玉刚再婚。此事引起刘峰的极大不满,与其父争吵后,双方签署了脱离父子关系的协议,从此刘峰与其父不再来往。2011年2月,刘玉刚患重病卧床不起,生活不能自理,其再婚妻子因年事已高无法照顾,刘玉刚要求刘峰尽赡养义务遭拒绝。

问:在本案中,①刘峰与刘玉刚双方签署的断绝父子关系的协议是否有效?②刘峰对其父刘玉刚是否有赡养义务?

本案知识点:亲属的概念;自然血亲

教学内容

一、亲属的概念和特征

（一）亲属的概念

亲属,是指基于婚姻、血缘或法律拟制而产生的人与人之间的社会关系。

作为一种人与人之间的最为亲近、最为密切的社会关系，其一旦为法律调整，便会产生彼此之间的权利与义务关系。亲属之间的称呼，如父母、子女、姐妹、舅甥、姨姑等，不仅反映了他们之间的不同关系，而且反映了他们之间的不同义务。对此，恩格斯早就指出："父亲、子女、兄弟、姊妹等称呼并不是简单的荣誉称号，而是负有一种完全确定的、异常郑重的相互义务的称呼。这些义务的总和便构成这些民族的社会制度的实质部分。"[1]

在我国古代，亲属两字与礼相关，又称亲族。直至明代，亲属才作为一词用于律例。清末以来的历次民律及国民党政府的民法中，都专设亲属一编。

亲属，作为社会关系的一种表现形式，不仅受到社会物质生产方式和文化传统的影响与制约，而且受到法律、道德规范等的调整。在不同的社会制度下，法律对于亲属间的权利与义务确定不同，其内容亦有区别。封建社会亲属反映的是等级种族观念。在新中国，亲属反映的是亲属间的一种新型的平等关系，其权利与义务都是相同的、对等的。现代意义上的亲属有生物学意义上的亲属与法律意义上的亲属之分。生物学意义上的亲属是指由婚姻、血缘连接的一切具有血缘同源性、姻缘相关性的人之间的关系，因遗传学规律自然形成的血缘亲属，它可以世代延续下去，属广义的亲属。法律意义上的亲属，是指基于婚姻、血缘或者法律拟制而形成的社会关系，这种关系一经法律调整，便在具有亲属身份的主体之间产生了法定的权利和义务，包括自然形成的血亲，还包括法律所确认的无血缘关系的亲属，也可以称为狭义的亲属。婚姻家庭法所研究的主要是狭义的亲属即法律意义上的亲属。

（二）亲属的特征

法律意义上的亲属具有以下特征：

1. 亲属有固定的身份和称谓。除法律另有规定以外，不得任意解除或变更。称谓是身份的标志，身份表明人在社会关系中特定的资格和地位，亲属间的身份和称谓大多属于自然形成的，也有法律设定的。前者属于永久性的身份和称谓，如父母子女、兄弟姐妹，它表明了双方无法变更的血缘身份关系。后者因法律设定的亲属身份和称谓，如夫妻、养父母子女等，只能因离婚或解除收养而终止关系，当事人不得任意自行解除。

2. 亲属关系只能基于婚姻、血缘或法律拟制而产生。子女出生的法律事件导致父母子女等自然血亲关系的发生；男女结婚的法律行为导致配偶关系的发生；收养或再婚的法律行为及抚养事实，可以导致拟制血亲的发生，出现养父母子女关系或继父母子女关系。它们表明，亲属关系的发生只能来自两个方面，

---

[1]《马克思恩格斯全集》第21卷，人民出版社1965年版，第40页。

一是自然形成的，即以血缘关系为纽带；二是人为形成的，它既可以依法产生也可以依法消灭。

3. 法律确定的亲属之间具有特定的权利义务关系。由于亲属的范围具有广泛性，只有法律确认的亲属相互之间才有权利义务关系。其中，某些亲属之间的权利义务的实现是无条件的，如父母子女；而某些亲属之间的权利义务则是有条件的，如祖孙、兄弟姐妹等。法律规定范围以外的亲属间没有权利义务关系，如叔伯与侄子女等，但法律并不妨碍他们之间自觉地履行道义上的社会责任。

本节导入案例中，①刘峰与刘玉刚双方签署的断绝父子关系的协议无效。因为自然血亲是基于天然血缘联系而发生的亲属关系，除死亡外，不能人为地解除。父子关系即属于自然血亲，所以刘峰与刘玉刚之间的父子关系是不能通过一纸协议来解除的。②刘峰对其父刘玉刚有法定赡养义务。根据《婚姻法》第 21 条规定，子女不履行赡养义务时，无劳动能力的或生活困难的父母，有要求子女付给赡养费的权利。《婚姻法》第 30 条规定，子女不得干涉父母再婚及婚后的生活，子女对父母的赡养义务不因父母的婚姻关系变化而终止。故在刘玉刚患重病卧床不起，生活不能自理的情况下，依照法律规定，刘峰对其父刘玉刚必须履行应尽的赡养义务。

二、亲属与家属、家庭成员的区别

1. 亲属与家属的区别。家属是家长的对称，从历史上来看是家长制家庭的产物。我国历代封建法律中推行家长制，每个家庭的家长由男性尊亲属充任，共同生活在一个家庭中的其他成员则称为家属，主要包括家长的妻、子女、儿媳等近亲属。对于生活在一个家庭中的奴婢、妾、童养媳等，因为与家长有人身依附关系，法律上也认为是家属。法律特别保护家长的权利；家属处于从属于家长的地位，家属不以亲属为限。新中国成立后在法律上废除了家长制，无家长、家属的划分。现实生活中虽有家长、家属的称谓，但并不具有法律上的意义。家庭成员之间的权利义务是按照亲属关系确定的，而不是按照家长家属关系确定的。

2. 亲属与家庭成员的区别。作为社会的基本生活单位，家庭是由同居一家、共同生活的亲属组成的，家庭成员是指同居一家共同生活并互有权利义务的近亲属。有亲属关系的人，甚至是有近亲属关系的人，不可能都是同一家庭的成员，而是分属于不同家庭的。两者的区别在于，家庭成员仅仅是亲属中的极少部分，亲属的范围要广泛得多。因此可以说，家庭成员一般都是亲属，而亲属不一定是家庭成员。

第二节 亲属的种类和范围

导入案例

25岁的刘健刚满周岁时就被其父的好友陈强收养,偶然的机会他与生父之妹23周岁的女儿婷婷相识且一见钟情。他们不顾双方父母的强烈反对,坚决要求结婚。

问:依我国现行婚姻法的规定,刘健与婷婷是何种亲属关系,他们两人能否结婚?

本案知识点:亲属的种类;禁婚亲的范围

教学内容

一、亲属的种类

(一)我国古代亲属的分类

在中国古代,以宗法制度为基础,将亲属分为宗亲、外亲和妻亲三大类。

1. 宗亲。宗亲又称为本亲或内亲。宗亲是指同一祖先的男子血亲及其配偶和在家未嫁的女性亲属。宗亲在古代亲属制度中居于最重要的地位。宗亲主要由三个部分构成:①出自同一祖先的男子血亲,分为直系宗亲和旁系宗亲。直系宗亲是最重要的宗亲,向上包括父母、祖父母、曾祖父母、高祖父母等,向下包括子女、孙子女、曾孙子女、玄孙子女等。旁系宗亲,如叔、伯、堂兄妹等。②出自同一祖先的男子血亲的配偶,即嫁入的妇女。如伯母、婶母、嫂、儿媳、孙媳等。③同一祖先的未出嫁的女性,如未出嫁的女儿、姐妹、姑、侄女等,如果她们结婚,就成为丈夫家族的宗族成员。出嫁女子离婚后回娘家,叫"大归",大归之女又恢复其宗亲的地位。

2. 外亲。外亲又称女亲、外族、外姻,是指与女子血亲相联系的亲属,包括母族、女族、妻族。母族指母子血亲而言。如外祖父母、舅、姨、姨表兄弟姐妹等,与出嫁女相联系的亲属,如女婿、外孙子女和姑夫及其子女等。

3. 妻亲。妻亲指夫对妻的血亲之间的亲属关系。包括妻的父母、妻的兄弟姐妹及其子女等,均为妻亲。妾的父母、兄弟姐妹不可视为亲属。因为纳妾并非婚姻,故无亲属可言。

我国古代对于亲属的这种分类,完全是以男子宗族为本位的分类,是封建宗族制度重男轻女、男尊女卑的表现形式,是不科学的。1931年国民党政府颁布的民法亲属编,吸取了西方亲属立法的某些内容,废弃了将亲属分为宗亲、外亲的做法。但是,古老的亲属制度在实际生活中仍有程度不同的影响。

(二) 我国现代亲属的分类

现代亲属可以根据不同的标准来分类。最常用的分类标准是亲属的发生根据。按照这个标准,一般分为配偶、血亲和姻亲三大类。这也是近现代世界各国通行的亲属分类法。

1. 配偶。即夫妻,是指因男女两性结婚而使其双方互为夫妻身份。在婚姻关系存在期间,夫妻双方互为配偶。配偶相互间一般无血缘关系,也不属于姻亲。但是,他们是血亲和姻亲关系形成的基础,在亲属关系中起着承上启下的作用。世界上各国法律或法学理论对于配偶是否属于亲属有不同的规定或认识。我国法律明确规定配偶为亲属,且列为近亲属范围。

2. 血亲。凡有血缘联系的亲属为血亲。血亲有自然血亲和拟制血亲两种。自然血亲是指因出生而自然形成的,源于同一祖先的有血缘联系的亲属。如父母与子女,兄弟姐妹,祖父母与孙子女,叔伯、姑与侄女子、舅、姨与外甥、外甥女,堂兄弟姐妹,表兄弟姐妹等。这些亲属无论是婚生还是非婚生的,也无论是全血缘还是半血缘的,都属于自然血亲的范围。

拟制血亲也称作"准血亲"。这种亲属关系的特点是,他们本来没有某一种亲属应当具有的血缘联系,但是法律确认他们之间具有与这种自然血亲相同的权利和义务,也就是说,法律拟制血亲不是自然形成的,而是依法创设的。

本节导入案例中,刘健虽然从小被他人收养,但这只是权利义务的转移,由养父母代替行使,而他与生父的血缘关系是不能人为消除的。因此他与生父之妹的女儿婷婷之间仍具有血缘联系,是表兄妹关系。从亲属的种类划分来看,应属于三代以内的旁系血亲关系。根据我国《婚姻法》第 7 条的规定,直系血亲和三代以内的旁系血亲禁止结婚。所以刘健与婷婷两人不能结婚。

3. 姻亲。姻亲是指以婚姻关系为中介而产生的亲属。男女结婚后,配偶一方与另一方的亲属之间发生姻亲关系,但配偶除外。如儿媳与公婆、女婿与岳父母、丈夫与妻子的兄弟姐妹、妻子与丈夫的兄弟姐妹之间等均为姻亲。姻亲又分为三种:

(1) 血亲的配偶。这是指己身与自己直系血亲和旁系血亲的配偶之间的关系。如儿媳、女婿、兄嫂、弟媳、姐夫、妹夫、伯母、婶母、姑夫、舅母、姨母等。

(2) 配偶的血亲。这是指自己配偶的直系血亲和旁系血亲,如公婆、岳父母、丈夫的兄弟姐妹、妻子的兄弟姐妹等。

(3) 配偶的血亲的配偶。这是指己身与自己配偶的血亲的配偶之间的关系。

如丈夫的兄弟的妻子（俗称妯娌），妻子的姐妹的丈夫（俗称连襟），等等。

关于姻亲，需要明确以下两点：第一点，"配偶的血亲的配偶"算作姻亲，那么，"血亲的配偶的血亲"为什么不算？这分为两种情形：一种是所谓血亲的配偶的血亲本身就是自己的血亲，比如嫂子的儿子，就是自己的侄子；另一种关系比较远，计算进去没有什么意义，比如嫂子的父母。第二点，以上的姻亲大多数只有伦理上的和习惯上的意义，没有法律上的意义。但是也有一些姻亲具有直接或者间接的权利和义务关系。比如，按照我国《继承法》的规定，丧偶儿媳对公婆、丧偶女婿对岳父母尽了主要赡养义务的，是第一顺序法定继承人；再比如，本人对公婆或者岳父母并没有直接的赡养义务，但是在夫妻财产共有制之下，这种赡养义务是依靠夫妻共有财产来履行的，这实际上形成了一种间接的权利义务关系。

二、亲属的范围

亲属关系十分广泛，法律既没有必要，也不可能调整所有的亲属关系。法律所调整的只是一定范围的亲属关系，所规定的只是其中必须依法处理的事项。其他亲属关系和亲属关系中不具有法律意义的问题，是通过道德、习惯等加以调整的。世界各国关于亲属范围的规定不一，主要有两种立法体例：

1. 总体概括性限定法。即法律对亲属范围从总体上作概括性规定，然后根据亲属的种类和亲等的远近，再规定其法律效力。例如：日本现行《民法》第725条规定，六亲等以内的血亲和配偶，以及三亲等以内的姻亲为亲属。

2. 个别实用性限定法。即法律对亲属的范围不作总体限定，而是根据不同法律关系的需要，对亲属的法律效力作出具体的规定。这样比较灵活，适用性较强。例如，规定禁止一定范围内的亲属结婚；规定一定范围内的亲属互有扶养义务及继承权、监护权等。我国现行的《婚姻法》明令禁止直系血亲和三代以内旁系血亲结婚；规定了配偶、父母、子女、兄弟姐妹、祖父母、外祖父母、孙子女、外孙子女间的权利义务。继承法规定了一定范围内的亲属间的法定继承权。此外，刑法、诉讼法、国籍法、民法通则等部门法，都对亲属效力作出了限定性规定。纵观我国现行法律的规定，就是采用了个别实用性限定法。以上规定说明，凡是法律明确赋予某些亲属间具有权利义务的，即为法定的近亲属的范围。

第三节 亲系与亲等

导入案例

宋凡幼年丧父，随母改嫁到离老家很远的地方，与家乡亲友断绝了往来。宋凡在大学期间结识了同班同学王莹，双方关系密切，决定毕业后结婚。毕业前，宋凡携其母去王莹家拜访，对未来的女婿和儿媳，双方父母均表示满意。但在交谈中得知宋凡的祖母与王莹的妈妈是同胞姐妹后，双方的父母均不同意此亲事，认为辈分不对且为关系很近的亲属。但宋凡与王莹感情甚笃，坚持要求结婚。

问：①宋凡与王莹是何亲属关系？双方能否结婚？②如果用罗马法和寺院法计算宋凡与王莹分别为几世代几亲等的关系？

本案知识点：我国的代份计算法；罗马法和寺院法亲等的计算

教学内容

一、亲系

亲系是指亲属间的血缘联系，或称亲属的系统。由于亲属间血缘联系的状况和特点不同，可以划分出各种不同的亲属系统。如按亲属关系性别的不同，可分为男系亲与女系亲；按亲属血缘来源的不同，可分为父系亲与母系亲；按亲属间血缘关系亲疏远近的不同，可分为直系亲和旁系亲；按亲属间辈分不同，可分为长辈、晚辈、平辈亲。

（一）男系亲和女系亲

男系亲是指与男子血统相联系的亲属。女系亲是指与女子血统相联系的亲属。封建社会的宗亲即男系亲，如高祖以下、玄孙以上；旁系族兄弟姐妹等九代，均为男系亲。女系亲即封建社会的外亲，包括母系亲、女系亲和妻亲等。

（二）父系亲和母系亲

父系亲是指以父亲为中介而产生的亲属。母系亲是指以母亲为中介而产生的亲属。父系亲和男系亲，母系亲和女系亲，既有联系又有区别，有时还相重叠。如父亲的兄弟之子女，既是男系亲又是父系亲，相互重合。而父亲的姐妹之子女，为父系亲，但非男系亲。因其间有父之姐妹为中介，故只能为女系亲。

上述两种分类，是适应封建社会男尊女卑的宗法制度的需要而划分的。其重男系、父系而轻女系、母系的做法，是不科学的。

（三）直系亲和旁系亲

1. 直系血亲和直系姻亲。直系血亲是指具有直接血缘联系的亲属。即生育自己或自己所生育的上下各代血亲。如：自己的父母、子女。养父母与养子女、形成抚育关系的继父母与继子女之间，亦为拟制直系血亲。直系血亲是最亲密的血亲，三代以内的直系血亲间的法定权利义务较多。直系姻亲是指己身的晚辈直系血亲的配偶或己身的配偶的长辈直系血亲。如某人的儿媳、孙媳，某人的公婆、岳父母等，均为某人的直系姻亲。

2. 旁系血亲和旁系姻亲。旁系血亲是指具有间接血缘联系的亲属。即直系血亲以外的、与己身同出自一源的亲属。包括辈分不同或辈分相同的旁系血亲。如自己和兄弟姐妹同源于父母；自己和叔伯、姑、堂兄弟姐妹同源于祖父母；自己和舅、姨、姨表兄弟姐妹，均同源于外祖父母。旁系血亲的范围很广，无穷无尽。其中，兄弟姐妹是最近的旁系血亲。旁系姻亲是指自己旁系血亲的配偶或自己配偶的旁系血亲，以及自己配偶的旁系血亲的配偶三类人而言。如自己的嫂子、侄媳，自己的小舅子或大伯子，自己的妯娌或连襟，均为自己的旁系姻亲。

（四）长辈亲、晚辈亲、平辈亲

辈分为亲属关系的横向位置，同一世代为一辈。辈分有长辈、平辈、晚辈之分。长辈又有父辈、祖辈之分；晚辈又有子辈、孙辈之分；同辈之内为排行，分长幼。

1. 长辈亲旧称尊亲属，指辈分高于自己的亲属，即父母以及父母同辈以上的亲属。如父母、祖父母、外祖父母为自己的长辈直系血亲；伯叔、姑、舅、姨为自己的长辈旁系血亲；岳父母、公婆等为自己的长辈直系姻亲。

2. 晚辈亲旧称卑亲属，指辈分低于自己的亲属，即子女以及子女同辈以下的亲属。如子女、孙子女为自己的晚辈直系血亲；侄子女、外甥、外甥女等为自己的晚辈旁系血亲；儿媳、女婿等为自己的晚辈直系姻亲。

3. 平辈亲即同辈亲，指辈分相同的亲属。如同胞兄弟姐妹、堂兄弟姐妹、表兄弟姐妹等，为自己的平辈旁系血亲；自己的大姑子、小舅子、大伯子、小姨子，均为自己的平辈旁系姻亲。平辈亲分长幼，兄姐为长，弟妹为幼。我国婚姻法虽然没有长辈、晚辈、平辈亲的规定，但继承法规定了在一定条件下，被继承人的子女的晚辈直系血亲可以代位继承。因此，了解亲属中的辈分有一定现实意义。

二、亲等

亲等是计算亲属关系亲疏远近的标准单位。亲等数越少，亲属关系越密切。即亲等数与亲属关系的亲密程度成反比。根据世界各国亲属法的规定，外国对亲等计算有两种方法，即罗马法计算法和寺院法计算法，它们是以世代的多少来计算亲等的。我国古代对亲属关系的计算法采用丧服制，它是根据男女的尊卑、亲属的远近来加以计算的。我国现行《婚姻法》，则采用独特的代份计算法来确定禁婚亲的范围。下面分别进行说明。

（一）罗马法亲等计算法

罗马法亲等计算法是古罗马帝国使用的计算亲属等级的单位。由于其计算法最为科学，所以延续使用至今已近两千年，仍为世界大多数国家所采用。

1. 直系血亲的亲等计算法：从己身往上或往下数，以一世代为一亲等，世代数之和，即直系血亲的亲等数。计算时注意：应当排除己身的世代。例如父母与子女之间是一亲等；祖父母（外祖父母）与孙子女（外孙子女）之间是二亲等。亲等越少，表示亲属关系越近，亲等越多，表示亲属关系越远。

2. 旁系血亲的亲等计算法：首先，从己身上数至同源最近的长辈直系血亲，再从该同源人下数至要计算的旁系血亲。其世代数相加之和，即己身与该旁系血亲间的亲等数。计算时需要注意：应当排除己身的世代，而要包含所指旁系血亲的世代。例如，计算自己与同胞兄弟姐妹的亲等，首先找出最近同源人为父母，然后从己身上数至父母为一世代，再从同源人父母下数至要计算的旁系血亲——兄弟姐妹，为一世代。上数的一世代和下数的一世代相加之和为二，即己身与兄弟姐妹间为二亲等的旁系血亲。再如，计算自己与舅表兄弟姐妹之间的亲等，首先找出双方的同源人为外祖父母，然后从己身向上数，经过母亲至外祖父母共为二世代，再从同源人外祖父母向下数，经过舅父和表兄弟姐妹，也为二世代，其上数、下数的世代数之和为四，故己身与舅父表兄弟姐妹为四亲等的旁系血亲。其他依此类推。

（二）寺院法亲等计算法

寺院法亲等计算法是中世纪教会法计算亲等的单位，由于它不能准确地反映出亲属关系的远近，所以现在已被逐步淘汰了，只有个别国家仍在沿用。寺院法亲等制也有直系、旁系之分。

1. 直系血亲的亲等计算法：与罗马法直系血亲计算法完全相同。

2. 旁系血亲的亲等计算法：首先从己身和该旁系血亲分别上数至最近的同源长辈直系血亲。如果两边的世代数相等，这一相同数即为双方的亲等数；如果两边世代数不等，则取其世代数多的一边作为双方的亲等数。计算时需要注意：应当排除己身及该旁系血亲本身的世代。例如，计算自己和堂兄弟姐妹的亲等数，首先找出双方最近的同源人为祖父母。然后，从己身往上数至祖父母为二世代；从堂兄弟姐妹上数至祖父母也是二世代，那么，就以此相同数二亲等作为自己和堂兄弟姐妹之间的亲等数。再如，计算自己和舅父的亲等数，首先找出双方的同源人为外祖父母。从己身上数至外祖父母为二世代，再从舅父上数至外祖父母为一世代，由于两边世代数不一致，那么取其世代数多的一边作为亲等数，故自己和舅父之间为二亲等的旁系血亲。再如，计算自己和舅表兄弟姐妹分别上数至同源人外祖父母，各得出二世代，取这一相同数二亲等作为双方的亲等数。

从以上分析可以看出，罗马法与寺院法对于旁系血亲的亲等计算结论是很不相同的。按照寺院法亲等制，己身与舅父、己身与舅表兄弟姐妹，均属于二亲等旁系血亲，它无法精确地揭示出亲属间的亲疏远近。而按照罗马法亲等制，己身与舅父、己身与舅表兄弟姐妹则分别属于三亲等、四亲等的旁系血亲。显然，罗马法亲等制是比较科学、精确的。

至于姻亲的亲等计算，无论罗马法还是寺院法，都是以"姻亲从血亲"为原则的。即依从其配偶之亲等数来计算。例如：妻子与其父母为一亲等直系血亲，那么丈夫与岳父母即为一亲等的直系姻亲；再如，自己的表弟是自己的四亲等旁系血亲，那么自己的表弟媳就是自己四亲等的旁系姻亲；再如，丈夫的舅父是丈夫的三亲等旁系血亲，那么妻子与丈夫的舅父之间为三亲等的旁系姻亲。

本节导入案例中，①宋凡的祖母与王莹的妈妈是同胞姐妹，宋凡的父亲与王莹是表兄妹，故宋凡与王莹为表侄与表姑关系；用我国的代份计算法计算宋凡与王莹是四代旁系血亲的关系。根据我国《婚姻法》的规定，直系血亲和三代以内的旁系血亲不得结婚。宋凡与王莹因不在法律规定的禁婚亲范围，所以如果符合结婚的其他实质要件，两人可以登记结婚。②如果用罗马法计算宋凡与王莹则为五世代五亲等的旁系血亲关系；用寺院法计算宋凡与王莹则为三世代三亲等的旁系血亲关系。

（三）我国古代的丧服制

我国古代实行以男系宗亲为中心的亲属制度，当时依照生者祭奠死者所穿丧服的差别、等级来反映亲属关系的亲疏远近。丧服制源于周礼，迄至明、清律制定《丧服图》，沿用至清末民初。丧服分为五等，一等丧服最重，二等丧服次之，依此推算。服重则亲属关系亲近，丧期长；服轻则亲属关系疏远，丧期短。现分述如下：

第一等：斩衰。为 3 年之服。这种丧服用最粗的麻布做成，不缝下边。此为最重的丧服。须服斩衰的，包括子、未嫁女为父母，妻为夫或公婆，嫡长孙为祖父母等。

第二等：齐衰。这是用稍粗的麻布做的丧服，缝下边。此为较重的丧服。根据所服对象，服期又有杖期（持杖 1 年）、不杖期（不持杖 1 年）、5 月、3 月之别。例如，夫为妻（父母在则不杖）、子为出母、子为嫁母等服齐衰杖期。孙子女为祖父母、出嫁女为生父母等，均服齐衰不杖期。曾孙子女为曾祖父母服齐衰5月。玄孙子女为高祖父母服齐衰3月。

第三等：大功。服期9月。丧服用粗熟布做成。此为中度丧服。例如：妻为夫之祖父母，父母为子女等，均服大功。

第四等：小功。服期5月。丧服是用稍粗熟布做成的。此为较轻的丧服。例如：为伯叔祖父母，为在室祖姑，为出嫁堂姐妹等，均服小功。

第五等：缌麻。服期3月。丧服是用细熟布做成的。此为最轻的丧服。例如：夫为妻之父母，妻为夫的曾祖、高祖父母等，均服缌麻。

此外，在上述五等服制之外，尚有"袒免亲"之说。即九族宗亲之内的无服亲。这种亲属无服，丧葬时穿素服、尺布缠头。如为曾孙妇、玄孙妇，为族兄弟之妻、出嫁之族姐妹等皆袒免。

以上丧服制是维护以男子为中心的宗法制度的具体表现，具有男尊女卑、以本宗为主体等特点。例如，夫亡时，妻子要服斩衰3年；而妻死，丈夫只服齐衰。妻为夫的父母服一等斩衰；而夫为妻的父母则只服五等缌麻。父母死了，出嫁之女服齐衰；而未出嫁之女服斩衰。同样的血缘远近，服丧则有很大差异。可见，丧服制不能准确、客观地反映血缘关系的状况，因此早已被废除。但是，它在群众中仍有影响，至今有些农村地区还有人以未出"五服"为由，干涉本族男女的婚姻自由。

（四）我国婚姻法采用的代份计算法

我国1950年、1980年《婚姻法》及2001年修正案都没有确立亲等制度，仅在禁止结婚的条件中使用了"代"的概念。例如，《婚姻法》（2001年修正案）第7条规定，禁止直系血亲和三代以内的旁系血亲结婚。这里所指的"代份"是表示亲属关系亲疏远近的单位。代份少的，表示亲属关系亲近；代份多的，表示疏远。代指世辈，从己身算起，一世辈为一代。

1. 直系血亲的代份计算法：根据最高人民法院和司法部1953年司行字317号文件的解释，从己身往上数，己身为一代，父母为二代，祖父母、外祖父母为三代，曾祖父母、外曾祖父母为四代，高祖父母、外高祖父母为五代。从己身往下数，己身为一代，子女为二代，孙子女、外孙子女为三代，曾孙子女、外曾孙子女为四代直系血亲。依此类推。

2. 三代以内旁系血亲的代份计算法：根据上述317号文件规定，三代以内旁系血亲代份在计算时，首先从己身和该旁系血亲分别上数至同源最近的直系血亲。如果两边均为三代以内，则断定该亲属为三代以内旁系血亲。如果其中一边超出三代，则予以否定。计算时需要注意：应当包括己身的世代及该旁系血亲本身的世代。例如，计算己身和堂兄弟姐妹之间的代份，首先找出双方的同源直系血亲为祖父母，从己身上数至祖父母为三代，从堂兄弟姐妹上数至祖父母也为三代。两边均在三代以内，则断定堂兄弟姐妹是自己的三代以内旁系血亲。再如，计算己身和表侄女之间的代份，首先找出双方的同源直系血亲为外祖父母，从己身上数至外祖父母为三代，从表侄女上数至外祖父母为四代（即表侄女、表哥、舅、外祖父母共四代），其中一边超出三代，则断定表侄女是自己的第四代旁系血亲，不属于禁止结婚的范围了。

我国婚姻法所采用的代份计算法类似于寺院法亲等制，两者唯一的区别在于，我国计算法将己身和所指旁系血亲各算一代，而寺院法则排除了己身和所指旁系血亲的世代。如果将两者加以换算，只要将寺院法亲等数加1，即为我国代份法的世代数。由于这两者的计算结果都不够清晰明了，所以用罗马法亲等制来取代我国的代份计算法已势在必行。

第四节　亲属关系的发生、终止与效力

导入案例

1990年5月，冯女士与张先生结婚，1991年生一女儿取名张莹，一家三口虽不富裕却很幸福。但不幸的是，冯女士的丈夫在一次意外事故中丧生。1998年经人介绍，冯女士与李先生相识并一见如故，两人办理了结婚登记手续。2000年他们的儿子李小出生，一家四口共同生活。由于冯女士工作繁忙，顾及不到家务，夫妻之间为家庭琐事经常争吵，之后矛盾越来越深。2011年8月双方协议离婚。女儿成年现已参加工作，由于李先生身体不好，儿子由母亲抚养。

问：①张莹与李先生是何亲属关系？②张莹与李小是何亲属关系？他们相互间有权利义务关系吗？

本案知识点：亲属关系的发生、终止与效力

教学内容

亲属关系的发生和终止都有赖于一定事实的出现。这种事实分为两类：一类是自然事实，另一类是自然人主体或者有关权力机构依照特定程序创设或者消灭亲属关系的行为。无论是哪一类，它们都具有双重特点：一是客观性，即应是已经实际发生而非预期将会发生的客观事实；二是规范性，即须是按照相应的亲属制度规范将会导致一定社会后果的事实。

一、亲属关系的发生

亲属关系的发生,是指基于一定的法律事实使当事人之间产生亲属关系。引起亲属关系发生的法律事实主要有两种:一是出生的事件;二是法律行为。不同类型的亲属,其发生的法律事实有所不同。

(一) 自然血亲关系的发生

出生是形成自然血亲的唯一原因。出生是指胎儿完全脱离母体且是活体的情形。婚内子女的出生将引起父母子女关系以及其他直系和旁系血亲关系的发生。非婚姻关系出生的子女,与生母方面的自然血亲关系自然可以确定;其生父是明确的,与生父方面的自然血亲关系从本质上说亦无疑问,但有些国家和地区规定需经过"认领"或者"准正"的程序(参见本书第五章);其生父不明确的,并不意味着没有父方血亲,只是在事实上和法律上有待确认而已。

(二) 拟制血亲关系的发生

法律拟制行为是拟制血亲关系产生的重要原因。在我国,引起亲属关系的法律拟制行为包括两种:一种是成立养父母与养子女之间的收养关系;另一种是在继父母与继子女间形成事实上的抚养教育关系。在这两种情形下,不仅可形成拟制直系血亲关系,而且同时可发生拟制的旁系血亲关系。

(三) 配偶关系的发生

结婚即婚姻的成立,是配偶关系发生的唯一原因。配偶关系的发生,应以男女双方符合法定结婚条件并依法办理结婚登记,取得结婚证的时间为准。

(四) 姻亲关系的发生

姻亲关系是以婚姻为中介而发生的。因而,婚姻的成立也是姻亲关系发生的重要法律事实。姻亲关系的发生应以婚姻有效成立的时间为准。

二、亲属关系的终止

亲属关系的终止,是指因发生一定的法律事实,而使当事人之间既存的亲属身份和权利义务关系归于消灭。亲属关系的终止有两种:一是绝对终止,指亲属的身份和权利义务关系完全消灭。二是相对终止,指亲属的权利义务关系消灭,而身份关系并未消灭。由于各类亲属的性质和特点不尽相同,终止的原因有所区别,终止的法律效果也不相同。

(一) 自然血亲关系的终止

自然血亲是基于天然的血缘联系而发生的亲属关系,因此一般只能因一方自然死亡或被宣告死亡而终止,而不能通过法律手段人为地加以解除(送养例外)。如果子女被他人收养,只能消除生父母子女间的权利义务,而他们之间的血缘关系不消灭。因一方死亡而终止的自然血亲,属于相对终止,即自然实体不存在导致双方权利义务,但其身份关系并未消灭。

（二）拟制血亲关系的终止

拟制血亲除因一方死亡而终止外，还可因法律行为而终止。如收养关系的解除，收养行为被宣告无效。拟制血亲因一方死亡而终止时，原双方的权利义务即告解除，但双方的身份关系并未当然消灭。但是在特殊情况下，养父母去世，养子女尚未成年，又恢复了与生父母间的法律关系，这种情况下，养父母与养子女身份的关系也消灭。拟制血亲因解除收养的法律行为而终止时，双方关系的终止为绝对终止，即养父母与养子女间的身份关系和权利义务关系完全解除。

关于形成抚养教育关系的继父母子女之间的拟制血亲的终止问题，原则上应以生父（母）与继母（父）之间的婚姻关系的存离为标准。再婚婚姻关系解除，继亲关系包括身份与权利义务也完全消灭。如果继父母或继子女一方死亡，同样为权利义务消灭，身份关系并不当然解除。如果继父母与继子女的关系恶化，要求解除关系，应予解除。例如，生父与继母离婚，继子女未成年由生父带走，继母对子女的抚养也同时终止的，则继子女与继母之间的拟制血亲关系终止。但如果继子女已被继母抚养成年，则继子女与继母之间的拟制血亲关系仍然存在，不因生父与继母的离婚而终止。

本节导入案例中，①张莹与李先生是拟制血亲关系。虽然冯女士与李先生协议离婚时，张莹已独立，但由于张莹曾经是由继父抚养长大，所以他们之间应形成了抚养教育事实，彼此之间应产生权利义务关系。我国《婚姻法》明确规定：由继父母抚养成人并独立生活的继子女，应当承担对无劳动能力或生活困难的继父母的赡养扶助义务。因而不能因为生父与继母、生母与继父之间的婚姻关系终止，彼此间的权利义务关系就自然终止。②张莹和李小是同母异父的半血缘的自然血亲关系。他们之间的权利义务完全等同于自然血亲间的权利义务关系。

（三）配偶关系的终止

配偶关系因婚姻终止而消灭。引起婚姻终止的原因：一是一方死亡（包括自然死亡或被宣告死亡）；二是双方离婚。根据我国《婚姻法》，以配偶一方死亡时间或领得离婚证、人民法院准予离婚的调解书和判决书生效的时间，作为配偶关系终止的时间。离婚导致双方身份与权利义务关系全归消灭。若配偶一方死亡，双方权利义务关系终止，身份关系不当然消灭。他们的身份关系至生存一方再婚时即告消灭。

（四）姻亲关系的终止

姻亲一般以配偶一方的死亡或双方离婚而终止。配偶一方死亡不得为消灭姻亲的当然原因。习惯上对于夫死后妻未再嫁，妻死后夫未再娶，或再婚后仍与亡偶的父母等亲属生活在一起的,仍视为姻亲关系存在。相反,则视为姻亲关系不复存在。我国《继承法》和有关法律解释规定,丧偶儿媳对公婆、丧偶女婿对岳父母尽了主要赡养义务的,仍当作为第一顺序法定继承人。从这一规定可以看出,我国的姻亲关系不是因配偶一方死亡而自然终止。姻亲关系是否终止,由当事人自身决定。

三、亲属关系的效力

亲属的法律效力,是指一定范围内的亲属所具有的法定权利义务及其在法律上发生的其他效果。亲属的法律效力在诸多法律中都有表现。

(一)亲属在婚姻家庭法上的效力

1. 一定范围内的亲属有相互扶养的义务。根据我国《婚姻法》的规定,我国亲属间的扶养义务有两种情况:一是无条件的互相扶养义务,即夫妻之间,父母对未成年人的或尚未独立生活的子女,成年子女对丧失劳动能力的父母;二是有条件的扶养义务,即(外)祖父母与(外)孙子女的相互扶养以及兄弟姐妹之间的相互扶养。

2. 一定范围内的亲属有互相继承遗产的权利。《婚姻法》明确规定了夫妻、父母子女之间有互相继承遗产的权利。

3. 一定范围的亲属具有法定的共同财产。《婚姻法》规定,夫妻在婚姻存续期间所得的财产归夫妻共同所有。

4. 一定范围内的血亲禁止结婚。《婚姻法》规定,直系血亲和三代以内的旁系血亲之间禁止结婚。

5. 特定的亲属代为承担民事责任。《婚姻法》规定,未成年人造成国家、集体或他人损失时,其父母负有民事责任。

(二)亲属在民法上的效力

1. 亲属可以作为特定法律主体的监护人或法定代理人,享有监护权、代理权。《民法通则》规定,无民事行为能力人或限制民事行为能力人,由其父母、配偶、成年子女、祖父母、外祖父母、成年的兄弟姐妹以及关系密切的其他近亲属担任监护人。无民事行为能力人、限制民事行为能力人的监护人是他的法定代理人。

2. 一定范围内的近亲属,可以向法院申请精神病人为无完全民事行为能力人。根据民法通则规定,精神病人的配偶、父母、成年子女、兄弟姐妹等近亲属,可以向人民法院申请宣告其为无民事行为能力人或限制民事行为能力人。

3. 根据一定的亲属关系,确定法定继承人的范围和顺序。《继承法》规定,配偶、子女、父母为第一顺序法定继承人;兄弟姐妹、祖父母、外祖父母为第二顺序法定继承人。

4. 特定的监护人代被监护人承担民事责任。《民法通则》规定，无民事行为能力人或限制民事行为能力人的监护人，对被监护人造成他人损害的，承担民事责任。

5. 亲属享有对失踪人的财产代管权。《民法通则》第 21 条规定，失踪人的财产由他的配偶、父母、成年子女或者关系密切的其他亲属、朋友代管。

（三）亲属在刑法上的效力

1. 某些犯罪的构成，必须以有一定的亲属关系为条件。刑法中虐待罪的侵犯客体，是家庭成员间的平等权利和被害家庭成员的人身权利，犯罪的主体必须是与被害人为一个家庭共同生活的成员。构成遗弃罪的首要条件是，行为人与被害人之间存在法定的抚养、赡养权利义务关系，而有这类权利义务关系的只有夫妻、父母子女等亲属。

2. 亲属关系在刑法上受到特殊保护。刑法上规定的暴力干涉婚姻自由罪、拐骗儿童罪、破坏军婚罪、重婚罪等，都是对亲属关系、亲属权利的保护。

3. 亲属在法定条件下享有告诉权。刑法对于以暴力干涉他人婚姻自由罪、虐待罪，规定了"告诉才处理"。也就是说，只要没有发生被害人重伤、死亡的后果，就必须由受害亲属亲自起诉，人民法院才能处理。此外，刑法还规定，对以暴力干涉婚姻自由罪、侮辱罪、诽谤罪以及虐待罪案件，被害人因受强制、威吓而无法告诉的，除人民检察院可以代表国家进行干预外，被害人的近亲属也可以行使告诉权。

（四）亲属在诉讼法上的效力

亲属在诉讼法上的效力主要体现在民事诉讼、刑事诉讼和行政诉讼之中。

1. 一定范围的亲属身份是司法人员回避的原因。《刑事诉讼法》规定，审判人员、检察人员、侦察人员是本案当事人的近亲属，或者司法人员的近亲属与本案有利害关系的，应当回避。《民事诉讼法》也有类似的规定。

2. 亲属在诉讼过程中享有辩护权和代理权。刑事案件被告人的监护人等近亲属可以担任被告的辩护人，可以代其上诉或申诉。没有诉讼行为能力的民事案件的当事人，由其取得法定代理人身份的亲属代为进行民事诉讼活动，法律效力直接作用于被代理人。

3. 有权提起行政诉讼的公民死亡的，其近亲属可以提起诉讼。

4. 死亡人的名誉权、著作权受到侵害，其近亲属可以提起诉讼。

5. 亲属在诉讼过程中也负有一定的义务。亲属有义务协助司法机关处理刑事案件中的送达、传寄、搜查、尸体解剖，也有义务协助执行人民法院的判决和裁定。

（五）亲属在国籍法上的效力

亲属关系和亲属身份是国籍法上取得国籍、加入国籍和退出国籍的重要依据。

1. 中国国籍的自然取得，依据一定的亲属关系。《中华人民共和国国籍法》第 4 条规定："父母双方或一方为中国公民，本人出生在中国，具有中国国籍。"第 6 条规定："父母无国籍或国籍不明，定居在中国，本人出生在中国，具有中国国籍。"第 5 条规定，对出生于外国的人，除驻在国法律规定出生时就具有外国籍的以外，只要他的父母有一方为中国公民，也具有中国国籍。

2. 与中国人有一定亲属关系的外国人、无国籍人，可以申请加入中国国籍。我国《国籍法》第 7 条规定，外国人或无国籍人是中国人的近亲属，可以申请批准加入中国国籍。

3. 与外国人有一定亲属关系的中国人，可以申请退出中国国籍。

此外，在其他许多法律、法规中，如《治安管理处罚法》、《革命烈士家属、革命军人家属优待暂行条例》、《关于职工探亲待遇的规定》等，均有涉及亲属关系的规定。

思考题

1. 什么是亲属？亲属有哪些种类？
2. 什么是亲系？如何区别直系血亲与旁系血亲？
3. 什么是亲等？简述罗马法亲等计算法与寺院法亲等计算法之异同。
4. 各种亲属关系发生和终止的原因是什么？
5. 亲属在法律上的效力主要有哪些？

实务训练

（一）示范案例

1985 年 2 月，王波（男）与丁莉（女）经人介绍相识了 3 个月后，登记结婚。由于双方匆忙结婚，彼此之间的性格并不十分了解。在女儿王霞 2 岁时，双方协议离婚，王波承担女儿一定的生活费用。不久，丁莉与本单位的张琪产生了感情。张琪的前妻突发心脏病去世，他与儿子张小军相依为命共同生活。1991 年 10 月丁莉与张琪结婚，当时女儿王霞 6 岁，张小军 5 岁，一家四口共同生活。

2007 年，丁莉因交通事故不幸身亡，王霞与张小军也都长大成人，王霞已参加工作，张小军在外地当兵。连续丧妻的打击使得年迈的张琪身患重病，加上单位不景气，仅靠微薄的收入不能满足生活和治病需要，他希望能得到王霞经济上的帮助和生活上的照料。但王霞却认为，尽管在她年幼时张琪照顾过她，但生活费用都一直是由生父王波提供的，张琪一直收入很低，对她的成长并无经济投入，只在体力和精力方面有所付出，母亲丁莉也照料抚养了张小军，而张小军成年后，并未对母亲尽过赡养义务，她当然也无须赡养张琪。

基于以上理由，她坚决拒绝了张琪的请求。2009年5月，张琪向人民法院提起诉讼，要求王霞承担赡养义务。

问题：(1) 王霞与张琪属何种亲属关系？王霞与张小军属于何种亲属关系？

(2) 王霞是否应承担赡养张琪的义务？

[分析要点提示]

(1) 王霞的母亲与张小军的父亲再婚后，与他们组成了四口之家共同生活多年，继父对继女王霞进行了抚养，继母丁莉同样承担了抚养教育继子张小军的责任。尽管在王霞未成年时，其生父王波承担了一部分生活教育费用，但一个未成年人的成长，不仅需要必要的经济来源作保证和基础，而且生活上的照料和关怀，思想品德上的教育和帮助也是同样不可或缺的。因此，我国法律在认定继父母抚养继子女这一事实时，并不以继父母是否承担了继子女的生活教育费用为前提条件，而是审查继父母与继子女之间是否形成了共同生活的事实，继父母对未成年继子女的成长是否有精力、时间的付出。本案的案情完全符合法律对形成抚养事实的继父母与继子女关系的认定条件。因此，王霞与继父张琪属于拟制血亲关系，王霞与张小军则属于法律拟制的姐弟关系。

(2) 在王霞6岁时，张琪与王霞的母亲丁莉再婚，并对王霞抚养教育长达多年，他们之间已建立了形成抚养事实的继父母与继子女关系。虽然王霞的母亲丁莉已经去世，张琪与丁莉的婚姻关系终止，但王霞受继父张琪抚养的事实却并不因此而消失。根据《婚姻法》第27条第2款："继父或继母和受其抚养教育的继子女间的权利和义务，适用本法对父母子女关系的有关规定。"王霞与继父张琪的权利义务关系并不因丁莉的死亡而消灭。张小军是否对丁莉履行了赡养义务，并不能成为影响王霞承担或拒绝承担赡养张琪义务的前提条件。综上所述，王霞应承担赡养继父张琪的义务。人民法院应根据张琪的实际生活需要及王霞的负担能力作出合理的裁决。

(二) 习作案例

孙婷与张瑞夫妻婚后多年没有生育，1999年他们收养了一个刚刚出生3个月的女孩，取名张雪。2001年，孙婷怀孕，夫妻双方非常高兴。次年，儿子出生，取名张军。2005年，因张瑞有外遇，孙婷与其协议离婚。在子女问题上，两人协议如下：张军随父亲张瑞生活，张雪由母亲孙婷抚养，双方互不承担子女的抚养教育费用。离婚后不久，张瑞即与王玉娟结婚。2007年，他们的孩子张飞出生。

问:

(1) 张雪与张军属何种亲属关系？孙婷与张瑞的离异是否改变了张雪与张军的关系？

(2) 张飞与张军、张飞与张雪又分别属于什么样的亲属关系？

(3) 孙婷与张军、王玉娟与张雪之间是否存在权利义务关系？为什么？

延伸阅读

L. H. 摩尔根对亲属制度的研究[1]

美国民族学家 L. H. 摩尔根是亲属制度研究的开创者。他发现易洛魁印第安人的亲属称谓同他们的婚姻家庭制度有很大差异，而且这种亲属称谓在美洲许多操不同方言的土著居民中普遍存在。他运用调查表格的方式，搜集、分析了世界上许多民族的大量亲属制资料，推衍出人类家庭形式的发展历史：血缘家庭——普那路亚家庭——对偶家庭——一夫一妻制家庭，得出在家庭产生之前人们处于杂交的原始状态的结论，从而解开了易洛魁人奉行的同他们的实际家庭关系相矛盾的亲属制度的谜。

摩尔根确立了以亲属制度追溯家庭形式的理论和方法。他认为，家庭形式与亲属制度之间有着本质的联系。婚姻形态是家庭形式的基础，家庭形式又是亲属制度的基础。家庭是一种能动的要素，它从来不是静止不动的，而是随着社会从较低阶段向较高阶段发展，从低级形式进到高级形式。反之，亲属制度却是被动的，它把家庭经历每一个历史时期所产生的进步记录下来，并且只是在家庭急剧变化了的时候，才发生急剧变化。因此，往往当家庭形式向前发展了，而旧的称谓的改变或废弃却落后于现实，并以习惯的方式继续存在，这就出现了与现实家庭形式相矛盾的亲属制度。

摩尔根在《人类家族的血亲和姻亲制度》(1871) 一书的基础上，撰写了《古代社会》中的第三编，概述了家庭发展历史的理论成果。

亲属制度的研究，在颇大程度上是建立在亲属称谓的分类上的。亲属称谓分类，虽然不是亲属制度的目的，但它却是以最简单的术语来说明复杂的亲属称谓的性质和关系的最好途径。摩尔根介绍了马来亚式、土兰尼亚-加诺万尼亚式和雅利安式三种亲属制度，并把亲属制度分为类分式和描述式两大类。类分式的特点是只计算群体而不计算个人的亲属关系，无论直系或旁系亲属，只要辈分相同，除性别外，都用同一称谓。马来亚式和土兰尼亚-加诺万尼亚式亲

---

[1] 本文摘自百度百科，http://baike.baidu.com，有所删减。

属制都属类分式。描述式的特点是直系和旁系亲属称谓各别，如雅利安式。

一个世纪以来，关于亲属制度的研究一直引起中外民族学者的兴趣和重视。许多学者在摩尔根研究的基础上，对亲属称谓问题提出了分类的见解。如美国的 A. L. 克罗伯、A. R. 拉德克利夫·布朗、G. P. 穆尔多克、英国的 W. H. R. 里弗斯、R. H. 罗维以及法国的 C. 莱维·斯特劳斯等，都有自己的分类法。在美国，穆尔多克在《社会结构》(1949) 一书中提出夏威夷式（Hawaiian type）、爱斯基摩式（Eskimo type）、易洛魁式（Iroquois type）、奥玛哈式（Omaha type）、克罗式（Crow type）、苏丹式（Sudanese type）等 6 种亲属称谓制图式，被众多的研究者所采用。苏联学者 А. М. 佐洛塔廖夫、Д. А. 奥尔捷罗格等赞同英国里弗斯的意见，认为马来亚式亲属制是从土兰尼亚－加诺万尼亚式亲属制简化而来。他们提出亲属制度首先取决于不同发展阶段的社会基本单位的结构，而不仅是婚姻形式。两合氏族组织与土兰尼亚－加诺万尼亚式亲属制相适应；父系大家族与分叉旁系式亲属制相适应；在不正常条件实行族内婚的情况下产生马来亚式亲属制；描述式亲属制与个体小家庭的产生相适应。

对于中国亲属制度的研究，中、外学者也有所论列。对中国古代亲属制度的重要文献——《尔雅·释亲》、《仪礼》和《礼记》的分析，学者们的看法很不一致。中华人民共和国成立后，随着民族研究工作的深入，中国的民族学者对少数民族社会的家庭形式和社会面貌进行探索，取得了可喜的成果。

亲属制度是在历史过程中形成和发展的，不能离开当时当地的历史实际进行分析。某一个民族的亲属称谓图式所表述的，不过是这一民族亲属称谓的一个断面。在这个断面上，各个具体成员的称谓都是历史的产物，但彼此出现的时间也许有早有迟，其转变又可能与外来文化接触有关，血亲和姻亲的关系如何起作用，它们又如何与行为模式相联系，所有这些都需要作出具体、细致的分析。

第四章 结婚制度

学习目标与工作任务

通过本章的学习，要求大家能够了解我国婚姻家庭法中有关结婚制度的规定；掌握我国结婚的法定条件与程序；准确判断无效婚姻和可撤销婚姻；并能正确看待和处理司法实践中大量存在的因婚约问题而引发的财产纠纷及各类违背婚姻家庭法基本原则及社会主义道德规范规定的"假结婚"和"假离婚"问题。

第一节 结婚制度概述

导入案例

2012年李某与王某认识不久，就在父母的逼迫和王某的要求下与其结婚。李某比王某小四岁，结婚时尚未达到法定婚龄，是其父母谎报年龄使其办理了结婚登记手续，骗取了结婚证。婚后两人感情一直不好，结果双方只在一起生活了3个月，王某即返回娘家居住。后虽被李某姐姐请回李家，与李某共同生活，但两人仍是口角不断，而且动辄以拳头相见。2013年3月的一个下午，王某从集市上赶回家中，但见房门紧闭，叫门不开。她一气之下破窗而入，发现丈夫李某正和一个女人躺在床上。她严厉斥责丈夫的不道德行为，反而遭到丈夫的一顿拳头。王某气愤至极，遂向人民法院递交了起诉书，要求与李某离婚。

试问该案应如何处理？

本案知识点：结婚的含义与特征；无效婚姻

教学内容

结婚制度是婚姻家庭制度的重要组成部分，其性质、内容和特点均受当时社会制度的决定和制约。社会制度不同，结婚制度也各不相同。古今中外不同国家，基于巩固、发展与其政治要求相适应的婚姻家庭制度的需要，都对结婚制度作出了必要的法律规定。我国婚姻法及相关司法解释，也对结婚的法定条件、必经程序及法律效力等问题作出了明确的规定。

一、结婚的概念

（一）结婚的含义及特征

1. 结婚的含义。结婚，又称婚姻的成立或婚姻的缔结，是男女双方依照法律规定的条件和程序，确立夫妻关系的一种法律行为。结婚有广义和狭义之分。狭义说：仅指结婚，不包括订婚等其他程序。广义说：包括订婚和结婚两个方面。我国现行的法律采用狭义说，订婚已经不再是结婚的必经程序。婚约仅具有道德约束力。

2. 结婚的特征。婚姻的成立具有以下三个特征：

（1）结婚行为的主体是男女两性。婚姻关系的产生，是以男女两性的生理差别为前提的，人类性的本能和自身的繁衍是婚姻的自然属性，这是婚姻关系区别于其他社会关系的主要特征。如果没有两性关系这种自然条件，婚姻则无从产生，也没有其存在的意义。

（2）结婚行为是一种民事法律行为。当事人必须遵守法律的规定，包括法律规定的结婚条件和结婚程序两个方面。与一般的民事法律行为不同，法律对结婚行为的条件和程序作了特别的规定，结婚必须依法成立，否则不具有婚姻的法律效果。

（3）结婚行为的后果是确立夫妻身份关系。男女双方因结婚形成了互为配偶的夫妻身份，开始相互享有和承担法律规定的权利与义务。夫妻身份关系确立后，未经法律程序，双方不能任意解除。

（二）结婚的分类

结婚是一种法律行为，必须具备法定的要件。世界各国对结婚要件根据其意义、分类方法的不同大体上可分类为：实质要件与形式要件；必备要件与禁止要件；公益要件与私益要件。

1. 实质要件与形式要件。实质要件是指法律所规定的关于结婚当事人本身及双方关系本质的条件。诸如双方当事人须有结婚的合意、双方须达到法定婚龄、须无禁止结婚的疾病、须无禁止结婚的亲属关系等。形式要件是法律所规定的结婚程序及方式。现代各国所确认的形式要件主要包括登记制、仪式制、登记与仪式结合制。

2. 必备要件与禁止要件。结婚的实质要件可分为必备要件与禁止要件。必备要件又称为积极要件，是指结婚当事人双方必须具备的不可或缺的条件，如双方合意，须达法定婚龄等。禁止要件又称为消极要件或婚姻障碍，是指法律规定当事人结婚时必须排除的条件。如结婚双方是一定范围内的亲属，一方或双方患有某些种类的疾病。

3. 公益要件与私益要件。将公益与私益作为划分结婚要件的标准在西方国家较为盛行。公益要件是指与社会公共利益相关的要件。如当事人须达法定婚龄、禁止近亲结婚等。私益要件是指仅与当事人及其亲属有关的要件。如须有当事人双方合意，外国法中规定的未成年人结婚须有法定代理人同意等。

依照我国现行《婚姻法》的规定，我国将结婚的实质要件称为结婚条件，包括必备条件和禁止条件，是婚姻法所规定的涉及结婚当事人本身及双方关系本质的条件。将结婚的形式要件称为结婚的登记程序，只有办理了结婚登记的婚姻，才是合法有效的婚姻，受法律保护。

在本节导入案例中，李某与王某的婚姻不符合我国婚姻法规定的结婚条件。李某与王某结婚既非完全自愿，也未达到法定婚龄。同时还存在父母的逼迫、谎报年龄，骗取结婚证的情节，因此根据我国《婚姻法》第10条的规定，该婚姻关系应被人民法院判决宣告无效。对于李某的不道德行为，应予以批评谴责。

二、结婚制度的历史沿革

人类悠久的历史，演变出了各种各样的结婚制度。从不同的角度，以不同的方法，可以对其作不同的划分。例如，以结婚的血缘范围为标准，可以分为内婚和外婚；以结婚者的人数为标准，可以分为团体婚和个体婚；以结婚的方式为标准，则可以分为掠夺婚、有偿婚、聘娶婚、宗教婚和自由婚。这里仅就作为个体婚制产物的结婚大体所经历的几种形式进行简单的介绍。

1. 掠夺婚。即抢婚，指男子以暴力掠夺女子为妻的婚姻。这种求妻方式是在从对偶婚制向一夫一妻制过渡过程中出现的。我国现在有些少数民族仍保留着抢婚的习俗，但只是作为婚姻成立的形式，不再具有暴力与违背女方意愿的内容。

2. 有偿婚。有偿婚指以男方向女方支付一定代价作为与女方结婚的必要条件的结婚方式。依代价的不同形式，又可以分为如下三种：

（1）买卖婚。买卖婚是指以一方向另一方支付一定的金钱或其他财物作为身价，并以此为婚姻成立要件的婚姻。给付者一般为男方，收受者则是女方。这种婚姻把妇女纯粹当成商品，是古代一种最为普遍的婚姻形式。相传"伏羲制嫁娶，以俪皮为礼"，开买卖婚之先河，这种以财货易妻室的结婚方式，一直流传并盛行于后世。

（2）互易婚。互易婚又称为交换婚或换亲，是指双方父母互换其女作为子妇，或男子各以其姐妹交换为妻。具体又有"换亲"、"转亲"之分。交换婚表面上并无金钱、财物的买卖特征，但它仍是将妇女作物品换来换去，妇女没有人格可言，因此，其本质上仍属有偿婚。

（3）劳役婚。劳役婚是指以男方向女方家服一定期限的劳役为代价而成立的婚姻。这种以力代财的求妻方式，仍然属于有偿婚的性质。

3. 聘娶婚。聘娶婚是一种世俗的仪式婚，指以男方向女方家交付一定数量的聘财为结婚要件的婚姻，并且必须严格依照成婚的礼仪程序。西周时期创制的"六礼"后经过法律的认可，就是礼制中确定的聘娶婚的具体程序。"自纳采至纳征而婚约定。经请期、亲迎并行合卺之礼后，始为完婚。"六礼载于《礼记》："六礼备，谓之聘；六礼不备，谓之奔。"六礼程序为：

（1）纳彩，"纳其采择"之意，男方使媒人向女方家送求婚礼物，表示愿意议亲，女方家经过斟酌应允，男方才能备礼贽见。

（2）问名，男方派媒人到女方家了解家世、女子名字、生辰年月是否合八字、生肖是否相克、嫡出还是庶出等情况，以便"卜其吉凶"。

（3）纳吉，吉即吉兆，男方占卜于宗庙，通过迷信手段卜得吉兆后，备礼通知女方，决定缔结婚姻，如果不吉，则终止议亲。

（4）纳征，即纳币。征即成的意思。男方派使者到女方家庭送交聘礼，女方接受，"婚姻之事于是定"，婚约即正式成立、生效并产生人身上的约束力。这是"六礼"的中心环节。

（5）请期，男方家择定婚期，并在形式上商请女方家同意。

（6）亲迎，新郎秉承家长之命至女方家迎娶新娘，履行一定仪式后，婚礼告成。此后，再经过"庙见"，女方便正式成为男方宗族的正式成员。

"六礼"以纳征为中心，聘礼的多寡以双方的身份、地位而定。"六礼"的程序到后来虽有变通，但聘娶婚的本质始终如一。

4. 宗教婚。宗教婚是西方国家结婚的传统形式。西方国家古代的结婚制度以罗马法和寺院法的规定为代表。在罗马市民法规定的结婚方式中，"共食婚"是罗马贵族结婚的主要方式，是一种宗教婚。结婚时举行隆重的宗教仪式，须有大祭司、神官与十名证人参加。由神官主持婚礼，新郎、新娘共食祭祀的麦饼后，婚姻成立。除此之外，当时也有买卖婚、时效婚等形式。

欧洲中世纪时，宗教婚是各国占统治地位的结婚方式，在基督教的强大教权之下，寺院法（亦称教会法）对婚姻关系的调整作用凌驾于一切世俗的立法之上。教会当局对婚姻事务具有无可争辩的管辖权。寺院法不仅为婚姻的成立规定了严格的条件，列举了众多的婚姻障碍，而且在形式上要求当事人履行一定的宗教仪式：结婚须向当地教会申请，婚事须经过教会当局公告，举行婚礼时须由神职人员祝福，并在神职人员之前宣誓，否则，婚姻不能有效成立。随着欧洲中世纪的结束，直至宗教改革和婚姻还俗运动以后，封建的宗教婚才逐渐衰微，后逐渐为法律婚所代替，但至今仍有一定的影响。

5. 合意婚。合意婚又称自由婚或契约婚。从世界范围来看，近现代的婚姻制度，是在从封建主义婚姻制度到资本主义婚姻制度转变过程中开始出现的。其重要标志之一是欧洲各国的宗教婚为民事婚即法律婚所逐渐代替。

在资本主义社会中，依民事方式，经过男女双方意思表示一致而成立的婚姻，被称为共诺婚。资产阶级在反封建的斗争中，提出了"自由、平等、博爱"的口号，近代自由婚概念随之产生。自由婚强调双方的合意，在法理上这是以契约论为基础的。资产阶级学者以为，合意婚是男女双方以相互占有，共同生活为目的而订立的契约。在这里，同样通行着契约自由，意思自治的一般规则。合意婚的确立无疑是婚姻史上的一个重大进步，它还婚姻以世俗面目，并使当事人从此在法律上成为婚姻的主体，享有了支配自己婚姻的权利。但必须看到，在生产资料私有制之下，它所注意的仅仅是形式上的自愿，法律后面的现实生活却往往与之大相径庭。即便是在建立了生产资料公有制的社会主义国家，由于私有成分的存在以及男女两性在现实中的差距，依然还会给真正、彻底实现自由婚带来诸多障碍。因此，只有完全消灭了私有制，男女平等彻底充分实现，妇女完全摆脱了经济方面对男子的依赖，真正能与男子一样行使选择配偶的权利，以爱情为基础的自由婚才能真正实现。

第二节　婚　约

导入案例

齐娜是独生女，家住某市，2008年考上某市外贸学院。入学后的第二年，便与同班家住外地的同学小雨相恋。齐娜的父母看中小雨为人忠厚老实，意欲将其招为上门女婿。小雨因在本市没有亲戚，故常到齐娜家中帮忙，2011年春节双方订婚。同年8月一处经济适用房开盘，齐娜家欲买一套两室一厅的楼房给齐娜和小雨结婚用。齐娜家出资30万，欲贷款10万。小雨得知实情后，主动提出，根据农村的习俗，结婚时要给女方家彩礼。于是，便把父母东拼西凑的10万元主动交给了齐娜的父亲。2012年下半年，因为毕业去向问题两人发生了争执，齐娜感到小雨太固执，双方性格差异较大，经再三考虑，向小雨提出终止恋爱关系。小雨同意分手，但要求齐家一次性返还彩礼10万元，而齐娜不同意。小雨遂起诉到法院。

试问：对小雨要求返还的 10 万元彩礼钱，应否支持？本案应如何处理？

本案知识点：订婚；彩礼

教学内容

一、婚约的概念及特征

（一）婚约的概念

所谓婚约，是指男女双方以将来缔结婚姻为目的所订立的事先约定。订立婚约的行为称为订婚。订婚后的男女双方即具有未婚夫妻的身份。

关于婚约的性质，西方学者有两种不同的主张：一种是契约说，认为婚约是订婚的契约，尽管其性质不得强制履行，但是无正当理由而不履行者应当承担违约责任；另一种是非契约说，认为订婚不是法律行为，是事实行为，无正当理由而不履行者应承担侵权行为的责任。在社会主义国家如苏联和东欧的一些社会主义国家，其婚姻法对婚约均未加以规定。我国婚姻法在理论上也未对婚约作出规定。

司法实践中对婚约的态度是"既不禁止，也不保护，订立自愿，解除自由"。在结婚前，男女双方为保证婚姻的缔结，可以事先达成一个协议。协议的目的是明确的，即双方承诺接受将来的婚姻。婚约成立后，双方当事人负有按约定缔结婚姻的义务，但是，这并不意味着当事人将来必须结婚。婚约虽然是有关人身权、财产权的预约，但由于婚约具有身份上的意义，以及人类赋予婚姻的基本精神，因此婚约与民法中严格意义上的预约不同，法律不要求婚约必须履行，当事人任何一方在不履行婚约时，另一方不得请求法院强制其履行。附加在婚约上的任何违约条款，也都不具有法律上的效力。

（二）婚约的特征

1. 婚约必须由将来结婚当事人亲自订立并且意思表示真实。婚约是将来双方接受婚姻的承诺，因此必须以双方合意为要件，任何由包括父母在内的第三人代订的婚约都是无效的；因欺诈、胁迫而订立的意思表示不真实的婚约也是无效的。订立婚约时，双方应具有完全民事行为能力，无民事行为能力人、限制民事行为能力人订立的婚约无效。

2. 婚约当事人双方不得有法定的婚姻障碍。订立婚约是以结婚为目的的，因而，订立婚约不得违反法律对婚姻的禁止性规定，法律规定的禁婚亲之间不得订立婚约，一方或者双方有配偶的人不得订立婚约。但由于婚约本身并不是婚姻，因此订婚后又与他人结婚或重复订者均不构成法律上的重婚。

3. 婚约不是结婚的必经程序。法律不要求必须订立婚约，当事人在结婚前可以订立婚约，也可以直接结婚。婚约不是结婚的法定要件，是否订婚由当事人自行决定，法律不加以干预。

4. 婚约为非要式行为。法律没有规定婚约的形式，当事人可以采取各种方式订婚，凡是口头、书面、仪式、交换信物等当事人认可的任何形式，都可以视为婚约的成立。

（三）婚约与相关概念的区别

1. 婚约与恋爱不同。恋爱不当然具有婚姻关系约定的确定性；而婚约则是当事人之间确定的婚姻关系的预约，是双方对未来缔结婚姻关系的允诺。

2. 婚约与未婚同居不同。婚约当事人之间只有婚姻的约定，而无婚姻之事实，一般没有同居行为；未婚同居者不一定有婚约关系，同居不表示当事人将在未来缔结婚姻。

3. 婚约与事实婚姻不同。婚约当事人之间以未婚夫妻相待，没有共同生活；而事实婚姻的当事人之间以夫妻相待，而且以夫妻名义共同生活。

二、婚约的历史沿革

从历史上看，不同时代、不同国家对待婚约的立法态度有很大区别。大致可以将婚约分为早期型婚约和晚期型婚约。

1. 早期型婚约。个体婚形成的初期，人类实行掠夺婚，男子是以暴力掠夺女子为妻的，因而没有婚约。转为有偿婚以后，男子须向女方家庭支付一定的代价才能缔结婚姻，婚约由此开始。当女方的监护人接受了男子的财物后，就负有将女子交付给该男子的义务，双方达成婚约；继后婚约改为由男女双方的监护人合意订立。婚约是结婚的必经程序，没有婚约的婚姻被视为无效。

罗马法规定无婚约的结合只能视为姘居，不能称其为婚姻。订立婚约需要一定的形式，如我国以"婚书"或者"聘礼"为婚约成立的法定条件。婚约订立后，男女产生准夫妻的效力，互负有贞操义务，未婚妻如不忠实被视为通奸，一方若再订婚约或者另行结婚被宣布为不名誉，要受"破廉耻"的宣告。法律强调婚约的忠诚，订婚人如无正当的理由解除婚约，要承担一定的法律责任，如果男方毁约，其给付对方的聘金不得请求返还；如果女方毁约，则需支付相当于聘金价值1~4倍的罚金。在欧洲中世纪的寺院法中，还有请求结婚诉权的规定，虽然对其要求结婚的判决不能强制执行，但可以此对违约人给以宗教上的处罚。

这一时期婚约的特点：①婚约是结婚的必经程序。没有经过订婚的结婚行为，不具有法律效力。②订立婚约取决于长辈或父母的意志。③婚约具有法律效力。

2. 晚期型婚约。进入近代、现代后，婚约较前期有了很大的变化，婚约的法律效力有所减弱，婚约的缔结以及解除也变得简单容易。这一时期婚约的

特点:

(1) 订立婚约已不再是结婚的必经程序。有些国家在法律上还取消了有关婚约的相关条文。规定有婚约的国家,也不要求当事人在结婚前必须订立婚约,婚约已经成为可以由当事人自由选择的一个程序。

(2) 订立婚约的当事人由原来的监护人改为由男女双方自行订立,未经当事人双方合意订立的婚约无效。只是在通常情况下要求未成年人订婚须得法定代理人父母或监护人的同意,但其目的主要在于保护、监督而不在于干涉、包办。

(3) 婚约不再具有人身约束力,双方因合意或法定理由可以随时解除婚约,也不得对婚约中不遵守约定的行为进行处罚。法律明确规定,婚约不能强制执行,不得基于婚约诉请结婚,也不得对婚约中不遵守约定的违约行为进行处罚。在订婚期间同居不产生夫妻之间的权利和义务,如生育子女也视为非婚生子女。

(4) 婚约可凭双方或一方的意愿随时解除。婚约宣告解除后,当事人双方便不再受婚约的任何约束,只是因订婚所产生的财产问题应予以妥善解决,但是,无正当理由解除婚约的,仍应依法承担由于解约而产生的财产上和精神上的损害赔偿以及赠与物的返还责任。所以,许多国家在法律中都规定了若干处理原则。关于双方的赠与物,法国、德国、瑞士、日本等国家的法律或判例都认为得依不当得利原则而请求返还。关于因婚约而造成的实际财产损害,近现代法律多规定过错方赔偿之责。关于因一方过错而解约造成他方的"精神损害",若干国家在法律上赋予受害的无过错方请求赔偿的权利,如墨西哥、秘鲁、瑞士等。

三、我国法律对待婚约的态度

我国对待婚约的态度和有关处理原则如下:

1. 订婚不是婚姻成立的必要条件和程序。法律不提倡订婚,但也不禁止。是否订婚,听当事人自便。但是,如果订婚,则必须出于当事人本人自愿,任何人不得强迫干涉。

2. 婚约没有法律效力。只有双方完全自愿才能实际履行;双方同意解除婚约的,可自行解除;一方要求解除的,只要向对方作出意思表示即可,无须征得对方的同意,也无须经过法定的诉讼或者调解程序。婚约不具有法律效力,并不等于说可以视婚约为儿戏,更不允许以订婚为名索取钱财或玩弄异性,否则,应视其情节依法处理。

3. 对因婚约解除而引起的财物纠纷,实践中并不少见。由于它既不同于婚姻上的夫妻财产关系,也不同于其他民事上的一般财产关系,具有其特殊性,因而在处理时,应区别情况,妥善解决。从审判实践来看,我国司法界对婚约解除后涉及财物纠纷的处理，一般有以下几种做法：

（1）婚约期间，当事人双方由于资金的共用、产物的合并以及共同的投资等产生的共同的财产，因不具有夫妻身份关系，所以不应视为共同共有，各自的财产所有权归各自所有，具有独立性。婚约解除后，双方对共有财产有约定的，按约定处理，没有约定或者约定的数额不明确的，可视为按份共有，按比例分割。

（2）婚约期间，一方或双方支出的费用及负担的债务，以及在财产上、精神上受到的损害等，在婚约解除后，能否要求对方给予赔偿，各国法律基于婚姻为契约的理论，一般都要求过错方负一定的赔偿责任。

（3）婚约期间，对于以订婚为名，行买卖婚姻之实的，由于双方均有不法企图，对非法所得，原则上应当予以追缴没收，上缴国库。

（4）婚约期间，对于以订婚为名，以赠送财物为手段，玩弄异性者，无论由何方提出解除婚约，其财产均不予退还。

（5）婚约期间，对于以订婚为名，行骗取财物之实的，不仅婚约被宣布为无效，而且财物还应当返还受害人。如果实施诈骗行为，构成犯罪的，还应依法追究行为人的刑事责任。

（6）婚约期间，当事人基于结婚的目的，一方或双方将自己的财产无偿赠与对方而产生的单方赠与或双方赠与，与一般的以价值转移为目的的赠与不同，完全是为了促使婚约的履行，保证结婚目的的实现，如以结婚为目的的一方赠与对方的贵重的纪念物品（包括定情信物）等。对于这种附条件的赠与，在目的不能实现时，赠与不发生法律效力，财产的所有权仍属于赠与方所有。这时的赠与人虽不能要求受赠人必须结婚，但赠与人有权以不当得利请求受赠人返还财产。这种返还，不能以有过错为条件，而是基于赠与的目的不能实现而返还。但须返还的赠与物，应以价值较大且尚有价值存在为前提，已消耗掉的财物，不得请求返还。

（7）婚约期间，对于订婚时一方给付对方的彩礼是否因为单方或双方解除婚约而应该返还呢？应区别不同的情况处理。结婚前给付彩礼的习俗在我国许多地区还相当普遍。彩礼，有的地方也称为聘礼、纳彩等，由于各地情况不同、当事人条件的差异等因素，彩礼的数额也不尽相同。近年来，随着人民生活水平的提高和居民收入的增加，订婚后，男女双方互相赠送礼物的价值也不断增加，小到金银首饰，大到汽车、住房、股票、金钱，由于互赠礼物价值的增加，在广大农村及一些经济欠发达地区，许多家庭为了给付彩礼而全家债台高筑，负担较重。在男女平等特别是男女在经济上完全平等的今天，赠送彩礼的风俗已经极少包含有包办买卖婚姻的性质了，赠送彩礼的已不仅仅是男方及其家长，女方及其家长向男方赠送彩礼的现象也极为普遍，彩礼成为确立男女双方恋爱关系的一种象征。今天，人们更加看重的不是彩礼的经济价值的多寡，而是彩礼所包含的丰富内涵及它们所代表的意义。因此，彩礼就其法律性质而言，实际上是为"证明婚约的成立并以将来应成立的婚姻为前提而敦厚其因亲属关系所发生的相互间的情谊为目的的一种赠与"。[1]

我们认为，在社会主义条件下，男女双方结婚应当以爱情为基础，不主张也不支持结婚以给付彩礼为条件。但是鉴于现在我国许多农村地区给付彩礼的情况较为普遍，对彩礼问题处理不当，可能会使一些当事人的财产权益受到严重损害。根据现实生活中存在的情况，《婚姻法解释（二）》第10条中规定了当事人可以要求返还按照习俗给付的彩礼的几种情形：一是双方未办理结婚登记手续的；二是双方办理结婚登记手续但确未共同生活的；三是婚前给付导致给付人生活困难的。解释中规定的第2、3两项，应当以双方离婚为条件。

本节所导入的案例是因一起因恋爱引起的财产纠纷，涉及的焦点就是彩礼送出后还可否要求返还的问题。结合《婚姻法解释（二）》第10条规定，在决定是否返还彩礼时应当以当事人是否缔结了婚姻关系为主要的判断依据。给付彩礼后未缔结婚姻关系的，原则上收受的彩礼应当返还。鉴于此，本案中，小雨一次性给付齐娜的10万元彩礼钱，是以结婚为前提条件的，因为二人未能结婚，因此人民法院应当支持小雨要求返还10万元彩礼钱的诉求。

这是我国现行法律对社会生活中普遍存在的婚约问题及婚约解除的法律后果所做出的规定，是人民法院处理此类纠纷的主要依据。它不仅符合民法的公平原则，有利于保证人民法院判决的公正性、合法性，而且更有利于保护婚约当事人的合法权利，对社会主义市场经济条件下新型婚姻家庭关系的建立、巩固和完善无疑具有重大推进作用。

第三节 结婚条件

导入案例

男青年左某，年幼丧父，其母与外地某村农民结婚，他也随母与继父一起生活，多年来与老家的亲友一直断绝往来。高中毕业后，左某考入本地某大学，与同班同学郝某在学习中产生好感，确定了恋爱关系。后郝某及其父母应邀到

---

[1] 史尚宽：《亲属法论》，荣泰印书馆1980年版，第138页。

左某家做客,经双方交谈,方知左某的母亲与郝某的祖母是同胞姐妹,郝某的父亲与左某的父亲是亲姨表兄弟,左某与郝某是表叔和表侄女关系,郝某的父亲认为双方是"亲戚"且辈分不同,便反对两人继续交往。但左郝二人感情甚笃,决心不顾父母反对,登记结婚。

试问他们两人的这种关系能否结婚?

本案知识点:结婚实质要件;禁止近亲结婚的范围

教学内容

结婚条件是指结婚的实质要件,指国家从当事人和子女后代以及社会利益的需要出发,对公民结婚所作的必要的限制。在任何社会里,都有与其生产方式相适应的结婚要件,它是国家对婚姻行为进行干预、审查和监督的手段。婚姻是一个人的终身大事,并且是亲属关系的起点,社会生活的基础。婚姻是否成立、生效,对当事人配偶身份是否取得、其子女是否婚生、姻亲关系是否发生,以及与第三人的财产上的关系等,都有莫大的影响。婚姻既可发生如此法律效果,则受法律保护的正当男女结合关系,自然需要具备法定的实质要件与形式要件。实质要件是指特定男女间之性结合,受国家保护所需具备的基本准则;形式要件则在于正当结合的男女关系向社会为明确的公示,而与非婚姻关系有所区别。但因各国的情形、习俗互有不同,各国的婚姻立法、政策自不免有所差异。

根据我国《婚姻法》第二章第5~7条的规定,结婚的实质要件可分为必备条件和禁止条件两个方面。

一、结婚的必备条件

结婚的必备条件是指婚姻成立必须具备的条件,也称结婚的积极要件。按照我国《婚姻法》的规定,结婚的必备要件有三个:

(一)男女双方必须有结婚的合意

结婚合意,是指当事人双方相互确立夫妻关系的意思表示完全一致。我国《婚姻法》第5条规定:"结婚必须男女双方完全自愿,不许任何一方对他方加以强迫或任何第三者加以干涉。"这一规定是婚姻自由原则的具体化。它要求双方当事人在结婚问题上意思表示完全一致,这是婚姻成立的首要条件。这一条件的规定是将结婚与否的决定权用法律的形式赋予了婚姻当事人,反映了婚姻乃是爱情结合的本质特征。

1. 双方完全自愿的内容是统一的、不可分割的整体。它包括如下几个方面的含义:

(1)是双方自愿,而不是一厢情愿。这就排除了一方对他方的强迫。

（2）是本人自愿，而不是局外人（包括父母）的同意，这就排除了第三者的包办。

（3）是完全同意，而不是勉强允诺，这就排除了来自外界的任何干涉。

总之，关于是否结婚，与谁结婚的决定权，完全属于当事人本人。

2. 双方当事人同意结婚的一致表示，在婚姻法学中称为结婚的合意，或者叫成立婚姻的合意，应当符合下列条件：

（1）同意结婚的意思表示是由合格的当事人作出的。即当事人应当是具有婚姻行为能力的人，不仅已经达到法定婚龄，而且神志正常、清醒，能够理解结婚的意义和后果。因此，未达法定婚龄的人、因患精神病而丧失行为能力的人以及临时处于无意识状态和精神错乱中的人所作出的同意结婚的意思表示，都是无效的。

（2）同意结婚的意思表示必须真实。在确定有无结婚的合意时，不能只看当事人的外在表示，还应注意这种表示与当事人的内在的真实意思是否一致。现实生活中，可能由于某种客观上的和主观上的原因产生当事人的本意与其外在表现不符的情况，如因受恐吓、胁迫而同意结婚的，这种意思表示是虚假的；因受欺诈或重大误解而同意结婚，这种意思表示是错误的；这样的意思表示都是不真实的，因而是无效的。

（3）同意结婚的意思表示必须符合法定的方式。双方当事人应当亲自到婚姻登记机关共同申请结婚，由婚姻登记机关依法予以确认。在其他场所表示的结婚合意，不具有法律效力。

3. 划清第三者的善意帮助与非法干涉的界限。《婚姻法》要求结婚必须男女双方完全自愿，这并不排斥当事人就婚事接受父母、亲友、组织、同志等的意见，父母、亲友等出于对当事人的关心和爱护，可以提出自己的意见和建议，以供当事人参考，采纳与否由当事人自己决定。这种不违背当事人意志的行为与干涉他人婚姻自由是有严格区别的，前者是符合法律的支持与鼓励，后者是违法行为。

（二）男女双方必须达到法定婚龄

法定婚龄是法定结婚年龄的简称，又称适婚年龄，是指法律规定的最低结婚年龄，即在此年龄以上始得结婚，不满此年龄，不得结婚。这就是婚姻法上所说的结婚能力。结婚能力是一种特殊的主体资格，与公民的民事权利能力和民事行为能力有所不同，公民的民事权利能力始于出生，成年即具有完全民事行为能力。结婚是一种特殊的民事法律行为，结婚将引起夫妻间权利义务的产生、亲属关系的变更、家庭结构的变化、人口的再生产等一系列社会上和法律上的后果，所以古今中外的法律都对法定婚龄有明确的规定。结婚能力的取得，则以达到法定婚龄为必要条件。

1. 法定婚龄的立法依据。虽然各国的法定婚龄具体有别，但确定法定婚龄的依据总体上是一致的。法定婚龄的确定，主要取决于以下两种因素：

(1) 自然因素。即人的身心发育程度。它是指一个国家人的生理、心理发育状况和地理、气候条件。因为具备适龄的生理条件和心理条件，才能履行婚后的夫妻义务，承担对家庭和社会的责任。地理、气候条件也会影响到人的身心发育，如热带地区的人较寒带地区的人身心发育要早一些，其结婚年龄规定得相对低一些，而寒带地区的国家的法定婚龄则相对偏高。自然因素是确定法定婚龄不可缺少的条件，必须予以考虑和尊重。以人的生理成熟年龄作为法定婚龄是古代亲属法的特点，那时的法定婚龄都比较低。

(2) 社会因素。即一定的生产方式以及与之相适应的社会条件。它是指一个国家一定时期的经济状况、政治文化环境、人口状况和发展速度以及历史传统、民族的风俗习惯等内容。这是制定法定婚龄的重要依据。像我国古代，频繁的战争导致人口锐减，统治阶级为了适应征兵、服劳役的需要，长期采取早婚的政策，法定婚龄普遍偏低。而我国现阶段人口增长太快，严重地影响到国民经济的迅速发展和民族的健康，适当控制婚龄，就相应抑制了人口的增长速度。

2. 法定婚龄的历史沿革。实行早婚是封建社会婚姻立法的明显特征之一。中国封建社会的早婚制度有其深刻的社会根源：

(1) 从经济关系上看，早婚同封建社会广泛存在的小生产经济有着密切的关系。对于生活贫困的劳动人民来说，结婚和生儿育女固然是一种沉重的经济负担，但是作为生产单位的家庭，对劳动力的需求更加迫切。养儿是为了防老，早婚是为了"早生子，早得济"。

(2) 从政治制度来看，一方面封建的家族制度是封建政治的经济基础，注重早婚是为了巩固和发展封建家族的需要。另一方面，封建政权为了增加赋税、劳役，弥补战争中的消耗，竭力鼓励、强制人们早婚，增加人口。

(3) 从政治思想看，"传宗接代"、"多子多福"等宗法伦理观念对人们的早婚起了引导作用。

近代各国法定婚龄立法的情况不完全一致，一部分受教会法影响较深的国家法定婚龄仍然相当低，像阿根廷、西班牙、希腊等国为男14岁，女12岁。我国1934年《中华苏维埃共和国婚姻法》规定："结婚的年龄，男子须满20岁，女子须满18岁。"我国1950年《婚姻法》规定，"男20岁，女18岁，始得结婚"。这与建国初期的实际情况相适应。

3. 我国现行的法定婚龄以及立法理由。我国现行《婚姻法》第6条规定：

"结婚年龄，男不得早于22周岁，女不得早于20周岁。晚婚晚育应予鼓励。"这样的法定婚龄在我国是有充分的科学依据的，它是随着社会条件的变化和科学文化发展水平的提高的必然结果。这一规定既反映了自然规律的要求，全面考虑了结婚者的生理和心理条件，又符合我国的实际情况，同广大青年的学习、工作就业情况和独立生活的能力相适宜，同时也符合我国推行计划生育、控制人口数量和提高人口素质的要求。

4. 法定婚龄与晚婚晚育的关系。我国在规定法定婚龄之后，又以"晚婚晚育应予鼓励"作为导向性的规定，颇具中国特色。在执行有关法定婚龄的规定时，要处理好依法办事和提倡晚婚的关系。法定婚龄是结婚年龄的下限，但并非是人们的最佳结婚年龄，更不是说到达法定婚龄就非结婚不可。从世界范围看，我国的法定婚龄属于少数高婚龄的立法例。达到法定婚龄的当事人双方坚持要求结婚的，依法应给予准许。同时应提倡晚婚晚育，所谓晚婚是指男25周岁、女23周岁以上结婚，晚育是指女子24周岁以后生育第一胎。我国自古有早婚习俗，历代封建王朝大力提倡早婚。这种以小农经济为基础的早婚习惯和多子多福的生育观在我国特别是广大农村仍有一定影响。为此，国家采取措施鼓励人们晚婚及在婚后适当晚育。但应注意，法定婚龄属于强制性的规则，是人们必须遵守的结婚的最低年龄界限。晚婚年龄则只是号召性和鼓励性的措施，不能以晚婚年龄代替法定婚龄来限制人们结婚。

5. 未达法定婚龄结婚的法律后果。凡是一方未达法定婚龄，在登记时弄虚作假，骗取结婚证的，婚姻登记机关一经发现，应宣布该婚姻无效。

（三）符合一夫一妻制

现行《婚姻法》在"结婚"专章虽然未将必须符合一夫一妻制作为婚姻成立的必备要件，但是在总则一章中已经明确规定了实施一夫一妻制以及禁止重婚的原则。因此，作为衡量社会文明进步的一夫一妻制理应置于结婚的法定条件中。

符合一夫一妻制主要是在申请结婚时，应认真审查当事人是否处于无配偶的状态。

重婚也是婚姻无效的原因之一。

二、结婚的禁止条件

结婚的禁止条件也称婚姻的障碍或消极要件，它是婚姻法规定的禁止结婚的各种情况。我国《婚姻法》第7条规定："有下列情形之一的，禁止结婚：①直系血亲和三代以内的旁系血亲；②患有医学上认为不应当结婚的疾病。"《婚姻登记条例》第6条规定："办理结婚登记的当事人有下列情形之一的，婚姻登记机关不予登记：①未到法定结婚年龄的；②非双方自愿的；③一方或者双方已有配偶的；④属于直系血亲或者三代以内旁系血亲的；⑤患有医学上认为不应当结婚的疾病的。"

（一）禁止结婚的血亲关系

1. 禁婚亲的立法原因。各国民法，都对近亲结婚有一定的限制，禁止近亲结婚的立法原因主要为：

（1）反映了自然选择规律的要求，具有优生学上的科学依据。人类生活的长期实践证明，血缘关系越近的亲属通婚，会把父母双方的身体上、精神上的疾病或缺陷遗传给子女后代，严重影响人口素质和民族的健康。我国古籍中有"男女同姓，其生不藩"的说法，这种状况一直延续到20世纪初叶。直到五四时期伴随"自由结婚"观念的进一步扩展，"同姓不婚"的观念才得以抛弃。只要没有血统关系，完全可以"同姓结婚"。这种主张实际是对婚姻自由在内容上的补充。

（2）与人类生活长期实践中形成的伦理观念相一致的，近亲结婚被认为有悖于婚姻道德，中外各民族的风俗习惯中都有关于亲属通婚的限制。禁止一定范围内的姻亲结婚，更是伦理观念起作用的明显例证。

2. 禁婚亲的范围。《婚姻法》第7条规定，直系血亲和三代以内的旁系血亲禁止结婚。我国三代以内的旁系血亲的范围是：

（1）兄弟姐妹，包括全血缘的兄弟姐妹和半血缘的兄弟姐妹，他们是同源于父母的两代以内的旁系血亲。

（2）伯、叔与侄女，姑与侄子，舅与外甥女，姨与外甥，他们是同源于祖父母或外祖父母的不同辈分的三代以内的旁系血亲。

（3）堂兄弟姐妹、表兄弟姐妹，他们是同源于祖父母或外祖父母的相同辈分的旁系血亲。

在本节导入案例中，左某与郝某是表叔与表侄女关系，属于第四代旁系血亲。因此，不在我国《婚姻法》第7条第1项的禁止范围内。我国《婚姻法》禁止结婚的血亲关系是直系血亲和三代以内的旁系血亲，所以，郝某父亲认为左某与郝某两人是"亲戚"且辈分不同，不能结婚的理由是不成立的。

我国1980年《婚姻法》有关禁婚亲的规定，主要是针对中表婚的。中表婚是指双方当事人为表兄弟姐妹的婚姻，同其他禁婚亲一样，中表婚的男女双方容易具有相同的病态基因，往往可以通过遗传贻害子女后代。中表婚在我国历史上长期流行，有其深刻的经济根源和思想根源。广泛存在的农业小生产经济和聚居而居的生活环境，决定了当时的通婚圈很小，再加上同宗不婚、亲上加亲等宗法观念，使人们很容易将异姓近亲作为结婚配偶的选择。

1950年《婚姻法》由于条件不够成熟，没有禁止中表婚，而规定按当地群众的习惯办理。1980年规定了禁止三代以内的旁系血亲结婚，主要是禁止表兄弟姐妹之间结婚。违反禁婚亲的规定的，是婚姻无效的原因之一，婚姻登记机关一经发现，即宣布该婚姻关系无效。

3. 关于拟制血亲之间的通婚问题。我国婚姻法对此未作明文规定。国外许多国家都对法律拟制的直系血亲间的通婚，加以明文禁止。依据我国的道德习惯看，禁止法律拟制的直系血亲间通婚，符合伦理的要求。我国《婚姻法》规定：养父母与养子女、继父母与受其抚养教育的继子女之间的权利和义务，适用婚姻法对亲生父母子女关系的规定。因此，禁止结婚的规定当然也应适用。同时如果允许不同辈分的拟制直系血亲通婚，也可能会损害养子女或继子女的利益。至于法律拟制的旁系血亲间的通婚，只要没有血缘上的禁忌，法律应予准许。养兄弟姐妹、继兄弟姐妹之间既无血缘关系，也无习惯上辈分的限制，因而无禁婚的必要。

4. 关于姻亲间的通婚问题。由于受伦理观念的影响，许多国家禁止一定范围的姻亲间结婚，特别是直系姻亲一般都在禁婚的范围。尽管我国婚姻法对此未作明文规定，但基于民间风俗习惯以及伦理道德的要求，他们之间应以不结婚为宜。至于旁系姻亲间的通婚问题，只要他们相互之间没有法律禁止结婚的血缘关系，如异父异母的兄弟姐妹，就应允许结婚。

(二) 禁止结婚的疾病

《婚姻法》第7条规定，患有医学上认为不应当结婚的疾病者，禁止结婚。这一规定改变了过去列举性与概括性相结合的方法，而改为概括性的规定。哪些属于医学上认为不应当结婚的疾病，婚姻法未作明确规定。目前主要依据《中华人民共和国母婴保健法》（以下简称《母婴保健法》）和《中华人民共和国传染病防治法》等的相关规定。

我国《母婴保健法》第8条、第9条、第38条分别规定，"婚前医学检查包括对下列疾病的检查：①严重遗传性疾病；②指定传染病；③有关精神病。经婚前医学检查，医疗保健机构应当出具婚前医学检查证明"；"经婚前医学检查，对患指定传染病在传染期内或者有关精神病在发病期内的，医师应当提出医学意见；准备结婚的男女双方应当暂缓结婚"；"指定传染病，是指《中华人民共和国传染病防治法》中规定的艾滋病、淋病、梅毒、麻风病以及医学上认为影响结婚和生育的其他传染病。严重遗传性疾病，是指由于遗传因素先天形成，患者全部或者部分丧失自主生活能力，后代再现风险高，医学上认为不宜生育的遗传性疾病。有关精神病，是指精神分裂症、躁狂抑郁型精神病以及其他重型精神病"。

据此，医学上认为不应当结婚的疾病主要应当包括严重遗传性疾病、严重性病及其他严重传染性疾病和重型精神病。这是因为：①严重传染病容易传染给对方，不利于他人的身心健康，同时也不利于患者本人的健康，结婚往往会加重疾病情况。②严重遗传性、严重传染性疾病、重型精神病的患者结婚，不符合优生法则，会给子女后代造成不幸，也不利于整个民族乃至整个人类的发展。③禁止严重遗传性、严重传染性疾病、重型精神病患者结婚，是世界各国的立法通例。除此之外，其他医学上认为不应当结婚的疾病也都应包括在概括性规定之中，其解释权应当属于卫生部门。

应当指出，患有医学上认为不应当结婚的疾病者禁止结婚，是指在发病期间不能结婚。如已治愈，就不应再受此限制。另外，一些疾病在过去难以治愈甚至无法治愈，但随着医学技术的飞速发展，亦并非难治或不治，则不应再予以禁止，这点尤其应当注意。但是，是否属于患有医学上认为不应当结婚的疾病，还必须要经过医学上的鉴定才能得出结论，而不能人为地凭猜测来随意解释认定。

对于具有生理缺陷不能发生性行为即不具有性行为能力的人，是否允许结婚，各国有不同的规定。如《德国民法典》第1568条规定，拒绝性交及性交不能，都属违反婚姻义务。《美国统一结婚离婚法》第208条第2项规定，一方无性交能力因而不能完婚，而另一方在举行结婚仪式时不了解该生理缺陷，婚姻无效。《瑞士民法典》第142条规定，性交不能的婚姻属紊乱的婚姻关系。在我国，1950年《婚姻法》第5条第2项规定，禁止有生理缺陷不能发生性行为者结婚。现行婚姻法没有明文规定，因此，在理论界看法不一。有的认为，婚姻成立必须以两性生理差别为其自然条件，如果一方不能人道，难以建立夫妻感情，应禁止结婚。有的则认为，夫妻间的生活内容是多方面的，性生活仅是其中的一部分，如果明知他人有生理缺陷不能发生性行为而自愿与其结为伴侣，在生活上予以扶助、照料，于双方及社会并无害处，自然不必强行禁止。我们认为，既然婚姻法取消了过去的规定，没有将其列为禁止结婚的条件，就不应禁止这类人结婚。但是，对于在结婚登记时，一方隐瞒事实真相，婚后另一方发现，据此要求解除婚姻关系的，可以作为离婚的原因，准予离婚。

第四节 结婚程序

导入案例

1989年2月，某旅游公司总经理邱健（未婚）在情人节晚上认识了某报社记者杨芳（已婚）。双方一见钟情，很快就坠入爱河，并于当年12月开始同居。1993年初，杨芳怀孕，8月她与前夫办理了离婚手续。但邱健并未马上与杨芳办理婚姻登记手续。11月1日杨芳生下一男孩，起名邱林。邱健与杨芳两人的夫妻关系一直未公开。孩子过百日时女方母亲及家人摆宴席招待亲朋好友，邱健及其家人都未参加。婚后杨芳没有工作，在家和邱健的父母共同带孩子。邱健在外管理公司，但从不带杨芳外出，也不向他人介绍杨芳的身份。不少人以为邱健未婚，仍经常给他介绍对象。后来，邱健因业务繁忙经常外出夜不归宿，引起杨芳不满。为气邱健，杨芳与大学初恋情人马江往来密切，直至发生不正当两性关系，并被邱健抓住，逼马江写下"证明书"。拿到证据后，邱健于2001年10月起诉到人民法院，要求解除双方同居关系，所生儿子由自己抚养。杨芳提出反诉，要求解除事实婚姻关系，孩子由自己抚养，并依法分割家庭和公司共同财产。

试问，本案应如何处理？

本案知识点：结婚登记；事实婚姻与同居关系的界定

教学内容

结婚程序即结婚的形式要件，是相对于实质要件而言的，也就是婚姻成立的法定手续。古往今来，各国立法对结婚的方式和程序的规定都有所不同。有的国家要求办理申报或者登记手续，如日本、中国等；有的国家要求举行公开的仪式并且有证人在场证明，如在美国，有30个州立法有这种要求；有的国家既要求举行结婚仪式，又要求办理结婚登记，如南斯拉夫塞尔维亚社会主义共和国婚姻法等。

我国《婚姻法》第8条规定："要求结婚的男女双方必须亲自到婚姻登记机关进行结婚登记。符合本法规定的，予以登记，发给结婚证。取得结婚证，即确立夫妻关系。未办理结婚登记的，应当补办登记。"这一规定表明，结婚登记是我国法律规定的唯一有法律效力的结婚形式，只有履行了结婚登记，才有可能成立合法的夫妻关系。除此之外，以任何方式"结婚"都是法律所不认可的。

一、结婚登记的概念和意义

结婚登记是指申请结婚的男女双方必须亲自到婚姻登记机关依法办理结婚登记，获准登记，婚姻即告成立的法律制度。结婚登记不是可有可无的例行公事，结婚登记是婚姻关系即夫妻关系成立的唯一标志。无论是否举行结婚仪式，是否同居生活，均在所不问。结婚登记后，婚姻关系便受到国家法律的保护。如若夫妻一方或者双方反悔，要求解除婚姻关系，须依法按离婚程序处理。

实行结婚登记，是贯彻法定结婚条件的需要，这是国家对公民的婚姻问题关心和负责的具体表现，也是国家对婚姻的成立进行管理和监督的有效手段。其目的是确保婚姻法的贯彻执行，维护婚姻当事人的合法权益，避免各种违法婚姻的出现，预防婚姻纠纷的发生。在现实生活中，包办、强迫、买卖婚姻的现象时有发生，国家利用婚姻登记程序予以必要的干预，对于保障婚姻自由的实现，意义是非常重大的。

二、结婚程序的历史沿革

结婚程序是个体婚制的产物，并伴随着个体婚制的发展而变化。中国古代的结婚程序，最具代表性的当属西周始创的六礼。所谓"六礼"，就是《礼记·婚义》中所记载的，男女结婚必须经过纳采、问名、纳吉、纳征、请期和亲迎等婚嫁之礼仪程序，才能结合成为社会所认可的夫妻关系。所谓"六礼备，谓之聘；六礼不备，谓之奔"。因而可以说，它是聘娶婚的完备程序。还应当指出的是，中国古代的结婚程序，包括订婚，即订婚与结婚为一体，订婚是结婚的前提或者有效部分。双方除有法定的解约原因以及订婚行为有瑕疵外，不得擅自悔约。悔约者，除了要受刑事处罚外，仍要履行婚约。

在我国，实行婚姻登记制度。婚姻登记包括结婚登记、离婚登记和复婚登记三种。

结婚登记是主要的、大量的，它的实行体现了人民政府对结婚问题的重视和关心。在外国，特别是西方国家的立法，一般视婚姻为契约，婚约是婚姻契约的预约。在近现代，婚约是常常经过的结婚程序，但不是必经的、法定的结婚程序。在结婚程序方面，中世纪的欧洲，教会享有司法权。结婚必须严格遵守教会法的各项规定，当事人事先应将准备结婚的有关事项在教会的布告栏公告，结婚时由神职人员主持仪式并且祝福。如若违反教会法规定的结婚程序而结婚，则要受到教会的非难，甚至要受到一定的处罚。

近现代资产阶级国家的结婚程序，有两点显著的变化：其一，不断削弱教会势力对于婚姻的影响。在婚姻还俗运动的推动下，许多国家相继由宗教婚转变为法律婚，尤其是20世纪以来，教会对婚姻的控制力大为减弱。例如英国曾经实行宗教婚，1969年婚姻改革法规定，申请结婚的男女，到政府实行婚姻登记以后，举行何种仪式不限。再如，美国1970年《统一结婚离婚法》，采用先举行结婚仪式，后进行结婚登记的制度。结婚证书送交官员批准后，婚姻即发生法律效力。其二，结婚的程序由繁到简。在西方资本主义国家的早期立法中，结婚仍保有封建社会烦琐的程序，如1804年拿破仑法典规定，身份官吏须在政府门前进行结婚公告10日，利害关系人可在公告期内提出异议；婚礼在当事人住所地的身份官吏前公开举行，等等。法国现行民法典规定的结婚方式，仅限在乡、镇或市政府的民事登记官前举行一个简单的仪式。除此之外，当代西方国家的非婚同居现象逐渐增多，不履行传统的结婚程序，已逐步为社会所容忍。这是一个新的法律问题。

三、我国结婚登记机关和程序

（一）结婚登记的机关

根据我国《婚姻登记条例》第 2 条的规定，内地居民办理婚姻登记的机关是县级人民政府民政部门或者乡（镇）人民政府，省、自治区、直辖市人民政府可以按照便民原则确定农村居民办理婚姻登记的具体机关。该条例第 4 条第 1 款规定："内地居民结婚，男女双方应当共同到一方当事人常住户口所在地的婚姻登记机关办理结婚登记。"

结婚登记的管辖范围，原则上与当事人的户籍所在地的管辖范围相同。当事人户口在同一地区的，到户籍所在地的婚姻登记管理机关办理结婚登记；双方户籍不在同一地区的，到一方户口所在地的婚姻登记管理机关办理结婚登记。一方或者双方是现役军人的，可以到现役军人部队驻地所在地或户口注销前常住户口所在地，也可以到非现役军人一方常住户口所在地的婚姻登记机关办理结婚登记。

（二）结婚登记程序

结婚登记的程序：结婚登记依法可分为申请、审查和登记三个相互联系的具体阶段。

1. 申请。当事人申请结婚，必须共同亲自到一方户籍所在地的婚姻登记管理机关申请登记。既不得单方申请，也不得委托他人代理。申请时，应当持有下列证件或者证明材料：一是本人的户口簿、身份证；二是本人无配偶以及与对方当事人没有直系血亲和三代以内旁系血亲关系的签字声明。离过婚的申请再婚时，还应持离婚证件，即离婚证、准予离婚的调解书或者判决书。当事人应如实提供以上的证件和证明，不得隐瞒真实情况。婚姻登记管理机关不能要求婚姻当事人提供《婚姻登记条例》规定以外的其他证件和证明。

2. 审查。审查是婚姻登记机关代表国家，对申请结婚的双方当事人是否符合婚姻法规定的结婚条件审核和检查。婚姻登记机关受理当事人结婚申请后，应当对结婚登记当事人出具的证件、证明材料进行审查并询问相关情况，以确定当事人是否符合结婚法定条件，即男女双方是否完全自愿、是否已经达到法定婚龄、有无配偶、有无禁止结婚的亲属关系、有无医学上认为不应当结婚的疾病以及各种证明文件是否齐全。审查必须认真、细致，依法进行。

3. 登记或不予登记。婚姻登记机关经过全面、认真的审查，对当事人符合婚姻法和婚姻登记条例规定的结婚条件的，应当当场予以登记，发给结婚证。结婚证是婚姻登记机关签发给当事人的证明其婚姻关系成立的法律文件。当事人从取得结婚证起，确立夫妻关系，当事人双方的婚姻关系受法律保护。至于当事人双方是否举行婚礼，是否开始同居生活或者同居生活时间长短，均不影响男女双方具有合法夫妻关系，依法享有配偶的权利，负担配偶的义务。

经审查，发现办理结婚登记的当事人有《婚姻登记条例》第6条规定的下列情形之一的，婚姻登记机关不予登记："①未到法定结婚年龄的；②非双方自愿的；③一方或者双方已有配偶的；④属于直系血亲或者三代以内旁系血亲的；⑤患有医学上认为不应当结婚的疾病的。"婚姻登记机关对当事人不符合结婚条件不予登记的，应当向当事人说明理由。此外，根据《婚姻登记条例》第9条规定，因胁迫结婚的，当事人依法向婚姻登记机关请求撤销其婚姻的，婚姻登记机关经审查认为情况属实且不涉及子女抚养、财产及债务问题的，应当撤销该婚姻，宣告结婚证作废。该条例第17条规定："结婚证、离婚证遗失或者损毁的，当事人可以持户口簿、身份证向原办理婚姻登记的机关或者一方当事人常住户口所在地的婚姻登记机关申请补领。婚姻登记机关对当事人的婚姻登记档案进行查证，确认属实的，应当为当事人补发结婚证、离婚证。"

关于复婚登记。《婚姻登记条例》第14条有规定，即复婚登记适用结婚登记的规定。

四、事实婚姻问题

（一）事实婚姻的概念和构成要件

1. 事实婚姻的概念。事实婚姻是指未办理结婚登记手续，即以夫妻名义同居生活，群众也认为是夫妻关系的男女两性结合。事实婚姻是法律婚姻的对称。

事实婚姻有广义和狭义之分。广义的事实婚姻包括两种情形：一是符合结婚实质要件，仅欠缺形式要件的事实婚姻；二是既不符合结婚的实质要件，又欠缺结婚形式要件的事实婚姻。狭义的事实婚姻是指符合结婚实质要件，仅欠缺形式要件的事实婚姻。我国司法实践中，对事实婚姻的认定，历来采用狭义上的解释。

2. 事实婚姻的构成要件。

（1）事实婚姻的主体必须为男女两性。同性结合不能构成事实婚姻。

（2）事实婚姻的当事人必须具有婚姻的目的和共同生活的形式。男女双方是否以夫妻相待，是否符合婚姻关系的基本特征，是事实婚姻与其他非婚两性关系的主要区别。

（3）事实婚姻的双方必须具有公开的夫妻身份，且为群众所公认。这种公开性与公认性是事实婚姻重要的外部特征，是将事实婚姻与其他一切具有隐蔽性的、临时性的和不正当的非婚两性关系相区别的重要标志。

（4）事实婚姻的当事人未履行结婚登记手续。不具备法定的结婚登记要件，这是事实婚姻的最本质特征，也是事实婚姻与合法婚姻相区别的重要标志。

(二) 国外法律对事实婚姻效力的规定

事实婚姻，在世界各地始终与法律婚姻如影相随。例如，古罗马法中的时效婚、英美法的普通法婚姻、日本的内缘婚、古巴的非正式婚、德国的同居婚等，都具有事实婚姻的性质。鉴于事实婚姻事实在先的特点，对于既存的婚姻关系如何认定，是否保护，也就决定了各国对待事实婚姻的立法主义。如前所述，对于缺乏实质要件的事实婚姻，各国法大多以无效婚姻或者可撤销婚姻相待；对于仅缺乏形式要件的事实婚姻则采取不同的原则。它们可以概括为三类：

1. 不承认主义。即法律根本不承认事实婚姻的效力。例如，《日本民法典》第739条规定："婚姻，因按户籍法规定所进行的申报，而发生效力。"第742条规定："当事人不进行婚姻申报时，婚姻为无效。"夫妻财产契约便不能对抗第三人，夫妻之间没有财产继承权。

2. 相对承认主义。即法律为事实婚姻设定某些有效的条件，一旦具备这些条件，事实婚姻便转化为合法婚姻。有关的条件主要有三种：一是达到法定的同居年限。如古罗马的时效婚就承认男女连续同居1年的，婚姻就告成立。二是经过法院确认。如古巴家庭法则规定，非正式婚姻当事人具备"单身和稳定的条件"，在得到有关法院的承认之后，即可产生正式婚姻的效力。三是补办法定手续。如根据寺院法的原理，欠缺形式要件的婚姻无效，但可以通过重新履行法定程序，补办法定手续而使之有效。

3. 承认主义。即法律对符合结婚实质要件的事实婚姻承认其效力，如英美的普通法婚姻即属于此类。普通法婚姻来源于日耳曼习惯法，它只要求婚姻的成立符合结婚的法定实质要件，即当事人有结婚能力、结婚目的、同居事实以及夫妻身份的公开性，而不要求具备形式要件。它一旦形成，便与法律婚具有同等的效力，须经离婚程序始得解除。当代英国法和美国14个州法原则上承认普通法婚姻。

对事实婚姻的这三种立法主义正随着各国婚姻立法的改革，逐渐由不承认主义、相对承认主义向承认主义发展。在世界范围内，婚姻家庭关系的多元化已经成为不可逆转的倾向，非婚家庭数量的与日俱增，非婚同居，甚至同性同居均在许多国家存在。社会学家伯纳德提出，未来社会婚姻的最大特点，正是让那些对婚姻关系有不同需求的人，做出各自的选择。西方法学家也认为，法律应为公民提供可选择的权利，为社会不同层面的需要提供不同的救济措施。

(三) 我国法律及司法解释有关事实婚姻的规定

1. 事实婚姻的危害。在我国，长期以来，由于人们法制观念的淡漠，对婚姻登记的重要性缺乏必要的认识，加上旧的风俗习惯的影响以及婚姻登记制度不够健全完善等方面的原因，致使事实婚姻长期存在。在某些地区特别是偏僻的农村地区，认为只要依照习俗举办了婚礼即为婚姻的成立，一些不具备法定结婚条件的为达到结婚目的，也故意规避法定的审查和监督，因而结婚不登记的现象则更为广泛突出。这不仅给婚姻法的彻底贯彻实施带来了障碍，而且给社会带来了严重危害。主要表现在：

（1）不利于有效防范、杜绝买卖婚姻、早婚乃至重婚等婚姻违法犯罪行为的发生，从而影响国家对婚姻的监督和规范。

（2）不利于婚姻当事人的身心健康及民族素质的提高，从而影响我国优生优育的人口政策的贯彻和执行。

（3）不利于当事人尤其是妇女、子女合法权益的有效保护，从而影响社会主义婚姻家庭制度的巩固与发展。

2. 对事实婚姻的处理。新中国成立以后，我国在立法上从未承认过事实婚姻，1950年以及1980年两部婚姻法对事实婚姻的态度均未作明确的规定，但最高人民法院多次的司法解释中，曾经在相当长的时间内采有条件承认的态度，直至1994年始采完全不承认事实婚姻的民事效力，将其视为非法同居。根据最高人民法院的历次司法解释，对事实婚姻的民事效力，循着从承认主义、相对承认主义到不承认主义的轨迹大致经历了三个阶段：

第一个阶段：自新中国成立之初到1989年11月21日以前。承认符合结婚实质要件的事实婚姻的法律效力，并予以保护。最高人民法院于1979年2月2日制定的《关于贯彻执行民事政策法律的意见》，第一次对事实婚姻进行界定，"事实婚姻是指男女未进行结婚登记，以夫妻关系同居生活，群众也认为是夫妻关系的"。根据这一意见，事实婚姻当事人起诉离婚案件在实体处理上，即在准予离婚或不准予离婚的标准上，与法律婚姻相同。

第二个阶段：1989年11月21日~1994年2月1日。最高人民法院1989年11月21日颁布《关于人民法院审理未办结婚登记而以夫妻名义同居生活案件的若干意见》（以下简称《同居生活意见》），此意见中提出了"非法同居关系"的概念，确立了逐步从严，最终取消承认事实婚姻民事效力的时间表。根据这一时间表，1986年3月15日《婚姻登记办法》施行前，未办结婚登记即以夫妻名义共同生活，群众也认为是夫妻关系的，一方向人民法院起诉离婚，如起诉时双方均符合婚姻法规定的结婚的法定条件的，可以认定为事实婚姻关系；如起诉时一方或者双方不符合结婚的法定条件，应认定为非法同居关系。

第三个阶段：1994年2月1日以后。自1994年2月1日民政部《婚姻登记管理条例》颁布施行之日起，所有未办结婚登记手续，即以夫妻名义同居生活的，无论其同居时是否符合结婚的法定条件，一律按非法同居关系对待。事实婚姻不再具有民事法律效力，但事实重婚者仍应承担刑事责任。2001年12月24日最高人民法院作出的《婚姻法解释（一）》取消了"非法同居关系"，取而代之的是"同居关系"。

近年来在中国，非传统家庭，如单亲家庭、单人家庭、非婚同居的数量均有所上升，尽管目前性观念的开放尚未影响到婚姻家庭模式，但它对人们婚姻观念的影响不可小觑。目前，同居不登记者不再仅仅是受传统婚俗文化影响较深、缺少法制观念的农村人，一些受过良好教育，甚至是深谙法律的城市人也自愿做出如此选择。因而，事实婚姻可以说是传统的也可以说是现代的。这两者的交汇，使得事实婚姻成为我国目前一个无法回避又难以禁止的社会现实。此外，事实婚姻屡禁不止，并且在1994年取消对事实婚姻民事效力的承认和保护之后，依然大量存在，原因主要有：对于传统婚姻观念的传承，法制观念的淡薄，执法不力以及现代人对两性结合的重内容、轻形式，追求自由，不愿意承担责任等。

我国婚姻法从国情出发，对未办理结婚登记的，没有规定为无效婚姻，而是在《婚姻法》第8条规定"未办理结婚登记的，应当补办登记"。根据《婚姻法解释（一）》第4条的规定，"男女双方根据婚姻法第8条规定补办结婚登记的，婚姻关系的效力从双方均符合婚姻法所规定的结婚的实质要件时起算"。这样规定，势必产生一系列新问题：对未办理结婚登记的，当事人起诉离婚，法院是否受理？法院受理后，责令当事人补办登记，而当事人不去补办登记怎么办？新修正的婚姻法如何与过去的司法解释及行政法规相衔接？为了消除这些疑惑，《婚姻法解释（一）》第5条规定采取了区别对待的对策，即：①1994年2月1日民政部《婚姻登记管理条例》公布实施以前，男女双方已经符合结婚实质要件的，按事实婚姻处理；②1994年2月1日民政部《婚姻登记管理条例》公布实施以后，男女双方符合结婚实质要件的，人民法院应当告知其在案件受理前补办结婚登记；未补办结婚登记的，按解除同居关系处理。

在本节导入案例中，其关键点在于：其一，发生在《婚姻法》修正案颁布之前的事实，应如何适用法律？其二，双方是事实婚姻关系，还是同居关系？分析理由如下：①《婚姻法》（修正案）于2001年4月28日出台，本案于同年10月立案。案件审理过程中，最高人民法院发布了《婚姻法解释（一）》并于2001年12月27日起开始实施。本案发生在婚姻法修改以后，依据最高人民法院《婚姻法解释（一）》第33条的规定，"婚姻法修正后正在审理的一、二审婚姻家庭纠纷案件，一律适用修改后的婚姻法。此前最高人民法院作出的相关司法解释如与本解释相抵触，以本解释为准"。因此，本案毫无疑问地适用修正后的《婚姻法》及相关司法解释。②事实婚姻是相对于法律婚姻而言的。我国立法对事实婚姻的认定经历了不同的阶段，有关司法解释前后作出了三种不同的规定，相应出现了"事实婚姻"、"非法同居"和"同居关系"三个概念。就本案而言，杨女士与邱先生同居时虽然满足了"1994年2月1日以前"这一时间条件，但双方开始同居时杨女士尚未离婚，尽管其于1993年8月与前夫离婚，然而离婚后其与邱先生的同居生活并非具有夫妻名义。杨女士主张双方具有夫妻名义的公开日期是邱林的百日宴请之日，时间应为1994年2月10日，无法认定为1994年2月1日之前；且此身份公开时邱先生及其家人都不在现场，杨女士也无法更多地列举出群众知晓双方为夫妻的证据。因此，鉴于双方同居期间无夫妻名义，本案应认定为解除同居关系。孩子归女方抚养，双方财产应当认定为一般共有而不是夫妻共同共有，可协商分割处理。

第五节　无效婚姻与可撤销婚姻

导入案例

　　赵某（男）与孙某（女）均已达到法定婚龄，双方的母亲是姐妹，二人于2002年5月发生两性关系导致孙某怀孕，在父母的敦促下，于同年12月隐瞒姨表兄妹关系，办理了结婚登记，并于2003年2月生下一个有智力缺陷的女儿。2003年5月，赵某的祖父向人民法院提请要求宣告赵、孙的婚姻关系无效。经审理，查实双方确系禁止结婚的亲属，且均不愿意抚养女儿。人民法院随即判决双方婚姻关系无效，其女儿由孙某抚养，赵某承担部分抚养费用。孙某不服，提出上诉，认为：①赵某之祖父无权提出宣告婚姻无效的诉请；②人民法院审理中未进行调解即宣告婚姻无效，违反法定程序；③为了保护女方权益，即使婚姻无效，双方所生女儿也应由男方抚养。

　　请问，二审人民法院应否支持孙某的主张？

　　本案知识点：近亲结婚；婚姻无效；抚养关系

教学内容

一、无效婚姻与可撤销婚姻设立的意义

　　无效婚姻与可撤销婚姻制度，最早起源于中世纪欧洲的教会法，是基督教婚姻不可离异主义的产物。近代世界各国采取了教会法关于婚姻无效与可撤销的理论，一方面不许滥用婚姻无效与可撤销的主张，另一方面对男女的结合有瑕疵的情况，使其无从发生婚姻在法律上的效力，或者以这样的情况为可得撤

销，从而不受法律的保障。

我国婚姻法正式确立无效婚姻和可撤销婚姻制度的立法理由：

1. 增设无效婚姻和可撤销婚姻制度，是保障结婚条件和结婚程序的实施，处理和制裁违法婚姻的需要，增设该规定填补了我国婚姻立法的空白。《婚姻法》虽然明确规定男女结婚必须符合法定的结婚条件和程序，婚姻才具有法律效力，但对于欠缺婚姻有效要件的违法婚姻却没有明确其法律效力及后果，这就使我国的结婚制度处于不完整状态，不利于对合法婚姻的保护和对违法婚姻的制裁。如果不在立法上通过有关无效婚姻和可撤销婚姻的规定来指明违法结合的后果，对本应依法确认无效的婚姻不闻不问，在发生纠纷时按离婚程序处理，就会使有关结婚条件和结婚程序的规定在一定意义上形同虚设，婚姻成立的合法形式无法保障。因此，无效婚姻和可撤销婚姻制度作为保障合法婚姻的有效手段，是结婚制度中不可缺少的内容。

2. 增设无效婚姻和可撤销婚姻制度，是消除法律适用上的冲突，维护婚姻法的严肃性和统一性的需要。由于原婚姻法未规定是否可以通过诉讼程序宣告婚姻无效或者撤销婚姻，在司法实践中，人民法院是否有权宣告婚姻无效或者可撤销婚姻就成为一个有争议的问题。依照最高人民法院1989年11月21日颁布《关于人民法院审理离婚案件如何认定夫妻感情确已破裂的若干具体意见》（以下简称《感情破裂意见》）的规定，一方欺骗对方，或在结婚登记时弄虚作假骗取结婚证的，作为认定夫妻感情破裂的具体理由，按离婚程序处理，即不宣告婚姻无效。而民政部1994年2月1日发布《婚姻登记管理条例》却规定此类情形应当宣布婚姻无效。这样就出现了基于同一事由在行政程序和诉讼程序中适用法律不同、处理结果迥异的奇怪现象，从而导致了我国婚姻法的不统一。因此，司法实践的现实状况迫切要求婚姻法增设无效婚姻和可撤销婚姻的规定，以民事基本法的形式消除司法解释与行政法规之间的冲突，以维护婚姻法的统一性。

二、无效婚姻

（一）无效婚姻的概念

无效婚姻，是指因不具备法定结婚实质要件或形式要件的男女结合，或者说是欠缺婚姻的成立要件的男女结合，是在法律上不具有婚姻效力的制度。

无效婚姻制度是对违法婚姻法律后果的规范化、制度化的一种表现。它是保障婚姻法的严肃性、权威性，坚持结婚条件与程序，保障婚姻的合法成立，预防和减少婚姻纠纷，制裁违法婚姻的重要措施。无效婚姻的各项法律规范，是保证结婚的各种条件和程序付诸实施的必要手段，是结婚制度的重要组成部分。目前，世界各国大多将无效婚姻制度作为婚姻成立制度中的一部分加以明确的规定。

(二) 无效婚姻产生的原因

婚姻无效的原因是指依法导致婚姻无效的法定情形或事实。无效婚姻是违法婚姻的法律后果。无效婚姻的事由是与婚姻成立的法定要件相适应的。依据我国《婚姻法》第10条规定，婚姻无效的原因有：

1. 重婚。重婚是指有配偶者与他人登记结婚或者以夫妻名义同居生活的违法行为。

2. 有禁止结婚的亲属关系。禁止结婚的亲属关系，是指婚姻当事人属直系血亲或三代以内旁系血亲。

3. 婚前患有医学上认为不应当结婚的疾病，婚后尚未治愈的。如婚后该疾病已治愈的或婚后才患有该疾病的，不得宣告婚姻无效。

4. 未到法定婚龄。未到法定婚龄不是指结婚时未到法定婚龄，而是指在当事人申请宣告婚姻无效时仍未达到法定结婚年龄。

当事人就上述事由向人民法院申请宣告婚姻无效的，应以该无效的情形依然存在为前提。申请时，法定的无效婚姻情形已经消失的，如重婚已经解除、疾病已经治愈、年龄已达法定婚龄的，人民法院对该申请不予支持。

(三) 无效婚姻确认的程序

从世界各国的法律规定来看，婚姻无效从程序上可分为当然无效和宣告无效两种。当然无效是指结婚当事人只要具有法定禁止结婚的原因，无须经行政程序请求婚姻登记机关或经诉讼程序请求法院宣告婚姻无效，其婚姻自始无效，不产生婚姻的法律效力。宣告无效是指结婚当事人，虽具有婚姻无效的法定原因，但须经行政程序由婚姻登记机关或经诉讼程序由法院宣告婚姻无效后，该婚姻才自始无效。

我国婚姻法采宣告无效制，根据当事人申请，即可由人民法院依诉讼程序确认并宣告无效。

1. 请求权人。根据《婚姻法解释（一）》第7条规定，有权依据《婚姻法》第10条规定向人民法院就已办理结婚登记的婚姻申请宣告无效的主体即请求权人，是婚姻当事人及其利害关系人。其中，有关利害关系人的范围，则因婚姻无效的原因不同而有区别：①以重婚为由申请宣告婚姻无效的，为当事人的近亲属及基层组织；②以未到法定婚龄为由申请宣告婚姻无效的，为未达法定婚龄者的近亲属；③以有禁止结婚的亲属关系为由申请宣告婚姻无效的，为当事人的近亲属；④以婚前患有医学上认为不应当结婚的疾病，婚后尚未治愈为由申请宣告婚姻无效的，为与患病者共同生活的近亲属。

2. 宣告程序。根据《婚姻法》第12条和《婚姻法解释（一）》第8条、第

9条、第14条及《婚姻登记条例》第16条规定，请求权人依法可以向人民法院申请宣告婚姻无效。人民法院审理宣告婚姻无效案件，对婚姻效力的审理不适用调解，应当依法作出判决；有关婚姻效力的判决一经作出，即发生法律效力。涉及财产分割和子女抚养的争议，可以调解。调解达成协议的，另行制作调解书。对财产分割和子女抚养问题的判决不服的，当事人可以上诉。当事人依据《婚姻法》第10条规定向人民法院申请宣告婚姻无效的，人民法院根据当事人的申请，依法宣告婚姻无效的，应当收缴双方的结婚证书并将生效的判决书寄送当地婚姻登记机关。婚姻登记机关收到人民法院宣告婚姻无效的判决书副本后，应当将该判决书副本收入当事人的婚姻登记档案。

根据《婚姻法解释（二）》第2～7条的规定，人民法院受理申请宣告婚姻无效案件后，经审查确属无效婚姻的，应当依法作出宣告婚姻无效的判决。原告申请撤诉的，不予准许。人民法院受理离婚案件后，经审查确属无效婚姻的，应当将婚姻无效的情形告知当事人，并依法作出宣告婚姻无效的判决。人民法院审理无效婚姻案件，涉及财产分割和子女抚养的，应当对婚姻效力的认定和其他纠纷的处理分别制作裁判文书。此外，夫妻一方或者双方死亡后一年内，生存一方或者利害关系人，依据《婚姻法》第10条的规定申请宣告婚姻无效的，人民法院应当受理。利害关系人依据《婚姻法》第10条的规定，申请人民法院宣告婚姻无效的，利害关系人为申请人，婚姻关系当事人双方为被申请人。夫妻一方死亡的，生存一方为被申请人；夫妻双方均已死亡的，不列被申请人。人民法院就同一婚姻关系分别受理了离婚和申请宣告婚姻无效案件的，对于离婚案件的审理，应当待申请宣告婚姻无效案件作出判决后进行。前款所指的婚姻关系被宣告无效后，涉及财产分割和子女抚养的，应当继续审理。

在本节导入案例中，二审人民法院不应支持孙某的主张。理由如下：①按照最高人民法院的司法解释，有权依据《婚姻法》的规定向人民法院就已办理结婚登记的婚姻申请宣告婚姻无效的主体，包括婚姻当事人和利害关系人。以有禁止结婚的亲属关系为由申请宣告婚姻无效的，利害关系人是当事人的近亲属。赵某的祖父属于赵某的近亲属，因此有权向人民法院提出宣告赵、孙婚姻无效的申请。②按照最高人民法院的司法解释，人民法院审理宣告婚姻无效案件，对婚姻效力的审理不适用调解，应当依法作出判决；有关婚姻效力的判决一经作出，即发生法律效力。本案一审法院对婚姻效力问题不作调解是有充分根据的。③由于当事双方均不愿意作为他们女儿的直接抚养方，一审法院根据《婚姻法》关于"离婚后，哺乳期内的子女，以随哺乳的母亲抚养为原则"的规定，判决归孙某抚养，赵某承担部分抚养费用，于法有据，也有利于其女儿的成长。

三、可撤销婚姻

（一）可撤销婚姻的概念

可撤销婚姻，又称为婚姻撤销，是指男女双方或者一方缺乏结婚的合意，因受他方或者第三者的胁迫而结合的违法婚姻。受胁迫的一方可以向婚姻登记机关或者人民法院请求撤销该婚姻。按照我国婚姻法的规定，婚姻被撤销后则自始无效。

（二）可撤销婚姻产生的原因

《婚姻法》第 11 条规定："因胁迫结婚的，受胁迫的一方可以向婚姻登记机关或人民法院请求撤销该婚姻……"由此可见，在我国，受胁迫而结婚是请求撤销婚姻的唯一理由。《婚姻法解释（一）》第 10 条第 1 款规定："婚姻法第 11 条所称的'胁迫'，是指行为人以给另一方当事人或者其近亲属的生命、身体健康、名誉、财产等方面造成损害为要挟，迫使另一方当事人违背真实意愿结婚的情况。"从我国的司法实践看，可撤销婚姻的原因主要可能发生在包办婚姻、买卖婚姻等强迫婚姻存在的场合。

（三）可撤销婚姻确认的程序

根据我国《婚姻法》第 11 条以及《婚姻法解释（一）》第 10 条、第 11 条、第 12 条、第 14 条及《婚姻登记条例》第 9 条、第 16 条规定，可撤销婚姻确认的程序如下：

1. 请求权人。《婚姻法解释（一）》第 10 条第 2 款规定："因受胁迫而请求撤销婚姻的，只能是受胁迫一方的婚姻关系当事人本人。"《婚姻法》第 11 条规定："……受胁迫的一方撤销婚姻的请求，应当自结婚登记之日起 1 年内提出。被非法限制人身自由的当事人请求撤销婚姻的，应当自恢复人身自由之日起 1 年内提出。"1 年时间届满，受胁迫而结婚的当事人本人未行使撤销请求权的，该撤销请求权归于消灭。可见，该 1 年时间为除斥期间，不适用诉讼时效中止、中断或者延长的规定。

2. 撤销程序。根据《婚姻登记条例》第 9 条规定，请求撤销婚姻的权利人，依法应当向婚姻登记机关或者人民法院提出申请，当事人向婚姻登记机关请求撤销其婚姻的，应当出具下列证明材料：①本人的身份证、结婚证；②能够证明受胁迫结婚的证明材料。婚姻登记机关经审查认为受胁迫结婚的情况属实且不涉及子女抚养、财产及债务问题的，应当撤销该婚姻，宣告结婚证作废。《婚姻法解释（一）》第 11 条规定："人民法院审理婚姻当事人因受胁迫而请求撤销婚姻的案件，应当适用简易程序或者普通程序。"本解释第 14 条规定，人民法院根据当事人的申请，依法撤销婚姻的，应当收缴双方的结婚证书并将生效的判决书寄送当地婚姻登记机关。《婚姻登记条例》第 16 条规定，婚姻登记机关收到人民法院撤销婚姻的判决书副本后，应当将该判决书副本收入当事人的婚姻登记档案。

四、无效婚姻与可撤销婚姻的法律后果

根据《婚姻法》第 12 条和《婚姻法解释（一）》第 6 条、第 13 条、第 15 条、第 16 条及最高人民法院《同居生活意见》第 10~13 条的规定，无效或被撤销的婚姻，均为自始无效，从婚姻成立之日起即不发生法律效力。因此，对当事人而言，因婚姻的无效或被撤销将会产生以下完全相同的法律后果：

1. 婚姻无效或者被撤销后的身份关系问题。当事人之间不产生配偶身份，不具有基于婚姻的效力而发生的夫妻之间的权利义务关系，即双方之间不适用法律有关合法婚姻的夫妻人身关系和夫妻财产关系的规定。

2. 婚姻无效或者被撤销后的子女抚养问题。在婚姻无效期间出生的子女，因父母没有合法的婚姻关系，应视为非婚生子女。但婚姻无效，并不影响父母子女间的权利和义务。确认和解除无效婚姻后，有关子女的归属以及抚养费的负担等问题均要适用婚姻法有关父母子女的规定处理。子女抚养，由双方协商处理；协商不成的，法院应根据子女利益和双方的具体情况判决。

3. 婚姻无效或者被撤销后的财产处理问题。司法实践中涉及该类问题的处理较为复杂，故应结合相关法律及相关司法解释的规定进行认真分析和理解。

（1）未按《婚姻法》第 8 条规定办理结婚登记而以夫妻名义共同生活的男女，一方死亡，另一方以配偶身份主张享有继承权的，按照《婚姻法解释（一）》第 5 条的原则处理。

（2）被宣告无效或被撤销的婚姻，当事人同居期间所得的财产，按共同共有处理，但有证据证明为当事人一方所有的除外。

（3）对同居生活期间所得的财产，由当事人双方协议处理；协议不成时，由法院根据照顾无过错方的原则判决。但对重婚导致的婚姻无效的财产处理，不得侵害合法婚姻当事人的财产权益。

（4）人民法院审理重婚导致的无效婚姻案件时，涉及财产处理的，应当准许合法婚姻当事人作为有独立请求权的第三人参加诉讼。

（5）同居生活前，一方自愿赠送给对方的财物，可比照赠与关系处理；一方向另一方索取的财物，如果同居时间不长，或者因索要财物造成对方生活困难的，可酌情返还。

（6）同居生活期间为共同生产、生活而形成的债权、债务，可按共同债权、债务处理。

（7）一方在共同生活期间患有严重疾病未治愈的，分割财产时，应予适当照顾，或者由另一方给予一次性的经济帮助。

(8) 同居生活期间一方死亡的，另一方无继承权。但可根据相互扶助的具体情况处理，即生存一方按照我国《继承法》第 14 条规定，可作为法定继承人以外的人，适当分得对方遗产。

4. 婚姻无效或者被撤销后产生的其他法律后果。对违法情节严重的，应按照《婚姻法》、《民法通则》、《最高人民法院关于贯彻执行〈中华人民共和国民法通则〉若干问题的意见（试行）》（以下简称《民通意见》）和其他法律、法规的有关规定，给予适当的民事制裁。如当事人构成重婚罪的应依法追究其刑事责任。另外，《婚姻法解释（三）》第 1 条规定："当事人以婚姻法第 10 条规定以外的情形申请宣告婚姻无效的，人民法院应当判决驳回当事人的申请。当事人以结婚登记程序存在瑕疵为由提起民事诉讼，主张撤销结婚登记的，告知其可以依法申请行政复议或者提起行政诉讼。"

无效婚姻与可撤销婚姻的效力在绝大多数国家都有所不同，无效婚姻自婚姻成立时起就不具有法律效力。即婚姻无效指向过去，溯及既往，自始就不产生法律效力。可撤销婚姻其婚姻虽已有效成立，但依法享有撤销权者可在法定期限内诉请法院撤销之。即其婚姻效力指向将来，不溯及既往，自撤销之日起无效。这正是设立无效婚姻与可撤销婚姻两种制度的初衷。但是，我国《婚姻法》将无效婚姻与可撤销婚姻的效力均规定为自始无效，显然在法律后果上对可撤销婚姻较为严厉。

五、无效婚姻与可撤销婚姻的比较

无效婚姻与可撤销婚姻有许多共同之处，但两者之间也存在一定的差别，应明确认识，认真对待。

（一）无效婚姻与可撤销婚姻的共同点

1. 宣告的机关相同。有权宣告婚姻无效和可撤销婚姻的国家机关均为婚姻登记机关和人民法院。

2. 无效的效力相同。婚姻被宣告无效或被撤销后，均为自始无效，其无效的效力溯及既往。

3. 无效的法律后果相同。婚姻被宣告无效或被撤销后，在身份关系的认定、财产的处理、子女的抚养等方面所产生的法律后果完全相同。

4. 法院审理的方式相同。人民法院审理这两类案件，不适用调解，应当依法判决。判决一经作出即发生法律效力，当事人不能再就婚姻效力问题提出上诉。

（二）无效婚姻与可撤销婚姻的不同点

1. 欠缺条件不同。无效婚姻是指当事人违反了结婚的禁止性规定，登记结婚时欠缺的是结婚的实质条件；而可撤销婚姻所欠缺的仅是婚姻中男女双方完全自愿的条件。

2. 规定时效不同。宣告无效婚姻是绝对无效，只要符合《婚姻法》第10条规定的几种情形之一即无效，不因时间的经过而消灭，但当事人向人民法院提出宣告婚姻无效的申请时，法定的无效婚姻情形已经消失的，人民法院不予支持。而可撤销婚姻因撤销而无效，则有时间的限制，即受胁迫的一方当事人撤销婚姻的请求，应当自结婚登记之日起1年内提出；被非法限制人身自由的当事人请求撤销婚姻的，应当自恢复人身自由之日起1年内提出。并且，这里的1年不适用诉讼时效中止、中断或者延长的规定。

3. 请求主体不同。申请宣告婚姻无效的主体，包括婚姻当事人及利害关系人；而请求撤销婚姻的主体，只能是受胁迫一方的婚姻关系当事人本人。

思考题

1. 简述我国结婚的条件和程序。
2. 谈谈我国结婚登记的现实意义何在。
3. 如何认定事实婚姻与非法同居的关系？
4. 试比较无效婚姻与可撤销婚姻的异同。

实务训练

（一）示范案例

男青年杨某与同事张某自由恋爱，因双方家庭都在外地，两人想早点结婚，以便在生活上互相照顾。于是两人计划在2000年1月1日举行婚礼，以做"世纪新人"。1999年12月，杨某23周岁，张某22周岁，两人要求单位出具婚姻状况证明，以便去办理结婚登记。该厂主管计划生育的干部考虑到他们未达到"女年满23周岁，男年满25周岁"的晚婚年龄，怕他们结婚会使单位达不到晚婚晚育指标，影响单位的文明单位评比，就以未达晚婚年龄为由，拒绝为他们出具写明出生年月、婚姻状况的证明。

杨某与张某认为，没有单位出具的介绍信，婚姻登记机关就不给他们办理结婚登记，所以两人决定不办理结婚登记，于2000年1月1日举行了隆重的婚礼，大宴宾朋，亲朋邻里纷纷前来祝贺，之后两人即以夫妻名义共同生活。两年后双方生育一女孩，取名杨洁。杨某及其父母重男轻女思想非常严重，嫌弃张某生了个女孩子。杨某拒绝抚养女儿并建议将其送给他人收养。为此，双方感情迅速恶化。杨某经常外出打麻将、跳舞、彻夜不归。2002年5月，杨某在舞厅结识了女青年孙某，在杨某的追求下，两人成为恋人。2002年11月，杨某与孙某到婚姻登记机关办理了结婚登记,之后与孙某同居生活,从此对张某母女不管不问。2003年9月张某向人民法院起诉,要求依法追究杨某的重婚罪,并要求杨某负担女儿的生活费。而杨某则要求与张某离婚。

试分析:

(1) 某汽车制造厂主管计划生育的干部以晚婚为由,拒绝出具介绍信的行为是否合法?

(2) 2000年1月1日杨某与张某在众人面前举行结婚仪式,是否说明他们已成为合法夫妻?

(3) 杨某是否构成重婚?

(4) 对杨某与张某的婚姻关系应如何处理?

(5) 杨某与张某所生女儿杨洁的法律地位如何?杨某是否应承担其女儿的生活费用?

[分析要点提示]

(1) 杨某与张某已达法定婚龄,符合结婚条件,单位可以向他们进行一定的晚婚晚育的宣传教育,但在他们坚持要求结婚的情况下,应当为他们出具婚姻状况证明。因此某汽车制造厂主管计划生育的干部以晚婚为由,拒绝出具介绍信的行为是不合法的。

(2) 在结婚程序上,我国实行的是结婚登记制度,所以杨某与张某在众人面前举行结婚仪式,不能说明他们已成为合法夫妻。

(3) 杨某因前一个婚姻关系无效,不被视为有配偶者,不能作为重婚关系主体。他和孙某登记结婚时,属于无配偶者,双方均符合结婚的法定条件,并履行了结婚的法定手续,他们的婚姻是合法婚姻,故杨某不构成重婚。

(4) 本案中,杨某与张某的关系是同居关系,法院应判决予以解除。

(5) 双方所生女儿杨洁为非婚生子女,因杨洁不满2周岁,判归张某抚养为宜。杨某作为杨洁的生父,应承担女儿的抚养费。

(二) 习作案例

1. 王某(男)与彭某(女)是小学同学,同村居住,1992年双方18岁的时候,由父母给他们订了亲,遂以夫妻名义住在了一起,并生育一子。2008年,王某外出务工,结识了女工秦某,不久即租房同居,并于2012年2月起诉到法院要求与彭某离婚。彭某则以《婚姻法》第4条"夫妻应当互相忠实"的规定为根据提出反诉,要求保护自己与王某的婚姻关系,排除秦某的妨害行为。

请问人民法院应如何对待双方的诉请?

2. 1994年1月,外出务工的25岁的张战与19岁的李菊在家乡公开举办了一场热闹的结婚典礼,但双方没有办理结婚登记。2000年,张战的父亲因病去世,张战继承了其父亲的遗产,计有房产 8 间,存款 20 万元。此后,张战将 20 万元作为本钱,办了一家公司,并和李菊一起共同经营。2005 年,张战以夫妻感情不和为由,向法院起诉要求与李菊离婚。经查:公司经营期间共获利 50 万元。

问题:
(1) 张战与李菊之间的关系应该怎样定性?
(2) 本案所涉及的财产应当如何处理?

延伸阅读

八大承认同性恋婚姻的国家[1]

同性恋(homosexuality)一词是由一名德国医生 Benkert 于 1869 年创造的。这个词描述的是,对异性人士不能做出性反应,却被自己同性别的人所吸引。今天,同性恋指的是"对自身性别成员基本的或绝对的吸引"。其定义是:"持久的对某一特定性别成员在性爱、感情或幻觉上的吸引。"随着同性恋婚姻合法化趋势的蔓延,越来越多的国家、地区承认同性恋婚姻的合法地位。

1. 荷兰。2001 年 4 月 1 日起,荷兰正式承认同性恋伴侣之间的婚姻关系,该项法案使荷兰成为世界上第一个实现同性婚姻合法化的国家。更重要的是,该法案不但允许同性恋者结婚,而且可以完全享有与异性婚姻相同的所有权益,因此,这是一部名副其实的同性婚姻法。

2. 瑞典。2009 年 4 月 1 号,瑞典议会以 261 票同意、22 票反对、66 票弃权或缺席的投票结果通过了允许同性恋结婚的方案,此次通过的法案废除了 1987 年对婚姻乃是一男一女结合的规定。2009 年 5 月 1 日起,瑞典正式承认同性婚姻合法。

3. 德国。德国议会于 2009 年 12 月通过了允许同性恋结婚的法案,2010 年 8 月 1 日,德国正式承认同性恋结婚,今后,德国同性恋者将享有与异性恋夫妇同样的继承权、租户权以及健康保险政策。法律规定与德国人结婚的外籍同性恋者也将获得永久居住权。然而,德国政府并没有在纳税、养老金和社会福利方面使同性恋情侣获得与异性恋夫妇一样的权利。

4. 阿根廷。阿根廷是传统天主教国家,同性婚姻合法化问题在阿根廷朝野引发激烈争论,尤其遭到教会的强烈反对,在民众中的支持者和反对者数量也大致相当。承认同性婚姻合法化的法案首先获得阿根廷众议院批准,阿根廷参

---

[1] 本文摘自烧荒网,http://www.moorburn.com.

议院经过激烈辩论，于 2010 年 7 月 15 日通过了法案。标志着拉美地区首部承认同性婚姻合法化的法律正式开始实施。

5. 冰岛。2010 年 6 月 27 日，冰岛颁布相关法律，正式承认同性恋婚姻合法。同一天，冰岛女总理约翰娜·西于尔扎多蒂和她的长期女伴侣、女作家乔妮娜·莱奥斯多提尔正式走入婚姻殿堂。她们是新法生效后冰岛首对结婚的同性恋伴侣，约翰娜·西于尔扎多蒂也是目前全世界首个公开承认同性恋身份的国家领导人。

6. 美国。联邦政府不承认同性婚姻。美国的马萨诸塞州是第一个允许同性结婚的州，加利福尼亚州是继马萨诸塞州之后成为第二个正式承认同性恋婚恋的州。2008 年 5 月，美国加州最高法院做出历史性裁决，推翻了同性恋结婚禁令。当地时间 6 月 16 日下午 5 时起，同性婚姻法生效。

7. 加拿大。2005 年 6 月 8 日，加拿大众议院以 158 比 133 票通过了同性婚姻合法的法律草案，承认同性夫妇拥有同传统意义上夫妇一样的法定权利，这一具有里程碑意义的立法使得众多难以走上红地毯的同性恋人欢呼不已。尽管遭到保守派和宗教人士的反对，该法案还是获得通过。时任加拿大总理的马丁赞扬了当天的投票，称其为"争取人权的必要一步"。

8. 丹麦。1989 年，丹麦发起了一项关于建立同性伴侣注册的议案，并于同年 10 月起生效，从而成为第一个承认同性伴侣同居法律地位的欧洲国家。注册同性伴侣可以享受某些异性夫妇独有的权利，如继承、保险计划、退休金、社会福利、所得税减免、失业救济。同样，如果离婚，他们也有承担赡养费的义务。

第五章　家庭关系

学习目标与工作任务

通过对本章的学习，要求学生了解和认识家庭关系的性质和内容；熟悉有关夫妻间、父母子女间、祖孙间、兄弟姐妹间权利义务的规定；并能切实履行其作为一名家庭成员的权利义务；同时在一定程度上，能初步掌握并具备处理各类常见家庭纠纷的方法和能力。

第一节　家庭关系概述

导入案例

2012 年郑某经人介绍结识本市居民丁某，并于同年 10 月在相互并不很了解的情况下到当地婚姻登记机关领取了结婚证。婚后不久，郑某发现丁某有很多不好的习惯，好吃懒做、性情暴躁，还好赌博。于是，郑某苦口婆心地规劝丈夫。岂料，丁某见郑某对自己不满意，不由得怒火中烧，对郑某张口大骂，甚至发展到拳打脚踢的地步，郑某一气之下回了娘家居住，不久，又被丁某接回。此后，丁某依旧恶习难改，甚至发展到对郑某参加一些社会必要活动横加干涉，并将家里的钱都收藏起来，郑某对自己在家的地位越来越忍无可忍，遂向人民法院起诉离婚。

试问，法院应如何处理？

本案知识点：夫妻关系的性质；夫妻在家庭中的地位

教学内容

家庭是社会的细胞，也是婚姻成立的必然结果。家庭关系是人类两性关系和血缘关系植根的土壤。它不仅包括了夫妻关系，而且还包括了父母子女关系、兄弟姐妹关系以及祖孙关系。学习了解家庭成员彼此之间在法律上的权利义务关系，对于家庭的和睦和社会的稳定都具有积极的意义。

家庭关系是指基于婚姻、血缘或法律拟制而形成的一定范围内的亲属之间的权利和义务关系。其中，夫妻关系是因男女双方的婚姻行为而产生的，夫妻是构成家庭最基本的要素，因此夫妻关系是家庭关系的核心；父母子女关系是因生育或法律拟制行为而产生，是家庭关系中较为普遍的一种；兄弟姐妹、祖孙之间虽是亲属，但其权利义务关系必须在一定条件下才能发生。

值得注意的是，亲属身份是法律意义上的家庭关系产生的前提和表现，但是亲属之间是否共同生活，并不影响他们之间权利义务关系的存在。例如，离婚后的父母仍要对未与自己共同生活的未成年子女履行抚养的义务。

我国《婚姻法》规定，结婚后经男女双方约定，女方可成为男方家庭的成员，男方也可以成为女方家庭的成员，现实生活中也常常存在直系姻亲间共同生活在同一家庭的现象。虽然我国婚姻法并没有将姻亲关系列入家庭关系的范围，但是我国《继承法》规定，丧偶儿媳对公婆、丧偶女婿对岳父母尽了主要赡养义务的，可以作为第一顺序的法定继承人。因此，姻亲之间如果存在事实上的扶养关系，则应认定为特殊的家庭关系。[1]

我国《婚姻法》第13条规定："夫妻在家庭中地位平等。"因此，夫妻任何一方不论地位高低、财产多寡，在家庭中都享有独立的人格尊严和人身自由。本节导入案例中，好吃懒做、性情暴躁、满身恶习的丈夫丁某不仅经常对妻子郑某打骂侮辱，而且还对郑某参加一些社会必要活动横加干涉，使原本就缺乏感情基础的夫妻关系不断趋于恶化，因此郑某向法院提起离婚，法院如果调解无效，应判决准予离婚。

第二节　夫妻关系

导入案例

2004年10月，21岁的林某某经人介绍认识了农村女青年20岁的孙某某。2007年2月双方正式结婚。2008年4月孙某某生下一女儿林乐乐，林某某有严重的重男轻女、传宗接代思想。孙某某生下女儿后，林某某对孙某某爱理不理，并提出要把林乐乐送给别人，孙某某不同意，林某某便以各种理由寻衅闹事，

---

[1] 曹诗权主编：《婚姻家庭继承法学》，中国法制出版社2002年版，第231页。

引起夫妻关系不和。2009年5月，孙某某再次怀孕，她本想流产，林某某不同意。2010年3月孙某某又生下一女孩。林某某坚持要将第二个女孩送养给别人，并要求孙某某再次怀孕，一定要生个男孩。为此，林某某经常打骂孙某某，孙某某有病也不肯花钱医治。村委会多次调解无效，孙某某被迫于2010年11月11日借机逃出夫家。2011年3月孙某某以丈夫无视计划生育政策，长期虐待为由提出离婚。

试问，法院应如何处理？

本案知识点：夫妻地位平等；夫妻人身关系

教学内容

一、夫妻关系的概念

夫妻关系是指符合结婚条件的男女，以共同生活为目的，依法结为配偶的特殊人际关系。因此，合法性是夫妻关系的前提。一切不合法的两性关系，如未婚同居、通奸、姘居、卖淫嫖娼等，都不构成夫妻关系。

夫妻关系有广义和狭义之分。广义的夫妻关系是指婚姻关系中的男女双方关系，其内容可涉及社会学、心理学、伦理学、经济学及法学等各方面的内容。狭义的夫妻关系是指夫妻在家庭中的地位和相互间的权利义务关系，其中包括人身关系和财产关系。我们这里主要从狭义角度来研究和理解夫妻关系。

二、夫妻在家庭中的法律地位

《婚姻法》第13条规定："夫妻在家庭中地位平等。"这是男女平等原则的具体体现，是对夫妻关系所作的总的原则性规定，是夫妻间的权利义务关系的基础，也是我国社会主义的夫妻关系区别于一切阶级社会的夫妻关系的根本标志。

（一）夫妻关系的性质和内容

夫妻，是以永久共同生活为目的而结合的伴侣。与其他两性关系有着本质区别：①夫妻是男女两性合法的结合，两性间的非法结合不构成夫妻。②夫妻须具有永久共同生活的目的，不具有上述目的之同居不称其为婚姻，也不构成夫妻。③夫妻是共同生活的伴侣，同时还承担着生育和抚育子女、赡养老人等责任。

我国的夫妻关系就其性质而言，是与当时社会中男女两性的社会地位相适应的，取决于当时的生产力发展水平、社会的文明程度和一定的社会制度。具体而言，夫妻在家庭中地位平等，是我国男女两性社会地位平等在家庭关系中的必然要求，它深刻反映了我国平等互助的新型夫妻关系的社会主义性质。

我国的夫妻关系就其内容而言，可分为夫妻的人身关系和财产关系两个方面。人身关系是指双方在家庭中的身份、人格及地位方面的权利义务关系，如姓名权、住所权、生育权、人身自由权等。财产关系则是指夫妻双方在财产所有权、扶养及遗产继承等方面的权利义务关系，如夫妻的共有财产制度及有关夫妻间相互扶养、相互继承的规定。夫妻的人身关系是夫妻关系的主要方面，财产关系从属于人身关系，是人身关系所引起的相应的法律后果，也是夫妻关系中的重要内容。夫妻人身关系与财产关系的相互补充，共同构成了夫妻关系的完整内容。

(二) 夫妻关系的历史沿革

从历史上看，夫妻关系的变化，经历了由完全的不平等到形式上的平等，最后过渡到事实上的平等三个不同时期。

1. "夫妻一体主义"时期。夫妻一体主义，又称夫妻同体主义，即夫妻因结婚而合为一体，夫妻双方的人格相互吸收，不再具有独立的人格。而实质上是妻的人格为夫的人格所吸收，丧失了独立的人格，成为无行为能力或限制行为能力人，处于夫权统治之下。例如，丈夫可以纳妾，妻子只能"从一而终"；财产由丈夫管理，妻子未经丈夫许可动用财产，则为"盗窃"行为；夫妻同罪不同罚，即同样罪名，对丈夫采从轻减轻原则，对妻子采从重加重原则，等等。因此，夫妻一体主义实为"夫权主义"的别名，它是自然经济和宗法家族制度的产物，体现着奴隶制和封建制社会统治阶级的利益需求和古代婚姻家庭关系的本质。这一时期的夫妻关系是完全不平等的。

2. "夫妻别体主义"时期。夫妻别体主义，又称夫妻分立（异体）主义，即夫妻婚后，各保有独立的人格，相互间有权利义务关系，各有财产上的权利和行为能力，表现为男女在法律上的地位趋于平等。

随着后工业社会的到来和女权运动的高涨，夫妻关系立法才发生了根本性的变化，确立了夫妻各方享有完全的法律权利，妻子享有姓名权、住所权、职业自由权、生育自由权以及各项在财产上的权利。例如，日本将"妻随夫姓"改为使用夫姓或妻姓，根据结婚时双方所定。日本、德国、法国等相继废除了"妻以夫之住所为住所"的规定，家庭住所由夫妻共同选定。凡此种种，都是以夫妻别体主义代替夫妻一体主义的具体表现。但是，以别体主义相标榜的平等只是形式上的平等，而非实质意义上的平等。

3. 社会主义制度下夫妻的法律地位。随着我国社会主义公有制的建立和婚姻家庭制度的改革及妇女政治、经济地位的提高，夫妻关系发生了深刻变化，开始了从形式上的平等向事实上的平等过渡的新时期。具体体现在以下几方面：

(1) 家庭地位平等是社会主义夫妻关系的根本要求和鲜明特征，是我国男女两性社会地位在家庭生活中的具体表现。它意味着配偶双方在共同生活中平等地行使法律规定的权利，平等地履行法律规定的义务，共同承担对家庭、对社会的责任。

（2）认真贯彻这一原则，要求夫妻互相忠实，互相尊重，必须坚决反对性别歧视，禁止家庭暴力，禁止成员间的虐待和遗弃。重点是保护妇女在家庭生活中的各项合法权益。为此，我国《妇女权益保障法》在第七章中对妇女的婚姻家庭权益保障作出了集中的规定。必须看到，不管是从清除封建主义夫权统治影响的角度，还是从妇女地位和生理特点的角度来说，不强调对妇女权益的特殊保护，就不能保证夫妻地位平等的实现。

（3）我国的社会主义制度为夫妻地位平等的真正实现开辟了广阔的道路，提供了有力的法律保障。这是在任何其他社会制度下都无法做到的。同时也应看到，由夫妻法律地位平等到实际生活中的真正平等有一个逐步发展的过程。我们既要同旧的传统观念和习惯势力的影响作斗争，也要正视在发展的社会主义市场经济中妇女面临的机遇和挑战，通过大力加强物质文明和精神文明建设，为夫妻地位在实际生活中的真正平等奠定坚实的物质基础和思想基础。

三、夫妻人身关系

所谓夫妻人身关系，是指没有直接的财产内容的夫妻人格、身份和地位方面的权利义务关系。在我国婚姻法中具体可体现在以下几方面：

（一）夫妻双方都有各用自己姓名的权利

姓名，是用来区别不同个人的符号，但是有无使用自己姓名的权利，却是有无独立人格的一种标志，因而是人格权的重要内容。《婚姻法》第 14 条规定："夫妻双方都有各用自己姓名的权利。"这就是说，不论丈夫还是妻子，都可以保持姓名的独立性，不必因婚姻而改变自己的姓名。具体来讲：

1. 旧中国妇女无独立姓名权。中国古代传统的礼法都明确规定，妇女婚后即加入夫家，成为夫家的家庭成员，须改随夫姓，即在本姓前冠以夫姓，称为某门氏。男子除入赘外，不改变姓名。但当事人另有约定者，不在此限。

2. 新中国成立后的两部《婚姻法》都规定了"夫妻双方都有各用自己姓名的权利"。这是男女平等在姓名上的体现，其立法精神在于保护已婚妇女的姓名权。这一规定对于促进夫妻家庭地位平等和建立和睦幸福的家庭，有着积极的意义。

3. 夫妻享有平等姓名权，还表现为对子女姓氏的确定上。《婚姻法》第 22 条规定："子女可以随父姓，可以随母姓。"在我国几千年的历史中，除丈夫入赘外，子女从来是随父姓的，这是宗法家族制度的要求。我国《婚姻法》否定了子女只能随父姓的传统，体现了夫妻在家庭中地位平等和保护夫妻独立姓名权的精神。同时子女成年后，也有变更其姓名的权利。

（二）夫妻双方都有参加社会活动的自由

《婚姻法》第15条规定："夫妻双方都有参加生产、工作、学习和社会活动的自由，一方不得对他方加以限制和干涉。"这是我国婚姻法关于夫妻人身方面权利义务的一项重要规定，简称夫妻人身自由权。其具体内容可分为三个方面：①婚后能参加生产和工作的自由。通过这一规定，保证夫妻双方都能获得经济收入，实现经济上的独立。②参加学习的自由。夫妻通过行使这种自由，实现其受教育的权利和义务，不断提高自身的素质，以利于实现家庭的教育职能。③参加社会活动和社会交往的自由。夫妻通过行使这一自由，服务于社会，并满足自身的精神需要。在我国，由于长期的封建传统，妇女在社会和家庭中的地位往往很低，法律作出这一规定，主要是为了保证妻子在经济、文化和社会活动中享有与丈夫平等的权利，真正实现夫妻地位平等。夫妻在行使上述权利时，应该从夫妻关系的特点和家庭生活的实际出发，进行协商，并且不得危害他方以及其他家庭成员的利益，他方也不得任意干涉和限制。

（三）夫妻双方都有住所决定权

所谓住所决定权，是指选择、决定夫妻婚后共同生活住所的权利。《婚姻法》第9条规定："登记结婚后，根据男女双方约定，女方可以成为男方家庭的成员，男方可以成为女方家庭的成员。"换言之，对于夫妻婚后的婚姻住所，男女双方有约定选择权。它属于一种任意行为，男女可以互为对方家庭成员，也可以在结婚后脱离自己原来的家庭，另组新的家庭。该规定的主要用意在于破除男婚女嫁、妻从夫居的传统观念，提倡男到女家落户。

（四）夫妻双方都有实行计划生育的权利和义务

计划生育是指有计划地调节人口发展速度，包括提高和降低人口发展速度。我国作为世界第一人口大国，所谓计划生育即为降低人口发展速度。为此《婚姻法》第16条规定："夫妻双方都有实行计划生育的义务。"计划生育是我国的基本国策，也是宪法原则，婚姻法的这一规定正是基本国策与宪法原则在夫妻关系中的具体体现。这条规定的基本精神如下：①计划生育是夫妻双方共同承担的法律义务，夫妻双方应共同协商、相互配合，采取有效措施，自觉履行这一义务，不可片面地推给一方。②实行计划生育，必须破除重男轻女和只有男孩才能传宗接代的旧观念。对虐待、摧残不生育或只生女孩的妇女的人，应给予必要的法律制裁。③按照计划生育的要求，国家提倡一对夫妻只生育一个子女，生育二胎应符合规定的条件，严格禁止生育多胎。现行政策允许夫妻双方都是独生子女的，或一方为独生子女的可以生育第二胎。在人口稀少的少数民族地区，政策上可适当放宽。

婚姻法在夫妻生育关系上突出其义务性，并非是对公民生育权的否定。我国《宪法》明确规定婚姻、家庭、母亲和儿童受国家保护。《妇女权益保障法》进一步规定，妇女有按照国家有关规定生育子女的权利，也有不生育的自由。生育权是法律赋予公民的一项基本权利，夫妻双方各自享有生育权。但是，夫妻生育权的实现需要双方协商一致、共同行使。如果妻子不愿意生育，丈夫不得以其享有生育权为由强迫妻子生育。根据《婚姻法解释（三）》第9条的规定，丈夫以妻子擅自中止妊娠侵犯其生育权为由请求损害赔偿的，人民法院不予支持；如果夫妻双方因是否生育发生纠纷，致使感情确已破裂的，一方请求离婚的，人民法院经调解无效，应依照《婚姻法》第32条第3款第5项的规定处理。

本节导入案例中，法院认为林某某封建夫权思想严重，重男轻女、传宗接代的观念根深蒂固，置计划生育法律于不顾。依据我国《婚姻法》的规定，公民有生育的权利，双方都有依法实行计划生育的义务，在实行计划生育中负有共同的责任。而本案中，林某某长期对孙某某及其女儿进行虐待，经教育仍无悔改，致使夫妻感情破裂，法院应判决准予离婚。

另外，夫妻有家事代理权，这也是夫妻之间的人身权利和义务。家事代理权是指夫妻因家庭事务而与第三人为一定法律行为时的代理权。被代理方须对代理方从事家事行为所产生的债务承担连带责任。夫妻家事代理权基于夫妻身份产生，不以明示行为为必要条件。家事代理的范围以家庭生活必要为条件，包括家庭必要的一切事务。我国现行《婚姻法》未明确规定夫妻家事代理权。但2001年《婚姻法解释（一）》规定，夫妻对共同所有的财产有平等的处理权，是指夫或妻"因日常生活需要而处理夫妻共同财产的，任何一方均有权决定"。实际上肯定了夫妻在日常生活所需范围内有代理权，但仅限于夫妻共同财产，即任何一方在日常生活所需范围内对共同财产所作的处分行为，都产生对内、对外效力。

（五）夫妻相互间有同居与忠实义务

所谓夫妻同居义务，是指男女双方互负以配偶身份共同生活的义务。有的外国学者认为，同居的实质内容是夫妻共同生活包括身体的和精神的共同生活两个方面；有的学者认为应当是"家的共同"和"性的共同"。从一般的意义上理解，除了婚姻住所的共同之外，夫妻同居义务包括共同的两性生活、共同的精神生活、互相扶助、共同承担其他家庭生活义务，等等。

所谓夫妻忠实义务，又称贞操义务，主要是指专一的夫妻性生活义务。扩大理解还包括不得恶意遗弃配偶他方，不得为第三人的利益而牺牲配偶他方的利益。在古代社会，对贞操的要求总是偏重于女方。近代社会才逐渐普遍将夫妻置于平等地位。并且将互负贞操义务看成是维护夫妻关系特质及其稳定的一个重要因素。

2001年修改后的《婚姻法》在总则部分设置了"夫妻应当互相忠实，互相尊重"的条款，并且规定"禁止有配偶者与他人同居"。在"离婚"一章将"有配偶者与他人同居"作为法院判决离婚的法定理由之一。在"救助措施与法律责任"一章规定，"有配偶者与他人同居"而导致离婚的，无过错方有请求损害赔偿的权利。这就在法律上明确规定了夫妻之间共同生活和互相忠实的准则，并使之成为夫妻人身关系的重要内容。这些规定为解决社会上因事实重婚、纳妾、"包二奶"、姘居、通奸等现象所引发的种种矛盾纠纷，提供了法律依据，对弘扬中华民族的传统美德，倡导文明、进步的婚姻观，提高婚姻的质量维护婚姻家庭的稳定都具有重要意义。

四、夫妻财产关系

（一）夫妻财产制概说

1. 夫妻财产关系与夫妻财产制。夫妻财产关系以夫妻身份关系为前提。夫妻关系未经缔结则不被法律承认，不产生相应的财产关系；夫妻关系已经依法解除的，其财产方面的权利义务也随之消灭。财产关系是夫妻关系的重要内容，是实现家庭经济职能的基础性要素。夫妻财产关系包括夫妻的财产所有权、夫妻间的扶养关系和夫妻财产继承权等。其中，夫妻的财产所有权是夫妻关系存续期间财产关系的核心，因其涉及双方各自的、共同的以及第三人的权益而受到各国法律的普遍重视。夫妻财产制是它的一般法律表现形式。

夫妻财产制又称婚姻财产制，是规定夫妻财产关系的法律制度，内容包括夫妻婚前财产和婚后所得财产的归属、管理、使用、收益和处分；家庭生活费用的负担；夫妻债务的清偿；婚姻关系终止时夫妻财产的清算和分割等。其核心是夫妻婚前和婚后所得财产的所有权问题。某一个国家采用什么样的夫妻财产制，既取决于它本身的社会制度，又受着立法传统、风俗习惯以及其他思想、文化因素的重要影响。因此，一个国家不同历史时期可能采用各不相同的财产制度，社会制度相同的国家也可能存在着夫妻财产制度的明显差异。从发生的角度说，夫妻财产制可以分为法定财产制和约定财产制两种。所谓法定财产制，是指在配偶双方婚前和婚后均未就财产关系作出约定，或者是其所作财产约定无效时，由法律规定当然适用的夫妻财产制。所以有的国家法学理论称之为"补充的夫妻财产制"或是"正常的夫妻财产制"。所谓约定财产制，是指法律允许夫妻双方在合法范围内自愿选择适用的夫妻财产制度。在通常情况下，约定财产制具有优先适用的效力，即夫妻一旦作出有效的财产关系约定，就不再适用法定夫妻财产制。

2. 夫妻财产制的类型。根据夫妻财产制的内容，从古及今，主要有吸收财产制、统一财产制、共同财产制、分别财产制、联合财产制等类型。具体来讲：

（1）吸收财产制。这是古代通行的夫妻财产制度，古巴比伦、古印度、古希腊、古罗马前期以及中世纪的欧洲国家等大多采用这一制度。在这种制度下，除夫的财产为其本人专有外，妻子携入的财产及婚后所得财产的所有权、管理权及用益权皆归属于夫；只是在个别情况下，夫应在婚姻关系解除时返还妻的婚前财产。

（2）统一财产制。它是指夫妻签订契约将妻子的原有财产估定价额，将所有权转移给丈夫，妻子保留对此项财产的返还请求权。在婚姻关系终止时，丈夫应将价值相当的财产返还其妻子或其继承人。早期资本主义法律曾经采用称为"统一财产制"的夫妻财产制度。这一制度在局部上注意到了妻子一定的权益，较之吸收财产制是一种进步，但它又将妻的婚前财产的所有权转变为对夫的一种债权，使女方处于十分不利的地位。这种制度无疑带有浓厚的夫权主义色彩，已为晚近的立法所抛弃。

（3）共同财产制。它是将夫妻双方全部或者一部分财产依法合并为共有财产，按照共有原则来行使权利、承担义务，夫妻关系终止时才加以分割。共同财产制又具体划分为一般共同制、婚后所得共同制和劳动所得共同制等形式。一般共同制指不论是夫妻的婚前财产还是婚后所得财产，是动产还是不动产，均归夫妻共同所有。婚后所得共同制指夫妻在婚姻关系存续期间所得财产及原有财产的孳息原则上为夫妻共有。这里之所以说是"原则上"，是因为采用这一制度的各国法律多规定双方的若干婚后所得为个人特有财产，不列入共同共有财产的范围。劳动所得共同制，指仅以夫妻在婚姻关系存续期间的劳动收入作为共同财产，其他财产仍归个人所有。

（4）分别财产制。它是指夫妻婚前、婚后所得的财产均归个人所有，各自独立行使管理、使用、收益和处分权。但是并不排斥双方通过协议设定一定的共同财产，也不排斥双方就某些财产的管理权和收益权作出约定。分别财产制是夫妻婚前和婚后所得的财产不因结婚而发生财产上的共有，是"夫妻别体主义"的产物。在这种财产关系形态下，夫妻双方各自保持经济独立，体现了对个人价值的肯定和对个人财产的保护；但是它没有对家务负担作出充分的评价，在男女双方的社会地位、经济地位和家务分担存在重大差异的情况下，往往在平等的表象下掩盖着实际上的不平等。

（5）联合财产制又称管理共同制。它是指婚姻成立后，夫妻的财产所有权仍归各自所有，但双方的财产联合在一起，由丈夫管理，丈夫对妻子的财产有收益权、孳息的所有权和依法处分权。婚姻关系终止时，妻子的原有财产由妻子或者其继承人收回。这一制度源于欧洲中世纪的日耳曼法，近代社会被一些国家的法律所采用。另外，若干国家实行"延期的共同制"、"所得参与制"、"剩余共同制"等夫妻财产制度，无非是对分别财产制和共同财产制加以折中的结果，由于过于琐细且没有完全脱离上述几种基本的财产制度，在此不再一一加以介绍。

上述各种夫妻财产制度，在不同国家的地位很不一致。有的国家将其中一种作为唯一的夫妻财产制度；有的国家则设定一种作为法定财产制而同时设定几种可供约定的财产制；也有的国家除了法定财产制之外，对约定财产制采取允许当事人任意选择的态度。总之，近代以来，各国法律中的夫妻财产制度，主要是共同财产制、分别财产制和联合财产制三种。

（二）我国夫妻财产制的立法沿革

如前所述，我国古代实行宗族或者家庭成员的财产共有制度，并没有独立的夫妻财产制度可言。1930年公布的《中华民国民法亲属篇》规定以联合财产制作为法定的夫妻财产制，其主要内容为：除特有财产外，结婚时属于夫妻之财产及婚姻关系存续中夫妻所取得之财产为联合财产，由夫管理并负担管理费用；妻对于本人之原有财产保有所有权，但夫享有用益权以及孳息的所有权；夫对于妻之原有财产为处分时应征得妻之同意，但为管理上所必要之处分除外；联合财产需加分割或者妻死亡时，妻之原有财产归其本人或者由其继承人继承，如有短少依归责原则决定是否应予补偿。显而易见，这是一种片面维护夫方权益的不平等的财产制度。

新中国成立后，废除了封建夫权，实行男女平等的法律制度，妻子在财产上享有与丈夫相同的权利。1950年《婚姻法》第10条规定："夫妻双方对于家庭财产有平等的所有权与处理权。"关于"家庭财产"的内容，中央人民政府法制委员会的解释是："家庭财产主要不外下列三种：①男女婚前财产；②夫妻共同生活时所得的财产；③未成年子女的财产。"关于这些财产的权利归属及行使，立法解释为："使夫妻间无论在形式上或实际上都能真正平等地共同所有与共同处理第一和第二种家庭财产以及共同管理第三种家庭财产。"这就是说，在夫妻间实行一般共同制，双方对各自婚前财产和婚后所得财产共同行使所有权。这种规定，一方面是"针对着中国绝大多数人作为一般通例的夫妻财产关系"，另一方面体现了"男女权利平等和夫妻在家庭中地位平等之原则"。它的实施，对于我国夫妻财产法律制度的革命发挥了重要作用，为社会主义夫妻财产法的完善奠定了良好基础。

从社会发展的实际情况出发，1980年《婚姻法》对夫妻财产制作了必要的调整，主要是将原来的一般共同制修改为婚后所得共同制，并允许夫妻双方进行财产约定。其第13条第1款规定："夫妻在婚姻关系存续期间所得的财产，归夫妻共同所有，双方另有约定的除外。"以婚后所得共同制作为法定夫妻财产制，体现了处于社会主义初级阶段的中国夫妻财产关系立法的特色。首先，它继承了新中国成立以来法定夫妻财产制的基本精神，以确定共同财产制为立法原则，既便于为广大人民群众所接受，又充分考虑到男女两性在经济收入方面的实际情况，体现了男女平等和保护妇女合法权益的原则。其次，它将婚前财产和婚后所得加以区分，确认不同的所有权，既反映了我国妇女经济地位已经显著改善的现实，又有利于对公民个人财产权利的肯定与保护。最后，它将夫妻个人财产、夫妻共有财产和其他家庭成员的财产作了严格界定，加以明确区分，既弥补了原《婚姻法》文字表述上比较模糊的不足，又确定了家庭生活中各种不同性质财产的范围及相应的权利，更加科学、合理。

但是，在20多年来的实践中，1980年《婚姻法》关于夫妻财产制的规定逐渐暴露出一些不足：一方面是对法定财产制的规定过于概括，只有夫妻共有财产而没有夫妻特有财产，对个人财产所有权的保护不够充分；另一方面是没有为夫妻财产约定制定具体的规范，实践中缺乏法律依据。这些都已经不能完全适应我国经济关系发展和公民财产关系变化的实际需要。2001年《婚姻法》修正案再一次做了修改和补充，不但形成了我国现行的法定夫妻财产制，而且完善了约定财产制。

（三）我国现行的法定夫妻财产制

我国现行的法定夫妻财产制是夫妻共同财产与夫妻个人特有财产制相互结合的形式。《婚姻法》第18条规定了夫妻个人特有财产的范围，以此对该法第17条规定的夫妻共同财产的范围加以限制。此外，夫妻还可以通过约定设定夫妻个人特有财产。如果没有约定，则当然采用法定财产制，即除了法定的个人特有财产外，其属于夫妻共同财产。

1. 夫妻共同财产制。

（1）夫妻共同财产制的概念和特征。我国的法定夫妻共同财产制是婚后所得共同制，习惯上称为夫妻共同财产制。它是指在婚姻关系存续期间，夫妻双方或一方所得的财产，除另有约定或法定夫妻个人特有财产外，均为夫妻共同所有，夫妻对共同所有的财产，平等地享有占有、使用、收益和处分的权利的财产制度。它具有以下特征：①夫妻共同财产所有权的主体，只能是具有婚姻关系的夫妻双方。②夫妻共同财产所有权的取得时间，是婚姻关系存续期间。③夫妻共同财产的来源，包括夫妻双方或一方所得的财产，但双方另有约定或法律另有规定属于个人特有财产的除外。以上三个特征同时具备，才是夫妻共同财产。

（2）夫妻共同财产的范围。《婚姻法》第17条对夫妻共同财产的范围作了

列举性的规定,只有在婚姻关系存续期间所得的下列财产,才归夫妻双方共同共有:

第一,工资、奖金。这里的工资、奖金,指一切为国家机关、社会团体、企事业单位和他人从事劳务活动所获取的收入。对它须作广义的理解,即工资、奖金既包括从事上述劳务活动而获得的固定工资、定额奖金,也包括不定期的和不定额的其他奖励和实物,还应当包括在职期间从事其他劳务活动的收入,以及在一些企业中的分红等其他收入;既包括从事固定工作获得的工资和奖金,也包括从事临时性劳作获得的报酬。当然,用这些收入购置的动产、不动产也都属于夫妻双方共有。

第二,生产、经营的收益。所谓生产、经营,既包括从事个体生产劳动,也包括在工业、农业、服务业、信息业、金融证券业等领域中从事组织管理、承包、租赁、投资等经营活动。生产、经营的收益,是指从事上述一切活动所得的收益。

随着社会主义市场经济的不断发展,在私营企业、个体工商户、合伙经营、承包经营,以及在股份制企业中投资所引起的夫妻财产关系日益复杂,既可能是双方共同投资、经营,也可能是以一方的名义投资、经营;既可能有一定数目,甚至是巨额的收益,也承担着相应的风险。依照法律规定,如果双方没有就有关财产的归属作出约定,在婚姻关系存续期间,进行生产活动的,不论是一方还是双方,其收益均应属于夫妻共同共有;进行经营活动的,无论是单独的还是共同的投资和经营,其所得收益均应视为夫妻共同财产,其所负债务一般应视为夫妻共同债务,法律有另外规定的,从法律规定。

第三,知识产权的收益。知识产权是一种智力成果权,包括著作权、商标权、专利权、发明权、发现权,等等,它们具有很强的人身性,但同时也会产生财产权利。婚后一方取得的知识产权,其人身权利,比如著作权中的署名权、使用许可权、修改权等均属一方所有,由所有方单独行使,其配偶不得共享。但因知识产权取得的经济利益,如专利转让费、作品稿酬等,则属于夫妻共同财产。《婚姻法解释(二)》第12条规定"知识产权的收益",是指婚姻关系存续期间,实际取得或者已经明确可以取得的财产性收益。

第四,非特定性的继承或受赠财产。按照原《婚姻法》规定的精神和最高人民法院的司法解释,在婚姻关系存续期间一方或双方继承或者受赠的全部财产均属夫妻共同所有。对此,学术界、司法界和社会上有许多人提出了不同的看法,认为这类财产往往带有很强的身份性,尤其是被继承人和赠与人在遗嘱或者赠与合同中明确了夫妻一方为继承人和受赠人的,如果仍然看作是夫妻共有财产,显然违背被继承人和赠与人的意志,不利于保护公民个人财产所有权。

修正后的《婚姻法》采纳了这种意见,对继承和赠与财产的归属做了必要的区分,即凡是遗嘱或者赠与合同中确定只归夫或妻一方所有的财产,不再认定为夫妻共同所有。换言之,按照现行《婚姻法》的规定,在婚姻关系存续期间,法定继承所得,以及发生在遗嘱继承和赠与中,被继承人或者赠与人未指定归一方所有的财产,归夫妻共同共有。这一规定,一方面从关注家庭,满足婚姻共同体存在所必需的财产出发,体现了对夫妻共同财产权益的保证;另一方面,又尊重了公民对个人所有财产的处分权,贯彻了保护个人财产所有权的法律原则。

根据《婚姻法解释(二)》,当事人结婚后,父母为双方购置房屋出资的,该出资应当认定为对夫妻双方的赠与,但父母明确表示赠与一方的除外。而《婚姻法解释(三)》明确规定,婚后一方父母出资为子女购买不动产且产权登记在自己子女名下的,可视为只对自己子女一方的赠与,应认定为夫妻一方的个人财产。最高人民法院新闻发言人指出,在实际生活中,父母出资为子女结婚购房往往倾注全部积蓄,一般也不会与子女签署书面协议,如果离婚时一概将房屋认定为夫妻共同财产,势必违背了父母为子女购房的初衷和意愿,实际上也侵害了出资购房父母的利益。所以,房屋产权登记在出资购房父母子女名下的,视为父母明确只对自己子女一方的赠与比较合情合理,这样处理兼顾了中国国情与社会常理,有助于纠纷的解决。[1]

《婚姻法解释(三)》还明确规定,由双方父母出资购买不动产,产权登记在一方子女名下的,该不动产可认定为双方按照各自父母的出资份额按份共有。《婚姻法解释(三)》第7条的规定从我国的实际出发,将产权登记主体与明确表示赠与一方联系起来,可以使父母出资购房真实意图的判断依据更为客观,便于司法认定及统一裁量尺度,也有利于均衡保护婚姻双方及其父母的权益。[2]

第五,其他应当归共同所有的财产。其他应当归共同所有的财产,是指夫妻单独取得或共同取得的除了上述共同财产之外的财产。目前,相当一部分家庭的财产中,除了传统意义上的储蓄存款、房屋等外,还包括在一些企业中的出资或者股份等。《婚姻法解释(二)》对几种新型财产形式的认定问题作出了比较具体的规定。

根据《婚姻法解释(二)》第11条规定的精神,在婚姻关系存续期间,下列财产属于其他应当归夫妻共同所有的财产:①一方以个人财产投资取得的收

---

[1] "关于《最高人民法院关于适用〈中华人民共和国婚姻法〉若干问题的解释(三)》的新闻发言稿"2011年8月12日。

[2] "关于《最高人民法院关于适用〈中华人民共和国婚姻法〉若干问题的解释(三)》的新闻发言稿"2011年8月12日。

益；②男女双方实际取得或者应当取得的住房补贴、住房公积金；③男女双方实际取得或者应当取得的养老保险金、破产安置补偿费。根据《婚姻法解释（三）》第5条的规定，夫妻一方个人财产在婚后产生的收益，除孳息和自然增值外，应认定为夫妻共同财产。《婚姻法解释（二）》第19条规定："由一方婚前承租、婚后用共同财产购买的房屋，房屋权属证书登记在一方名下的，应当认定为夫妻共同财产。"此外在实践中，还应注意，如果夫妻双方在婚姻关系存续期间对一方婚前个人房屋进行修缮、装修、重建，该房屋的所有权仍属夫或妻一方，但因修缮、装修、重建而使房屋增值的，该增值部分可作为夫妻共同财产；如果男女双方依法办理了结婚登记等手续，不管当事人是否同居生活，其后所取得的财产一般均认定为夫妻共同财产。

另外，按照最高人民法院1993年发布的《关于人民法院审理离婚案件处理财产分割问题的若干具体意见》（以下简称《财产分割意见》），在离婚时，"对个人财产还是夫妻共同财产难以确定的，主张权利的一方有责任举证。当事人举不出有力证据，人民法院又无法查实的，按夫妻共同财产处理"。这就是说，在离婚时对财产的归属有争议，又不能证明属于夫妻一方的，推定为夫妻共同财产。

2. 夫妻共同财产的处理权。《婚姻法》第17条第2款明确规定："夫妻对共同所有的财产，有平等的处理权。"正确理解和执行这一规定，应当注意以下几点：

夫妻对财产的共有是典型的共同共有，而不是按份共有。在婚姻关系成立之后、终止以前，共有财产是一个整体，夫妻双方不分职业、地位和收入多少，不分主次、不分份额，对共同财产享有平等的占有、使用、收益和处分的权利。处分权是所有权最重要的权能，是所有权的最高表现。我国《婚姻法》特别规定，夫妻对共同财产有平等的处理权。这一条应当理解为：①夫或妻在处理夫妻共同财产上的权利是平等的，因日常生活需要而处理夫妻共同财产的，任何一方均有权决定。实际上肯定了夫妻在日常生活所需范围内有代理权，但仅限于共同财产，即任何一方在日常生活所需范围内对共同财产所作的处分行为，都产生对内、对外效力。②夫或妻非因日常生活需要对夫妻共同财产作出重要的处理决定，双方应当平等协商，取得一致意见。在生产、经营、投资、购置或者处分不动产以及重要的动产等方面，都需要形成双方的合意，任何一方都无权擅自做出违背他方意志的重大财产处分行为，否则将形成对他方合法财产权利的侵害。根据《婚姻法解释（三）》第11条的解释，一方未经另一方同意出售夫妻共同共有的房屋，第三人善意购买、支付合理对价并办理产权登记手续，另一方主张追回该房屋的，人民法院不予支持。夫妻一方擅自处分共同共有的房屋造成另一方损失，离婚时另一方请求赔偿损失的，人民法院应予支持。③夫妻对共同财产享有平等的权利，也承担平等的义务，因为共同生活、生产和经营所负的债务，是夫妻共同债务，应当以共同财产偿还。为了维护正常的社会主义市场经济秩序，一方以夫妻双方的名义进行对外民事行为，对方有理由相信是夫妻双方共同意思表示的，另一方不得以"不同意"或"不知道"为由对抗善意第三人，从而保护善意第三人的利益，维护交易安全。但是，如果一方和第三人恶意串通，损害另一方的合法财产权益，行为人和恶意第三人则应承担相应的法律责任。

特定情况下对夫妻共同财产制的变更，即夫妻非常法定财产制，该制度是对夫妻共同财产制的补充，是指在实施夫妻共同财产制中，当出现特定的法定事由时，夫妻一方申请法院撤销原法定或约定的夫妻共同财产制，改设为夫妻分别财产制。在通常情况下，普通的夫妻共同财产制能够保证婚姻家庭生活的正常运转，但在特定情况下，如出现婚姻一方通过各种手段侵害另一方的共有财产权益的情形，或出现一方因各种原因而陷入经济困难，而另一方不履行夫妻抚养义务，有可能危及婚姻家庭生活的维持情况时，可通过法律规定变更夫妻共同财产制，而使得夫妻财产各归各所有。根据《婚姻法解释（三）》第4条的规定，在婚姻关系存续期间，一方负有法定扶养义务的人患重大疾病需要医治，而另一方不同意支付相关医疗费用的，夫妻一方可以向人民法院起诉请求分割夫妻共同财产。如果一方有隐藏、转移、变卖、毁损、挥霍夫妻共同财产或者伪造夫妻共同债务等严重损害夫妻共同财产利益行为的，另一方可向人民法院起诉请求分割夫妻共同财产，及时维护自己的财产权益。

3. 夫妻个人特有财产。夫妻一方财产也叫夫妻个人特有财产，是指夫妻在婚后实行共同财产制时，依据法律的规定或夫妻双方的约定，夫妻保有个人财产所有权的财产。显而易见，个人特有财产制不同于分别财产制。个人特有财产制以共同财产制为前提，是对夫妻共同财产制的补充和限制，没有共同财产制就没有个人特有财产制。而分别财产制是指全部夫妻财产，包括婚前和婚后全部财产，都归属于夫妻各自所有的制度。

我国《婚姻法》第18条对个人特有财产范围作了规定。这类财产包括：

（1）一方的婚前财产。夫妻双方婚前所得财产属于个人所有，这是婚后所得共同制不同于一般共同制的基本特征。所谓婚前财产，指当事人结婚前各自所有的财产，包括婚前个人劳动所得、继承或受赠的财产以及其他合法财产。在婚后所得共同制下，结婚之前所有的财产仍归个人所有，不因婚姻的成立而发生所有权的变化。在我国的法定夫妻财产制下，一方婚前财产归个人所有，这是被《婚姻法》明确规定的，当事人自应遵守。至于每一对夫妻关系中个人婚前所有财产的具体内容，因情况不同而多有差别，但在一般情形下，均可明确区分。至于是否需要对这些财产的内容、数量等进行公证，法律并无强制性的规定，当事人有选择的自由。如果当事人要求公证的，应当按照法定程序办理；当事人不要求公证的，任何机关都不得强制当事人公证。

（2）一方因身体受到伤害获得的医疗费、残疾人生活补助费等费用。这类费用都带有强烈的人身专属性质。其中，因身体受到伤害而获得的医疗费，是由加害人支付，专门用以供受害人治疗、恢复的费用，自应归受害人本人所有。残疾人生活补助费是国家或者集体为了保障残疾人的基本生活需要所发给的费用，他人也不能共享。根据《民法通则》第119条规定，侵害公民身体造成伤害的，应当赔偿医疗费、因误工减少的收入、残疾人生活补助费等费用。总之，由于这些财产与生命健康密切相关，对于保护个人的生存等权利必不可少，因此应当排除于夫妻共同财产之外。

（3）遗嘱或赠与合同中确定只归夫或妻一方的财产。订立遗嘱和赠与合同，都是财产所有权人依法处分自己财产的行为。如果遗嘱人或赠与人在遗嘱或赠与合同中明确指定遗产或者赠与财产只归夫妻一方的，出于对被继承人和赠与人个人财产处分权的充分尊重，该财产理应属于一方的个人特有财产，而非共同财产。按照《合同法》的规定，赠与可以附义务，凡是附义务且被受赠人接受的赠与，受赠人应当按照约定履行义务。夫妻一方接受的附义务赠与，其所附义务也应由受赠一方单独履行，他方没有代为履行或者共同履行的义务。

（4）一方专用的生活用品。理解一方专用的生活用品，关键在于"生活专用"，即个人用于生活所需的物品，如个人专用的衣物、装饰品，等等。用共同财产购置的生产资料，虽可能为一方专用，但不能视为个人特有财产；有些物品虽然用于生活，但是不具个人专用性，比如家具、家用电器等，也不能视为个人特有财产。

（5）其他应当归一方的财产。这是指依照其他法律规定而归属于特定行为人本人享有所有权的财产，如一方因参与体育竞赛活动取得优胜而荣获奖杯、奖牌，这类物品记载着优胜者的荣誉权，具有一定的人身属性，其财产所有权应当归享有该项荣誉权的一方。但在婚姻关系存续期间，该荣誉获得者因此所获得的奖金或其他物质奖励，如当事人之间没有约定，应依法认定为夫妻共同财产。此外，根据婚姻当事人的约定，归夫妻一方所有的那部分财产为夫妻一方个人财产。另外，《婚姻法解释（二）》第13条规定："军人的伤亡保险金、伤残补助金、医药生活补助费属于个人财产。"但根据该解释第14条规定，发放到军人名下的复员费、自主择业费等一次性费用的，以夫妻婚姻关系存续年限乘以年平均值，所得数额为夫妻共同财产。夫妻双方各自的特有财产，所有权归夫或妻个人所有，夫或妻享有独立的管理、使用、收益和处分的权利。

2001年修改后的《婚姻法》明确肯定了夫妻婚后所得制下的一方特有财产，不但在夫妻财产所有权理论上是一项突破，而且对于保护公民正当的财产权益，促进社会主义家庭关系的健康发展具有重要的实际意义。在实践中，一方面要对夫妻一方个人特有财产的所有权加以保护，不允许任何故意侵害这种个人财产所有权的非法行为；另一方面也需注意以下几个实际问题：①最高人民法院《婚姻法解释（一）》第19条规定："婚姻法第18条规定为夫妻一方所有的财产，不因婚姻关系的延续而转化为夫妻共同财产。但当事人另有约定的除外。"②对于用于夫妻共同生活的一方特有财产，应当承认另一方的使用权，而不能收取代价。比如夫妻共同居住在一方婚前所有的房屋中，不能要求无产权的一方支付房租；夫妻共同使用属于一方所有的家用电器，不能要求无产权的一方支付使用费等。③夫妻一方将婚前个人财产投入婚姻家庭生活之用，并已被消耗完或毁损、灭失的，该方不得主张用夫妻共同财产加以补偿或抵偿。④在婚姻共同生活中，双方协商一致对夫妻一方特有财产作出添附行为的，应当对添附财产的产权另外界定。比如一方婚前所有的房屋，在婚姻关系存续期间用婚后所得加盖扩大的，添附部分应视为夫妻共同所有。⑤婚后购置的贵重首饰，价值较大的图书资料以及摩托车、拖拉机、汽车等生活、生产资料，虽属个人使用，也应视为夫妻共同财产。

（四）我国的夫妻约定财产制

1. 夫妻约定财产制的概念和特征。夫妻约定财产制是指夫妻用协议的方式，对夫妻在婚前和婚姻关系存续期间所得财产的归属，管理、使用、收益、处分以及债务清偿等作出约定，从而全部或者部分排除法定夫妻财产制适用的制度。约定财产制有两个重要特征：①相对于法定财产制而言，它是夫妻双方在自愿的基础上以协议形式选择适用的财产制度。②与法定财产制相比，它具有优先适用的效力。也就是说如果夫妻双方就财产的各项问题作出了合法约定，有关的财产就不再适用法定的夫妻财产制。

2. 我国夫妻约定财产制的立法历程。我国1950年《婚姻法》对夫妻约定财产制没有作出规定。主要原因有四个：①我国历史上没有夫妻约定财产制的传统，人们缺乏这方面的意识；②在新中国成立之初，经济发展水平和人民的生活水平相对较低，家庭财产、公民个人财产一般很少，对确立夫妻约定财产制没有迫切的需求；③当时女性参加社会劳动尚不普遍，独立的经济收入较少，实行约定财产制不利于维护妇女的切实利益；④我国的法制建设处于起步阶段，研究和借鉴世界各国的法律理论和制度也处于起始时期。

适应我国改革开放的社会经济发展形势和公民家庭财产、个人财产关系变化的需求,1980年《婚姻法》肯定了夫妻财产约定的法律效力,在第13条中规定:"夫妻在婚姻关系存续期间所得的财产,归夫妻共同所有,双方另有约定的除外。"即在确认法定财产制度的同时,允许夫妻双方对财产关系作出约定,形成了以法定为主,约定为辅的夫妻财产制度。这无疑是一项重要的发展。但由于采取了"除外"式的而非设置专门条款的立法模式,不可能对约定财产的范围、约定的时间和条件,约定的效力等作出明细规定。

随着社会主义市场经济体制的建立和发展,财产种类增多,财产关系日趋复杂,公民的家庭财产和婚前个人财产明显增多,价值观念和婚姻家庭观念发生重大变化,夫妻财产约定不断增加,原《婚姻法》的规定已经不能充分满足和全面调整夫妻财产关系的需求;同时,日益增多的离婚财产分割诉讼,也使人们认识到对财产所有权应当有一个明确的划分和协议。经过对20多年来的实践经验的总结,2001年修改后的《婚姻法》第19条对夫妻约定制作了大量的补充,使我国的夫妻约定财产制开始走向完善,体现了我国婚姻家庭法制建设的长足进步。

3. 我国现行的夫妻约定财产制。

(1) 约定的条件。夫妻对财产关系作出约定是一种特殊的民事法律行为,不仅要符合民事法律行为的一般要件,还要符合《婚姻法》的有关规定,一般要具备以下条件:

第一,由于该类约定基于配偶的特殊身份,约定双方必须具有合法的夫妻关系。未婚同居、婚外同居者对财产的约定,不属于夫妻财产约定。

第二,夫妻双方必须具备完全的民事行为能力。如一方婚后丧失或部分丧失民事行为能力的则不能作为夫妻财产约定的当事人。

第三,约定必须夫妻双方完全自愿。如果一方以威胁、强迫、欺诈手段或者乘人之危,使另一方作出违反自己真实意愿的约定,另一方有权请求变更或者撤销。

第四,约定的内容必须合法,不得超出夫妻个人和共同财产的范围;不得损害国家、集体或他人的利益;不得规避法律义务,比如不得借约定而不履行抚养子女和赡养老人的法定义务,不得借夫妻财产约定逃避债务等。

(2) 约定的内容。根据现行《婚姻法》的规定,我国夫妻财产约定的范围比较宽泛。约定的标的,可以是婚前财产,也可以是婚后所得;可以是全部财产,也可以是部分财产。约定的具体内容包括三种:

第一,约定实行分别财产制,即婚姻关系存续期间所得财产和婚前财产归"各自所有"。按照一般理解,约定实行分别财产制的,应当同时就婚姻共同生活所需费用(包括共同生活费用和子女抚养费用)的分担加以约定。

第二，约定实行一般共同制，即婚姻关系存续期间所得财产以及婚前财产均归双方"共同所有"。

第三，约定实行混合财产制，即婚姻关系存续期间所得财产以及婚前财产"部分各自所有，部分共同所有"。比如，可以将不动产约定为共同所有，将动产约定为各自所有；可以将一切继承和接受赠与所得约定为个人所有或者共同所有；可以将婚后所得固定收入约定为共同所有，其他收入约定为各人所有，等等。

总之，夫妻财产约定应当尽量全面、明确。凡是没有约定或者是约定不明确的，适用法定夫妻财产制的规定。

(3) 约定的形式。依照《婚姻法》的规定，夫妻财产约定是要式行为，应当采用书面形式。之所以要采用书面形式，主要目的在于使约定有确定的依据，避免纠纷，并且便于必要时进行公示。至于是否进行公证，由当事人协商决定。按照司法惯例，双方没有争议的口头约定也视为有效。而从修正后的《婚姻法》的规定看，有必要强调夫妻财产约定的要式行为性质；如果双方对口头约定发生争议的，原则上应按照没有约定来处理。

(4) 约定的时间和效力。

第一，约定的时间。按照通常的解释，双方作出财产约定的时间可以在结婚之前，也可以在婚姻关系存续期间。但是必须明确，婚前作出约定的，在婚姻关系正式成立之后始发生夫妻财产约定的效力。

第二，约定的效力。夫妻财产约定的效力，可分为对当事人双方的效力和对第三人的效力两个方面。就对当事人双方的效力而言，《婚姻法》第19条第2款规定："夫妻对婚姻关系存续期间所得的财产以及婚前财产的约定，对双方具有约束力。"也就是说，夫妻对财产关系的约定一旦成立，双方应当按照约定的内容行使权利并承担义务。就对第三人的效力而言，双方约定采用一般共同制的，原则上不会产生对第三人效力方面的争端；而约定为实行分别财产制的，则可能出现一方债务的清偿责任问题。对此，《婚姻法》第19条第3款特别规定："夫妻对婚姻关系存续期间所得的财产约定归各自所有的，夫或妻一方对外所负的债务，第三人知道该约定的，以夫或妻一方所有的财产清偿。"这就是说，夫妻双方约定实行分别财产制，任何一方都应当对自己所负的债务独立清偿，他方不负连带责任，但是这种约定必须为债权人所明知。为了确保债权人的合法利益不受侵害，如果因为债务清偿责任问题发生诉讼，《婚姻法解释(一)》第18条规定："婚姻法第19条所称'第三人知道该约定的'，夫妻一方对此负有举证责任。"如第三人不知道该约定的，该约定对第三人不发生效力，夫妻一方对第三人所负的债务，按照在夫妻共同财产制下的债务原则进行偿还。

为第三人所明知的约定，才对第三人具有法律效力。由于夫妻约定发生在具有身份关系的特定的主体之间的法律行为，这一约定行为具有私密性，一般不容易为外人所知。因此，为保护善意第三人的交易安全，夫妻约定财产不得对抗善意第三人。夫妻约定财产制改变夫妻共同财产制的，在与第三人进行财产交易时，夫妻有告知第三人其夫妻财产制状况的义务。

（5）约定的变更和撤销。按照一般的民事法律规则，夫妻财产约定可以依法变更或者撤销。这里的变更，是指通过协商，在法律允许的约定财产制范围内对原有约定加以修改，比如可以将原来关于实行分别财产制的约定变更为实行混合财产制，可以将原来关于实行混合财产制的约定变更为实行一般共同制，可以将原来约定的实行混合财产制变更为实行分别财产制，等等。这里的撤销，是指双方一致同意不再履行原来的财产约定而采用法定财产制。在变更或者撤销时，同样应当遵循夫妻财产约定的一般原则，包括双方必须是完全民事行为能力人，必须自愿协商，不得侵害国家、集体或者第三人的合法权益，不得规避法律义务，等等；同样应当采用书面形式，并向有利害关系的第三人明确告知，否则不产生对抗第三人的法律效力。

五、夫妻有相互扶养的义务

1. 夫妻间扶养关系发生的含义。扶养关系的发生，是指在一定范围的亲属间扶养权利义务的成立。基于扶养关系的法定性，一定亲属关系的存在是发生扶养关系的前提，但是有亲属关系并不必然发生扶养关系。哪些亲属间在什么情形之下发生扶养关系，由法律加以规定。依照我国《婚姻法》的规定，扶养关系主要发生在夫妻之间，父母子女之间，祖父母与孙子女、外祖父母与外孙子女之间和兄弟姐妹之间。

关于夫妻间扶养关系的发生，我国《婚姻法》第20条第1款规定："夫妻有互相扶养的义务。"这种扶养义务的发生以夫妻身份关系的确立和存续为条件。男女双方依法登记结婚，取得结婚证后，夫妻关系形成，相互间的扶养义务产生。在夫妻身份关系存续期间，这种扶养关系一直存在；一旦婚姻关系终止，夫妻间的扶养关系也就随之消灭。这就是说，夫妻身份关系是夫妻间相互扶养义务产生的必要条件，也是唯一条件。非法同居、被宣告无效和被撤销的婚姻都不产生夫妻间的扶养义务。

2. 夫妻间扶养关系发生的特点。夫妻相互间的扶养义务主要特点有三：

（1）相互性，即夫妻间的扶养义务是相互的而不是单方面的，任何一方需要扶养的时候，另一方都必须承担相应的义务。

（2）无条件性，即只要双方是夫妻关系，必要时就要依法向对方承担扶养义务，法律没有设定任何其他限制性条件。

(3) 可解除性，即夫妻间的扶养义务依法可以解除，即通过离婚，夫妻身份关系解除，相互扶养的义务终止。

基于夫妻间扶养义务的特点，我国《婚姻法》第 20 条第 2 款规定："一方不履行抚养义务时，需要扶养的一方，有要求对方付给扶养费的权利。"发生夫妻间的扶养纠纷，双方应当协议解决，协议不成时，需要扶养的一方可以向人民法院提起诉讼，由人民法院裁决是否应当给付扶养费以及给付的数额和给付方式。按照我国法律的规定，审理扶养案件，人民法院在必要时可以裁定先行给付；判决生效后，拒绝支付扶养费的，由人民法院依法强制执行。

六、夫妻有互相继承遗产的权利

继承是指财产所有人死亡（包括自然死亡和被宣告死亡）时，按照法律规定或者死者的遗嘱将其遗留下来的财产转移给他人所有的一种法律制度。我国法律保护公民的合法继承权。根据《继承法》和《婚姻法》的有关规定，夫妻有相互继承遗产的权利。这种权利基于婚姻的法律效力，是以夫妻的人身关系为前提的。也就是说，只有合法的婚姻关系中的夫妻，才能相互继承对方的遗产。不具备合法婚姻关系的两性关系如未婚同居，婚外同居、重婚等的男女双方不具有互相继承遗产的权利；如果在继承开始前双方已经离婚，或者婚姻被宣告无效或者被撤销，生存一方亦无继承死者遗产的权利。夫妻遗产继承权的内容主要表现如下：

1. 夫妻互为第一顺序继承人，享有平等的继承权。任何人不得侵犯和限制夫对妻和妻对夫的继承权，寡妇带产改嫁的权利受到保护。

2. 夫妻相互继承时，应划清个人财产与共同财产的区别。夫妻一方死亡后，夫妻共同财产没有分割的，首先应分割夫妻共同财产，属于死者个人所有的共同财产部分才是死亡配偶的遗产，才能被继承。防止将夫妻共同财产作为遗产分割，侵犯他方的合法权益。

3. 1950 年《婚姻法》颁布以前被继承人的妾，未与夫解除婚姻关系的，与妻子享有同等的继承权。

4. 夫妻登记结婚后尚未同居或同居时间很短，配偶一方死亡的，应依法承认其配偶的继承权。但可根据《继承法》有关规定，酌情处理。

5. 对未经结婚登记即以夫妻名义同居生活的男女当事人，如未补办结婚登记，被认定为同居关系，符合《继承法》第 14 条规定的，可根据相互扶助的原则处理。即生存方不能以配偶身份继承对方的遗产，如果符合继承人以外的依靠被继承人扶养的缺乏劳动能力又没有生活来源的，或者对被继承人扶养较多的，可作为酌分遗产人适当分得同居关系中死亡一方的遗产。

6. 夫妻之间丧失继承权的情形。依照《继承法》的规定，夫妻一方在下列情况下将丧失配偶的遗产继承权：①故意杀害配偶的。②为争夺配偶遗产而杀害其他合法继承人的。③遗弃或虐待配偶、情节严重的。④伪造、篡改或销毁遗嘱，情节严重的。

第三节 亲子关系

导入案例

杨某与妻子1998年年底结婚，婚后一直未生育，夫妻感情不睦，争吵不断。2002年，杨某协同妻子在当地开办了一所幼儿园，幼儿园主要由妻子管理，此后，妻子回家的日子越来越少。2006年7月，杨某发现妻子怀孕了，杨某为此既高兴，又心理不安。女儿出世后，杨某虽抚养，但一直怀疑女儿非其亲生，并与妻子商量做亲子鉴定，妻子坚决不同意，并痛骂了丈夫一顿。之后，夫妻矛盾逐渐加深，后协议离婚，女儿由妻子抚养。一年后，杨某很想彻底澄清"父女"之间的关系，遂向法院起诉并申请进行亲子鉴定。

问：本案法院应如何处理？

本案知识点：亲子鉴定；举证责任

教学内容

一、父母子女关系的概念和种类

父母子女关系，又称亲子关系，是指父母子女之间的法定权利义务关系。根据父母子女关系形成的原因不同，可以分为两种类型，即自然血亲的父母子女关系和拟制血亲的父母子女关系。

1. 自然血亲的父母子女关系。基于子女出生这一法律事实而发生，又包括婚生的父母子女关系、非婚生的父母子女关系。这种父母子女的权利义务关系只因一方死亡或者依法送养子女而终止，一般情况下不能人为地解除。

2. 拟制血亲的父母子女关系。基于收养或再婚且有事实上的抚养行为而形成。当事人之间本来没有血缘关系，但法律承认他们之间因收养或再婚且有事实上的抚养行为形成的关系，与自然血亲的父母子女关系一样，从而构成拟制血亲的父母子女关系。这种父母子女的权利关系，既可因法律行为而设立，又可因法律行为如收养解除、继父与生母或继母与生父离婚且抚养关系发生的变化而解除。当然，一方死亡的法律事实也是消灭拟制血亲父母子女关系的一项自然原因。

二、父母子女间的权利与义务

与古代社会不同，现代社会的法律大多确立了父母子女之间人格上的平等地位，并且在这个前提下规定了父母子女间的权利和义务。我国《婚姻法》坚持社会主义的亲子关系准则，全面保护父母和子女的正当权益，不论是自然血亲的父母子女关系，还是拟制血亲的父母子女关系，其权利和义务都是一样的。也就是说，《婚姻法》关于父母子女间的权利和义务的规定，不仅适用于父母与婚生子女之间，同样也适用于父母与非婚生子女、养父母与养子女以及有抚养教育关系的继父母与继子女之间。父母和子女之间的权利和义务是相对的，父母的义务就是子女的权利，同样子女的义务就是父母的权利。

（一）父母对子女有抚养教育的义务

1. 父母对子女有抚养的义务。我国《婚姻法》明确规定了父母对子女的抚养教育的义务。父母不履行抚养义务时，未成年的或不能独立生活的子女有要求父母付给抚养费的权利。

所谓抚养，是指父母在经济上对子女的供养和在生活上对子女的照料。抚养费包括子女生活费、教育费、医疗费等费用，抚养费的给付期一般至子女18周岁为止。抚养义务是父母对子女所负义务的主要内容。父母对未成年子女的抚养义务是无条件的，对成年子女的抚养义务则是有条件的。父母应当依法履行对子女的抚养义务，不可虐待、遗弃子女，更不可以危害子女的健康和生命。《婚姻法》第21条第4款规定："禁止溺婴、弃婴和其他残害婴儿的行为。"《未成年人保护法》还规定，父母应当依法履行对未成年人的监护职能和抚养义务，不得虐待、遗弃未成年人，不得歧视女性未成年人或有残疾的未成年人。

根据《婚姻法》及相关规定，具有以下情形之一的，父母仍需对成年子女负担必要的抚养费：①子女丧失或未完全丧失劳动能力，无法维持正常生活的。②尚在校读书的。在校读书的不能独立生活的成年子女，仅指接受高中及其以下学历教育的成年子女，不包括接受高中以上学历教育的成年子女。最高人民法院《婚姻法解释（一）》第20条中的"尚在校接受高中及以下学历教育"对1993年11月《关于人民法院审理离婚案件中处理子女抚养问题若干具体意见》（以下简称《子女抚养意见》）第20条"尚在校就读的"成年子女范围进行了限制。我国现在对大学生的入学年龄限制已经取消，对于未成年而考入大学学习的，父母可支付抚养费至其成年时止。成年人考取大学的，可申请助学贷款，或勤工俭学等解决自己的学费，父母不再有支付其生活费、教育费的义务。但是，对于有独立生活能力的成年子女，父母自愿给予经济援助的，法律并不干预。③子女确无独立生活能力和条件的。④父母有负担能力。父母不履行抚养义务时，未成年的或不能独立生活的子女，有要求父母付给生活费的权利。追索抚养费的要求，可向抚养义务人的所在单位或有关部门提出，也可直接向人民法院提起诉讼。

2. 对于不履行抚养义务者的强制措施。《婚姻法》第21条第2款规定："父母不履行抚养义务时，未成年的或不能独立生活的子女，有要求父母付给抚养费的权利。"2011年《婚姻法解释（三）》第3条进一步强调："婚姻关系存续期间，父母双方或者一方拒不履行抚养子女义务，未成年或者不能独立生活的子女请求支付抚养费的，人民法院应予支持。"可见，无论是在夫妻离婚后还是在婚姻关系存续期间，当父母双方或一方拒不履行抚养子女义务，导致未成年子女或不能独立生活的成年子女的受抚养权被侵犯时，子女享有向法院起诉、向父母追索抚养费的权利。其追索抚养费的要求可以经抚养义务人所在单位或有关部门调解，或直接通过诉讼程序向人民法院提起追索抚养费之诉。人民法院应根据子女的需要和父母的抚养能力，通过调解或判决，确定抚养费的数额、给付期限和方法。对拒不履行抚养义务、恶意遗弃未成年子女，情节恶劣、构成犯罪的父母，应依法追究其遗弃罪的刑事责任。

上述《婚姻法解释（三）》第3条的规定，主要是针对目前外出务工人员夫妻两地分居期间，一方或双方不履行抚养子女义务、不支付子女抚养费的情况而制定的。有一案例：2006年，张某与高某登记结婚，同年，妻子高某生下一女张某某。半年后夫妻关系恶化，妻子高某带女儿张某某回娘家居住，此后几年，女儿全部的抚养费均由高某一人负担，而其丈夫分文未出。2009年6月，母亲高某作为女儿张某某的法定代理人，以女儿张某某的名义起诉其父，要求对方支付已实际发生的抚养费5万元。法院一审认为，依据《婚姻法》的规定，无论父母离婚还是分居，均不影响其抚养子女义务的承担，故判决张某支付女儿实际已发生的抚养费23 500元。对于类似于上述的案件，以往有些法院则认为，婚姻关系存续期间的财产为夫妻共同财产，只要双方婚姻关系存续、夫妻共同财产尚未进行分割，就可以推定一方经济收入在物的归属上属于夫妻共同财产，其单方付出就视为夫妻共同承担了对子女的抚养费用，所以子女要求另一方生父或生母为自己支付抚养费是没有法律依据的，于是裁定不予受理此类案件或者判决驳回子女追索抚养费的诉讼请求。而2011年《婚姻法解释（三）》第3条出台，立法者关注到家庭中个体利益与其他家庭成员利益的平衡。它涵盖了夫妻离婚或不离婚、分居或未分居状态下一方或双方均不履行抚养义务的情况，一旦未成年或者不能独立生活的子女请求支付抚养费的，人民法院均应予支持，从而争取实现未成年子女利益最大化。

3. 父母对子女有教育的义务。所谓教育，是指父母在思想品德、智力和体质等诸方面对子女的培养和帮助。教育子女是家庭的一个重要职能，父母是子女的第一任老师。因此，父母应当在思想品德上对子女加以正确的引导和教诲，要对子女进行爱祖国、爱人民、爱劳动、爱科学、爱社会主义的思想教育。除了思想品德教育以外，父母还应当为子女提供受教育的条件和机会，使适龄的未成年人按照国家法律规定接受义务教育，并为其提供必要的教育费用，促进子女在品德、智力、体质等方面全面发展，把子女培养成为有理想、有道德、有文化、有纪律的社会主义事业接班人。

根据《婚姻法》、《未成年人保护法》的有关规定，父母对子女的教育包括两个方面的内容：①父母应当尊重未成年人受教育的权利，必须使适龄未成年人按照规定接受义务教育，不得使在校接受义务教育的未成年人辍学；②父母应当以健康的思想、品行和适当的方法教育未成年人，引导未成年人进行有益身心健康的活动，预防和制止未成年人吸烟、酗酒、流浪以及聚赌、吸毒、卖淫。父母对子女有教育的义务，父母不履行对子女的教育义务，使在校接受义务教育的未成年人辍学，侵害未成年子女的合法权益的，任何组织和个人都有权予以劝阻、制止或者向有关部门提出检举或者控告。

（二）父母对未成年子女有保护和教育的权利和义务

我国《婚姻法》第23条规定："父母有保护和教育未成年子女的权利和义务。在未成年子女对国家、集体或他人造成损害时，父母有承担民事责任的义务。"从这一规定中可以看出，对未成年子女的保护和教育既是父母的权利，也是父母的义务。

所谓保护，是指父母应保护未成年子女的人身安全和合法权益，防止和排除来自外界的自然损害和他人的非法侵害。这里的保护主要应体现在两个方面：①父母自己不得从事危害子女人身及财产利益的行为，如溺婴、弃婴等；②父母对来自外界的侵害有义务进行防止并加以排除。如当未满14周岁的子女被人拐骗，脱离家庭或监护时，父母有权要求司法机关追究拐骗者的刑事责任，归还其子女。

所谓教育，是指父母按照法律和道德的要求，采用适当的方法对未成年子女进行教育和引导，对其行为加以必要的约束。未成年子女在法律上为无民事行为能力人或限制民事行为能力人，身心发育不成熟，缺乏分辨能力和处理能力。作为其法定监护人的父母，必须对子女的错误言行和举止及时进行批评和帮助，并加以正确引导。切实肩负起保护和教育未成年子女的责任。这一方面是为了保护子女自身的安全和健康，另一方面也是为了防止未成年子女发生损害他人和社会利益的违法犯罪行为。为保护未成年人的人身安全，我国《预防未成年人犯罪法》明确指出，父母对其未成年子女不得放任不管，不得迫使其离家出走，不得让不满16周岁的未成年人脱离监护单独居住，等等。

根据《婚姻法》及有关法律规定，父母对未成年子女造成国家、集体或他人权益损害时，应当承担民事责任的条件为：

1. 子女实施致害行为时为未成年人。即侵害行为发生时子女未满18周岁，也不属于16岁以上以自己的劳动收入为其主要生活来源的人。侵权行为发生时行为人不满18周岁，在诉讼时已满18周岁，并有经济能力的，应当承担民事责任；行为人没有经济能力的，应当由原监护人承担民事责任。

2. 父母承担的责任为监护人责任，不以过错为前提。未成年子女对他人造成损害，父母尽了监护责任的，只是可以适当减轻民事责任，而不是免除民事责任。

3. 父母承担损害赔偿责任的范围为未成年子女本人财产不足的部分。有财产的无民事行为能力人、限制行为能力人造成他人损害的，从本人财产中支付赔偿费用。不足部分，由监护人适当赔偿。

4. 父母离婚后，未与该子女共同生活的父或母承担的民事责任为补充连带责任。父母离婚后，未成年子女侵害他人权益的，同该子女共同生活的一方应当承担民事责任。只有在同该子女共同生活的一方没有能力独立承担民事责任时，在其无力承担的民事责任范围内，未与该子女共同生活的一方与同该子女共同生活的一方共同承担民事责任。

父母是未成年子女的法定代理人。在子女从事与其年龄不相称的民事活动时，应当由父母代理或取得父母的同意。当未成年子女的人身或财产权益遭到他人侵害时，父母有权以法定代理人的身份提起诉讼，请求排除侵害、赔偿损失。同时，当未成年子女对国家、集体或他人造成损害时，父母有承担民事责任的义务。《民通意见》第161条规定："侵权行为发生时行为人不满18周岁，在诉讼时已满18周岁，并有经济能力的，应当承担民事责任；行为人没有经济能力的，应当由原监护人承担民事责任。行为人致人损害时年满18周岁的，应当由本人承担民事责任；没有经济收入的，由抚养人垫付，垫付有困难的，也可以判决或者调解延期给付。"

（三）子女对父母有赡养扶助的义务

我国《婚姻法》第21条第1款规定："……子女对父母有赡养扶助的义务。"子女不履行赡养义务时，无劳动能力的或生活困难的父母，有要求子女付给赡养费的权利。

所谓赡养，是指子女对父母的供养，即子女在物质上和经济上为父母提供必要的生活条件。所谓扶助，是指子女对父母在精神上和生活上的关心、帮助和照料。赡养扶助的义务主体，一般是指有独立生活能力的成年子女。不论男、女，未婚、已婚，和父母同居生活、分居生活，子女都有赡养父母的义务。成年子女对父母的赡养是法定的义务。义务人有能力赡养而拒绝赡养,情节严重,构成遗弃罪的,应当依法承担刑事责任。

我国《老年人权益保障法》规定,赡养人不得以放弃继承权或者其他理由拒绝履行赡养义务。赡养人的义务不因老年人的婚姻关系变化而消除。有独立生活能力的成年子女对父母的赡养是其法定义务,不得附加任何条件。根据法律有关规定,子女对父母赡养扶助的具体内容为:

1. 赡养人应当履行对老年经济上供养、生活上照顾和精神上慰藉的义务,照顾老年人的特殊需要。

2. 赡养人对患病的老年人应当提供医疗费用和护理。

3. 赡养人应当妥善安排老年人住房,不得强迫老年人迁居条件低劣的房屋。

4. 赡养人有义务耕种老年人承包的田地,照管老年人的林木和牲畜等,收益归老年人所有。

在父母有劳动能力、经济生活需要依靠自身的力量又可得到满足的情况下,父母是否有要求子女付给赡养费的权利?这涉及对《婚姻法》第21条第3款"子女不履行赡养义务时,无劳动能力的或生活困难的父母,有要求子女付给赡养费的权利"的理解问题。我们认为,不能将该条规定理解为"只有无劳动能力的或生活困难的父母才能有要求子女支付赡养费的权利",而应该理解为成年子女对父母的赡养是无条件的,只要父母要求赡养,有负担能力的子女就应当履行赡养义务。父母经济困难与否决定赡养费的数额,而不能决定赡养义务的有无。赡养费的支付,是子女对父母赡养义务的一项内容,不是全部内容,也不是唯一内容。在父母有劳动能力、经济生活需要依靠自身的力量就可得到满足的情况下,赡养费的支付是对父母精神上的慰藉,而这同样是赡养义务的内容,因此有劳动能力的生活并不困难的父母,在子女不履行赡养义务时,同样有要求子女履行赡养义务的权利。

(四) 子女应当尊重父母的婚姻权利

《婚姻法》第30条规定:"子女应当尊重父母的婚姻权利,不得干涉父母再婚以及婚后的生活。子女对父母的赡养义务,不因父母的婚姻关系变化而终止。"此条文一方面强调子女应当尊重父母的再婚权利,另一方面强调子女对于父母的赡养义务是法律的强行性规定,是否履行赡养义务并不取决于子女的意思。

在现实生活中,父母再婚或老年人再婚往往遇到重重阻碍,不仅会遭到社会的非议,而且有时还会遭到子女的强烈反对。为了保护老年人的婚姻自由权和其他合法权益,2001年《婚姻法》修改时专门增加了关于父母再婚问题的规定,其立法宗旨在于对父母、老年人的婚姻自由权的保护,子女应尊重父母的离婚、再婚的选择，不得干涉父母再婚以及再婚以后的生活。另外，为了不使父母因再婚而受到子女的虐待或遗弃，法律不仅重申了子女对父母的赡养义务，而且还特别强调该义务不因父母的再婚而终止，从而对父母的再婚以及再婚后的生活提供了法律和物质保障。

（五）父母子女之间有相互继承遗产的权利

我国《婚姻法》第 24 条第 2 款规定："父母和子女有相互继承遗产的权利。"父母和子女是最近的直系血亲，父母子女间的继承权是基于双方的身份而产生的。依照我国《继承法》的规定，父母和子女同为第一顺序法定继承人，相互享有继承遗产的权利。这里的父母包括生父母、养父母和有抚养关系的继父母，子女包括婚生子女、非婚生子女、养子女和有抚养关系的继子女。父母和子女都是独立的继承权的主体，享有的遗产继承权都是平等的。子女对父母的继承权，不受性别、长幼、年龄和已婚、未婚的限制。被继承人死亡时尚未出生的胎儿，应依法保留其继承的份额。胎儿出生时是死体的，保留的份额由其他法定继承人继承；出生后死亡的，则由死亡婴儿的法定继承人继承。此外，我国《继承法》还规定，丧偶儿媳、女婿对公婆、岳父母尽了主要赡养义务的，作为第一顺序法定继承人。子女先于父母死亡的，其晚辈直系血亲依法享有代位继承权。

三、亲权

亲权是近现代各国民法亲子关系效力中最重要、最核心的部分。"亲权"一词为多数大陆法系国家所采用。英美法系国家不称亲权，皆称监护，未成年子女以其父母为法定监护人。我国新中国成立以来颁布的《婚姻法》均未使用"亲权"的概念，但《婚姻法》第 21 条与第 23 条"父母对子女有抚养教育的义务"、"父母有保护和教育未成年子女的权利和义务"，就是关于亲权内容的原则性规定。近年来，制定完备的亲权法律制度的条件已趋向成熟。

（一）亲权的概念与特征

1. 亲权的概念。在现代各国亲权立法中，亲权已由原来的父母对子女的控制、统治关系转而成为以父母照顾、监护子女为主的法律关系，亲权一词具有浓厚的义务色彩。

在学术著作中，对于亲权概念的界定有两种代表性观点。一种观点认为，亲权是父母保护教养未成年子女的权利义务的总和。如日本学者认为："亲权是父母对未成年子女以身份上及财产上的监督和保护为内容的权利义务的总称。"另一种观点认为，亲权是父母对于未成年子女的身心抚养教育、监护和财产管理的权利。

可以认为：①亲权是一种民事权利。现代各国亲权立法大都以明示的方法赋予父母保护教养子女的权利,并对权利的内容做了明确规定。亲权人在法定范围内,可以自主决定和实施有关保护教养子女的行为。在其权利受到侵害时,自主地选择救济方式。父母在教养子女的过程中,享受天伦之乐,获得精神的愉悦和满足,实现自己为人父母的利益。②亲权同时又是父母的法定义务。由于亲权以保护教养子女为目的,法律同时确认亲权人负有保护教养子女的义务。

于是我们可以界定亲权概念:亲权是父母基于其身份,依法享有对未成年子女人身上养育管教和财产上保护管理的权利义务的总和。

2. 亲权的法律特征。亲权制度最初源于罗马法的家父权和日耳曼法的保护权。在罗马法中,亲权被称为家父权,亲权人对处于亲权之下的子女有绝对的支配权,甚至有生杀予夺之权。当时以家父权为本位,以家族的延续繁荣为标准。因此,当时的亲权可被称为"以家族利益为中心的子女法"。在日耳曼法中,亲权具有家父对子女保护权的意思。在欧洲中世纪时,家父权逐渐集中于生父一人,此时的亲权已演变为"为生父母利益的子女法"。近现代立法亲权从单独由父方行使而演变为由父母双亲共同行使,并开始成为"以保护未成年子女利益为中心"的权利义务的统一体。

近现代社会各国的亲权具有以下几个特征:

(1)亲权作为民事权利,是基于父母身份对未成年子女所产生的权利义务,即为一种身份权。亲权具有人身性质,父母以未成年子女的人身和财产为客体。但亲权有别于未成年子女的人格权。亲权的权利主体是父母,权利内容是保护教养未成年子女,价值功能在于固定亲子之间有关保护教养未成年子女的权利义务。而未成年子女人格权的权利主体是其本人,权利内容是未成年人对自己的生命、健康等人身要素的支配。

(2)亲权具有权利义务双重性。父母针对同一客体(未成年子女的人身和财产),就同一内容(管教和保护)既享有权利,又负有义务。权利义务既相互联系,又作为两个独立的方面存在。作为权利,亲权人依法自觉的行使,以实现其利益;作为义务,亲权人必须履行,不得抛弃和转让。

(3)亲权是绝对权。亲权的行使一般不必借助他人的积极行为,只要义务人不加妨害和侵犯,亲权就可以实现。

(4)亲权是支配权。亲权人依法对未成年子女的人身和财产进行支配。但这种支配以父母、子女的人格平等为前提,且其支配的内容和目的被法律严格限制在保护教养未成年子女范围内。

(5)亲权是专属权。亲权专属于父母,不得让与、继承或抛弃。没有法律的特殊规定也不得由他人代为行使。

3. 亲权与监护法律关系的差异。在大陆法系国家,监护通常是指对不在亲权下的未成年人和无完全民事行为能力的成年人的人身及财产权益的监督和保护。亲权与监护的联系在于：亲权与未成年人监护是前后相继的两种制度。未成年人有亲权人，且亲权人有行使亲权的能力，则未成年人处于亲权保护之下；亲权人死亡或丧失行使亲权的能力，则为该未成年人设置监护人。因此，在学理上，监护常常被称为"亲权的延长"。

亲权与未成年人的监护存在着重大的区别：

（1）性质不同。亲权作为一种身份权，具有权利义务双重性。监护则是一种纯粹、特殊的义务性职责。

（2）权利的行使限制程度不同。亲权的基础是亲子间的血缘联系，具有"血浓于水"的特征。对亲权人行使亲权的法律限制多采宽松态度。而监护以保护被监护人的人身和财产利益为核心内容，监护人行使监护权则受到法律种种限制，多以义务性规范形式表现出来。例如，监护人行使监护权须受监护监督机关的监督，而对行使亲权一般不设监督机构。再如，监护人处分被监护人财产受到法律严格限制，且不享有受监护人财产用益权；而亲权人对其子女财产处分时多享有该项财产用益权。

（3）是否可索取报酬的规则不同。亲权人不得因行使亲权而索要报酬，而监护人对其监护活动有请求从被监护人财产中取得自己应得报酬的权利。

（4）主体不同。亲权产生的基础是父母子女之间的身份关系，而监护关系的发生不完全以血缘亲属关系为基础。因而亲权的权利义务主体较为单一，仅以父母为限；监护的义务主体则较为广泛，可以是父母、其他亲属、朋友或监护机构。

我国《民法通则》第16条扩大了监护的概念，将监护和亲权强行合并。对已依《婚姻法》第21条、第23条规定处于父母亲权保护下的未成年子女再设定监护，并将父母作为亲权人应享有的权利和应承担的义务与其他监护人的权利义务不加区分一并规定，造成了立法上的重复和混乱，也妨碍了这两种制度有效地发挥各自独特的功能。

（二）亲权的主体、客体及内容

1. 亲权人及受亲权保护的子女。

（1）亲权人。亲权人，即行使亲权的权利义务主体。对于婚生子女，父母均健在，且处于正常婚姻状态时，父母均为亲权人；父母一方死亡（包括受死亡的宣告）时，他方为单独亲权人。父母一方因受无行为能力或限制行为能力宣告，或有受停止亲权宣告等法律上的障碍，或因行踪不明、长期不在、患重病、受刑等事实上障碍，而不能行使亲权时，他方为单独亲权人。当父母离婚时，亲权归属有不同的立法例：①单独亲权主义。主张父母离婚时，父母一方为单独亲权人（《日本民法典》第819条）。②共同亲权兼采单独亲权主义。主张父母离婚时，在符合子女利益的前提下，由法官决定亲权归属于父母一方或双方（《法国民法典》第287条）。我国《婚姻法》第36条第2款规定："离婚后，父母对于子女仍有抚养和教育的权利和义务。"其立法精神是可以主张父母共同亲权或单独亲权。在符合子女利益的条件下，由当事人协商或法院判决亲权归属父母双方或一方。

非婚生子女的亲权人，在世界各国和地区立法例中，依非婚生子女是否准正（非婚生子女因生父母结婚而取得婚生子女资格）或被认领（通过法定程序，经生父自愿认领或生父被强制认领，使非婚生子女婚生化的法律行为）而有所不同。经生父认领的非婚生子女的亲权归属，立法例中有规定生父单独亲权的（《德国民法典》第1736条）；有规定原则上以生母为亲权人，但可依协议或裁判确定生父为亲权人的（《日本民法典》第818条）；有规定生父、生母都为亲权人的（我国台湾地区现行"民法"第1065条）。据我国《婚姻法》第25条规定，不直接抚养非婚生子女的生父或生母，应当负担子女的生活费和教育费，直至子女能独立生活为止。将来我国立法可以借鉴日本立法例，规定对经生父认领的非婚生子女，在符合子女利益的前提下，由生父与生母协商亲权归属于一方或双方，协商不成时，由法院判决。对于经准正取得婚生子女资格的非婚生子女，由父母共同行使亲权。

关于养子女的亲权人，上述婚生子女的亲权人规则对养子女完全适用。

与继父（母）形成抚养教育关系的继子女的亲权人，《婚姻法》第27条第2款规定："继父或继母和受其抚养教育的继子女间的权利和义务，适用本法对父母子女关系的有关规定。"因此，原则上继亲与生亲一方共同行使亲权。但生亲另一方与子女的法律关系依照《婚姻法》第36条的规定并未消灭。

（2）受亲权保护的子女。受亲权保护的子女，各国民法都仅指未成年子女。未成年子女具有服从亲权的义务、享有受保护教养的权利。

2. 亲权的客体。

（1）有关身份权客体的几种学说及评价。主要包括：

第一，特定人说。有学者认为身份权的客体为具有一定身份关系的特定人。亲属权系以有一定亲属关系之人为其客体。还有的学者认为，为亲权之客体之子女，以未成年者为限。我国一些学者长期以来接受苏联的权利客体理论，认为在社会主义社会，人只能是权利主体，而不能是权利客体。因此，"特定人说"遭到大部分学者反对。有的学者进一步认为，如果身份权的客体是有一定身份关系的人，就会使身份权人对这一特定的人产生支配权，这无异于旧民法身份权中对人的专制性支配。[1]

第二，利益说。有学者认为，身份权的客体为存在于具有一定身份关系的他人利益。还有的学者指出，身份权的权利客体，是受法律保护的身份利益。亲权的身份利益，是父母对未成年子女的地位、管理、教育、抚养以及相互尊重、爱戴的亲情和责任。[2] 利益说并没有正确解决身份权的客体问题。任何权利都包含着一定的利益，人们享有权利、行使权利、要求他人履行义务，最终都是为了满足某种需要，得到法律承认的利益。因此，利益是权利的内容，而利益的载体或利益的外化才是权利的客体。主体、客体、权利与利益四者的关系是：利益是主体权利的内容，客体是利益的载体，主体拥有权利，并通过权利这一媒介，拥有客体或对客体施加影响。因此，无论是"他人利益"或"身份利益"都只是权利的内容，而不是权利的客体。

第三，身份说。此学说认为身份权的客体是主体的身份。有学者认为，人身权依其客体究竟是人格抑或身份而分为人格权和身份权。在婚姻家庭法领域，任何主体都具有一定的身份。这种身份与主体不可分，与财产法领域里的"物"与"人"的关系存在本质的区别。我国台湾地区一学者指出，在财产法领域里，"物"对于"人"是一种外界的他在的存在，"物"与"人"之间以权利为媒介相互联系，从而构成权利的客体。而亲属的身份无需通过权利为媒介而与主体联系，因此，不能与"物"相比而把其当作客体处理。[3]

（2）身份权及亲权的客体。身份权分为纯粹身份权和身份财产权，前者是指基于身份而发生的人身方面的权利；后者是指基于身份而发生的财产权利。

从纯粹身份权的角度考察身份权的客体，在上述三种学说中，第一种学说"特定人说"更为合理。根据现代身份权的性质，身份权的客体应表述为：具有一定身份关系的特定人的人身。人身是指人格和身份。人格包括生命、健康、姓名、名誉等作为民事主体不可或缺的内容。"在现代法学理论中，'人身'除了指人的生命、健康、行动、名誉外，还包括姓名、肖像、隐私、身份等含义。"[4] 根据我国学者的有关论著，人身要素还有：贞操、信用、精神纯正等。亲权中的法律行为——代理权和同意权更是以承认未成年人在民法上的主体地位为前提，其实质是对未成年人行为能力的补充，而不是对其民事权利能力即主体资格支配和限制。因此，将"人身"界定为身份权的客体更符合现代身份权的内容和性质。

---

〔1〕 杨立新：《人身权法论》，中国检察出版社1996年版，第60页。
〔2〕 杨立新：《人身权法论》，中国检察出版社1996年版，第61页。
〔3〕 陈棋炎：《亲属、继承法基本问题》，三民书局1980年版，第282~283页。
〔4〕 李锡鹤："人身权管见"，载《法学》1997年第8期。

从身份财产权的角度观察，身份财产权一般指亲权人对未成年子女特有财产的管理权、使用权、收益权、处分权；配偶对夫妻共同财产的所有权；亲属间的扶养请求权等。可以认为，其中大多客体都是财产。而亲属间的扶养请求权本质是一种债权，其客体是相对人的行为。

综上所述，亲权的客体可分为两部分：亲权的人身照护权的客体为受亲权保护的未成年子女的人身；财产照护权中亲权人对其未成年子女的财产管理权、使用权、处分权的客体为未成年子女的财产。

3. 亲权的内容。亲权以保护教养未成年子女为目的。围绕这一目的，参照德、日等国家亲权的立法和学说，亲权包括以下内容：

（1）父母对子女人身上的权利义务。父母对子女人身方面的权利和义务，包括对未成年子女的保护和教育两方面。具体内容如下：

第一，管教和保护权。管教和保护权是人身照护权的总体概况性权利。管教，是指父母管理教导养育子女，以谋求子女的身心健全成长，管教为积极作用。保护，是指预防和排除危害，以谋求子女身心的安全，保护为消极作用。而其他人身权都是管教保护权的具体体现。

第二，法定代理权和同意权。根据各国法律的规定，无行为能力人须由法定代理人为意思表示；限制行为能力人为法律行为须经法定代理人同意。父母对未成年子女的法定代理权和同意权表现在人身和财产两个方面：其一，身份与财产上的行为代理权，须以法律上有特别规定时为限。如为无民事行为能力的继承人代为接受继承；送养无行为能力的亲生子女为他人的养子女等。其二，对于未成年子女的身份行为（订婚、结婚、协议离婚）与财产行为的同意权，还包括协议终止收养关系的同意权以及人身事项决定的同意权。如对于子女动手术的同意、子女有病休学的决定等。父母为子女的当然法定代理人。

第三，子女交还请求权。当未成年子女被人诱骗、拐劫和隐藏时，亲权人依法有交还子女的请求权。

第四，必要范围内的惩戒权。当未成年子女不听从父母管教，犯有劣迹，法律赋予亲权人在必要范围内对子女进行适当惩戒的权利。父母行使惩戒权的目的是教育子女改恶从善，因此，父母行使惩戒权应限制在管教保护的范围内。如《日本民法典》第822条，即允许行使亲权人亲自惩戒，还允许经法院同意送往惩戒场惩戒。但是，现代多数国家未设惩戒权的规定。

第五，职业许可权。《日本民法典》第823条规定："子女非经行使亲权人许可，不得经营职业。"有的国家则在劳动就业法和青少年保护法中加以规定。

第六，居所指定权。许多外国法规定了亲权人对未成年子女的居所享有指定权，子女不得随意离开父母指定的居所而另住他处。

（2）父母对子女财产上的权利和义务。父母对子女财产上的亲权，是指父母对未成年子女的财产依法享有管理、使用、收益和必要的处分权利。

第一，财产管理权。未成年子女的财产因其来源不同，可以分为两部分：一部分为未成年子女因继承、赠与或其他无偿方式取得的财产，即所谓未成年子女的特有财产（我国台湾地区"民法"第 1087 条）；一部分为未成年人因劳动或有偿方式取得的财产，即所谓未成年子女的非特有财产（我国台湾地区"民法"第 1088 条）。至于非特有财产，应归子女私有，由其自行管理、使用、收益（《瑞士民法典》第 323 条）。

第二，使用收益权。某些外国法规定，父母有合理地支配利用未成年子女特有财产和获取孳息的权利。由于近代法律日趋维护未成年子女的独立人格和利益，故对父母的收益权改采否定态度，认为未成年子女的特有财产收益剩余应归子女所有（《德国民法典》第 1649 条、《瑞士民法典》第 319 条）。此立法动向值得我国亲权立法借鉴。

第三，处分权。各国法规定，亲权人原则上不享有对未成年子女财产的处分权，但为了子女利益的需要，经法院或监护机关的批准，父母可以处分子女的特有财产。我国《民法通则》第 18 条第 1 款明文规定，监护人除为被监护人利益外，不得处分被监护人的财产。

（三）亲权的中止、停止和消灭

亲权的中止、停止与亲权的消灭有本质的区别。前两者为亲权暂时停止，具备一定条件时尚可恢复；后者为亲权本质上的消灭。

1. 亲权的中止。亲权的中止，是指亲权人因事实上原因或法律上原因不能行使亲权时，依法宣告其亲权中止，当中止亲权事由消失时，仍恢复其亲权的制度。事实上的原因，指父母患重病、长期外出、下落不明或受刑事处分等。法律上的原因，指父母被宣告为无民事行为能力人或限制民事行为能力人。

2. 亲权的停止。亲权的停止，就其发生的原因不同，可分为自动停止或宣告停止。自动停止的原因包括：因子女被送养；父母离婚，不与未成年子女生活在一起的父母一方，亲权行使受到限制，部分亲权被停止，但抚养、探视等权利义务保留。宣告停止的原因包括：父母滥用亲权，如父母有虐待、遗弃、危害子女健康、酗酒等不良行为等。父母危害子女的财产，可宣告其管理权丧失。例如，父母不当地处分子女的财产，导致子女负担不当债务。此外，父母均被宣告为无完全行为能力的精神病（含痴呆症）患者，不能行使亲权，亦视为亲权的停止。如果父母双方均有上述情况，应为未成年子女另设监护人。

3. 亲权的消灭。

（1）绝对的消灭。亲权的绝对消灭有以下原因：①子女死亡，因客体的消灭而消灭。②子女成年，因法定要件的消失而消失。但是，如因法定原因，已成年但尚未独立生活的子女，其父母可继续行使亲权。③某些国家允许未成年子女结婚，可视同为成年子女。但关于其身份上的行为，仍应征得其法定代理人的同意。例如，协议离婚、被收养等。

（2）相对的消灭。亲权的相对消灭有以下原因：①亲权人死亡。父母一方死亡的，由生存方行使亲权。当父母双亡时，亲权才全部消灭。②收养关系终止。此时，养父母的亲权消灭，生父母恢复其亲权。这是由于收养关系成立时，生父母的亲权仅仅是被停止，而非被消灭。

综上所述，我国在制定民法典亲属编时有必要建立亲属制度。首先，建立亲权制度是我国现阶段亲子关系及社会经济发展的客观要求。任何权利，包括身份权，不可能游离于社会经济结构之外而存在。其次，亲权制度是我国规范亲子之间保护教养关系的最佳选择，可以有效调整亲子之间保护教养的内、外部关系，发挥着监护等其他法律制度不可替代的功能。只要有婚姻家庭的存在，固定亲属身份人之间的权利义务关系的身份权、身份法就将继续存在。

四、婚生子女与非婚生子女

（一）婚生子女

1. 婚生子女的概念。婚生子女，是指在婚姻关系存续期间受胎或出生的子女。婚生子女由生父之妻分娩，且一般应为夫之血统。婚生子女的概念是伴随着一夫一妻制度的产生而出现的。当人类社会步入"文明时代"的门槛以后，出于血统上的传宗接代和继承私有财产的需要，人类的生育行为开始受一夫一妻的婚姻家庭制度的制约，从而有了合法婚姻与非法婚姻的区别，所生子女也相应有了婚生和非婚生之分。

按照一般的亲子法原理，凡于合法婚姻关系存续期间受胎的子女，不问是否在婚姻关系存续期间出生，均为婚生子女；凡于合法婚姻关系存续期间出生的子女，不问是否婚前受胎，亦为婚生子女；但依婚生否认规定，可证明为非婚生子女者除外。

2. 婚生子女的推定。婚生子女的推定，是指在婚姻关系存续期间，妻子受胎所生的子女得推定为夫妻双方的婚生子女的制度。许多国家的法律对婚生子女的推定制度作了规定，但推定的原则和方法不尽相同。如英国普通法规定，子女在婚姻关系存续期间出生的，不问其是否婚前受胎，只要在出生时父母之间有合法婚姻关系，子女就取得婚生子女身份。如果在婚姻关系存续期间受胎，则不问子女出生前婚姻关系是否已经解除，子女均可取得婚生子女身份。《德国民法典》规定，在婚姻关系存续期间，夫在妻受胎期内与妻同居者，所生子女为婚生；婚前受胎婚后所生，所生子女亦为婚生，即使婚姻宣告无效也不影响子女的婚生性质。《法国民法典》规定，子女系在婚姻关系存续期间受胎者，夫即为父。夫妻双方结婚满 180 天以上出生的子女为婚生子女，在婚姻关系解除后的 300 天之内出生的子女亦为婚生。

3. 婚生子女的否认。婚生子女的否认，是指有关当事人依法否认婚生的父母子女关系，从而否定相应的权利义务。依法享有的否认婚生父母子女关系的诉讼请求权，简称否认权。

（1）否认的原因。各国法律对此多采用概括主义规定，凡能举证足以推翻子女为婚生的事实，即可提出否认之诉。否认的主要原因是在妻子受孕期间夫妻未曾同居。未同居分为物理上的未同居和精神上的未同居两种。前者是指夫在妻受胎期间，未与妻生活在一起，如在外地工作、患病住院或监内服刑等。后者是指夫妻反目、分床别寝或丈夫没有生育能力等。另外，第三人的行为也可能成为否认的原因，这主要指产妇在生产后因第三人的故意或者过失而导致子女的错认。

（2）否认权人。婚生子女的否认权人即法律规定的享有否认子女为婚生的诉讼请求权人。各国的规定大体有三种情况：①仅规定丈夫有否认权，如法国、日本，等等。②丈夫和子女享有否认权，如德国、瑞士，等等。③丈夫和妻子及子女均享有否认权，如苏联和一些东欧国家。

（3）否认之诉的时效。各国法律都对否认之诉的时效作了规定，但其长短不一，由 1 个月～2 年不等。关于时效的计算，各国多规定从自知悉需要行使权利时开始。

（4）否认的效力。基于婚生关系的否认是身份法上的重大法律行为，必须经过法院的裁决。在法院作出否认的裁决之前，婚生关系依然存在。法院裁决应有充足的证据。随着科学技术的发展，亲子关系鉴定已经被广泛应用到司法领域。否认的请求一经法院查实认可并作出裁决，子女就丧失婚生资格。我国婚姻法没有关于婚生子女否认之诉的法规，但在司法实践中，人民法院是受理否认婚生子女之诉的。必要时，人民法院也可委托专门的血液鉴定部门进行亲子鉴定。如果否认之诉成立，丈夫可不承担对该子女的抚养责任。

2011 年《婚姻法解释（三）》第 2 条第 1 款明确规定："夫妻一方向人民法院起诉请求确认亲子关系不存在，并已提供必要证据予以证明，另一方没有相反证据又拒绝做亲子鉴定的，人民法院可以推定请求确认亲子关系不存在一方的主张成立。"司法解释规定了亲子关系诉讼中一方当事人拒绝鉴定将导致法院推定另一方主张成立的法律后果。亲子关系诉讼属于身份关系诉讼，其中包括"生父"否认某孩子为其婚生子女的诉讼，即否认法律上的亲子关系。现代生物医学技术的发展，使得 DNA 鉴定技术被广泛用于子女与父母尤其是与父亲的血缘关系的证明。亲子鉴定技术简便易行，准确率较高，在诉讼中起到了极为重要的作用，全世界已经有 120 多个国家和地区采用 DNA 技术直接作为判案的依据。在处理有关亲子关系纠纷时，如果一方提供的证据能够形成合理的证据链条证明父（母）与该婚生子女之间可能不存在亲子关系，另一方没有相反的证据又坚决不同意做亲子鉴定的，人民法院可以按照 2002 年 4 月 1 日开始施行的《最高人民法院关于民事诉讼证据的若干规定》第 75 条的规定做出处理，即可以推定请求否认亲子关系一方的主张成立，而不配合法院进行亲子鉴定的一方要承担败诉的法律后果。《婚姻法解释（三）》第 2 条对此予以了确认。多数民意认为，对亲子关系推定认定的规定符合社会常理，且便于实践操作。

本节导入案例涉及对婚生子女否认的亲子鉴定问题。依据最高人民法院《婚姻法解释（三）》规定，亲子关系诉讼中一方当事人拒绝鉴定将导致法院推定另一方主张成立的法律后果。本案中，杨某要求做亲子鉴定，遭到了妻子的拒绝，如果杨某能承担与其主张相适应的证明责任，比如，其在妻子受胎期间没有同居的事实、本人有生理缺陷无生育能力等。对此事实如能够得到证明的，就出现了举证责任转换的条件，女方如果提不出证据证明是婚生子女，那么法院可以推定杨某主张成立，判决杨某与其女儿为非血亲关系，彼此间则不享有法定亲生父女间的权利义务关系。

（二）非婚生子女

1. 非婚生子女的概念及法律地位。非婚生子女俗称"私生子女"，是指没有合法婚姻关系的男女所生的子女。未婚男女所生的子女，已婚男女与第三人发生性行为所生的子女，经否认确定的非婚生子女、妇女被强奸所生的子女以及其他无合法婚姻关系的当事人所生的子女，均属于非婚生子女。

从生育的自然属性上讲，非婚生子女与婚生子女并无区别，但从生育的社会属性上讲，两者的性质却是不同的。一夫一妻制确立以后，男女的两性关系开始受法律的制约，才有了非婚生子女的概念以及相应的法律地位问题。

在漫长的历史发展过程中，非婚生子女的法律和社会地位是很不一致的。古代社会的非婚生子女备受歧视，与婚生子女具有完全不同的地位，他们的权益受到极大的漠视。直到近代，许多国家的法律仍然不承认非婚生子女享有与婚生子女同样的权利。只是到了第二次世界大战以后，非婚生子女的境遇才有比较明显的改善。我国《婚姻法》第 25 条规定："非婚生子女享有与婚生子女同等的权利，任何人不得加以危害和歧视。不直接抚养非婚生子女的生父或生母，应当负担子女的生活费和教育费，直至子女能独立生活为止。"由此可见，在我国非婚生子女与婚生子女有平等的法律地位，法律有关父母子女间的权利和义务，同样适用于父母与非婚生子女之间。

2. 非婚生子女的准正。非婚生子女的准正，是指已出生的非婚生子女因生父母结婚或司法宣告而取得婚生子女的资格。准正制度始于罗马法，并被寺院法和日耳曼法所继承。在现代社会，无论是英美法系国家，还是大陆法系国家，大都规定有准正制度，其目的在于保护非婚生子女的合法权益。有关非婚生子女准正的法律制度，主要有以下两个方面的要点：

（1）准正的形式。非婚生子女的准正有两种形式：①因生父与生母结婚而准正；②因法官宣告而准正。因生父母结婚而准正又可分为两种情况：①以结婚为准正要件，不另设其他条件。如《德国民法典》规定，生父同生母结婚者，非婚生子女成为婚生子女。②以结婚和认领为准正的要件。只结婚而不办理认领手续的，不发生准正的效力。如法国、瑞士等国规定，生父母对非婚生子女未经认领而结婚，仍须双方在举行结婚仪式时，由生父母提出认领要求，由身份官员以单独的证书加以认领，非婚生子女才能取得婚生子女的资格。因法官宣告而准正的含义是，生父或生母死亡，或有婚姻障碍，致使结婚准正不能时，得依一方或子女之请求，经法官宣告非婚生子女为婚生子女。

（2）准正的效力。准正的效力就是使非婚生子女取得婚生子女的资格，产生一切婚生子女的权利和义务。以上两种准正的效力是相同的。关于效力发生的时间，一般是从父母结婚或被法院宣告为婚生之日起计算，也有的国家规定准正具有追溯力，一经准正，自子女出生之日起便发生婚生的效力。

3. 非婚生子女的认领。非婚生子女的认领，是指通过法律程序使非婚生子女的生父承认非婚生子女为自己的子女，从而承担相应的法律义务。认领人是认领行为的主体。由于在一般情况下生母因出生的事实即可确定，无须经过认领程序，因此多数国家规定非婚生子女的生父为非婚生子女的认领人，只有少数国家规定父母均可为认领人。关于被认领人，各国均规定为非婚生子女，但已经被他人认领为婚生子女的，除向法院提出确认之诉，并经法院判决解除原认领的亲子关系外，不得认领；已经准正的非婚生子女不存在认领的问题。

非婚生子女的认领分为自愿认领和强制认领两种形式：

（1）自愿认领。自愿认领又称任意认领，是指生父承认该非婚生子女为自己的子女，并自愿承担抚养义务的法律行为。这种认领通常为生父的单方法律行为，无须经非婚生子女及其生母的同意。

关于自愿认领的方式，各国均以认领为要式行为。不同国家规定的认领方式有所区别，大体有以下几种：①须向户籍部门申报认领或用遗嘱方式认领。②认领不但须载入出生证书，而且还要履行公证程序。如《法国民法典》规定，认领除已载入出生证书外，应以公证证书为之。③认领须向身份管理官员申请认领。如《瑞士民法典》规定，认领应向身份官员声明或以遗嘱表示，正在进行确认父权诉讼时亦应向法官声明。④认领须由生父申请，经过监护法院宣告认领。此外，有的国家还对认领规定了其他限制条件。如有的国家规定认领须得非婚生子女生母的同意，有的国家规定认领成年子女须经子女本人同意，等等。

(2) 强制认领。强制认领是指非婚生子女的生父不愿认领时，有关当事人向法院请求确定父子关系的行为。强制认领以父子血缘关系为基础，适用生父逃避认领责任而非婚生子女本人或生母要求认领的场合。

强制认领的原因：①未婚女子所生的子女，生母指认的生父不承认该子女是他所生，生母或非婚生子女本人向法院提起确认生父之诉；②已婚妇女与第三人所生的子女，女方指认第三人为孩子生父而遭否认时，生母或非婚生子女本人可向法院提起确认生父之诉。强制认领要求权利人负举证责任，提供请求强制认领的事实和原因。如受胎期间生父与生母有同居的事实，生母有被诱拐或强奸的事实及有足以确定父子身份的书信或其他书面材料，等等。

(3) 自愿认领和强制认领的效力。两者的效力基本相同，都使非婚生子女取得了婚生子女的身份和资格，享有婚生子女的权利和义务。此外，认领的效力还及于认领后子女的姓氏及生父对生母妊娠、生育等费用的补偿责任等。我国《婚姻法》没有建立对非婚生子女的准正和认领制度。在司法实践中，生父母在子女出生后补办结婚登记的，该子女即可视为婚生子女。在认领问题上，出现过被女方指认的生父不承认该子女为其所生的案件。在处理此类案件时，要求生母提供有关证据材料，如生母在受胎期内有与被告同居或为被告强奸的事实和证据，包括足以确定父子身份的书信或其他书面材料，如情书等。必要时，人民法院可以委托有关部门进行亲子鉴定。最高人民法院在 1987 年 6 月 15 日《关于人民法院在审判工作中能否采用人类白细胞抗原作亲子鉴定问题的批复》中规定，必要时可以运用该项技术进行亲子鉴定，但同时指出，人民法院对于亲子关系的确认，要进行调查研究，尽力收集其他证据。对亲子鉴定的结论，仅作为鉴定亲子关系的证据之一，一定要与本案其他证据相印证，综合分析，作出正确的判断。

五、继父母与继子女关系

(一) 继父母与继子女的概念及种类

继子女，是指配偶一方对他方与前配偶新生的子女的称谓，如其妻与前夫或其夫与前妻新生的子女就是其继子女。与继子女相对，继父母是指子女对母亲或父亲的再婚配偶的称谓。如其母之后夫与其父之后妻就是其继父母。继父母与继子女之间的关系，基于生父母一方死亡另一再婚，或者父母离婚后一方或双方再婚而形成，一般属于姻亲关系。继父母与继子女形成了抚养关系，或者继父或继母收养了继子女的，又会形成法律拟制的直系血亲关系。据此，继父母继子女关系可以分为三种类型：

1. 名分型。生父与继母或生母与继父再婚时，继子女已经成年独立生活，或虽未成年但仍由其生父或生母提供抚养费，没有受继父或继母的抚养教育。其关系松散，仅有继父母继子女的名分，没有权利义务的实质内容，属于纯粹的直系姻亲关系，即因生父与继母或生母与继父结婚这一事实形成。只要生父与继母或生母与继父结婚这一事实成立，便产生继子女与继父母之间的关系。

2. 共同生活型。生父与继母或者生母与继父再婚时，继子女尚未成年，或者虽已成年但不能独立生活，随生父母一方与继父或继母生活在一起，继父或继母对其进行抚养教育，承担了部分乃至全部生活费、教育费，其应对继父或继母承担赡养扶助义务。另外，成年继子女事实上对继父或继母长期进行了赡养扶助，亦可视为形成了抚养关系，为共同生活型。这种情况，形成了继父母与继子女间的法律拟制血亲关系，除生父与继母或生母与继父结婚这一法律事实外，还必须以继父或继母与继子女间形成了抚养关系为条件。

应当指出，继子女与继父或继母形成了继父母与继子女间的关系后，并不终止与其生父母之间的关系，即其具有与继父母、生父母双重的权利义务关系。

3. 收养型。继父与继母经继子女的生父母同意，依法收养继子女，从而形成继父母与继子女间的收养关系。该子女与共同生活的生父或生母仍然具有父母子女关系，与不在一起共同生活的生父或生母的权利义务关系则解除。

（二）继父母子女间的权利义务

《婚姻法》第27条规定："继父母与继子女间，不得虐待或歧视。继父或继母和受其抚养教育的继子女间的权利和义务，适用本法对父母子女关系的有关规定。"据此，继父母子女间的权利义务的行使应注意以下两个方面：

1. 未形成抚养教育关系的继父母子女，仅是姻亲关系的，没有法律上的权利义务，但互相之间不得虐待或歧视。

2. 继父母和受其抚养教育的继子女之间产生如同收养的拟制血亲关系。形成抚养教育关系的继父母子女间的权利义务，完全等同于生父母子女间的权利义务。但是此种拟制血亲的规定与收养的不同在于，它并不解除继子女与其生父母间的权利义务关系。因此，继子女与其具有抚养关系的继父母间及与其生父母间具有双重的权利义务关系。

还应指出，继子女与继父或继母因抚养形成的权利义务关系，并不影响其与生父母包括未与之共同生活的生父或生母权利义务关系存在。最高人民法院1985年9月11日颁布的《最高人民法院关于贯彻执行〈中华人民共和国继承法〉若干问题的意见》第21条的规定，即"继子女继承了继父母遗产的，不影响其继承生父母的遗产。继父母继承了继子女遗产的，不影响其继承生子女的遗产"；最高人民法院 1993 年 11 月 3 日颁布的《最高人民法院关于人民法院审理离婚案件处理子女抚养问题的若干具体意见》（以下简称《子女抚养意见》）第 13 条的规定，即"生父与继母或生母与继父离婚时，对受其抚养教育的继子女，继父或继母不同意继续抚养的，仍应由其生父母抚养"。

3. 继子女由继父或继母依法收养的，形成收养关系，继子女成为养子女，彼此之间的权利与义务完全等同于生父母子女间的权利与义务。但该子女与不在一起共同生活的生父或生母的权利义务关系解除，和同在一起生活的生父或生母仍然保持生父母子女关系。这点与单纯的收养关系不同，应当加以注意。

应当指出，在现实生活中，一些继父母深受封建社会遗留的旧观念影响，对继子女加以歧视、虐待，不仅影响了彼此之间的感情，而且影响了夫妻间的感情，常常成为破坏家庭团结和稳定的不良因素。因此，《婚姻法》第 27 条第 1 款以明确规定："继父母与继子女间，不得虐待或歧视。"虐待或歧视继子女的行为，属于违法行为，应当承担相应的法律责任；构成犯罪的，则应依法承担刑事责任。

（三）继父母子女关系的解除

继父母子女之间形成了抚养关系后，能否解除，法律没有明确规定。有的认为能够解除，有的认为不能解除。我们认为，能否解除应当依具体情况而定。1988 年 1 月 22 日《最高人民法院关于继父母与继子女形成权利义务关系能否解除的批复》指出："继父母与继子女已形成的权利义务关系不能自然终止。一方起诉要求解除这种权利义务关系的，人民法院应视具体情况作出是否准许解除的调解或判决。"已经形成抚养关系的继父母继子女关系能否解除，应视以下具体情况而定：

1. 父母一方死亡，另一方再婚产生的继父母继子女关系，生父或生母又死亡，继子女尚未成年的，为保护其合法权益，已形成抚养关系的继父母继子女关系一般不能解除。但未成年子女的祖父母、成年兄弟姐妹或其他近亲属领回抚养的，也可解除。

2. 生父母离婚后，一方带子女再婚产生的继父母继子女关系，未与未成年子女共同生活在一起的生父或生母将未成年子女领回抚养的，继父母继子女关系可以解除。

3. 生父与继母或生母与继父的婚姻关系因生父或生母死亡而终止，未成年子女的生母或生父尚在且有抚养能力，形成抚养关系的继父母继子女关系可以解除。否则，一般不得解除。

4. 生父与继母或生母与继父离婚时，对曾受其抚养教育的继子女，未成年子女的生父母有抚养能力，继父或继母不同意继续抚养的，根据最高人民法院

《子女抚养意见》规定，仍应由生父母抚养，其间的继父母继子女关系应当解除；但未成年子女的生父母无抚养能力，已形成抚养关系的继父母继子女关系也可以解除。

5. 生父与继母或生母与继父的婚姻关系存续，受继父或继母抚养教育的继子女已经长大成人，应当负起赡养继父母的义务，原则上不能解除继父母继子女关系。但是，如果继父或继母与继子女关系恶化，再保持下去，可能危害生父与继母或生母与继父的婚姻关系，或者对继父或继母与继子女的正常生活确实不利的，经继父或继母请求，可以解除他们之间的权利义务关系。

6. 在生父与继母或生母与继父的婚姻关系因生父或生母死亡而终止时，或生父与继母或生母与继父离婚时，受继父或继母长期抚养、教育的继子女已成年，继父母与继子女已经形成的抚养关系，不能自然解除。一方或双方提出解除继父母继子女关系的，是否准许，应由人民法院根据具体情况确定。即使形成抚养关系的继父母继子女关系解除，由继父或继母抚养长大成人并独立生活的继子女，也应承担生活困难、无劳动能力的继父或继母晚年生活必要的费用。

六、养父母与养子女关系

养父母和养子女间，是一种收养关系。养子女，是指本与他人没有父母子女关系，但因被他人依法收养形成法律拟制的父母子女关系的子女，他人称为其养父母。

《婚姻法》第26条规定："国家保护合法的收养关系。养父母和养子女间的权利和义务，适用本法对父母子女关系的有关规定。养子女和生父母间的权利和义务，因收养关系的成立而消除。"据此可知，作为一种独立的法律关系，养父母和养子女间的权利义务关系，其成立的条件、程序、权利与义务等内容均由婚姻法、收养法规定。（有关收养关系的内容和规定，详见本书第六章论述，此处从略。）

七、父母与人工生育的子女

（一）人工生育子女的概念和种类

人工生育子女是指根据生物遗传工程理论，采用人工方法取出精子或卵子，然后用人工方法将精子或受精卵胚胎注入妇女子宫内，使其受孕所生育的子女。

人工生育子女在现代科学技术条件下，主要有以下几种：

1. 同质人工授精。同质人工授精是指采用不同形式使丈夫的精子和妻子的卵子经医疗技术手段，实施人工授精，由妻子怀孕分娩生育子女。

2. 异质人工授精。异质人工授精是用丈夫以外的第三人提供的精子（供精）与妻子的卵子，或用丈夫的精子与妻子以外的第三人提供的卵子（供卵），或同时使用供精和供卵实施人工授精，由妻子怀孕分娩生育子女。对子女而言，便有两个父亲或母亲：一是供精或供卵者，为子女生物学上的父亲或母亲；二是生母之夫或生父之妻，为社会学意义上的父亲或母亲。

3. 代孕。代孕是指用现代医疗技术将丈夫的精子注入自愿代为怀孕者的体内受精，或将人工授精培育成功的受精卵或胚胎移植入自愿代为怀孕者的体内怀孕，等生育后由妻子以亲生母亲的身份抚养子女。代孕生育的子女也有同质和异质之分，但共同特征是由妻子以外的一位妇女代为怀孕分娩。

（二）人工生育子女的法律地位

目前，世界上绝大多数国家对人工生育子女尚无法律规定，少数已立法的国家规定的也不尽相同。但是，对于在婚姻关系存续期间，因夫妻双方同意而经人工授精生育的子女，与该夫妻形成亲子关系，由接受人工生育的夫妇承担法律责任的规定，已基本一致。如1973年《美国统一亲子法》规定，如果已婚妇女使用第三人的精子通过人工授精怀孕，且经过其丈夫同意，由有资格的医生实施手术，该子女即被视为丈夫的婚生子女，捐精者法律上不视为该子女的自然父亲。加拿大、瑞典等国也有类似的规定。1991年7月8日，我国最高人民法院在《关于夫妻离婚后人工授精所生子女的法律地位如何确定的复函》中指出："在夫妻关系存续期间，双方一致同意进行人工授精，所生子女应视为夫妻双方的婚生子女，父母子女之间权利义务关系适用《婚姻法》的有关规定。"据此，只要夫妻双方协商一致，同意进行人工授精的，不论所生子女是否与父母有血缘关系，都应视为夫妻双方的婚生子女。由于代孕母亲所生子女的身份及法律地位非常复杂，而且人工生育子女身份的确定也与传统民法的亲子关系相抵触，我国卫生部颁布的《人类辅助生殖技术管理办法》明确禁止任何形式的代孕技术。

第四节　祖孙关系、兄弟姐妹关系

导入案例

王群是李梅的外孙女，自小由李梅抚养，直到她工作。李梅的晚年生活费，原由其侄子负担，2001年，侄子去世，李梅的生活发生困难。王群之母李珍收入也不多，而当时王群收入较多，于是李梅便与李珍、王群协商，由她们每月各付给150元赡养费。后来，因王群与李梅发生争吵，从2005年11月起停付赡养费。李梅即起诉，要求王群按月给付赡养费。而王群则称：自己是外孙女，没有赡养外祖母的义务。

本案知识点：祖孙之间的抚养条件

教学内容

祖孙之间、兄弟姐妹之间，作为婚姻调整的其他家庭成员关系，在一定条件下彼此相互具有一定权利义务。根据《婚姻法》及有关法律的规定可知，这里的祖父母、外祖父母包括：自然血亲的祖父母、外祖父母；养祖父母、养外祖父母；形成抚养关系的继祖父母、继外祖父母。这里的孙子女、外孙子女包括：自然血亲的孙子女、外孙子女；养孙子女、养外孙子女；形成抚养关系的继孙子女、继外孙子女。

一、祖孙关系

祖父母与孙子女、外祖父母与外孙子女之间，是二亲等的直系血亲。在一般情况下，子女由父母抚养，父母由子女赡养，祖孙之间不发生权利义务关系。但是，在特定条件下，他们之间产生了抚养、赡养义务。

我国《婚姻法》第28条规定："有负担能力的祖父母、外祖父母，对于父母已经死亡或父母无力抚养的未成年的孙子女、外孙子女，有抚养的义务。有负担能力的孙子女、外孙子女，对于子女已经死亡或子女无力赡养的祖父母、外祖父母，有赡养的义务。"根据这一规定，祖孙、外祖孙之间，依法产生了附条件的抚养、赡养义务。

（一）（外）祖父母抚养（外）孙子女需具备的条件

1. 抚养人有负担能力。

2. 被抚养人的父母已经双亡或一方死亡、另一方确无抚养能力抚养。或者父母均丧失抚养能力。

3. 被抚养人必须为未成年人。

以上三个条件必须同时具备，才产生（外）祖父母对（外）孙子女的抚养义务。适用上述条款时，不以同居一家、共同生活为限。如果祖父母和外祖父母均有负担能力，可将他们视为同一顺序的抚养义务承担人。为了确保其未成年第三代人的健康成长，责成他们合理分担抚养责任，是符合婚姻法基本原则的。

（二）（外）孙子女赡养（外）祖父母需具备的条件

1. 赡养人为有负担能力的成年人。

2. 被赡养人的子女已经死亡或子女确无赡养能力赡养。

3. 被赡养人必须是需要赡养的人。

以上三个条件必须同时具备，才产生（外）孙子女对（外）祖父母的赡养义务。适用上述条款时，也不以同居一家、共同生活为限。可见，祖孙间的抚养、赡养义务是第二位的，具有对父母子女间的抚养、赡养义务的补位性质。

符合法定条件的抚养人必须自愿履行抚养、赡养义务，否则被抚养人或被赡养人有权向人民法院提起诉讼，请求法院强制义务人履行义务。当然在上述条件不完全成就时，祖孙之间出于自愿抚养、赡养对方也是合理合法的，但这并非属于履行法定义务。法律关于祖孙、外祖孙之间附条件的抚养、赡养规定，符合我国的国情和道德观念，对于保障老有所养、幼有所育有着积极的意义。

本节导入案例中，王群和李梅是祖孙关系，双方之间并无直接的权利义务关系。根据我国《婚姻法》第28条的规定，祖孙之间相互抚养和赡养是有条件的。本案中，王群自小由李梅抚养长大，王群之母李珍收入也不多，因此，当李梅生活发生困难时，外孙女王群就应当承担赡养外祖母李梅的义务。李梅起诉王群按月给付赡养费的请求，应该得到法院的支持。

二、兄弟姐妹关系

兄弟姐妹之间，是血缘最密切的同辈旁系血亲。它包括同胞兄弟姐妹、同父异母或同母异父兄弟姐妹、有抚育关系的继兄弟姐妹和养兄弟姐妹。在一般情况下，兄弟姐妹均由他们的父母抚养，而他们相互间不发生权利和义务关系。但是，在特定条件下，兄、姐与弟、妹之间产生了附条件的扶养义务。

我国《婚姻法》第29条规定："有负担能力的兄、姐，对于父母已经死亡或父母无力抚养的未成年的弟、妹，有扶养的义务。由兄、姐扶养长大的有负担能力的弟、妹，对于缺乏劳动能力又缺乏生活来源的兄、姐，有扶养的义务。"根据这一规定，兄、姐与弟、妹之间产生了附条件的扶养义务。

（一）兄、姐扶养弟、妹须具备的条件

1. 扶养人有负担能力。
2. 被扶养人的父母已经死亡或父母无力抚养。
3. 被扶养人必须是未成年。

以上三个条件必须同时具备，才产生兄、姐对弟、妹的扶养义务。适用此条款，不以同居一家共同生活为限。如果该未成年人的兄、姐、祖父母、外祖父母均有负担能力，应当由谁承担对他的（扶）抚养义务呢？婚姻法未作明文规定。根据法学理论，他们都应被视为同一顺序的（扶）抚养义务人。为了确保该未成年人的健康成长，责成他们合理分担（扶）抚养责任，是符合婚姻法的基本原则的。

（二）弟、妹扶养兄、姐需具备的条件

1. 扶养人有负担能力。
2. 扶养人由兄、姐扶养长大。
3. 被扶养人是缺乏劳动能力、缺乏生活来源的人。

以上三个条件必须同时具备，才产生了弟、妹对兄、姐的扶养义务。适用此条款，不以同居一家、共同生活为限。可见，兄弟姐妹间的扶养义务是第二位的，具有父母对子女抚养义务的补位性质。符合法定条件的扶养人，必须自觉履行扶养义务。否则，被扶养人有权向人民法院提起诉讼，请求法庭强制义务人履行扶养义务。

思考题

1. 如何理解夫妻在家庭中的地位平等？
2. 什么是夫妻财产制？
3. 如何正确理解夫妻财产约定对第三人的效力？
4. 父母子女之间有哪些权利义务？

实务训练

（一）示范案例

张文（男）与李菊（女）系夫妻，有一子张磊，婚前无任何关于财产的约定。婚后，李菊的父母出资为他们购买了一套新房，并且明确表示这房是赠与自己女儿的。张文为让妻子高兴，提议将二人的工资全部存入妻子名下的银行账户里，李菊欣然同意。为庆祝两人的结婚纪念日，双方从存款中取出一笔钱，为李菊购买了一枚钻石戒指，价值人民币1万元。张文有一叔父在海外经商，膝下无子，遂立遗嘱，将全部遗产留给张文之子张磊，供其出国留学，不久老人去世。随后，张文与李菊感情破裂，决定离婚，但对财产归属上两人有不同看法。

问：

（1）李菊认为全部存款在其名下，应归她一人所有，是否正确？

（2）张文认为房子是婚后购买的，应是夫妻共同财产，要求分割该住房是否正确？

（3）张文认为李菊的钻戒是夫妻共同财产是否正确？

（4）两方都认为张磊继承的遗产应归两人所有，这是否正确？

[分析要点提示]

（1）李菊的认识是错误的。我国《婚姻法》第17条第1款规定："夫妻在婚姻关系存续期间所得的下列财产，归夫妻共同所有：①工资、奖金；②生产、经营的收益；③知识产权的收益；④继承或赠与所得的财产，但本法第18条第3项规定的除外；⑤其他应当归共同所有的财产。"可见，存款虽在李菊名下，但其性质仍是夫妻共同所有的。

(2) 张文的认识是不正确的。根据 2003 年 12 月 25 日最高人民法院司法解释，当事人结婚后，父母为双方购置房屋出资的，该出资应当认定为对夫妻双方的赠与，但父母明确表示赠与一方的除外。本案中，李菊的父母已经表示赠与自己的女儿，则房子为李菊一个人所有，张文无权分割。

(3) 张文的认识是正确的。虽然根据《婚姻法》第 18 条的规定，一方专用的生活用品，是指婚后以夫妻共同财产购置的供夫或妻个人使用的生活消费品，如衣物、饰物等。由于这类财产在使用价值方面具有特殊性，不是夫妻双方通用或共同的生活用品，所以应属于夫或妻一方个人所有。但是，婚后购置的贵重首饰、摩托车、汽车等，虽属个人使用，也应视为夫妻共同财产。这样才符合《婚姻法》的立法精神。

(4) 这笔遗产是属于张磊个人的，张文和李菊均没有所有权。在张磊未成年时，这笔财产应由张文和李菊代为保管。如果他们离婚，由抚养未成年子女的一方代为管理。

(二) 习作案例

1. 宋强（男）与郑芳（女）经人介绍相识，于 1996 年登记结婚，婚后双方感情尚好，生有一女取名宋小娟，现年 11 周岁。2004 年夏天，宋强与单位女同事孙英的婚外恋情被郑芳发现，后来郑芳屡次去宋强单位找孙英理论，宋强因此受到单位领导的批评教育。2006 年 12 月，宋强向人民法院起诉，要求与郑芳离婚，郑芳考虑到女儿年幼，且双方婚姻基础较好，希望丈夫能回心转意，坚决不同意离婚。据此，法院判决不准离婚。但此后双方关系并未改善，经常争吵不休。2008 年 7 月起，宋强住到其姐姐处，不再回家，每月工资也不再交给郑芳，郑芳母女勉强靠郑芳一人工资收入维持生活。

2009 年 5 月，宋强再次向法院起诉要求离婚。郑芳提出，夫妻关系恶化是第三者孙英勾引所致，只要排除孙英干扰，双方有和好可能，故不同意离婚。虽经法院多次调解，双方仍各执己见。法院在审理过程中查明，郑芳目前所住房屋系宋强父母在婚前为其购买的商品房。宋强提出，离婚后郑芳应搬出该房；女儿宋小娟由他抚养。但郑芳不同意宋强提出的两项主张，坚决要求与女儿共同生活。对上述问题，双方无法达成协议。

在夫妻分居期间，宋强曾向他人借债 5 万元，资助他的胞弟宋刚做生意；郑芳向其朋友借债 2 万元，用于女儿生病住院费用，以上经查证属实。

问：

(1) 如判决双方离婚，宋小娟由何方抚养为宜？为什么？

(2) 对宋强父母婚前为其购买的商品房，离婚时如何处理？

(3) 宋强、郑芳各自所借之债如何定性与清偿？说明原因。

2. 甲在1990年9月20岁时参军，1998年与原籍姑娘乙结婚，2001年8月复员回原籍。甲、乙婚前恋爱时间不长，结婚草率，加之乙所在的企业又告破产，心情不好，双方经常争吵。甲于2004年5月提出与乙离婚，乙同意离婚，但双方对以下问题不能达成协议：

(1) 乙于2002年企业破产时得到破产安置补偿费50 000元，乙认为这是自己的个人财产，而甲认为这是夫妻共同财产。

(2) 甲于复员时得到复员费20万元，甲认为这是自己的个人财产，而乙认为应作为夫妻共同财产。

(3) 甲、乙双方婚后居住的房屋是乙婚前承租，婚后甲、乙用共同积累购买的，产权证登记在乙名下，乙认为这是她的个人财产，甲认为这是夫妻共同财产。

(4) 2002年，甲以夫妻共同积蓄20 000元用个人名义与几个朋友合伙开了一家饭馆，乙不是合伙人，她要求在离婚后做合伙人。甲同意并答应将20 000元的一半份额即10 000元转让给乙，但遭到其他合伙人的一致反对；他们也不愿行使优先受让权，仅同意退还部分出资份额10 000元给甲。

(5) 1998年甲、乙登记结婚后，乙曾向朋友老刘借款15 000元用于装修婚后住房，乙认为这是夫妻共同债务，而甲则认为这是乙的个人债务，应由乙个人负责偿还。

问：针对上述各点争议，法院应当如何认定和处理，请分别提出意见。

延伸阅读

"中国式家庭教育"三大焦点话题引热议[1]

重庆市教育科学研究院近日发布的一份中小学生家庭教育状况的报告显示，92.3%的家长称教育孩子很难，其中"棍棒"教育受追捧、父母与孩子间平等交流方式缺失造成家庭"冷暴力"、教育投资不惜重金但重智力轻情商等"中国式家庭教育"的三大焦点话题引发热议。

一、改了"蜜糖式"，又兴"棍棒式"

重庆市教育科学研究院家庭教育研究中心发布的《重庆市中小学生家庭教育发展报告》显示，如何看待家长打孩子现象这一问题上，42.4%的人认为是轻微的处罚、吓唬一下有必要，21.7%的人认为该打时就打、让孩子长记性，认为教育孩子不能采取打的方式的只有36.2%。

---

[1] 本文记者傅夏莉、朱薇，载新华网重庆，2012年10月30日。

记者调查发现，更多的家长认为体罚要因"人"而异，因"事"而异，因"龄"而异，并主张惩戒要适当，以不伤害孩子的身体健康为前提，以劳动代替打骂成为孩子较为接受的受罚方式。

在江西省贵溪市家长田淑红的记忆中，她仅打过孩子两次，而这两次动手都是因为孩子的生命安全问题。"当时孩子还小，光说道理孩子不能完全明白，只能通过疼痛告诉他，他的错误行为非常危险。"后来孩子渐渐懂事，田淑红就再也不打孩子了，更多的选择说理。

重庆市社科院研究员孙元明认为，"棍棒式"教育和"蜜糖式"教育是家庭教育的两个极端。在一些家庭里，家长对孩子是捧在手心怕摔了、含在嘴里怕化了，对孩子的骄纵导致了孩子心理承受能力弱，有的甚至丧失了基本生存能力。在这种情境下，传统"棍棒教育"有所抬头，"狼爸虎妈"的严苛教育模式受到追捧。

北京师范大学教育学部副教授孙进不认同用"打"的方式教育孩子。家长的暴力惩罚方式会让孩子习惯通过武力解决问题，经常打孩子会造成孩子的胆怯敏感不自信，不利于阳光、向上人格的形成。可以通过减少零用钱、减少礼物的赠与等物质刺激进行惩罚，从而使他们知道自身行为的底线在哪。

二、平等交流仅占5%，警惕孩子与父母间的家庭"冷暴力"

根据《报告》，在家庭交流中，25.7%的家长通过表扬鼓励的方式跟孩子交流，23.4%通过说理的方式交流，民主讨论的只占了5.1%。记者调查发现，受中国传统家庭文化影响，许多家长持有"一家之长"心态，习惯于对孩子"发号施令"。而如今的孩子独立思维能力较强，平等交流方式的缺失容易让孩子对父母产生逆反情绪，在父母与孩子之间形成家庭"冷暴力"。

即将升入高中的小周在与记者交谈中流露出对父母的抵触情绪。她认为自己与父母根本无法沟通，"他们总是以家长身份自居，一直以来都把他们的观念想法强加给我，而我几乎没有什么表达自己想法的空间。慢慢地，除了日常琐事，我也就不愿意跟他们多说一句话了"。记者与多名中小学生交流后发现，小周与父母间"冷暴力"倾向并非个案。

孙进表示，表扬鼓励和耐心说理都是单向的交流方式，而民主讨论需要双方平等交流，父母应该学会尊重孩子，放下身段去倾听孩子的想法。随着孩子的成长，孩子对事情的看法趋向成熟，父母的角色理应从主导地位向听众转变，让孩子有更多自主选择和发言的机会。"专断的交流模式不仅阻碍这种能力的形成，更不利于自信心的树立。"

"除了母子关系，我和儿子更是一对亲密朋友。"田淑红说，不同于其他处于青春期的孩子，读初二的儿子放学回到家很乐意跟自己分享在学校里发生的故事。对很多事件，通过沟通进行疏导比家长单向性的勒令禁止更有效有益。以早恋问题为例，儿子在感情问题上与田淑红有了更多的互动，至今也没在这方面出过问题。

三、教育投资重智力，社会不需要考试机器

《报告》显示，在重庆的家庭中，教育开支占到家庭开支的35.2%，成为家庭第一开支，而医疗、储蓄分别以17.9%和12.5%位居其后。记者发现，很多家长都不惜重金投资在孩子教育上，然而由于教育投资在"智力"教育和"德体美劳"教育严重失衡，许多家长对培养子女的健全人格都有所忽视。

"只要是对孩子有利的投资，花多少钱我都不心疼。"为了让孩子掌握正确的学习方法，重庆家长肖娥报名让孩子参加了一个暑假班，费用近1万元。同样，重庆妈妈程莉为让孩子上更好的高中，宁愿多花4万元的择校费。

孙进副教授说，唯分数论、唯学习论导致家长把关注点集中在了学习考试上，忽视了对孩子内在兴趣的尊重和培养。家庭教育应包括德智体美劳多方面，长期以来，家长对孩子的智力投资过高，对健康、道德等教育较为忽视，智力教育和德体美劳教育严重失衡。很多学生一进入社会就表现出高智商、低情商，甚至是社交障碍、合作能力差等问题，就是因为忽视了对孩子健全人格的培养。

"社会不需要考试机器，它需要的是一个具有健全人格的人，这就需要父母懂得如何'理性施爱'。"孙元明说，除了对孩子进行均衡教育外，从小就要教孩子懂得以理服人，学会用理论论据来支撑自己的观点，鼓励孩子对事情做出自己的判断，形成自己的见解，并勇于对自己的选择承担后果。

第六章 收养制度

学习目标与工作任务

通过对本章的学习，了解收养各方当事人应符合的条件、程序，收养成立产生的效力，以及解除收养关系会带来哪些结果等。掌握收养制度的内容及要求，能使我们更好地关注"老有所养"和"幼有所育"的问题，从而减轻社会的负担和压力，更有效地在实践中倡导为无家可归的老人和儿童提供温馨家园的理念。

第一节 收养制度概述

导入案例

李某某与王某某原系夫妻。2009年4月，双方共同收养一名弃婴取名李某。收养后，小孩一直由王某某父母照料，2岁后就生活在其外祖父母处，李某某与王某某给予抚养费。2013年3月，李某某与王某某协议离婚，双方协议李某由王某某抚育。2013年8月，王某某与郑某某结婚，李某仍由其外祖父母照料生活，王某某每月给付800元生活费。2013年12月，王某某溺水身亡。因李某某、郑某某均不提供抚养李某的生活费，李某无生活来源。外祖父王某作为法定代理人向人民法院起诉，要求被告李某某给付抚养费。李某某则认为，离婚后，由王某某抚养孩子则自动解除了自己与李某的收养关系，不需给付抚养费，而应由王某某的现任丈夫郑某某给付抚养费。

问：①李某某和王某某与李某间的收养关系是否成立？②养父母离婚后对养子女的抚养是否改变？③郑某某与李某之间属于什么关系？

本案知识点：收养的概念；收养与寄养的区别

教学内容

一、收养的概念、特征和意义

（一）收养的概念

收养是指公民依法领养他人子女为自己的子女，在收养人和被收养人之间建立拟制的父母子女关系的民事法律行为。领养他人子女的人为收养人，即养父母；被他人收养的人为被收养人，即养子女；将未成年子女或孤儿送给他人收养的生父母、其他监护人和社会福利机构，为送养人。

（二）收养的特征

1. 收养是一种民事法律行为。收养必须符合法律规定的条件，履行法律规定的程序。收养是在收养人、送养人和有识别能力的被收养人之间作出的建立一定身份关系的民事法律行为，当事人间的法律地位平等。

2. 收养是变更亲属身份的行为。从收养人与被收养人方面看，收养使本来没有父母子女关系的收养人和被收养人之间，建立起与生父母子女相同的权利义务关系，产生法律拟制的父母子女关系；从送养人与被收养人方面看，收养的成立即解除了送养人与被收养人之间原有的父母子女关系。因此，收养是父母子女身份及权利义务的变更，由养父母代为行使亲生父母的职权的行为。

3. 收养只能发生在没有直系血亲的自然人之间，并且只能限于长辈对晚辈。收养的结果是使收养人与被收养人之间产生父母子女关系，原本就有直系血亲关系的亲属如发生收养，这在法律上没有意义。

值得注意的是，收养既不同于国家福利机构或社会慈善组织对无家可归、无依无靠和没有生活来源的儿童的收容和养育；也不同于父母因特殊原因不能直接履行对子女抚养义务，把子女寄托在他人家中生活的委托寄养行为。在委托寄养和社会福利机构收容养育的情况下，双方之间不产生父母子女间的权利义务关系。此外，我国《收养法》第17条规定："孤儿或者生父母无力抚养的子女，可以由生父母的亲属、朋友抚养。抚养人与被抚养人的关系不适用收养关系。"由此可见，收养与抚养也是不同的。

（三）收养的意义

1. 收养可以使父母双亡的孤儿或因某种原因无法与父母共同生活的子女，重新得到家庭的温暖，在养父母的抚养照顾下，健康成长。

2. 收养可以使无子女的家庭通过收养子女而建立起父母子女拟制血亲关系，得到精神上的安慰，在他们年老体弱时，得到养子女的赡养和扶助。

3. 收养制度的确立既可以减轻国家的社会福利负担，又可以稳定公民的家庭关系，有利于促进社会的安定团结和精神文明建设。

二、收养制度的历史沿革

收养制度作为亲属法律制度的重要组成部分,经历了长期的历史演变过程。按照传统的亲属法学理论,收养制度可分为"为族的收养"、"为家的收养"、"为亲的收养"和"子女的收养"等几个历史发展阶段。

早在原始社会就有了收养行为。收养外氏族的人为自己氏族的成员,是壮大本氏族力量,使本氏族更好地生存繁衍下去的重要手段。进入阶级社会以来,许多国家从法律上确立了收养制度。在古代社会里,收养的目的在于绵延家庭和继承遗产。资本主义制度确立以后,收养制度的宗旨发生了重大变化,由原来的以家庭为本位转向以个人为本位。

在我国,收养制度也具有悠久的历史。古代社会的收养制度完全同宗法制度相适应,"立嗣"是收养的主要形式。立嗣,俗称"过继"或"过房",是指男子无子,许立同宗辈分相当的他人之子为嗣子。立嗣是以男性为中心的宗祧继承的必然产物。立嗣行为一旦完成,嗣子与嗣父母之间即为亲子关系,嗣子即取得继承嗣父母家的宗祧和财产的权利。另外,嗣子与嗣父母的关系允许解除,称之为"退继"。除立嗣外,我国古代还有"乞养"。乞养为非亲属间的收养。封建法律为之设立了严格的限制,如依《唐律》,只允许收养3岁以下的弃儿。这种收养关系成立后,养子女应改称养父之姓,但不得为嗣子。清朝末年,在历次制定的民律草案中都规定了收养制度。国民党政府在1930年公布、1931年实施的民法亲属编中,对收养制度作了较完备的规定。

中华人民共和国成立后,1950年《婚姻法》和1980年《婚姻法》都明确肯定了养父母与养子女关系的效力。1991年12月29日,第七届全国人民代表大会常务委员会第二十三次会议通过了《中华人民共和国收养法》,该法于1992年4月1日起施行。1998年11月4日,第九届全国人民代表大会常务委员会第五次会议通过了《关于修改〈中华人民共和国收养法〉的决定》,修正后的收养法于1999年4月1日起实施。我国现行《收养法》共6章,分别规定了总则、收养关系的成立、收养的效力、收养关系的解除、法律责任和附则,共计34条。

在本节导入案例中,①李某系李某某与王某某共同收养的子女,李某某和王某某与李某之间的收养关系成立。②李某某与王某某协议离婚,并商定李某由其母王某某抚养,并没有改变李某与李某某的收养关系。《收养法》第23条规定:"自收养关系成立之日起,养父母与养子女之间的权利义务关系,适用法律关于父母子女之间关系的规定……"《婚姻法》第36条第1款规定:"父母与子女间的关系,不因父母离婚而消除。离婚后,子女无论由父或母直接抚养,仍是父母双方的子女。"因此,李某某认为自己与王某某离婚后即解除了与李某的收养关系是违背法律规定的。李某在其养母去世、无生活来源的情况下,起诉要求养父李某某承担抚育义务,给付抚养费是正确的,受法律保护。③郑某某与李某之间并未形成收养关系,依法不承担养父的义务。郑某某与王某某结婚,因姻亲关系与李某存在继父子关系。但郑某某一直未与李某共同生活,且与王某某结婚时间较短,李某没有受到郑某某的抚养教育,双方之间未形成抚育关系,也就不适用《婚姻法》继父或继母和受其抚养教育的继子女之间的权利和义务关系。因此,郑某某不应承担抚育李某的义务。

第二节 收养制度的基本原则

导入案例

蒋某早年丧夫,随着年龄增长,想着身边有人照顾,收养了高强为养子。蒋某辛辛苦苦把他抚养成人,高强与张某结婚后生育了高明,蒋某和高强等祖孙三代一起生活。高强生来脾气暴躁,由于邻里之间的琐事,对对方大打出手,造成对方重伤。高强因故意伤害罪被判入狱两年,妻子张某改嫁到外地,高明当年12岁,不愿意随母亲生活,因此仍然与祖母蒋某相依为命。高强出狱后,要求儿子高明与自己一起生活。蒋某因年事已高,高明不听管教,也不愿再抚养高明。高明遂起诉到法院要求与祖母共同生活。

问:该案法院应如何处理?

本案知识点:收养的原则及条件

教学内容

我国收养法的基本原则集中体现了收养法的目的、性质和特征,它是国家指定的收养法的宗旨和指导思想,又是当事人进行收养活动必须遵循的基本准则,也是司法机关执行和解释收养法的依据和出发点。它与具体的收养法规不同,其具有对一切收养关系都普遍适用的效力,当社会生活中出现一些收养法没有具体规定的新问题时,其还具有填补法律空白的作用。

一、有利于被收养人的抚养、成长原则

收养制度从"为家"、"为亲"的收养,发展到"为子女"的收养,现代各国收养立法均以保护未成年子女的利益为出发点。有利于被收养人的抚养、成长原则是我国收养法最重要的一项原则,其贯穿于收养活动的全过程,在有关收养关系的成立、收养的效力、收养关系的解除等方面都得到了体现。比如,在收养人方面，可以被收养的未成年人主要是丧失父母的孤儿、查找不到生父母的弃婴和儿童或者是父母有特殊困难无力抚养的子女。收养的首要目的在于保障未成年人的健康成长，通过建立合法有效的收养关系，使被收养的未成年人在和睦幸福的家庭中成长。收养的设立不能为了满足收养人的需要而忽视了被收养人的利益，《收养法》严禁借收养名义买卖儿童。在收养关系的解除方面，收养人在被收养人成年以前，不得解除收养关系，但收养人、送养人双方协议的除外，养子女年满10周岁以上的，还应当征得本人同意。收养人不履行抚养义务，有虐待、遗弃等侵害未成年养子女合法权益行为的，送养人有权要求解除收养关系，等等，这些都体现了有利于被收养人抚养、成长原则。

本节导入案例中，人民法院审理认为，蒋某有一定的抚养能力，高明未成年，且其父刚出狱又没有经济来源，其母不知去向，属于父母无法履行抚养义务。根据我国《收养法》和《婚姻法》的规定，应从有利于该养子女的抚养和健康成长出发，判决高明由祖母蒋某抚养较为合适。

二、保障被收养人和收养人的合法权益原则

为了维护合法收养关系的稳定，切实保障收养人和被收养人的利益，《收养法》第22条规定："收养人、送养人要求保守收养秘密的，其他人应当尊重其意愿，不得泄露。"如果不尊重当事人的意愿，泄露收养秘密，引起收养人、被收养人之间关系恶化等后果的，泄密者侵犯了公民隐私权，应承担相应的民事责任。又如《收养法》第16条规定："收养关系成立后，公安部门应当依照国家有关规定为被收养人办理户口登记。"再比如《收养法》有关收养关系解除原因的规定，既体现了对被收养人的保护，亦体现了对收养人利益的维护，除有法律规定的原因外，送养人等不能随意要求解除收养关系。同时，在解除收养后，经养父母抚养成年的养子女，对养父母的赡养义务，并不因收养关系的解除而消灭。如养子女成年后，对养父母有虐待、遗弃等过错行为的，养父母还可以要求养子女经济补偿。所有这些规定，都体现了法律对收养关系双方当事人利益的维护。

三、平等自愿原则

平等是指在收养活动中当事人的法律地位是平等的，不允许任何一方享有超越法律的特权。收养关系的成立、解除都应当在平等协商的基础上达成协议。任何一方不能将自己的意志强加于人。同时，任何一方的合法权益受到侵害时，都平等地受到法律保护。自愿是指在收养活动中，当事人意思自由，不受国家权力和其他任何人的干预。建立或解除收养关系，应当由当事人自愿决定、协商一致地进行。收养是改变亲属关系的行为，有着浓厚感情因素，收养人是否愿意领养他人子女、送养人是否同意将子女送给他人收养、有识别能力的被收

养人是否愿意被他人收养等都是由当事人自己的感情和意志决定的。我国《收养法》规定，收养人收养与送养人送养，须双方自愿。收养年满10周岁以上未成年人的，应当征得被收养人的同意。而且，收养人与送养人可以协议解除收养关系，如果养子女年满10周岁以上的，应当征得本人同意。

四、不违背社会公德原则

收养不仅涉及收养关系当事人之间的个人利益，而且影响到社会公共利益。收养行为会引起身份的变动，具有强烈的伦理性，当事人在进行收养活动时不但要遵守法律法规，还应尊重社会公德。比如收养子女应当符合亲属间的辈分要求，晚辈亲属不能收养长辈亲属为养子女，年幼的不能收养年长者为养子女。无配偶的男性收养女性的，收养人与被收养人年龄相差应在40岁以上，等等。《收养法》将不违背社会公德作为一项基本原则，以保障收养关系的健康顺利发展。

五、不违背计划生育的法律、法规原则

计划生育是我国的一项基本国策，我国人口形势十分严峻，推行计划生育是为了使人口增长同市场经济和社会发展相适应，是我国宪法的基本原则，也是我国婚姻法的基本原则。通过收养子女，客观上解决了无子女家庭的困难，是补充自然生育不足的必要手段，但必须注意收养子女与我国计划生育政策的协调。收养子女必须贯彻计划生育的法律、法规。《收养法》规定，一般情况下中国公民作为收养人的，必须是年满30周岁尚无子女的人，而且只能收养1名子女，法律另有规定的除外。送养人不得以送养子女为由，违反计划生育的规定再生育子女。

第三节 收养关系的成立

导入案例

2012年4月，胡某与林某登记结婚，婚后生育了一女儿，后胡某擅自做主将女婴送给丈夫林某的堂姐林阳夫妇收养。林阳收养女婴后与胡某签订了收养协议，为其上了户口，取了名字，但没有到民政部门办理有关收养手续。此时，胡某的丈夫林某在外打工，对这些毫不知情，当得知真相后要求林阳夫妇归还女儿，但两人拒绝归还。林某、胡某遂将林阳夫妇起诉到法院。

法院应如何处理？

本案知识点：收养的条件及程序

教学内容

收养关系的成立，必须符合法律规定的条件和程序。收养关系成立应具备的法定条件，可称为收养关系成立的实质要件。而收养关系成立履行的法定程序，可称为收养关系成立的形式条件。

一、收养成立的实质要件

（一）一般收养成立的实质要件

1. 被收养人的条件。根据《收养法》第 4 条的规定，下列不满 14 周岁的未成年人可以被收养：

（1）丧失父母的孤儿。这里的孤儿，是指其父母死亡和人民法院宣告其父母死亡的未成年人。

（2）查找不到生父母的弃婴和儿童。弃婴和儿童，是指被其父母或其他监护人遗弃的婴儿和其他查找不到生父母的孩子。

（3）生父母有特殊困难无力抚养的子女。这里生父母有特殊困难无力抚养的子女，是指生父母因特殊原因丧失了抚育子女的能力，如无经济负担能力或者丧失了民事行为能力等情况。

被收养人应具备一定的条件，这是由收养的性质和目的决定的。基于收养以有利于被收养的未成年人的抚养、成长为基本宗旨，被收养人自然应为未成年人；而且以不满 14 周岁的未成年人为被收养人，有利于培养养父母与养子女之间的感情，从而确保收养关系的稳定和发展。

2. 送养人的条件。根据《收养法》第 5 条的规定，下列公民和社会组织可以作为送养人：

（1）孤儿的监护人。这里的监护人，是指父母以外的对未成年人有监护责任的人。根据我国《民法通则》第 16 条的规定，未成年人的父母已经死亡或者没有监护能力的，由下列人员中有监护能力的人担任监护人：祖父母、外祖父母；兄、姐；关系密切的其他亲属、朋友（须本人自愿和经未成年人的父母的所在单位或者未成年人住所地的居民委员会、村民委员会同意）。没有上述监护人时，由未成年人父母所在的单位或者未成年人住所地的居民委员会、村民委员会或者民政部门担任监护人。

需要说明的是，按照《收养法》的规定，监护人送养被监护的未成年人要受到以下两种限制：第一种限制是，监护人送养未成年孤儿的，须征得有抚养义务的人同意。有抚养义务的人不同意送养，而监护人又不愿意继续履行监护职责的，应当按照《民法通则》的规定变更监护人。这里是指未成年人的父母均已死亡的情形。有抚养义务的人，是指有负担能力的祖父母、外祖父母、兄、姐。第二种限制是，未成年人的父母均不具备完全民事行为能力的，该未成年人的监护人不得将其送养。只有在未成年人的父母对该未成年人有严重危害可能的情况下，才可以例外地允许监护人将其送养。

（2）社会福利机构。社会福利机构，主要是指各地民政部门主管的收容、养育孤儿和查找不到生父母的弃婴、儿童所在的社会福利院。这些机构履行着监护孤儿、弃婴和儿童的职责。当收养人自愿收养弃婴、孤儿时，则由抚育他们的社会福利机构作为送养人。

（3）有特殊困难无力抚养子女的生父母。生父母作为送养人，应符合以下两项基本条件：①生父母因身体或经济等方面的特殊困难确实不能履行抚养子女的义务。②在一般情况下，生父母送养子女须经双方协商一致，共同送养；生父母离婚，一方要求送养子女的，须经另一方的同意。只有在生父母一方下落不明或者查找不到，或者生父母一方死亡时，才可以单方送养。另外，配偶一方死亡，另一方要求送养子女的，死亡一方的父母有优先抚养的权利，送养时须征得死亡一方父母的意见。死亡一方的父母与该未成年人之间是祖父母与孙子女、外祖父母与外孙子女的关系，如果祖父母或外祖父母愿意且有能力抚养孙子女或外孙子女的，另一方就不得送养。

3. 收养人的条件。根据《收养法》第6条的规定，收养人应当同时具备下列条件：

（1）无子女。这里的无子女，包括已婚者无子女（因无生育能力而没有子女或有生育能力而不愿生育）和未婚者无子女等。这里所讲的子女，包括婚生子女、非婚生子女和养子女。这一规定是与我国计划生育的要求相适应的。

（2）有抚养教育被收养人的能力。设立收养制度的根本目的，是让未成年人通过他人收养获得良好的成长环境。因此，收养人具有抚养教育的能力是至关重要的。收养人首先应具有完全的民事行为能力，同时还应具有抚养被收养人的必要经济条件和良好的道德品质，从而保障被收养人健康地成长。

（3）未患有在医学上认为不应当收养子女的疾病。从保护被收养人利益的角度出发，收养人不能患有危害被收养人安全和健康的精神病和其他严重疾病。

（4）年满30周岁。这是取得收养人资格的最低年龄，这也是由收养的性质决定的。

除上述条件外，《收养法》对收养人的条件还有三项特别规定：①出于伦理道德上的考虑，养父与养女之间应有一个合理的年龄差，因此，无配偶的男性收养女性的，收养人与被收养人的年龄应当相差40周岁以上。②有配偶者单方收养不利于养子女的健康成长，也影响夫妻关系的和睦和收养关系的稳定，因此须夫妻共同收养。③为贯彻实行计划生育的原则，收养人只能收养1名子女。

4. 须有成立收养关系的合意。收养合意有两方面的内容：一方面，收养人和送养人应当在平等自愿的基础上达成有关成立收养的协议，收养人有配偶的，应当经夫妻双方同意；另一方面，收养年满 10 周岁以上的未成年人的，应当征得被收养人的同意。年满 10 周岁的未成年人已具有部分民事行为能力，具备一定的判断与识别能力，收养关系的成立将导致亲属身份的变更，关系到被收养人的切身利益。因此，征得他们的同意是必要的。

（二）特殊收养成立的实质要件

这里的特殊收养关系，指的是主体具有特别身份且是中国公民的收养关系，收养人是外国人的，将在本书第九章中讨论。我国《收养法》除了对一般收养的条件作了规定外，还对一些特殊主体的收养规定了适当放宽的收养条件。

1. 收养三代以内同辈旁系血亲的子女。收养三代以内同辈旁系血亲的子女，是指收养兄弟姐妹、堂兄弟姐妹、表兄弟姐妹的子女。这种近亲收养在我国是比较常见的。由于收养人和被收养人之间具有血缘关系和亲属身份，这种收养关系往往比较稳定。因此，我国收养法对此种收养的条件作了放宽规定：①被收养人可以不受不满 14 周岁的限制。即可以收养年满 14 周岁的未成年人。②不适用其生父母有特殊困难的规定，即有抚养子女能力的生父母也可以作为送养人。③无配偶的男性收养女性的，可以不受收养人与被收养人须有 40 周岁以上年龄差的限制。此外，华侨收养三代以内同辈旁系血亲的子女法律规定的条件更为宽松。除上述三项规定外，还可以不受"收养人无子女"条件的限制，即华侨有子女，不论子女多少，都可以再收养其三代以内同辈旁系血亲的子女。

2. 收养孤儿、残疾儿童或者查找不到生父母的弃婴和儿童。我国《收养法》第 8 条第 2 款规定："收养孤儿、残疾儿童或者社会福利机构抚养的查找不到生父母的弃婴和儿童，可以不受收养人无子女和收养一名的限制。"这种收养行为符合社会公共利益，为国家分担了社会负担，同时也使那些缺少父母关爱的孩子重新置身于一个充满爱心的温暖环境中。因此，国家鼓励公民收养孤儿和残疾儿童。

3. 继父母收养继子女。继父母与继子女关系是由于生父母的再婚而形成的。为稳定其家庭关系，《收养法》第 14 条规定，"继父或者继母经继子女的生父母同意，可以收养继子女"，并放宽了收养条件：①继子女作为被收养人，不受其"不满 14 周岁"、"生父母有特殊困难无力抚养"的限制。②继父母作为收养人，可以不受其"无子女"、"有抚养教育被收养人的能力"、"未患有在医学上认为不应当收养子女的疾病"及"年满 30 周岁"的限制。③继父母收养继子女时，作为送养的生父母可以不受"有特殊困难无力抚养子女"的限制。④继父母作为收养人，不受只能收养一名养子女的限制。

4. 隔代收养。即收养养孙，外国法称做跳跃收养，是指收养人本人直接进行的一种收养。由于收养人与被收养人年龄差距过大或辈分不当，依伦理习惯，不宜作为养子女，而是将被收养人作为养孙子女对待。我国收养法对此未作明文规定，也未明文禁止。最高人民法院1984年《关于贯彻执行民事政策法律若干问题的意见》第29条规定："收养人收养他人为孙子女，确已形成养祖父母与养孙子女的关系的，应予承认。解决收养纠纷或有关权益纠纷时，可依照婚姻法关于养父母与养子女的有关规定，合情合理地处理。"可见，养祖孙收养关系成立的条件及其法律后果与养父母子女收养关系成立的条件及其法律后果一样，相互间形成除称谓不同的父母子女关系。

二、收养关系成立的形式要件

（一）收养的程序

收养成立的形式要件即收养关系成立的程序，是指收养关系成立应当履行的手续。根据收养法的规定，收养登记程序是收养关系成立的法定程序，只有符合法定形式，收养的成立才产生法律效力。

《收养法》第15条规定："收养应当向县级以上人民政府民政部门登记。收养关系自登记之日起成立。收养查找不到生父母的弃婴和儿童的，办理登记的民政部门应当在登记前予以公告。收养关系当事人愿意订立收养协议的，可以订立收养协议。收养关系当事人各方或者一方要求办理收养公证的，应当办理收养公证。"

《中国公民收养子女登记办法》第2条第2款规定："办理收养登记的机关是县级人民政府民政部门。"第5条第1款规定："收养人应当向收养登记机关提交收养申请书和下列证件、证明材料：①收养人的居民户口簿和居民身份证；②由收养人所在单位或村民委员会、居民委员会出具的本人婚姻状况、有无子女和抚养教育被收养人的能力等情况的证明；③县级以上医疗机构出具的未患有在医学上认为不应当收养子女的疾病的身体健康检查证明。"第6条第1款规定："送养人应当向收养登记机关提交下列证件和证明材料：①送养人的居民户口簿和居民身份证（组织作监护人的，提交其负责人的身份证件）；②收养法规定送养时应当征得其他有抚养义务的人同意的，并提交其他有抚养义务的人同意送养的书面意见。"第7条第1款规定："收养登记机关收到收养登记申请书及有关材料后，应当自次日起30日内进行审查。对符合《收养法》规定条件的，为当事人办理收养登记，发给收养登记证，收养关系自登记之日起成立；对不符合收养法规定条件的，不予登记，并对当事人说明理由。"

根据《收养法》的规定，收养关系成立的程序为：

1. 收养登记程序。该程序是收养关系成立必经的法定程序，收养关系自登记之日起成立。收养登记的具体程序可分为申请、审查和登记三个步骤。为保证收养当事人的意思表示的真实性,办理收养登记时,当事人必须亲自到场。申请收养登记时收养人应当向登记机关提交收养申请书。同时根据收养人和被收养人的不同情况,收养人和送养人应当向收养登记机关提供所需的证件和证明材料。收养登记机关收到收养登记申请书及有关材料后,应当自次日起30日内进行审查。经过审查后,收养登记机关认为收养登记当事人符合《收养法》规定的条件,当事人申请收养的意思表示真实,申请人证件齐全的,应当为其办理收养登记,发给收养证。收养关系自登记之日起成立。对不符合《收养法》规定条件的,不予登记,并对当事人说明理由。

2. 收养协议。收养协议是收养当事人之间订立的关于同意成立收养关系的协议,该协议在当事人主体资格符合法律规定、内容合法的情况下,自当事人签订之日起生效。

3. 收养公证。收养公证是根据收养关系各方或者一方要求由公证机关对其订立的收养协议依法作出的公证证明。公证证明的作用仅在于证明收养协议的真实性和合法性,而不是证明收养关系成立的法律文书。只有在收养关系当事人要求办理收养公证的情况下,才依法予以办理。收养关系当事人订立了收养协议并办理了收养公证,但未办理收养登记的,收养关系不成立。收养协议和收养公证只是当事人承担违约责任的根据,而不能作为证明收养关系成立的依据。

本节导入案例中,胡某擅自做主将亲生女儿送给丈夫林某的堂姐林阳夫妇收养,只与其订立了收养协议,并未到民政部门办理收养登记,且生父林某在外打工对送养一事毫不知情,这一做法是不符合我国收养法的相关规定的。依据我国《收养法》第15条规定,收养应当向县级以上人民政府民政部门登记,收养关系自登记之日起成立。因此,法院应判决该收养关系无效,林阳夫妇应将收养的女婴归还给林某、胡某夫妇。

(二) 事实收养问题

所谓事实收养,是指仅有客观存在的收养事实,而未办理一定的法律手续而形成的收养关系。1984年最高人民法院《关于贯彻执行民事政策法律若干问题的意见》第28条规定:"亲友、群众公认,或有关组织证明确以养父母与养子女关系长期共同生活的,虽未办理合法手续,也应按收养关系对待。"由此可见,在我国,对于1992年4月1日《收养法》颁布施行前形成的事实收养关系,如不违背有关法律、政策的规定,是承认并予以保护的。

第四节　收养关系的无效与解除

导入案例

1976年，张某、王某夫妇收养6岁的张红为养女，并将其抚养成年。1998年张红结婚，仍与张某、王某共同生活。后因生活琐事，张红与张某、王某发生矛盾，遂于2004年签订书面协议，约定张红与张某、王某之间的收养关系解除，张红补偿张某夫妇在收养期间支出的生活费和教育费20 000元。张红按协议支付了补偿费。2011年，张某、王某夫妇以年老体弱、缺乏生活来源为由，要求张红给付生活费。而张红认为双方的收养关系已经解除，其不应再负有赡养张某、王某的义务，要求法院驳回其诉讼请求。

问：本案应如何处理？养子女是否要对养父母承担后赡养义务？

本案知识点：事实收养；养父母子女间的权利义务；收养关系的解除

教学内容

收养关系的法律效力，是指收养关系成立所引起的法律后果。《收养法》第23条规定："自收养关系成立之日起，养父母与养子女之间的权利义务关系，适用法律关于父母子女关系的规定；养子女与养父母的近亲属间的权利义务关系，适用法律关于子女与父母的近亲属关系的规定。养子女与生父母及其他近亲属间的权利义务关系，因收养关系的成立而消除。"根据该条规定，可将收养的效力分为拟制效力和解销效力两个方面。

一、收养的拟制效力

收养的拟制效力，是指通过收养依法建立新的亲属关系及其权利义务的效力，又称收养的积极效力。收养的拟制效力不仅涉及养父母与养子女，也涉及养子女与养父母的近亲属。

（一）养父母与养子女间形成法律拟制的父母子女关系

我国《收养法》第23条规定："自收养关系成立之日起，养父母与养子女间的权利义务关系，适用法律关于父母子女关系的规定；养子女与养父母的近亲属间的权利义务关系，适用法律关于子女与父母的近亲属关系的规定。养子女与生父母及其他近亲属间的权利义务关系，因收养关系的成立而消除。"《婚姻法》第26条第1款规定："国家保护合法的收养关系。养父母和养子女间的权利和义务，适用本法对父母子女关系的有关规定。"

（二）养子女与养父母的近亲属之间形成相应的拟制血亲关系

根据《收养法》和《婚姻法》的相关规定，收养关系成立后，养子女与养父母的父母间的权利义务关系，可以适用法律关于祖孙之间权利义务关系的规定，即有负担能力的养祖父母、养外祖父母，对于养父母已经死亡或养父母无力抚养的未成年的养孙子女、养外孙子女，有抚养的义务；有负担能力的养孙子女、养外孙子女，对于子女已经死亡或子女无力赡养的养祖父母，有赡养的义务。养子女与养父母的子女之间的关系，可以适用法律有关兄弟姐妹间的权利义务的规定，即有负担能力的兄、姐，对于父母已经死亡或父母无力扶养的未成年的弟、妹，有扶养的义务。由兄、姐扶养长大的有负担能力的弟、妹，对于缺乏劳动能力又缺乏生活来源的兄、姐，有扶养的义务。

二、收养的解销效力

收养的解销效力，是指通过收养依法终止原有的亲属关系及其权利义务的效力。按照我国收养法的规定，收养的解销效力及于养子女与生父母，也及于养子女与生父母的近亲属。

收养关系成立后，在养父母与养子女间的权利义务关系建立的同时，养子女与生父母及其他近亲属间的权利义务关系，因收养关系的成立而消除。但是值得注意的是，养子女与生父母及其近亲属间，消除的只是相互间的法定权利义务关系，其自然血亲关系并不因收养的成立而消除，因此法律关于禁婚亲的规定在养子女与生父母及其亲属间仍然适用。

三、收养关系的无效

（一）收养行为无效的原因

收养属于民事法律行为之一，为了确保法律的严肃性、权威性，收养法在肯定合法有效收养行为的同时，设立了确认收养无效的制度，以便对违反收养法实质要件或形式要件的收养行为，或不具备我国《民法通则》规定的民事法律行为必备要件的收养行为予以否定。

根据《收养法》的规定，下列收养行为无效：①收养人和送养人不具有相应的民事行为能力；②收养人、被送养人、送养人不符合法律规定的条件；③欠缺收养的合意；④不符合法律规定的形式要件；⑤违反社会公共利益。

（二）收养行为无效的程序

我国现行法律、法规确认收养无效的程序有两种，即人民法院依诉讼程序确认收养无效和收养登记机关依行政程序确认收养无效。《收养法》仅有依诉讼程序确认收养无效的规定，依行政程序确认收养无效的规定，是以民政部关于办理收养登记的有关规定为依据的。

《收养法》第25条第2款规定："收养行为被人民法院确认无效的，从行开始时就没有法律效力。"《中国公民收养子女登记办法》第 12 条规定："收养关系当事人弄虚作假骗取收养登记的，收养关系无效，由收养登记机关撤销登记，收缴收养登记证。"至于当事人和利害关系人能否依行政程序申请确认收养登记无效，没有规定。

依诉讼程序确认收养无效有两种情形：①当事人和利害关系人提出请求确认收养无效之诉，人民法院查证属实的，依法判决收养无效。②人民法院在审理有关案件的过程中，如赡养、抚养、继承等纠纷时，发现收养不符合法定条件的，也应主动确认收养无效。

收养登记机关发现已登记的收养行为不符合法律规定的，应当撤销收养登记，宣布收养登记无效，收回收养登记证。

（三）收养无效的法律后果

收养行为被人民法院确认无效后，从行为开始时就没有法律效力；收养行为经收养登记机关依行政程序确认无效，同样也是自始无效。收养无效的司法判决和行政决定具有溯及既往的效力，这是收养无效和收养关系解除的重要区别。

无效收养不发生收养的法律效力，不能实现当事人的预期目的。在行为主体有违法、犯罪的情形时，不仅收养行为无效，而且还会产生行政法和刑法上的后果。

四、收养关系的解除

收养关系的解除，是指收养关系成立以后，根据当事人的合意或法定的理由，将已经存在的收养关系加以解除的法律行为。收养作为一种法律拟制血亲关系，既可以通过法律行为依法设立，又可以经由一定的法律程序予以解除。

收养关系的解除与收养关系的终止不同。收养关系的解除，是指收养关系的人为终止，是一个狭义的概念；而收养关系的终止，则是一个广义概念，既包括收养关系因一方死亡而出现的自然终止也包括收养关系通过协议或诉讼而导致的人为解除。

收养关系的解除与收养关系的无效也不同。收养关系的解除是以收养的有效存在为前提，一旦依法解除，即从解除之日起失去法律效力；而收养关系的无效是指收养成立时，因缺乏收养成立的有效要件而导致的收养关系的自始无效。

五、收养解除的方式

根据《收养法》的规定，收养关系的解除有两种方式：一是协议解除；二是诉讼解除。

（一）协议解除

协议解除，是指收养关系当事人通过协商达成解除收养关系的合意。

我国《收养法》第 26 条第 1 款规定："收养人在被收养人成年以前，不得解除收养关系，但收养人、送养人协议解除的除外，养子女年满 10 周岁以上的，应当征得本人同意。"《收养法》第 27 条规定："养父母与成年养子女关系恶化、无法共同生活的，可以协议解除收养关系……"由此可见，收养关系当事人可协议解除收养关系，但根据法律规定，协议解除必须符合法律规定的条件和程序。

1. 协议解除的条件。①在被收养人成年前，协议解除须得收养人、送养人同意。被收养人年满 10 周岁以上的，应当征得本人同意；②在被收养人成年后，协议解除须得收养人、被收养人同意。由于协议解除是一种民事法律行为，因而解除收养的目的、内容和方式等均不得违反相关法律规定。

2. 协议解除的程序。因收养关系的协议解除能产生养子女与养父母及其近亲属间的权利义务关系消除的效力，法律对收养关系的解除规定了严格的条件和程序。符合收养关系协议解除的条件，但未办理解除收养关系登记手续的，收养关系解除的行为无效。《收养法》第 28 条规定："当事人协议解除收养关系的，应当到民政部门办理解除收养关系的登记。"《中国公民收养子女登记方法》第 9 条规定："收养关系当事人协议解除收养关系的，应当持居民户口簿、居民身份证、收养登记证和解除收养关系的书面协议，共同到被收养人常住户口所在地的收养登记机关办理解除关系登记。"第 10 条规定："收养登记机关收到解除收养关系登记申请书及有关材料后，应当自次日起 30 日内进行审查；对符合收养法规定的，为当事人办理解除收养关系的登记，收回收养登记证，发给解除收养关系的证明。"

（二）诉讼解除

诉讼解除收养关系，是指在收养关系当事人不能达成解除收养关系协议时，收养人、送养人或已经成年的被收养人可以依法向人民法院起诉，通过诉讼程序要求请求解除收养关系。

根据我国《收养法》的规定，诉讼解除收养关系的法定理由如下：

1. 收养人不履行抚养义务，有虐待、遗弃等侵害未成年养子女合法权益行为。《收养法》第 26 条第 2 款规定："收养人不履行抚养义务，有虐待、遗弃等侵害未成年养子女合法权益行为的，送养人有权要求解除养父母与养子女间的收养关系。送养人、收养人不能达成解除收养关系协议的，可以向人民法院起诉。"这里应当注意的是，在被收养人未成年时，收养人不得向人民法院提起诉讼、通过诉讼方式解除收养关系，只有送养人有权通过诉讼方式解除收养关系。但送养人诉权得到实现的前提条件，必须是收养人有虐待、遗弃等侵害未成年养子女合法权益的行为。

2. 养父母与成年养子女关系恶化，无法共同生活。《收养法》第27条规定："养父母与成年养子女关系恶化，无法共同生活的，可以协议解除收养关系。不能达成协议的，可以向人民法院起诉。"被收养人成年后，其与养父母的关系恶化，无法共同生活时，继续维持这种收养关系，不利于保护老年人的合法权益，因此在双方不能达成解除收养关系的协议时，可向人民法院起诉，通过诉讼方式解除。

应当指出的是，人民法院在受理解除收养关系案件时，首先应当对此纠纷进行调解。调解无效时，依法判决准予解除或不准解除。

六、收养解除的法律后果

收养关系一经解除，就会发生下列后果：

（一）有关当事人身份及权利义务的变更

《收养法》第29条规定："收养关系解除后，养子女与养父母及其他近亲属间的权利义务关系即行解除……"即养父母与养子女间法律拟制血亲的身份关系不复存在，彼此不再具有相关的抚养、赡养及相互继承遗产的权利义务关系。因收养关系而发生的养子女与养父母的近亲属间的权利义务关系也随之消除。与此同时，未成年养子女与生父母及其他近亲属的权利义务关系自行恢复。但成年养子女与生父母及其他近亲属间的权利义务关系是否恢复，可以由成年养子女和生父母协商确定。

（二）成年养子女的生活费给付义务

《收养法》第30条第1款规定："收养关系解除后，经养父母抚养的成年养子女，对缺乏劳动能力又缺乏生活来源的养父母，应当给付生活费……"有关生活费的数额，应就养父母的实际生活需要和成年养子女的负担能力而定，且应不低于当地一般生活水平。

本节导入案例中，张红虽在解除与张某夫妇收养关系时，一次性补偿了20 000元，但当时张某夫妇并未出现生活困难问题。随着二老年龄的增长，丧失了劳动能力，且无生活来源，而所补偿的20 000元早已消费完毕。张某夫妇要求张红支付每月生活费，符合《收养法》第30条的规定，张红应当支付张某夫妇每月的生活费，且生活费的给付不低于当地实际生活水平的需要。法院应支持张某夫妇的诉讼请求。

（三）养父母的补偿请求权

《收养法》第30条第1款规定："……因养子女成年后虐待、遗弃养父母而解除收养关系的，养父母可以要求养子女补偿收养期间支付的生活费和教育费。"同时，第2款规定："生父母要求解除收养关系的，养父母可以要求生父母适当补偿收养期间支出的生活费和教育费，但因养父母虐待、遗弃养子女而解除收养关系的除外。"有关生活费和教育费的具体数额，可由双方协商，协商不成的，由人民法院根据养子女在收养期间的实际花费、生父母的经济能力和当地的一般生活水平，酌情确定。

思考题

1. 收养有哪些法律特征？
2. 我国《收养法》有哪些基本原则？
3. 一般收养关系的成立应当具备哪些条件？
4. 收养关系成立后产生哪些法律效力？
5. 简述收养关系解除的条件及其后果。

实务训练

（一）示范案例

原告杨某与被告王某于2001年10月结婚，婚后生一女孩王慧。2008年5月，杨某与王某因感情破裂，协议离婚，当时王慧5岁。协议约定王慧由王某抚养，杨某每月负担180元。2010年6月，经人介绍，王某将王慧送给吴某、宋某夫妇收养（吴某、宋某有一男孩），并签订了收养协议，但送养孩子并未征求杨某的意见。8月，杨某得知此事后，以王某不尽抚养义务，擅自将王慧送给他人抚养为由，向法院起诉，要求变更子女抚养关系，将王慧判归自己抚养。王某则认为，离婚后王慧已归自己抚养，自己有权决定王慧的生活，有权送养给别人。

问：这一收养关系是否有效？本案应如何处理？

[分析要点提示]

（1）这场争议涉及收养关系成立的有效要件问题。首先，就送养人方面而言，《收养法》第10条规定："生父母送养子女，须双方共同送养……"王某未征得孩子母亲杨某的同意，擅自将女儿送养是违法的。其次，就收养人方面而言，《收养法》第6条规定："收养人应当同时具备下列条件：①无子女；②有抚养教育被收养人的能力……"而吴某、宋某夫妇已有一个男孩，没有资格再收养生父母还健在的孩子。最后，手续办理欠缺。《收养法》第15条第1款规定："收养应当向县级以上人民政府民政部门登记。收养关系自登记之日起成立。"而王某将王慧送给吴某、宋某夫妇收养，没有去民政部门登记。只有生父与"收养人"签订协议是不够的，其收养关系无效。

（2）王某、杨某虽然离婚，王慧归王某抚养，但根据我国《婚姻法》的规定,离婚后,杨某与王慧的母女关系并未改变。是否送养其女,必须征得杨某的同意。王某认为自己有权决定送养是错误的。

(3) 既然收养关系无效,王某又不愿抚养孩子,可以将王慧判给其母杨某抚养。

(二) 习作案例

1. 张强和刘敏原系夫妻关系。2002年5月2日,双方决定共同收养一名弃婴,并依法办理了登记,之后将该弃婴起名为张远。由于张强常年外出打工,张远就一直随刘敏的母亲刘玉生活,刘敏也不时地去照料张远,并每月付给一定的生活费。2005年3月,张强和刘敏协议离婚,双方商定张远随刘敏生活,由刘敏抚育。同年8月,刘敏与许纲结婚,张远则仍在刘玉处生活,刘敏每月给付生活费400元。2008年12月,刘敏因车祸死亡。张强和许纲都不愿承担抚养张远的义务。到了2009年4月6日,张强为了彻底摆脱张远在其心底的阴影,就与刘玉协商,以一次性给付张远5000元生活费为条件,解除与张远的收养关系。10个月后,刘玉认为张强一次性给付张远的生活费太少,就反悔了,遂起诉到法院,要求张强依法给付张远抚养费,而张强以早与刘敏离婚,且已与刘玉协商解除与张远的收养关系为由而拒绝。

问:

(1) 张强和刘敏离婚是否影响张强和张远的父子关系?
(2) 张强与刘玉能否协商解除张强和张远的收养关系?
(3) 许纲对张远是否有抚养义务?

2. 老陈与李某婚后多年未育,而老陈兄嫂却连育三子。1980年,小陈出世后,老陈兄嫂表示愿将其送给老陈夫妇收养。老陈夫妇将小陈精心养育成人。2002年,小陈大学毕业进一外企工作,后结婚成家,与老陈夫妇同住,相安无事。2008年,老陈夫妇均年事已高,家居单位宿舍楼六层,上下楼极感不便,欲申请单位将住房调整到低楼居住,小陈夫妇反对,加之婆媳关系素来不和,由此激发矛盾。2008年6月,老陈夫妇诉至法院,要求解除与小陈的收养关系,小陈则因单位无房,解除收养关系后只能住集体宿舍,不同意解除收养关系。后经法院调解,老陈夫妇主动撤诉。老陈夫妇与小陈夫妇虽同居一室,朝夕相见,却形同路人,时常为生活琐事发生争吵。2009年3月,老陈夫妇再次诉至法院,要求解除收养关系。并以老陈退休金不多,李某体弱多病、所在企业破产为由,要求小陈每月负担生活费350元。此后不久,小陈的生母也诉至法院,以老伴去世、大儿子下岗、二儿子残疾为由,要求小陈每月负担赡养费500元。

问:

(1) 小陈与老陈夫妇的收养关系能否解除?
(2) 收养关系解除后,老陈夫妇要求小陈每月负担350元生活费的请求,是否应予支持？

(3) 小陈对其生母是否必须承担赡养义务？

延伸阅读

关于解决国内公民私自收养子女有关问题的通知

民发〔2008〕132号

各省、自治区、直辖市民政厅（局）、公安厅（局）、司法厅（局）、卫生厅（局）、人口计生委，新疆生产建设兵团民政局、公安局、司法局、卫生局、人口计生委：

《中华人民共和国收养法》（以下简称《收养法》）实施以来，国内公民依法收养意识不断增强，通过办理收养登记，有效地保障了收养关系当事人的合法权益。但目前依然存在国内公民未经登记私自收养子女的情况，因收养关系不能成立，导致已经被抚养的未成年人在落户、入学、继承等方面的合法权益无法得到有效保障。为全面贯彻落实科学发展观，体现以人为本，依法保护当事人的合法权益，进一步做好国内公民收养子女登记工作，现就解决国内公民私自收养子女问题通知如下：

一、区分不同情况，妥善解决现存私自收养子女问题

1. 1999年4月1日，《收养法》修改决定施行前国内公民私自收养子女的，依据司法部《关于办理收养法实施前建立的事实收养关系公证的通知》（司发通〔1993〕125号）、《关于贯彻执行〈中华人民共和国收养法〉若干问题的意见》（司发通〔2000〕33号）和公安部《关于国内公民收养弃婴等落户问题的通知》（公通字〔1997〕54号）的有关规定办理。

依据司法部《关于贯彻执行〈中华人民共和国收养法〉若干问题的意见》（司发通〔2000〕33号）的规定，对当事人之间抚养的事实已办理公证的，抚养人可持公证书、本人的合法有效身份证件及相关证明材料，向其常住户口所在地的户口登记机关提出落户申请，经县、市公安机关审批同意后，办理落户手续。

2. 1999年4月1日，《收养法》修改决定施行后国内公民私自收养子女的，按照下列情况办理：

（1）收养人符合《收养法》规定的条件，私自收养非社会福利机构抚养的查找不到生父母的弃婴和儿童，捡拾证明不齐全的，由收养人提出申请，到弃婴和儿童发现地的县（市）人民政府民政部门领取并填写《捡拾弃婴（儿童）情况证明》，经收养人常住户口所在地的村（居）民委员会确认，乡（镇）人

民政府、街道办事处审核并出具《子女情况证明》，发现地公安部门对捡拾人进行询问并出具《捡拾弃婴（儿童）报案证明》，收养人持上述证明及《中国公民收养子女登记办法》（以下简称《登记办法》）规定的其他证明材料到弃婴和儿童发现地的县（市）人民政府民政部门办理收养登记。

（2）收养人具备抚养教育能力，身体健康，年满30周岁，先有子女，后又私自收养非社会福利机构抚养的查找不到生父母的弃婴和儿童，或者先私自收养非社会福利机构抚养的查找不到生父母的弃婴和儿童，后又生育子女的，由收养人提出申请，到弃婴和儿童发现地的县（市）人民政府民政部门领取并填写《捡拾弃婴（儿童）情况证明》，发现地公安部门出具《捡拾弃婴（儿童）报案证明》。弃婴和儿童发现地的县（市）人民政府民政部门应公告查找其生父母，并由发现地的社会福利机构办理入院登记手续，登记集体户口。对于查找不到生父母的弃婴、儿童，按照收养社会福利机构抚养的弃婴和儿童予以办理收养手续。由收养人常住户口所在地的村（居）民委员会确认，乡（镇）人民政府、街道办事处负责审核并出具收养前当事人《子女情况证明》。在公告期内或收养后有检举收养人政策外生育的，由人口计生部门予以调查处理。确属政策外生育的，由人口计生部门按有关规定处理。

捡拾地没有社会福利机构的，可到由上一级人民政府民政部门指定的机构办理。

（3）收养人不满30周岁，但符合收养人的其他条件，私自收养非社会福利机构抚养的查找不到生父母的弃婴和儿童且愿意继续抚养的，可向弃婴和儿童发现地的县（市）人民政府民政部门或社会福利机构提出助养申请，登记集体户口后签订义务助养协议，监护责任由民政部门或社会福利机构承担。待收养人年满30周岁后，仍符合收养人条件的，可以办理收养登记。

（4）单身男性私自收养非社会福利机构抚养的查找不到生父母的女性弃婴和儿童，年龄相差不到40周岁的，由当事人常住户口所在地的乡（镇）人民政府、街道办事处，动员其将弃婴和儿童送交当地县（市）人民政府民政部门指定的社会福利机构抚养。

夫妻双方在婚姻关系存续期间私自收养女性弃婴和儿童，后因离婚或者丧偶，女婴由男方抚养，年龄相差不到40周岁，抚养事实满1年的，可凭公证机构出具的抚养事实公证书，以及人民法院离婚判决书、离婚调解书、离婚证或者其妻死亡证明等相关证明材料，到县（市）人民政府民政部门申请办理收养登记。

（5）私自收养生父母有特殊困难无力抚养的子女、由监护人送养的孤儿，或者私自收养三代以内同辈旁系血亲的子女，符合《收养法》规定条件的，应当依法办理登记手续；不符合条件的，应当将私自收养的子女交由生父母或者监护人抚养。

3. 私自收养发生后，收养人因经济状况，身体健康等原因不具备抚养能力，或者收养人一方死亡、离异，另一方不愿意继续抚养，或者养父母双亡的，可由收养人或其亲属将被收养人送交社会福利机构抚养（被收养人具备完全民事行为能力的除外）。其亲属符合收养人条件且愿意收养的，应当依法办理收养登记。

4. 对于不符合上述规定的国内公民私自收养，依据《收养法》及相关法律法规的规定，由当事人常住户口所在地的乡（镇）人民政府、街道办事处，动员其将弃婴或儿童送交社会福利机构抚养。

二、综合治理，建立依法安置弃婴的长效机制

有关部门要高度重视，从构建社会主义和谐社会的高度出发，采取有力措施，加大《收养法》、《登记办法》等法律、法规和政策的宣传贯彻力度，充分发挥乡（镇）人民政府、街道办事处，村（居）民委员会的作用，广泛深入地向群众宣传弃婴收养的有关规定，切实做到依法安置，依法登记和依法收养。

民政部门应协调、协助本辖区内弃婴的报案、临时安置、移送社会福利机构等工作。同时，要进一步加强、规范社会福利机构建设，提高养育水平，妥善接收、安置查找不到生父母的弃婴和儿童；对不按规定，拒绝接收的，要责令改正。

公安部门应依据有关规定及时为弃婴捡拾人出具捡拾报案证明，为查找不到生父母的弃婴和儿童办理社会福利机构集体户口，将已被收养的儿童户口迁至收养人家庭户口，并在登记与户主关系时注明子女关系；应积极查找弃婴和儿童的生父母或其他监护人，严厉打击查处借收养名义拐卖儿童、遗弃婴儿等违法犯罪行为。

司法行政部门应指导公证机构依法办理收养公证和当事人之间抚养事实公证。

卫生部门应加强对医疗保健机构的监督管理，配合民政、公安部门做好弃婴和儿童的收养登记工作。医疗保健机构发现弃婴和弃儿，应及时向所在地公安部门报案并移送福利机构，不得转送他人或私自收养。

人口计生部门应积极配合民政部门做好收养登记工作，掌握辖区内居民的家庭成员情况和育龄人员的生育情况，做好相关工作。

各地应广泛深入宣传通知精神，集中处理本行政区域内2009年4月1日之前发生的国内公民私自收养。自本通知下发之日起，公民捡拾弃婴的，一律到当地公安部门报案，查找不到生父母和其他监护人的一律由公安部门送交当地

社会福利机构或者民政部门指定的抚养机构抚养。公民申请收养子女的，应到民政部门申请办理收养登记。对本通知下发之前已经处理且执行完结的私自收养子女的问题，不再重新处理；正在处理过程中，但按照通知规定不予处理的，终止有关程序；已经发生，尚未处理的，按本通知执行。

　　各级政府和有关部门应以科学发展观为统领，本着"以人为本、儿童至上、区别对待、依法办理"的原则，积极稳妥地解决已经形成的私自收养问题。各省、自治区、直辖市相关部门应根据通知精神，结合本地实际情况，制订相关实施意见。对已确立的收养关系的户口迁移，应按当地公安部门的现行规定执行。

2008年9月5日

第七章　离婚制度

学习目标与工作任务

通过本章的学习，使学生了解离婚制度的基本内涵；理解登记离婚的条件和程序；掌握诉讼离婚的条件、程序，判决离婚的法定标准及其认定，离婚后的法律后果，并能熟练地运用其解决实践中所发生的离婚纠纷。

第一节　离婚制度概述

导入案例

原告李某与被告许某2007年相识恋爱，并于2008年腊月初二举行了婚礼。因原、被告未到法定婚龄，故未办理结婚登记。2009年由被告父亲到乡人民政府补办的结婚证，当时原、被告均未到场。原告于2008年8月生育大女儿许慧，2010年5月14日生育二女儿许静。婚后原、被告经常为家庭琐事发生争吵，甚至打架。从2010年原告与被告发生争吵后，双方各自外出务工，两年多，彼此无电话信函联系。原告为此向法院提起离婚诉讼。

问：原告的离婚诉求能否得到法院的支持？

本案知识点：离婚诉讼

教学内容

一、婚姻终止的概念和原因

婚姻终止是指合法有效的婚姻关系因发生一定的法律事实而归于消灭。婚姻关系终止的原因有二：一是配偶一方死亡；二是夫妻双方离婚。

（一）婚姻关系因配偶一方死亡而终止

配偶的死亡有两种情形：一是配偶一方自然死亡；二是配偶一方被宣告死

亡。婚姻是一种特殊的人身关系，它以配偶双方的生命存在为前提。配偶一方无论是自然死亡还是被宣告死亡，都必然产生婚姻关系终止的法律后果。

1. 婚姻关系因配偶一方自然死亡而终止。配偶一方自然死亡，婚姻关系因主体一方已不存在，其权利义务无法实现，必然引起夫妻关系的自然消灭、遗产发生继承的法律后果。

2. 婚姻关系因配偶一方被宣告死亡而终止。宣告死亡是在法律上推定被宣告死亡人已经死亡的一项法律制度，它与自然死亡具有同等的法律效力。《最高人民法院关于贯彻执行〈中华人民共和国民法通则〉若干问题的意见（试行）》第37条明确规定："被宣告死亡的人与配偶的婚姻关系，自死亡宣告之日起消灭。死亡宣告被人民法院撤销，如果其配偶尚未再婚的，夫妻关系从撤销死亡宣告之日起自行恢复；如果其配偶再婚后又离婚或者再婚后配偶又死亡的，则不得认定夫妻关系自行恢复。"

（二）婚姻关系因离婚法律行为而终止

离婚是夫妻双方依照法定的条件和程序解除婚姻关系的民事法律行为。离婚不仅直接涉及夫妻双方的人身关系，而且还关系到子女的抚养和财产的分割问题，无论是对家庭还是对社会都会产生一定的影响。

1. 离婚的法律特征：

（1）离婚的主体只能是夫妻双方。任何人都无权代替，更不能对他人的婚姻关系提出离婚请求。

（2）离婚是一种民事法律行为，必须体现当事人本人的意愿。因此，就协议离婚而言，离婚双方当事人必须亲自到婚姻登记机关作出申请离婚的意思表示；就诉讼离婚而言，当事人即使有诉讼代理人，本人也应当到庭，但本人不能表达意志的除外。当事人因特殊情况无法出庭的，必须向人民法院提交书面意见，以表达本人的意思。

（3）离婚是解除婚姻关系的一种民事法律行为，因此，其以双方当事人必须存在合法有效的婚姻关系为前提。

（4）离婚必须具备法定的条件和遵守法定的程序。离婚行为只有具备法定的条件，遵守法定的程序，才能得到国家法律的认可，才能产生相应的法律效力。否则，均不能发生离婚的法律效力。

（5）离婚是具有重要意义的民事法律行为，从而会产生一系列的法律后果。如夫妻人身关系、财产关系的消灭，子女抚养关系的变更，夫妻财产的分割和债务的清偿等。

2. 离婚与婚姻无效、撤销的区别：

（1）离婚是合法婚姻的解除；婚姻的无效是指因欠缺婚姻成立的法定要件，

而被宣告不具有婚姻的法律效力；婚姻的撤销则是对成立时已有瑕疵婚姻的制裁。

（2）离婚的原因一般发生在结婚之后；而婚姻无效和婚姻撤销的原因则是发生在结婚之时或结婚之前。

（3）离婚从确定之日起解除婚姻关系，没有溯及力；而婚姻无效和婚姻的撤销均有溯及力，前者自始无效，后者从宣告之日溯及自始无效。

（4）离婚之诉婚姻当事人双方都有权提起；婚姻无效之诉既可由婚姻当事人提起，也可由当事人的近亲属等利害关系人提起；而婚姻的撤销则只有受胁迫一方配偶有权提起。

在本节导入案例中，虽然领取结婚证时，原告李某与被告许某双方均未到场，是由被告父亲代为补办，有瑕疵，但原告并未以此为由向法院诉求婚姻无效或被撤销；而且该瑕疵也不属于我国婚姻法规定的婚姻无效或被撤销的法定事由。因此，原告向法院主张离婚是有法律依据的，同时，原、被告双方婚后经常争吵、打架，并已分居两年多，双方感情确已破裂。原告的诉求应当得到法院的支持。

3. 离婚的种类。

（1）依当事人对离婚的态度，可分为双方自愿离婚和一方要求离婚。

（2）依离婚的法定程序，可分为依行政程序离婚和依诉讼程序离婚。

（3）依解除婚姻关系的方式，可分为协议离婚和判决离婚。

二、离婚制度的历史沿革

离婚制度是有关解除婚姻关系的实体性规范和程序性规范的总和。离婚作为一种法律制度是一个历史范畴，它的发生、发展和演变，既要受到社会物质生活条件及其生产关系的制约，又要受到政治、法律、宗教、道德和习俗等因素的影响，因此，离婚制度在不同的历史时期和不同的社会制度下，表现出不同的性质和特点。

（一）古代社会的离婚制度

在奴隶社会和封建社会，总体上实行的是专权离婚制度。其特点是丈夫享有离婚的特权，妻子不享有离婚权或者受到极为严格的限制。如《汉穆拉比法典》规定，丈夫可因妻子通奸、不生育、浪费家财等理由而离弃她，还可以在负债的情况下，出卖妻子或把妻子交出以为债奴。

在我国封建社会里，妻子完全处于夫权、家长权的绝对支配之下，丈夫享有离婚的特权，而妻子基本上无权离婚，即使丈夫死后，也要守节，不得再嫁。"出妻"就是这种专权离婚制度的典型体现。所谓出妻，是指妻子有法律规定的过错时，丈夫可依法将妻子休弃，终止婚姻关系。其中"七出"是允许男子休妻的七种法定理由。"七出"最早始于《大戴礼记·本命篇》："妇有七出：不顺父母去，无子去，淫去，妒去，有恶疾去，多言去，盗窃去。"妻子违反其中任何一条，丈夫就可以休弃她。自汉代直至清末，我国历代王朝的法律，都将"出妻"作为主要的离婚方式。

除此而外，在我国封建社会，还同时存在"义绝"、"和离"和"呈诉离婚"三种离婚制度。"义绝"是指夫妻之间或夫妻一方与对方的亲属之间，发生法律规定的事由时，国家强迫双方离婚的制度。《唐律·户婚律》规定："诸犯义绝者离之。违者徒一年。"《明律》也规定："若犯义绝应离而不离者，亦杖八十。"根据《唐律疏议》的规定，构成义绝的法定理由有：①夫殴妻之祖父母、父母及杀妻之外祖父母、伯叔父母、兄弟、姑、姊妹；②夫妻祖父母、父母、外祖父母、伯叔父母、兄弟、姑、姊妹自相杀；③妻殴夫之祖父母、父母，杀伤夫之外祖父母、伯叔父母、兄弟、姑、姊妹；④妻与夫之缌麻以上亲奸，或夫与妻母奸；⑤妻欲害夫。义绝是国家对婚姻家庭的直接干预，是一种强制离婚制度。

"和离"是指夫妻感情不和，自愿协议离婚并且不受处罚的行为。《唐律·户婚律》规定："若夫妻不相安谐而和离者不坐。"但是基于封建礼教的重重束缚、妇女没有独立的经济地位和受制于"三从四德"及传统的贞操观念，法律虽然给予了妇女"和离"这一权利，但实际上却是无法实现的。所谓"两愿离"，主要是取决于夫或夫家。

"呈诉离婚"是指夫妻一方有法律规定的特殊原因，对方可向官府呈递离婚诉状，由官府判决离婚的方式。从唐代以至明、清各代法律都对此有明确的规定。男方据以呈诉的理由主要有"妻背夫在逃"、"妻杀妾子"、"男妇虚执翁奸"等；女方据以呈诉的理由主要有"夫逃亡三年不还"、"夫抑勒或纵容妻妾与人通奸"、"夫典雇妻妾"等。

(二) 中世纪欧洲离婚制度

中世纪欧洲离婚制度的特征是实行禁止离婚主义。在早期罗马帝国统治时期，基于家父制的婚姻观念，承认丈夫一方的专权离婚。后随着基督教的产生和迅速发展，公元4世纪，基督教成为罗马帝国的国教，拥有至高无上的地位和权力，并形成了教会法。对于婚姻问题，基督教教会坚持一夫一妻制和婚姻不解除两大原则。但现实生活却难以确保一切婚姻均幸福美满，也无法阻止事实上的离婚，于是教会法不得不创设出婚姻无效宣告（即以欠缺结婚意思、近亲婚等一定的事由为理由，而拟制其婚姻不成立）、未完成婚姻（即虽已举行仪式但未有性关系者，则以其婚姻未完成而否定其婚姻）、别居制度（即仅以免除夫妻同居义务、并不切断夫妻的纽带为特征，当事人不得再婚）等，以缓和法律与现实之间的矛盾。至 16 世纪，教会内部已掀起了宗教改革运动，否认婚姻为圣事，主张应以通奸、恶意遗弃等为离婚理由。1791 年《法国革命宪法》宣称，婚姻不外乎民事契约。1792 年法律剥夺了教会对于婚姻的管辖权，并广泛承认离婚。后虽经一度反复，但离婚制度最终还是在法国得以确立。与此同时，英国、德国等也都确立了有责主义的近代离婚制度。

（三）近现代社会的离婚制度

近现代社会的离婚制度具有限制离婚主义的特征，并出现了由"有责主义"向"无责主义"和"破裂主义"发展的趋势。

1. 有责离婚主义。所谓"有责离婚主义"，又称为"过错离婚主义"，是指夫妻一方得以对方有违背夫妻义务的特定过错或罪责行为，作为提出离婚的法律依据。其目的是对有责的一方配偶进行制裁和对无责的配偶予以救济。最初规定的法定离婚理由为一方的过错行为，如通奸、虐待、遗弃、重婚、一方被判刑等。如 1804 年《法国民法典》以通奸、夫妻一方受徒刑或名誉刑宣告、暴行、虐待或重大侮辱为离婚原因；1857 年《英国婚姻事件法》以通奸为离婚的原因。

2. 无责离婚主义。所谓"无责离婚主义"，是指虽非夫妻一方的主观过错或罪责行为，但因一定的客观原因使婚姻的目的无法达到，出现了对维持夫妻关系有直接影响的事实，不堪同居生活，法律规定仍可以此事实作为离婚理由诉请离婚，如一方有生理缺陷不能发生性行为、患有严重的精神病或恶性疾病、生死不明等。《法国民法典》第 237 条、238 条就有此规定。

3. 破裂离婚主义。所谓破裂离婚主义，是指以婚姻关系已经破裂至无法期待其继续婚姻生活的程度作为一般离婚的原因，在婚姻破裂时，依夫妻一方或双方的请求将应准予离婚。在破裂离婚主义的模式之下，决定应否准予离婚的标准，不在于婚姻关系中夫妻的各种行为，而在于婚姻破裂的客观事实。如 1969 年《英国离婚改革法》、加拿大 1984 年的《离婚法》修正案、美国 1970 年《统一结婚离婚法》等都作了如此规定。

（四）我国现行离婚制度的特点

我国现行的离婚制度是在中国婚姻家庭制度改革的长期实践中形成和发展起来的，它源于新中国成立前革命根据地的离婚立法。1950 年的《婚姻法》彻底废除了旧中国封建社会的专权离婚制度，同时也否定了近代资本主义的过错离婚制度，确立了"保障离婚自由，反对轻率离婚"的指导思想和保障夫妻双方平等的离婚自由权的原则。1980 年立法机关对 1950 年《婚姻法》进行了修正，1980 年的《婚姻法》使我国的离婚制度得到了进一步完善，它首次明确将"夫妻感情破裂，调解无效"作为准予离婚的概括性原则，确立了抽象的破裂离婚主义，并在离婚后果方面作了完善。2001年4月28日，立法机关根据社会发展的需要又对1980年的《婚姻法》进行了部分修正，在夫妻感情确已破裂的概括离婚原则的基础上，进一步采取例示主义原则对认定方法加以说明，使其更具有可操作性。

我国现行的离婚法是以《婚姻法》及其他涉及离婚问题的法律、法规和司法解释等构成的法律体系。其基本特点可概括如下：

1. 坚持以"保障离婚自由、反对轻率离婚"为离婚法的指导思想。在我国离婚制度的发展史上，都贯穿着保障离婚自由，反对轻率离婚的指导思想，它也是在审判实践中处理离婚问题的基本原则。

保障离婚自由，是婚姻关系的本质和内在规定的客观要求。在社会主义社会，婚姻应当是男女双方基于爱情的结合，夫妻关系的建立和存续都应以爱情为基础。如果夫妻双方感情确已破裂，又无恢复的可能，强行维持这种婚姻关系对当事人、对孩子、对家庭、对社会都不利，也与婚姻的内在要求不相吻合。

当然，主张离婚自由，并不意味着男女双方可以轻率、随意地处理婚姻。因为，婚姻关系是社会关系的重要组成部分，家庭是社会的细胞。只有在夫妻感情确已破裂，确实无法继续共同生活时，方可提出离婚请求。反对轻率离婚，既是婚姻关系的内在诉求，也是维护婚姻当事人利益和社会利益的必然要求。我国《婚姻法》关于离婚的条件、程序和法律后果等的规定，既是对离婚自由的保障，又是对轻率离婚的限制与约束。

2. 在离婚程序上实行登记离婚与诉讼离婚双轨制。当夫妻双方自愿离婚并就子女的抚养和财产的分割达成协议时，可以向婚姻登记机关申请离婚登记，经批准而解除婚姻关系。夫妻一方要求离婚或双方虽同意离婚，但就子女的抚养或财产的分割没能达成协议的，可向人民法院提起离婚诉讼，经法院调解或判决，准予离婚。

3. 诉讼离婚实行破裂离婚主义，但在离婚后果上兼采过错离婚主义。在判决离婚认定的标准上，我国《婚姻法》坚持破裂离婚主义，即如果夫妻感情确已破裂，经调解无效，应准予离婚。值得注意的是,《婚姻法》第32条所列举的过错形态，只是法院用来确定夫妻感情是否确已破裂的具体标准和依据，而不是用来限制或约束过错方的离婚请求权。只是在离婚的法律后果上，将夫妻一方的过错行为作为分割夫妻共有财产的因素，而法定的过错行为则可产生损害赔偿。因而，从某个角度来看，我国的诉讼离婚也兼有一定的过错离婚主义的色彩。

4. 解决离婚问题注重保护妇女和子女的合法权益。保护妇女和儿童的合法权益既是我国婚姻法的基本原则之一，也是我国离婚法所坚持的基本原则。如我国《婚姻法》规定，在女方怀孕期间和分娩后 1 年内或中止妊娠后 6 个月内，对男方的离婚请求权给予必要的限制；对于夫妻共有财产的分割、债务的清偿、经济帮助等方面，都注重保护妇女的合法权益；在离婚子女的抚养问题上，明确以子女的利益为优先考虑，在确定子女的抚养归属、抚养费的给付、抚养关系的变更以及父母的探视等方面，均以有利于子女健康成长为原则。

第二节 登记离婚

导入案例

张倩与陈东（均系化名）于 2009 年 10 月结婚。由于张倩与陈东自由恋爱时间短，双方缺乏很好的了解。婚后，陈东一反婚前温善的性格，经常因一些家庭琐事或酗酒后对张倩大打出手。2010 年 11 月 23 日，陈东喝酒后又对张倩进行殴打，忍无可忍的张倩离家出走。在朋友的劝说下，张倩决定与陈东离婚。2011 年 1 月 3 日，张倩与陈东达成离婚协议，并到婚姻登记机关办理了离婚手续。2011 年 1 月 16 日，张倩以在婚姻存续期间，陈东对其实施家庭暴力，使其身体遭受伤害与精神遭受巨大痛苦为由，向法院起诉，要求陈东赔偿精神损害抚慰金 20 000 元。

问：张倩的主张能否得到法院的支持？

本案知识点：协议离婚；精神损害赔偿

教学内容

一、登记离婚的概述

登记离婚，又称协议离婚、合意离婚，是指夫妻双方自愿离婚，并就离婚的法律后果达成协议，经过婚姻登记机关认可即可解除婚姻关系的一种离婚方式。我国《婚姻法》第 31 条规定："男女双方自愿离婚的，准予离婚。双方必须到婚姻登记机关申请离婚。婚姻登记机关查明双方确实是自愿并对子女和财产问题已有适当处理时，发给离婚证。"

登记离婚以夫妻的离婚合意为本质特征，以双方当事人完全自愿并就离婚法律后果达成协议为前提，反映了婚姻法尊重婚姻当事人的婚姻意思自治的现代法治精神。这种离婚方式，不仅手续简单、节省时间和费用，不追究离婚的具体理由和婚姻的生活细节，有利于保护婚姻当事人的隐私，而且还能使当事人双方友好地分手，避免了当事人在诉讼离婚时的对立情绪，有利于离婚协议的自愿履行。但它也有易于造成轻率离婚、虚假离婚的弊端。

二、登记离婚的条件

根据我国新《婚姻法》和《婚姻登记条例》的规定，准予办理离婚登记的条件可概括为以下四个：

（一）登记离婚的男女双方须有合法的夫妻身份

离婚是解除合法婚姻关系的行为，具有很强的人身性，只能由具有夫妻身份的当事人本人行使，任何第三人都不得代替一方或双方去登记离婚。

（二）婚姻当事人应当是完全民事行为能力人

离婚是重要的民事法律行为，只有在双方当事人具有完全民事行为能力时，才能作出有效的离婚意思表示，才能进行登记离婚。《婚姻登记条例》第12条规定，当事人属于无民事行为能力人或限制民事行为能力人的，婚姻登记机关不予受理。对于夫妻一方是无民事行为能力人或限制民事行为能力人的离婚，只能依诉讼离婚程序，并由其法定代理人代理诉讼。

（三）当事人双方须有离婚的合意

夫妻双方有离婚的合意是登记离婚的本质特征，这就要求双方对于离婚的意愿必须是自愿的、真实的、一致的，而不是虚假的、受胁迫或受欺诈的，也不是双方为追求各自的或共同的利益而恶意串通的假离婚。

（四）婚姻当事人必须就子女的抚养和财产的分割作出适当的安排

离婚不仅仅是夫妻双方婚姻关系的解除，而且还涉及子女的抚养、夫妻共有财产的分割、债务的清偿、经济帮助等法律后果。因此，登记离婚不仅夫妻双方要有离婚的合意，还要就子女的抚养、夫妻共有财产的分割等法律后果作出适当的安排。《婚姻登记条例》第11条规定，离婚协议书应当载明双方当事人自愿离婚的意思表示以及子女的抚养、财产及债务的处理等协商一致的意见。该《条例》第12条又规定，未达成离婚协议的，婚姻登记机关不予受理。

三、登记离婚的程序

离婚登记与结婚登记一样，都要到婚姻登记管理机关去办理登记手续。根据《婚姻登记条例》的规定，登记离婚在程序上必须经过申请、审查和登记三个步骤。

（一）申请

《婚姻登记条例》第10条第1款规定，内地居民自愿离婚的，男女双方应当共同到一方当事人常住户口所在地的婚姻登记机关办理离婚登记。第11条第1款规定，办理离婚登记的内地居民应当出具下列证件和证明材料：①本人的户口簿、身份证；②本人的结婚证；③双方当事人共同签署的离婚协议书。

（二）审查

婚姻登记机关对于当事人的离婚申请，应当根据《婚姻法》和《婚姻登记条例》的规定,进行严格的审查,查明当事人的证明和证件是否齐全,是否符合登记离婚的条件;全面了解当事人离婚协议的内容,如当事人是否具有夫妻身份,离婚是否自愿,有无欺诈、胁迫、弄虚作假等违法现象,对子女的安排和财产的处理是否合理,等等。对那些感情确已破裂、双方又同意离婚但对子女的安排或财产的处理不合理的,要遵循婚姻法的精神作出必要的调整。对于那些违反婚姻法骗取离婚或虚假离婚的,应给予批评教育,不予登记。

(三) 登记

婚姻登记机关经过审查以后,对符合《婚姻法》和《婚姻登记条例》规定的离婚申请,应准予离婚。《婚姻登记条例》第13条规定,当事人确属自愿离婚,并已对子女抚养、财产、债务等问题达成一致处理意见的,应当当场予以登记,发给离婚证。当事人从取得离婚证时起即解除夫妻关系。离婚证与人民法院的离婚判决书、离婚调解书具有同等的法律效力,是证明婚姻关系已经解除的证明文件。对于不符合《婚姻法》和《婚姻登记条例》规定的,婚姻登记机关则不予登记,并应向当事人说明理由。

登记离婚对于双方当事人来说,是一种简便、快捷、自由的离婚方式,除了必要的条件和程序之外,没有任何其他的限制;对国家和社会来说,它减轻了诉讼离婚给法院所带来的负担。

四、关于登记离婚的几个相关问题

(一) 离婚登记后,双方就子女的抚养、财产的分割引起纠纷,要求人民法院重新给予处理的问题

根据最高人民法院《婚姻法解释(二)》第8~9条的规定:"离婚协议中关于财产分割的条款或者当事人因离婚就财产分割达成的协议,对男女双方具有法律约束力。当事人因履行上述财产分割协议发生纠纷提起诉讼的,人民法院应当受理。""男女双方协议离婚后1年内就财产分割问题翻悔,请求变更或者撤销财产分割协议的,人民法院应当受理。人民法院审理后,未发现订立财产分割协议时存在欺诈、胁迫等情形的,应当依法驳回当事人的诉讼请求。"

(二) 关于假离婚的问题

假离婚是婚姻当事人双方为了共同或各自的目的,约定暂时离婚,等目的达到后再复婚的行为。在实践中,假离婚有两种情形:一是向婚姻登记机关进行假离婚登记;另一种则是在人民法院达成假离婚的调解协议。假离婚纠纷在现实生活中,往往是婚姻当事人一方欺骗对方,通过假离婚而达到真离婚的目的。《民事诉讼法》第124条第3项之规定,对于在婚姻登记机关进行假离婚登记而发生的纠纷,人民法院不予受理,应由当事人向原登记机关申请解决。

(三) 关于欺骗离婚的问题

欺骗离婚是指当事人一方出于某种不可告人的目的,捏造虚假的事实或隐

瞒真实情况,向对方许诺先离婚再复婚,从而骗取对方同意离婚的行为。对于婚姻当事人双方串通、弄虚作假,共同欺骗婚姻登记机关,骗取离婚的,由此产生的后果,应由当事人各自承担。如果双方当事人均未另行结婚的,婚姻登记机关可宣告离婚无效,收回离婚证。如果离婚当事人一方或双方已经与第三人结婚,应当承认再婚是有效的。此时,虚假离婚的当事人请求宣告虚假离婚无效的请求权归于消灭,原虚假离婚的行为发生法律效力。

(四)关于托人代办或冒名顶替领取离婚证的问题

离婚是与身份紧密相连的民事法律行为,具有强烈的人身性,只能由具有夫妻身份的当事人在有完全民事行为能力时进行,法律绝对禁止托人代办或冒名顶替申请办理离婚登记。因此,婚姻登记机关在审查离婚申请的过程中,一旦发现有人代办或冒名顶替申请办理离婚登记的情形,应给予严肃的批评教育,并驳回离婚申请,不予登记。即使是托人代办或冒名顶替而蒙混过关,骗取离婚证的,登记机关一经发现,应立即宣布其离婚行为无效,收回离婚证。值得注意的是,在登记离婚时,对于双方没有约定或约定不明的事项(子女抚养除外),当事人能否再向法院提起诉讼的问题。

在本节导入案例中,张倩能否以在婚姻存续期间,陈东对其实施家庭暴力,使其身体遭受伤害与精神遭受巨大痛苦为由,向法院主张要求陈东赔偿精神损害抚慰金。我们认为,如果张倩有足够证据证明陈东对其实施了家庭暴力行为,造成了其身体和精神的伤害,并最终导致双方婚姻解体,那么陈东就存在很大过错。尽管双方已经协议离婚,但在离婚协议中张倩并没有明确放弃损害赔偿请求权,其起诉也没有超过1年的除斥期间,张倩的诉讼请求应当得到法院的支持,至于具体数额则由法院酌定。

第三节 诉讼离婚

导入案例

黄明与叶莉(化名)于1990年结婚,结婚前叶莉的父母送给叶莉一盒价值万元的首饰作为嫁妆。婚后黄明、叶莉生育两个子女。2000年,叶莉不幸遇车祸身亡。2001年,黄明认识了焦娟,彼此都有好感,经人撮合,两人于2002年结婚。婚后,两人感情很好。考虑到焦娟没有子女,黄明便与焦娟商量,把首饰归焦娟个人所有,其余财产作为双方共同共有的财产。两人签订了协议并到市公证处公证。后来,黄明的长子黄磊知道了父亲和继母的协议后,非常生气,觉得父亲把母亲的东西送人，太不应该，便动员其妹黄芳芳一起到法院起诉，要求焦娟将首饰交出来。法院受理了此案。

问：①叶莉的父母送给叶莉的首饰是什么性质的财产？②黄明与焦娟订立的财产协议是否有效？

本案知识点：夫妻个人财产与共同财产的区分；财产协议的效力

教学内容

一、诉讼离婚的概述

诉讼离婚，又称裁判离婚，是指夫妻一方基于法定离婚原因，向人民法院提起离婚诉讼，人民法院依法通过调解或判决解除当事人婚姻关系的一种离婚方式。

我国的诉讼离婚适用于三类离婚情形：一是夫妻一方要求离婚而另一方不同意离婚的；二是夫妻双方都同意离婚但就子女的抚养、财产的分割等没能达成协议的；三是未依法办理结婚登记而以夫妻名义共同生活且为法律承认的事实婚姻。当然，对于符合登记离婚条件的合意离婚，如果当事人基于某种特殊的原因而不愿意进行离婚登记的，也可以适用诉讼离婚。

相对于登记离婚而言，诉讼离婚则是"对真正有争议的离婚事件进行裁判"。它要求当事人必须提出请求及其事实与理由，法院通过行使审判权来解决离婚争端。离婚之诉与一般的民事诉讼相比，属于本质上的合并之诉，不仅要解决是否准予离婚的问题，还要在准予离婚的同时解决离婚的诸多法律后果问题，如子女的抚养、夫妻共有财产的分割、债务的清偿、经济帮助、探望权的行使和离婚损害赔偿等。在审理程序上，法院对离婚诉讼更多采取的是职权主义，依职权主持调解。

根据我国《民法通则》的规定，自然人死亡后，其婚姻关系自行终止，其财产转变为遗产，发生继承关系。在本节导入案例中，叶莉在结婚前其父母送给她一盒价值万元的首饰作为嫁妆，具有赠与性质，是属于叶莉的个人财产，其死亡后，该首饰转变为叶莉的遗产，应由其父母、子女和黄明加以继承。而黄明与焦娟订立协议将首饰送与焦娟的行为属于无权处分，即处分了属于叶莉父母和其子女的那部分财产，应是无效的。

二、诉讼离婚的程序

（一）管辖

依照我国《民事诉讼法》和《民诉意见》的规定，公民提起离婚诉讼的，原则上应由被告住所地人民法院管辖；但被告离开住所地超过1年，由原告住所地人民法院管辖；夫妻双方离开住所地超过1年，由被告经常居住地人民法院管辖；没有经常居住地的，由原告起诉时居住地的人民法院管辖；被告不在中华人民共和国领域内居住、下落不明或宣告失踪、被劳动教养或者被监禁的，由原告住所地或经常居住地人民法院管辖；非军人对非文职军人提起离婚诉讼的，由原告住所地人民法院管辖；双方当事人都是军人的，由被告住所地或者被告所在的团级以上驻地的人民法院管辖；中国公民双方在国外但未定居，一方向人民法院起诉离婚的，应由原告或者被告原住所地的人民法院管辖。

(二) 调解

我国《婚姻法》第32条第2款规定："人民法院审理离婚案件，应当进行调解；如感情确已破裂，调解无效，应准予离婚。"这一方面表明，无论是何种情形的诉讼离婚，均由人民法院依法审理；另一方面也表明调解是人民法院在审理离婚案件过程中的必经程序，是司法机关行使审判职能的重要方式。诉讼中的调解是指在人民法院审判人员的主持下，由双方当事人自愿协商，达成协议，解决纠纷。它与诉讼外调解不同：①它既是人民法院行使国家审判权的一种方式，与审判结合进行，又是人民法院在审理离婚案件的整个过程中必须贯彻的原则。②诉讼中的调解，重在发挥人民法院的主导作用，在整个案件审理的过程中，人民法院都可以依职权主动进行调解，以促使当事人达成协议。双方当事人达成的离婚协议必须得到人民法院的认可与批准，发给离婚调解书后才能发生法律效力。

离婚诉讼中调解，也可能有三种结果：①双方达成和好协议，原告撤诉，将调解协议记录在卷。②双方达成离婚协议，人民法院审判人员根据调解协议，制作离婚调解书，调解书与判决书具有同等的法律效力。双方领取了离婚调解书，婚姻关系即告解除。③调解无效，不能达成调解协议，由人民法院依法作出判决。

(三) 判决

根据我国《婚姻法》第32条第2款的规定，判决离婚是有条件的。对于调解无效的案件，只有当夫妻感情确已破裂的，才能判决准予离婚，并对子女、财产等一并作出处理。否则，应当判决驳回原告的离婚诉求。无论是准予离婚还是不准离婚的一审判决，当事人都有15天的上诉期，未在上诉期内依法上诉的，一审判决发生法律效力。在上诉内依法上诉的，案件进入二审程序。二审时仍可进行调解，调解无效的判决，属终审判决，一经送达即发生效力。对于判决不准离婚或调解和好的离婚案件，没有新情况、新理由，当事人在6个月内又起诉的，人民法院不予受理。另根据我国《民事诉讼法》第202条的规定，当事人对于已经发生法律效力的解除婚姻关系的判决、调解书，不得申请再审。

三、我国《婚姻法》关于离婚问题的特殊规定

（一）关于现役军人的配偶离婚诉权的特殊规定

我国《婚姻法》第33条规定："现役军人的配偶要求离婚的，须得军人同意，但军人一方有重大过错的除外。"这是《婚姻法》对于现役军人的配偶的实体离婚权利的限制，体现了对军人婚姻的特殊保护理念。

根据最高人民法院的相关司法解释和审判实践经验，在适用本条款时，应注意以下方面的问题：

1. 本条仅适用于非军人一方向现役军人一方提出离婚的情形。如果是现役军人一方向非军人一方提出离婚，或者双方都是现役军人的离婚纠纷，则应按婚姻法的一般规定处理，不适用本条的规定。

2. 本条限制的是非军人一方的实体离婚权利，而不是其离婚请求权。即现役军人的配偶起诉要求离婚的，人民法院应当受理，只是当现役军人不同意离婚而且无重大过错时，人民法院一般应当判决不准离婚。可见，本条限制的是现役军人的配偶的离婚胜诉权。

3. 关于现役军人的范围。所谓现役军人，是指具有军籍、正在人民解放军和人民武装警察部队服役的干部和士兵。既包括武职人员，又包括文职人员，如在军事院校、科研机构中具有军籍，从事教学、科研的人员等。但不包括：在军队中工作但没有军籍的职工；转业、复员、离退休军人和在地方担任某种军事职务的人；正在被劳动教养或服刑的军人。

4. 关于"重大过错"的认定标准。非军人配偶提出离婚，无须征得军人同意，但要以军人一方有重大过错为前提。对于何谓"重大过错"，我国《婚姻法》并未作出明确的规定。根据《婚姻法解释（一）》第23条之规定，如果军人一方有：重婚或与他人同居的；实施家庭暴力或虐待、遗弃家庭成员的；有赌博、吸毒等恶习屡教不改的；有其他严重违背社会公德并对夫妻感情造成严重伤害的行为如强奸妇女、嫖娼等违法犯罪行为的，可以认定为军人有重大过错。

5. 关于本条与《婚姻法》第32条第2款的关系。《婚姻法》第32条第2款"感情确已破裂，调解无效，应准予离婚"的规定，是关于所有离婚案件的一般处理规则。对于军人离婚案件，最终是否判决离婚，仍应以感情是否确已破裂为依据。《婚姻法》第33条"现役军人的配偶要求离婚，须得军人同意"的规定，是出于对军人婚姻的特殊保护，属于军人离婚诉讼中的特别规定，应当优先适用。但并不能由此得出军人不同意离婚的，就绝对不能判决离婚的结论，也不能以此来否定夫妻感情确已破裂这一所有诉讼离婚判决的法定理由。否则，将军人是否同意离婚作为是否判决离婚的一个条件，无论夫妻感情是否破裂，

只要军人不同意离婚就不准予离婚，必然会侵害军人配偶的合法权利，并有悖于婚姻自由的原则和婚姻的本质，也不符合立法的本意。法律设置此条规定的目的，只是对军人配偶的离婚权利进行一定的限制，保护军人尚未死亡的婚姻，防止感情没有破裂或没有完全破裂的军人婚姻关系的解除，而并非依靠法律的手段来强制维持感情确已破裂、没有继续存在必要的婚姻。

（二）关于在特定期间对男方离婚诉权限制的特殊规定

我国《婚姻法》第 34 条规定："女方在怀孕期间、分娩后 1 年内或中止妊娠后 6 个月内，男方不得提出离婚。女方提出离婚的，或人民法院认为确有必要受理男方离婚请求的，不在此限。"这是婚姻法对怀孕期间和分娩后、堕胎后妇女的特殊保护，也是保护妇女、儿童合法权益的原则在离婚制度上的具体体现。因为女方在怀孕期间和分娩、堕胎后的一定期间内，身体上、精神上均有一定的负担，或者是有胎儿、婴儿需要特别照料。如果男方在此时提出离婚，必然会给女方带来强烈的精神刺激和心理负担，以致影响到孕、产妇的身心健康，不利于胎、婴儿的发育和成长。因此，在此期间禁止男方提出离婚请求，既是客观事实的需要，也是社会主义道德的必然要求。但在具体适用这一规定时，应注意几个方面的问题：

1. 这一特殊规定，仅仅是在特定的时间内对男方离婚请求权进行一定的限制，而并非是对男方离婚请求权的剥夺与否定。它是一种程序上的规定，并不涉及是否准予离婚等实体性的问题。

2. 女方在此期间提出离婚，不受这一特殊规定的限制。因为这一特殊规定的设立，其目的就在于保护妇女、儿童的权益。

3. 人民法院认为确有必要受理男方离婚请求的，也不受这一特殊规定的限制。所谓"确有必要"，一是指女方因通奸而怀孕、男方提出离婚的情况；二是在此期间双方确实存在不能继续共同生活的重大而急迫的事由，一方对他方有危及生命、人身安全的可能。

4. 人民法院在未发现女方怀孕时判决离婚，宣判后，女方发现怀孕提起上诉的，查明事实后，第二审法院应立即撤销原判决，驳回原告的离婚请求，不必发回原审法院重新审判。

5. 女方分娩后 1 年内，婴儿死亡的，原则上仍适用上述规定。

（三）对判决不准离婚和调解和好的，再次起诉离婚的限制

我国《民事诉讼法》第 124 条第 7 项规定，判决不准离婚和调解和好的离婚案件，判决、调解维持收养关系的案件，没有新情况、新理由，原告在 6 个月内又起诉的，不予受理。这既可防止当事人"缠讼"现象的发生，也可以给当事人一个冷静的机会，让他们重新审视自己的婚姻，以挽救那些感情尚未破

裂的婚姻。在适用这一规定时，应注意：

1. 此项限制仅适用于原离婚诉讼的原告，对于原离婚诉讼的被告则不受此限。因此，原离婚诉讼的被告在 6 个月内作为原告提起离婚诉讼的，即使没有新情况、新理由，人民法院也应当受理。

2. 原告在判决不准离婚或者调解和好后 6 个月内不得提出离婚诉讼，其限制条件是没有新情况、新理由，即与原离婚诉讼所提出的事实、理由没有变化或没有本质的变化。但如果出现了诸如感情确已破裂的新情况、新理由，也可在 6 个月内提起诉讼，经人民法院审查确属于新情况、新理由的，人民法院应当依法受理。

第四节　判决离婚的法定标准

导入案例

2009 年，张某和袁某自由恋爱，2010 年登记结婚，婚后未生育子女。结婚初期，双方关系尚好，2013 年 7 月因张某不慎将结婚钻戒遗失后未与袁某妥善沟通和交流，双方为此发生争执，导致夫妻关系失和。2014 年 1 月，张某以夫妻感情破裂为由，向法院提起离婚诉讼。张某表示，由于自己不慎遗失结婚钻戒，与丈夫发生争执，以致自己住回娘家，至今分居，现夫妻感情破裂，要求与对方离婚。袁某则认为，尽管妻子遗失结婚钻戒是件不愉快的事，并且双方也因此发生了一些口角，但尚未达到夫妻感情破裂的程度，所以不同意离婚。

问：法院能以此作为判决离婚的标准吗？

本案知识点：判决离婚的法定标准

教学内容

一、判决离婚法定标准的概述

所谓判决离婚的法定标准，又称为判决离婚的法定条件（或理由），是指法律规定的是否准予离婚的标准和依据。首先，它是法律规定的是否准予离婚的规范性标准，具有适用于所有离婚案件的普遍效力。其次，它是法院审理离婚案件据以决定是否准予离婚的法定标准，是所有离婚判决都必须予以援引的准据，是决定婚姻关系的归宿和命运的原则性界限。最后，它是婚姻当事人提起离婚诉讼、请求解除婚姻关系的依据和理由，是举证、质证和认证的焦点。可以说，判决离婚的法定标准是离婚制度中的根本性制度和离婚法指导思想的直接体现，是一个国家、一个民族关于离婚的传统文化之积淀和制度性法文化最集中、最现实的反映，也是离婚法精髓之所在。

从人类离婚制度发展演变的历史和当今世界各国离婚法的价值趋向及现实趋向来看，凡是许可离婚的国家或地区，其判决离婚的标准可从四个方面来分析界定：①根据法律规范的表达形式，可归纳为具体列举主义、概括主义和例示主义。②根据判决离婚标准的内容要求，可归纳为有责主义、无责主义和破裂主义，或曰过错原则、干扰原则与破裂原则。③根据判决离婚标准所隐含的功能，可归纳为惩罚主义、救济主义和惩罚与救济相结合主义。④根据判决离婚标准的法律效力，可归纳为绝对离婚主义与相对离婚主义。前者是指只要当事人能举证证明婚姻关系的现状符合离婚的法定标准，法院就应依法作出准予离婚的判决；后者则是指当事人的婚姻状态虽然被确认符合离婚的法定标准，但是否准予离婚，还须考虑与婚姻相关的其他情况，因而不一定都判决离婚。

二、我国判决准予离婚的法定标准

我国 1980 年《婚姻法》中明确将"夫妻感情确已破裂，调解无效"作为判决准予离婚的法定标准。2001 年修正后的《婚姻法》第 32 条第 2 款规定："人民法院审理离婚案件，应当进行调解；如感情确已破裂，调解无效，应准予离婚。"由此我们可以认为，夫妻感情确已破裂，是我国离婚制度中判决准予离婚的唯一法定标准，也是人民法院处理离婚案件的基本原则。

这一判决离婚的法定标准，其基本构成是两个方面：一是夫妻感情确已破裂；二是调解无效。二者互为表里，形成了不可分割的有机整体。其中，感情确已破裂是实体性原因，是判决是否准予离婚的法定条件；而调解无效只是程序性原因，是感情确已破裂的外在表现形式，因而不能作为判决离婚的实质要件。

（一）以夫妻感情确已破裂作为判决离婚法定标准的立法依据

1. 以夫妻感情确已破裂作为判决离婚的法定标准，反映了社会主义婚姻的本质，也符合马克思主义关于离婚问题的理论。在我国社会主义社会，提倡建立以感情为基础的婚姻。男女双方的感情（或爱情）应是婚姻建立的基础，也是婚姻关系赖以存在的本质要求。各种离婚纠纷的产生，归根结底都是感情发生变化的结果。马克思主义也认为，婚姻关系从本质上说，是一种感情关系，如果夫妻感情已经破裂，就意味着婚姻从本质上已经死亡。"法院判决的离婚只能是婚姻内部崩溃的记录。"[1] 人们既不能用法律手段强制解除感情尚未破裂的婚姻关系，也不能用法律手段强行维系感情已经破裂的婚姻。因此，是否准

---

[1]《马克思恩格斯全集》第 1 卷，人民出版社 1956 年版，第 185 页。

予离婚，只能以夫妻的感情状况为客观依据。

2. 以夫妻感情确已破裂作为判决离婚的法定标准，是我国长期立法、司法实践经验的总结。我国1950年的《婚姻法》并未对准予离婚的法定标准作出明确的规定，仅在第17条第1款规定："……男女一方坚持要求离婚的，经区人民政府和司法机关调解无效时，亦准予离婚。"1963年最高人民法院《关于贯彻执行民事政策几个问题的意见》中指出："对那些夫妻感情已完全破裂，确实不能和好的，法院应积极做好坚持不离一方的思想工作，判决离婚。"明确提出了以"感情是否完全破裂"作为准予离婚的标准。1979年最高人民法院在《关于贯彻执行民事政策法律的意见》中又指出："人民法院审理离婚案件准离与不准离的基本原则界限，要以夫妻关系事实上是否确已破裂，能否恢复和好为原则。"而1980年在制定《婚姻法》时，正式把感情是否确已破裂作为准予离婚的法定标准。在2001年婚姻法修正的过程中，不少人又主张将"婚姻关系破裂"作为准予离婚的法定条件。但立法机关在广泛征求社会各界意见的基础上，仍坚持以感情确已破裂作为判决准予离婚的唯一法定标准。由此可见，以感情破裂作为准予离婚的法定标准，是我国长期以来，立法和司法实践经验总结的成果。

3. 以夫妻感情确已破裂作为判决离婚的法定标准，符合当代离婚立法的发展趋势。20世纪60年代以后，世界上许多国家的离婚立法摒弃了限制离婚主义，实行自由离婚主义。在离婚的原则上摒弃了过错离婚原则，转向了破裂离婚原则。我国婚姻法吸收了国外离婚立法的经验成果，充分总结了我国几十年来的婚姻立法情况和司法实践的教训，将夫妻感情破裂作为离婚的唯一法定标准，明确规定在婚姻法之中，既符合我国的国情，也符合世界离婚立法的发展趋势。

(二) 我国《婚姻法》关于判决离婚法定标准的体系特征[1]

我国2001年修正的《婚姻法》关于判决离婚法定标准的规定，集中体现在《婚姻法》第32条，它在抽象层面和程序规则上继承和保留了1980年《婚姻法》的内容，但在判决离婚标准的具体认定和把握上作了明示列举，在法律规范的表述方式上作了重大创新。《婚姻法》第32条第1款规定："男女一方要求离婚的，可由有关部门进行调解或直接向人民法院提出离婚诉讼。"（与1980年《婚姻法》的规定相同）第2款规定："人民法院审理离婚案件，应当进行调解；如感情确已破裂，调解无效，应准予离婚。"（与1980年《婚姻法》的规定相

---

[1] 本部分主要参照了杨大文主编的《婚姻家庭法学》，中国人民大学出版社2006年版，第177~180页。

同）第 3 款规定："有下列情形之一，调解无效的，应准予离婚：①重婚或有配偶者与他人同居的；②实施家庭暴力或虐待、遗弃家庭成员的；③有赌博、吸毒等恶习屡教不改的；④因感情不和分居满 2 年的；⑤其他导致夫妻感情破裂的情形。"第 4 款规定："一方被宣告失踪，另一方提出离婚诉讼的，应准予离婚。"在这四款之中，后三款共同构成了我国判决离婚标准的完整体系，也是实践中处理各种离婚纠纷的依据。

1. 就离婚标准的规范形式分析，我国婚姻法在抽象概括主义与具体列举主义相结合的基础上，形成了例示主义的判决离婚标准模式。一方面，以抽象概括形式规定离婚的标准，是现代离婚立法发展的趋势之一，也是自由离婚主义的重要表现。"夫妻感情确已破裂"作为我国《婚姻法》规定的离婚法定标准，则是这种概括主义的典型代表之一。它以高度概括的表述方法，以最简明的法律语言概括出婚姻破裂无法挽回、夫妻关系无法继续维持作为唯一的离婚理由。它有效地克服了具体列举性规定的弊端，其灵活性、抽象性和外延的不确定性等功能特点使其在最大范围和程度上对导致离婚的一切原因囊括无遗，疏而不漏。但是，另一方面，这种概括式表述方法对离婚理由规定得过于抽象、笼统和一般化，使法律标准成为一种模糊的、可伸缩的弹性原则，使得法律所应有的确定、安全、可操作性等诸多价值难以体现。同时，由于具体标准不明确、规范的导向性差，必然会导致很多人动辄诉请离婚、缠讼的现象发生。更为严重的是，法律上的弹性规定使得法官享有较大的自由裁量权，可能会导致其同类案件的处理宽严失范，损害法律的一致性和权威性，影响法律的运行效果和人们对于法律的信赖。基于此，《婚姻法》又通过第 32 条第 3 款列举具有常见性、多发性的四类具体离婚原因或理由，作为认定夫妻感情确已破裂的依据，以弥补"感情确已破裂"这一概括性离婚标准的不足，并特列"其他导致夫妻感情破裂的情形"这一模糊的、抽象的外延极不确定的标准，使法定离婚标准的概括性规定与列举性兼收并蓄，结合运用。

总之，修正后的《婚姻法》确立了抽象概括与具体列举相结合的例示主义的判决离婚标准模式。其中，列举规定是概括性规定的例示说明或典型表现，而概括性规定又是对列举性规定的补充和拓展。既使法律规范细密而不呆板，宽泛而有法度，又显示出法律规范的合理性和可操作性。这是我国离婚标准立法的一大发展和进步。

2. 就离婚标准的实质内容分析，修正后的婚姻法彻底摒弃了有责主义的过错原则，奉行完全的破裂原则，并将干扰原则包含在破裂原则之中。修正后的《婚姻法》，无论是抽象概括的规定，还是具体列举的各种形式，都始终坚持破裂原则这一判决离婚的唯一法定标准。作为 1980 年《婚姻法》的继受，破裂原则经过二十多年的实践积淀和理论提炼，呈现出三个方面的特点：

（1）该破裂原则作为判决离婚唯一的法定标准，具有独立的、普遍的法律效力。首先，在法律上，夫妻感情确已破裂是法律所确认的唯一的、独立的离婚理由，除法律有特别规定的以外，不受任何前置性条件或相关因素的排斥和制约。其次，在审判实践中，所有离婚判决都是以夫妻感情是否破裂作为法律上和事实上的双重根据。《婚姻法》第 32 条第 3 款所列举的四种具体情形不但没有排斥和限制感情破裂原则，反而是对感情破裂原则在具体适用中进一步强化和展示。最后，感情破裂原则是每一个离婚诉讼活动的中心和最后的归属，是婚姻关系变化最集中的体现，也是最有说服力、最普遍的离婚理由。

（2）该破裂原则是积极破裂原则，即双方当事人都有离婚请求权的破裂原则。尽管第 32 条第 3 款列举有过错离婚的原因，但它仅仅是认定夫妻感情破裂的依据，而并不是用来限制过错方的离婚请求权，即使是因这些过错而提出离婚，夫妻双方都有离婚请求权，只要符合法律规定"应准予离婚"的情形，也会因当事人有过错而判决不准离婚。因此，这是一种积极的破裂离婚主义。

（3）该破裂原则是一种彻底的无因破裂，即不论导致夫妻感情破裂的具体原因，也不论当事人是否有过错，只要当事人根据自己的判断，认为夫妻感情确已破裂，就可以提出离婚诉讼请求；人民法院经过审理，在调解无效并确认夫妻感情已破裂的情况下，可判决离婚。当然，这种无因破裂并不能排除当事人应承担证明夫妻感情确已破裂的举证责任，也不能排除人民法院通过深入细致的调查，全面把握当事人的婚姻状况，查明感情是否破裂的事实及具体原因，以便作出是否准予离婚的正确裁判。

三、夫妻感情确已破裂的涵义及其具体认定

所谓夫妻感情，是指夫妻双方相互关切、相互爱慕之情。"夫妻感情确已破裂"则是指夫妻感情已不复存在，不能继续夫妻共同生活并且不能期待夫妻双方有和好的可能。夫妻感情虽然属于人的心理、情感的精神活动范畴，并具有个性化的主观色彩和深层的隐秘性，但这种主观意识总会通过一些客观状况如行为表现出来。夫妻感情破裂的标志就是"夫妻共同生活已不复存在"的客观状况和"不能期待双方恢复共同生活"的主观状况这两个方面。2001 年修正后《婚姻法》，一方面将夫妻一方或双方严重妨碍婚姻共同生活的过错行为、两年以上分居的客观事实及其他情形等作为夫妻感情破裂的客观判断标准；另一方面，又以调解无效来推定夫妻感情已经破裂，并以此来作为夫妻感情破裂的主观标志，使得法律意义上的感情破裂成为客观上的破裂与主观上的破裂的有机统一。

1. 关于在司法实践中认定夫妻感情破裂的方法。最高人民法院在《关于人

民法院审理离婚案件如何认定夫妻感情确已破裂的若干具体意见》（以下简称《感情破裂意见》）中指出："判断夫妻感情是否确已破裂，应当从婚姻基础、婚后感情、离婚原因、夫妻关系的现状和有无和好可能等方面综合分析。"这一规定，即是司法实践中认定夫妻感情是否破裂的"四看"方法。

（1）看婚姻基础。婚姻基础就是指男女双方建立婚姻关系时的感情状况和相互了解的程度。它是婚姻得以缔结的根本和起点，对婚姻关系的维持起着重要的奠基作用。

看婚姻基础就是要调查了解双方结合的方式、恋爱时间的长短、结婚的动机和目的。也就是看双方是自主自愿的，还是父母或他人包办强迫的；是以爱情为基础的，还是以金钱、地位或财产为目的而结合的；双方是通过自由恋爱充分了解而结合的，还是一见钟情的草率婚姻；双方是真心相爱、想白头到老，还是为了其他目的的权宜之计，或者是出于同情、怜悯、感恩而结合的，等等。这些因素对婚后感情变化和离婚纠纷的产生都会有直接或间接的影响。

一般而言，婚姻基础好的夫妻婚后感情也比较好，一旦发生纠纷，通过调解也较容易和好。相反，如果婚姻基础本来就较差，婚后又没有建立起真正的夫妻感情，有了矛盾以致发生离婚纠纷，重新和好的可能性就小一些。当然，这个问题并不是绝对的，对婚姻基础要以发展和辩证的眼光去看待，它只是分析判断夫妻感情的条件之一。

（2）看婚后感情。婚后感情就是男女双方结婚以后的相互关切、忠诚、敬重、喜爱之情。看婚后感情就是看夫妻共同生活期间的感情状况。婚后感情好的夫妻，在婚后生活中能互敬互爱、互相尊重、互相关心体贴，能共同承担抚养子女、赡养老人和社会责任。这种情形下夫妻一方要求离婚的，应多做调解和好工作，如调解无效，可判决不准离婚为宜。婚后感情一般的夫妻，在婚后的生活中，感情时好时坏，有矛盾也有和谐，有纠纷也有恩爱。发生纠纷后，经过双方自我反思，或经亲友、朋友、单位领导的劝解，能摒弃前嫌，和好如初。如夫妻一方要求离婚的，如果没有难以排解的特别重大原因，经调解无效的，一般也不宜判决离婚。婚姻感情不好的夫妻，在其婚后共同生活中未能建立起有效的夫妻感情，或者从感情好，逐渐变为冷淡、冷漠，甚至是矛盾尖锐、势不两立，此时一方起诉离婚的，如果是导致离婚的原因无法排除，确实无和好的可能，不立即解除双方的婚姻将会使矛盾进一步激化，发生意外事件，应当认定夫妻感情确已破裂，准予离婚。

（3）看离婚的原因。离婚的原因是指引起离婚的最根本的因素，即引起夫妻纠纷的主要矛盾或夫妻双方争执的焦点与核心问题。任何一对要求离婚的夫妻，都会向法庭呈诉许多离婚的原因。这些原因可能是单一的，也可能是复合的；有的是主观上的，有的是客观上的；有的是真实的，有的是虚假的；有的是直接的，有的是间接的；有的是可以调解排除的，有的是不可调和的。在司法实践中，有时当事人陈述的离婚原因与真实的离婚原因并不一致，有时当事人为达到离婚的目的，往往会夸大事实，制造假象来掩盖其真实的目的；而有一些当事人为了达到不离婚的目的，也会想尽一切办法来否定原告的离婚理由。因此，人民法院一定要查明产生离婚纠纷的真正的、主要的、起决定作用的原因。只有掌握了当事人离婚的真正原因，才能不为表面或虚假现象所迷惑，才能分清是非，明确责任，正确估计离婚的原因与夫妻感情破裂之间的内在联系，有针对性地做好调解工作，合理地解决离婚纠纷。

（4）看夫妻关系的现状和有无和好的可能。这是在上述三看的基础上进一步把握夫妻关系的现状和各种有利于和好的因素，对婚姻的发展前景进行估计和预测。如夫妻双方对立情绪的大小、是否分居、夫妻间的权利义务是否中止、对子女是否尽抚养义务、过错方有无悔改表现等，这些情况对判断夫妻关系的发展前景、有无和好的可能都很重要。它决定着调解工作的方向，也为最后判决提供了依据。夫妻感情不是一成不变的，它会受到各种内外部因素的作用与影响。因此，判断有无和好的可能，既要看夫妻感情的实际状况，也要看双方当事人的态度，包括坚持不离婚的一方有无争取和好的愿望及实际行动。人民法院应当善于发现和好的因素，尽可能地帮助当事人改善婚姻关系。如果夫妻感情尚未完全破裂，仍有和好的希望，应努力做好调解和好工作，不准离婚。反之，则应准予离婚。

上述四个方面相互影响，成为认定夫妻感情状况的相互联系的整体。

2. 关于认定夫妻感情确已破裂的法定具体标准。最高人民法院在《感情破裂意见》中指出："判断夫妻感情是否确已破裂，应当从婚姻基础、婚后感情、离婚原因、夫妻关系的现状和有无和好的可能等方面综合分析。"并列举了14种具体情形，为人民法院审理离婚案件提供了可操作性的规范依据。这14种情形是：①一方患有法定禁止结婚疾病的，或一方有生理缺陷，或其他原因不能发生性行为，且难以治愈的。②婚前缺乏了解，草率结婚，婚后未建立起夫妻感情，难以共同生活的。③婚前隐瞒了精神病，婚后经治不愈，或者婚前知道对方患有精神病而与其结婚，或一方在夫妻共同生活期间患精神病，久治不愈的。④一方欺骗对方，或者在结婚登记时弄虚作假，骗取结婚证的。⑤双方办理结婚登记后，未同居生活，无和好可能的。⑥包办、买卖婚姻、婚后一方随即提出离婚，或者虽共同生活多年，但确未建立起夫妻感情的。⑦因感情不和分居已满3年，确无和好可能的，或者经人民法院判决不准离婚后又分居满1年，互不履行夫妻义务的。⑧一方与他人通奸、非法同居，经教育仍无悔改表现,无过错一方起诉离婚,或者过错方起诉离婚,对方不同意离婚,经批评教育、处分,或在人民法院判决不准离婚后,过错方又起诉离婚,确无和好可能的。⑨一方重婚,对方提出离婚的。⑩一方好逸恶劳、有赌博等恶习,不履行家庭义务、屡教不改,夫妻难以共同生活的。⑪一方被依法判处长期徒刑,或其违法、犯罪行为严重伤害夫妻感情的。⑫一方下落不明满2年,对方起诉离婚,经公告查找确无下落的。⑬受对方的虐待、遗弃,或者受对方亲属虐待,或虐待对方亲属,经教育不改,另一方不谅解的。⑭因其他原因导致夫妻感情确已破裂的。但这一司法解释也存在明显的缺陷与不足:①由于1980年《婚姻法》没有规定无效婚姻和可撤销婚姻制度,使得该司法解释将婚姻成立之前就发生的无效或可撤销的事由作为离婚的理由来处理,混淆了婚姻无效的原因与离婚的理由。②该司法解释本是对"夫妻感情确已破裂"这一抽象的法律原则的具体化,但在该14条标准中却仍出现了诸如"未建立夫妻感情"、"难以共同生活"的抽象用语,缺乏可操作性。

2001年《婚姻法》修正案在肯定上述司法解释中所列举的常见性、多发性离婚原因的同时,也消除了上述弊端,并在《婚姻法》第32条第3款、第4款例示规定了调解无效,应准予离婚的几种情形,作为认定夫妻感情确已破裂的具体依据。

(1) 重婚或有配偶者与他人同居的,视为夫妻感情确已破裂。重婚是指有配偶而与他人结婚的行为。包括有配偶而与他人进行结婚登记和有配偶而与他人以夫妻名义同居的事实重婚。所谓有配偶者与他人同居的,是指有配偶者与婚外异性,不以夫妻的名义,持续、稳定地共同居住。其特征是:双方有较为固定的同居住所,但对外不以夫妻名义共同生活。这两种行为既违反《婚姻法》一夫一妻原则,也违反了夫妻相互忠实的义务,属于破坏婚姻秩序的重大过错行为,不仅伤害了夫妻感情,而且也损害了对方对于婚姻的合理期待,其破坏力足以使对方自婚前、婚后所建立的信任丧失殆尽,导致夫妻正常的共同生活无法继续维持。因此,夫妻一方重婚或与他人同居的,经调解无效,应认定为夫妻感情确已破裂,准予离婚。

因重婚而引起的离婚纠纷,可分为两种情形:一是一方重婚,其配偶提出离婚的。依据最高人民法院《关于贯彻执行民事政策法律若干问题的意见》,对此类离婚案件,应经由人民法院刑事审判,依法解除非法同居关系,并对重婚者予以刑事制裁后,对方仍坚决要求离婚的,经调解无效,可准予离婚。二是重婚一方起诉要求与原配偶离婚,被告控告原告犯有重婚罪的。经刑事审判,给予重婚者以刑事制裁并解除非法的重婚关系后,重婚一方仍坚持与原配偶离婚的,人民法院应从婚姻基础、婚后感情、离婚原因、夫妻关系的现状和有无和好的可能等方面综合分析，判断夫妻感情是否破裂。如夫妻感情尚未破裂，原配偶又坚持不离的，可判决不准离婚；如夫妻感情确已破裂，无和好可能的，应在做好原配偶思想疏导工作的基础上，调解或判决准予离婚。值得注意的是，对于因重婚而引起的离婚，无论是哪一方提出离婚，经调解或判决离婚的，无过错方都有权请求损害赔偿。

有配偶者与他人同居以故意为必要，因过失而犯之者，不在其中。如误认为前婚无效、误信外国法院离婚判决为有效等。而且同居须出于自由意志，被胁迫、乘人之危或心志丧失而与他人同居的，不构成有配偶者与他人同居。这类离婚通常有三种情形：①配偶一方与他人同居，无过错方起诉离婚的。②过错方起诉离婚，对方不同意离婚的。③人民法院判决不准离婚，过错方在6个月后又起诉离婚的。近几年来，因有配偶者与他人同居而引起的离婚案件有明显增多的趋势，已为社会所广泛关注。对于这类离婚纠纷，人们往往会同情无过错方，谴责有过错方。但人民法院在处理这类案件时，不能单纯以社会舆论和情感趋向为依据，判决时必须分清是非、明确责任，对有过错方应当进行批评教育，促使其转变思想，改变态度，必要时还可以提出司法建议，由其单位给予党纪、政纪等处分；无论是过错方还是无过错方提出离婚，都应当以夫妻感情是否确已破裂作为是否准予离婚的标准。对于因调解无效，夫妻感情确已破裂，没有和好可能的，不能因为一方有过错而强制维持这种名存实亡的婚姻关系，更不能以判决不准离婚作为惩罚有过错方的手段；对于调解或判决离婚的，都应当责令过错方对无过错方给予损害赔偿。

(2) 实施家庭暴力或虐待、遗弃家庭成员的，视为夫妻感情确已破裂。

第一，有实施家庭暴力、虐待家庭成员的行为，视为夫妻感情确已破裂。维护人格尊严和保障人身安全，是我国宪法保障公民人身权利和民主权利的基本理念。增进夫妻的感情和谐，防止家庭暴力的发生，以保护婚姻家庭关系，既是社会发展进步的必然要求，也是新时期我国构建和谐社会内在诉求。所谓"家庭暴力"，是指行为人以殴打、捆绑、残害、强行限制人身自由或者其他手段，给其配偶或其他家庭成员的身体、精神等方面造成一定伤害后果的行为。持续性、经常性的家庭暴力，构成虐待。虐待既包括身体上的，也包括精神上的，如关禁闭、凌辱人格、精神恐吓等；可以是积极的作为，也可以是消极的不作为。值得注意的是，虐待还有一种新的形式，即性虐待。具体表现为夫妻性生活方面缺乏互相关爱和体贴，粗野地将对方当做自己发泄性欲的工具，以满足自己的性欲望。这类案件一般以女方起诉离婚的较多。我国《婚姻法》第3条第2款明确规定："……禁止家庭暴力。禁止家庭成员间的虐待和遗弃。"我国《刑法》第260条规定："虐待家庭成员，情节恶劣的，处2年以下有期徒刑、拘役或者管制。犯前款罪，致使被害人重伤、死亡的，处2年以上7年以下有期徒刑……"可见，虐待家庭成员的行为，不仅是违反婚姻法，而且是触犯刑律的行为。但在适用本条款时，应注意：①实施家庭暴力、虐待家庭成员的行为人应为夫妻一方，而且受害人不限于其配偶，也包括其他家庭成员在内。②在适用该条款时应就具体事件，要衡量夫妻一方所受侵害的严重性。世界各国以虐待作为离婚理由时，一般都对虐待作了限制性解释，即夫妻一方对他方身体上或精神上实际加以的伤害所产生的威胁，足以使一个理智正常的人不敢与加害人继续共同生活。在我国的司法实践中，如果夫妻一方所实施的暴力、虐待行为，已逾越了夫妻通常所能忍受的程度，已危及婚姻关系的维系，而使对方无法与其继续共同生活的，应认定夫妻感情确已破裂。

第二，配偶一方实施遗弃行为的，也视为夫妻感情确已破裂。遗弃是指对于需要扶养的家庭成员，负有扶养义务而拒绝扶养的行为。表现为经济上不供养，生活上不照顾，使被扶养人的正常生活不能维持，甚至生命和健康得不到保障。我国《刑法》第261条规定："对于年老、年幼、患病或者其他没有独立生活能力的人，负有扶养义务而拒绝扶养，情节恶劣的，处5年以下有期徒刑、拘役或者管制。"对于这类案件，人民法院应当认真了解夫妻之间、家庭成员之间平时的感情状况和遗弃的具体事实、情节。如果夫妻之间、家庭成员之间平时感情较好，遗弃行为的情节也不严重，应当以批评教育为主，着重调解和好；如果夫妻之间、家庭成员之间感情一直不好，遗弃行为是经常的、一贯的，已严重伤害了夫妻感情，经调解无效的，应认定为夫妻感情确已破裂。

（3）配偶一方有赌博、吸毒等恶习屡教不改的，视为夫妻感情确已破裂。赌博是指用财物、金钱等作赌注，以一定的方式比输赢。所谓吸毒，是指采取吸闻、食用、注射等方式将毒品纳入体内的行为。毒品，则是指鸦片、海洛因、吗啡、大麻、可卡因、甲基苯丙胺等国家规定管制的其他能够使人形成瘾癖的麻醉药品和精神药品。值得注意的是，本条款并非指一般的赌博、吸毒等行为，而是须达到已成恶习并屡教不改，即在一定时期内逐渐养成的、经过教育仍不悔改的赌博、吸毒等坏行为。本条款是例示性规范，除了明确规定的赌博、吸毒等恶习之外，还应包括其他会严重危害夫妻感情的行为，如酗酒、嫖娼、卖淫、淫乱等。

近几年来，因终日沉溺于上述某种恶习而导致离婚的案件有呈上升的趋势，尤以妻子提出离婚的占大多数。人民法院在处理这类案件时，应当查明具体事实和有不良恶习一方的一贯表现。如情节较轻的，可进行批评教育或按治安管理处罚法予以行政处罚，促使其悔改。经教育或处罚后，确有悔改表现而对方也予以谅解的，应着重调解和好。如果当事人情节严重，已构成犯罪，或屡教不改，一贯不履行家庭义务，对方对其已丧失信心，夫妻难以共同生活，确无和好可能的，应认定为夫妻感情确已破裂，可调解或判决准予离婚。

（4）因感情不和分居满2年的，应视为夫妻感情确已破裂。本条款所称的分居，即指法律意义上的别居。是指夫妻之间已停止了性生活，经济上不再合作，生活上不再互相关心、扶助。它有两个构成要素：一是在客观上夫妻共同生活的停止，夫妻双方完全分开生活。二是夫妻一方或双方在主观上有分居生活的意愿，即主观上拒绝夫妻共同生活。因而，仅有夫妻分居生活的客观事实，尚不能构成法律意义上的别居。适用本条款必须满足以下要件：①夫妻双方客观上处于分居的状态。即须有夫妻双方不存在共同生活的事实状态，夫妻之间已没有互相关心、同床共枕等固定婚姻意义的共同生活。因此，判断是否存在夫妻共同生活的标准是，夫妻一方是否为他方提供婚姻服务和夫妻双方是否以夫妻身份共享婚姻生活。②夫妻一方或双方主观上具有分居的意愿。即分居不违反夫妻的愿望，不是由于不以双方意志为转移的客观原因，而是基于分居者所追求的，也正是其"有意"造成的。这种意愿可以是双方的合意，也可以是单方面的，即一方抛弃另一方。仅有单纯的客观事实状态并不足以表明夫妻间已处于分居状态。如夫妻因客观原因（学习、出差、治病等）而分开生活，因并非主观上愿意分居，故不属于法律意义上的分居。③分居的期间须满2年，即从夫妻最后一次分居之日起已经持续分居2年以上。分居期间不得累加，而应从起诉离婚前的最后一次分居之日起连续不间断的满2年以上。

以一定期间的分居作为婚姻破裂的证明，是实行破裂婚姻主义的国家普遍采取的客观标准。因为婚姻破裂最为客观的表现就是夫妻共同生活的废止，如果夫妻一方面维持着婚姻共同生活，另一方面却又宣称其夫妻感情已经破裂，实在是难以令人信服。因此，当夫妻分居满2年而且相互间不履行法律规定的权利义务，经调解无效，说明夫妻关系徒具形式，缺乏实质内容，应认定夫妻感情确已破裂。

（5）一方被宣告失踪，另一方提出离婚诉讼的，应推定夫妻感情确已破裂。2001年修正的《婚姻法》第32条第4款规定："一方被宣告失踪，另一方提起离婚诉讼的，应准予离婚。"这一条款构成了准予离婚的另一客观标准。我国《民法通则》第20条第1款规定："公民下落不明满2年的，利害关系人可以向人民法院申请宣告他为失踪人。"可见，自配偶一方离开最后住所地音讯消失的次日起，下落不明满2年的，人民法院经其利害关系人（配偶、父母、成年子女、祖父母、外祖父母、孙子女、外孙子女等）的申请，经公告查找3个月确无下落的，即可宣告该失踪人失踪。宣告失踪是人民法院在法律上以推定方式确认自然人失踪的事实，从而结束失踪人财产无人管理、所负义务得不到履行的不正常状态，以维护该失踪人的合法权益和社会经济秩序稳定的重要制度。当某人被宣告失踪后，说明其婚姻关系已名存实亡，其配偶提出离婚诉讼的，人民法院应判决准予离婚。此条款并不以夫妻感情是否确已破裂作为离婚的标准，而是以配偶一方失踪的客观事实来推定婚姻已无存在的意义。

值得注意的是，申请宣告失踪与离婚诉讼是两种完全不同的法律制度。根据《民诉意见》第151条规定："夫妻一方下落不明，另一方诉至人民法院，只要求离婚，不申请宣告下落不明人失踪或死亡的案件，人民法院应当受理，对下落不明人用公告送达诉讼文书。"可见，夫妻一方下落不明满2年的，其配偶可不通过宣告失踪程序而直接提出离婚诉讼。根据《感情破裂意见》第12条的规定，一方下落不明满2年，对方起诉离婚，经公告查找确无下落的，应认为夫妻感情确已破裂。此时适用的依据是《婚姻法》第32条第3款第5项及《感情破裂意见》第12条，而不是《婚姻法》第32条第4款之规定。

(6) 其他导致夫妻感情破裂的情形。婚姻是一种复杂的社会现象，造成夫妻感情破裂的原因也是多种多样的，法律不可能一一列举。为此，《婚姻法》第32条第3款在具体列举4项判决准予离婚的条件后，在第5项又设置了一个兜底性的条款，即"其他导致夫妻感情破裂的情形"，从而为人民法院在基于各种各样的原因提出的离婚诉讼中认定夫妻感情确已破裂提供了依据。参照最高人民法院《感情破裂意见》的规定，其他导致夫妻感情破裂的情形，主要包括：①一方患有法定禁止结婚疾病的，或一方有生理缺陷，或其他原因不能发生性行为，且难以治愈的。②婚前缺乏了解，草率结婚，婚后未建立起夫妻感情，难以共同生活的。③婚前隐瞒了精神病，婚后经治不愈，或者婚前知道对方患有精神病而与其结婚，或一方在夫妻共同生活期间患精神病，久治不愈的。④双方办理结婚登记后，未同居生活，无和好可能的。⑤一方与他人通奸、非法同居，经教育仍无悔改表现，无过错一方起诉离婚，或者过错方起诉离婚，对方不同意离婚，经批评教育、处分，或在人民法院判决不准离婚后，过错方又起诉离婚，确无和好可能的。⑥一方被依法判处长期徒刑，或其违法、犯罪行为严重伤害夫妻感情的。⑦其他难以维持夫妻共同生活的情形。如双方性格不合、志趣不投，难以继续共同生活等。另外，《婚姻法解释（三）》规定：夫以妻擅自中止妊娠侵犯其生育权为由请求损害赔偿的，人民法院不予支持；夫妻双方因是否生育发生纠纷，致使感情确已破裂，一方请求离婚的，人民法院经调解无效，应准予离婚。

在本节导入案例中，原、被告是自由恋爱，自主婚姻。婚姻基础较好，婚后也建立了一定的夫妻感情。只是由于双方缺乏沟通、交流，才为原告遗失结婚戒指一事而起矛盾，对此，双方均有一定的责任。因此，根据我国《婚姻法》

第 32 条第 2 款的规定："人民法院审理离婚案件，应当进行调解；如感情确已破裂，调解无效，应准予离婚。"而本案中被告不同意离婚、并有和好的打算，这说明夫妻感情并未达到破裂的程度，故法院不应判决离婚。应积极劝告原告给予被告和好的机会，同时也告之被告多与原告沟通、交流，并注意方式方法，以便共建和睦幸福的家庭。

第五节　离婚的法律后果

导入案例

　　2008 年，周某在塘沽区花 30 万元买了一套商品房，首付 15 万元，银行按揭贷款 15 万元，并办理了完整的产权手续。2009 年 5 月，周某与陈某结婚，婚后双方共同偿还银行贷款。2013 年 4 月，陈某提出离婚。经有关部门估价，周某的房产价值已达 60 万元。陈某主张将该房屋目前的价值减掉 15 万元首付款及周某独自支付的 7 万元贷款，剩余价值 38 万元的房产属于夫妻共同财产，周某必须支付其 19 万元的房款。周某则认为，该房产是自己的婚前个人所购，不能转化为夫妻共同财产。房产升值与陈某无关，因此不同意分割。

　　问：法院该如何分割该房产？

　　本案知识点：离婚财产分割

教学内容

　　离婚的法律后果，又称为离婚的效力。它是指离婚使夫妻之间因婚姻所发生的身份上、财产上的一切权利义务关系向将来消灭，并由此而产生的子女抚养及教育、夫妻共有财产的分割、共同债务的清偿、一方对他方的经济帮助、离婚损害赔偿等后果。离婚的效力只能产生于离婚法定手续完成之后，它只对将来发生效力。离婚效力发生的时间，在协议离婚方式中，是以登记离婚之日或调解离婚协议书签收之日为准；在判决离婚方式中，则是以离婚判决生效当天为准。

一、离婚对当事人身份上的效力

　　离婚对当事人身份上的效力，是指夫妻之间的身份关系因离婚而解除，基于夫妻身份而产生的夫妻间的人身关系也随之消灭。这是离婚最为直接的法律后果。国外婚姻家庭立法与学说通常认为，离婚对当事人身份上的效力主要包括六个方面：①夫妻姓氏的恢复与保留；②同居义务的消灭；③再婚自由及其限制；④继承人资格丧失；⑤日常家事代理权消灭；⑥姻亲关系消灭。

我国《婚姻法》对于夫妻人身关系的内容规定得较为简略，离婚对当事人身份上的效力主要表现在以下几个方面：

（一）夫妻身份消灭

男女因结婚而产生夫妻身份关系，互为配偶，具有固定的配偶身份和称谓，并由此而产生人身上、财产上的各种权利义务关系。因离婚，夫妻间的配偶身份和称谓归于消灭。

（二）再婚自由的恢复

我国实行一夫一妻制度，夫妻双方在婚姻关系存续期间不得与任何第三人结婚，否则即构成重婚，要承担相应的法律责任。离婚后男婚女嫁，各听其自由，任何人均不得加以干涉，否则即构成妨碍婚姻自由。

（三）夫妻间的扶养义务终止

我国《婚姻法》第20条第1款明确规定，夫妻有互相扶养的义务。但离婚后，基于夫妻身份关系已不存在，因而双方也不再以夫妻关系来承担相互扶养的义务，即任何一方不再享有要求对方扶养的权利，同时也不再承担扶养对方的义务。虽然我国《婚姻法》也规定了离婚时，如一方生活困难，另一方应当从其住房等个人财产中给予适当的帮助。但这与夫妻间互相扶养的义务在性质上、内容上有着本质的区别，不能混淆。

（四）配偶间的相互继承权丧失

我国《婚姻法》第24条、《继承法》第10条均规定，夫妻有相互继承遗产的权利。并且在继承法上，配偶还是第一顺序的法定继承人。但这种法定继承人的资格应以夫妻关系的存续为前提，在婚姻关系因离婚而被解除时，其自然丧失。离婚后，任何一方不再具有配偶的身份，不再具有法定继承人的资格，因而也自然无权以配偶的身份继承对方的遗产。

（五）夫妻同居义务、忠实义务消灭

作为夫妻不仅具有同居的权利和义务，而且也负有相互忠实的义务（《婚姻法》第4条）。离婚后夫妻身份关系终止，夫妻间的同居义务、相互忠实的义务也自然归于消灭。

（六）夫妻间代理权终止

夫妻因共同生活而互享日常家事代理权，是婚姻的效力之一。因离婚而解除婚姻关系，这种代理权当然地归于消灭。

（七）姻亲关系消灭

姻亲是指夫妻结婚后，一方与对方的亲属或双方的亲属之间所形成的亲属关系。对于以婚姻为中介而发生的姻亲关系是否因离婚而消灭，有不同的立法例。有的国家采取消灭主义，也有国家采取不消灭主义。我国《婚姻法》对此没有明确的规定，但学理上通说认为，依习惯应解释为姻亲关系因离婚而消灭。

对于姻亲关系消灭后，直系姻亲间禁止结婚的婚姻障碍是否依然存在这一问题，有的国家婚姻法明文规定禁止直系姻亲间结婚，即此项限制在姻亲关系消灭后仍然适用。如《日本民法典》第735条规定："直系姻亲间不得结婚……在姻亲关系消灭后亦同。"我国《婚姻法》并未明文禁止直系姻亲结婚，在解释上宜认为现行法未予禁止，因此不存在离婚后直系姻亲的禁婚效力。

二、离婚对当事人财产上的效力

离婚不仅解除了夫妻之间的人身关系，同时也终止了夫妻之间因共同生活而形成的财产关系，衍生出对夫妻共有财产的认定与分割、债务的定性和清偿、特定情况下的经济补偿、对生活困难一方的经济帮助等一系列需要解决的问题。

（一）夫妻共有财产的确认与分割

虽然我国《婚姻法》以婚后所得共同财产制为法定夫妻财产制，但这并不意味着离婚时在夫妻名下的财产都是夫妻共有财产。因此，要正确处理离婚后夫妻共有财产的分割问题，其首要的前提是要明确夫妻共有财产的范围，正确区分夫妻个人财产和家庭财产。

1. 夫妻共有财产范围的确定。根据《婚姻法》第17～19条之规定，夫妻在婚姻关系存续期间所得的法定共有财产，归夫妻共同所有。包括：夫妻一方或双方劳动所得的工资、奖金；一方或双方生产、经营的收益；一方或双方知识产权的收益；一方或双方由继承或赠与所得的财产（但遗嘱或赠与合同中确定只归夫或妻一方的财产除外）；其他应当归夫妻共同所有的财产。此外，夫妻约定在婚姻关系存续期间所得的部分财产以及婚前的部分财产归双方共有的，也属于夫妻共有财产。

2. 夫妻个人财产的确定。夫妻个人财产除夫妻以书面形式约定的个人财产外，根据《婚姻法》第18条的规定，还包括：夫妻一方的婚前财产；一方因身体受到伤害获得的医疗费、残疾人生活补助费等费用；遗嘱或赠与合同中确定只归夫或妻一方的财产；一方专用的生活用品以及其他应当归一方所有的财产。

3. 夫妻共有财产与家庭财产的区分。所谓夫妻共有财产，是指夫妻双方或一方在婚姻关系存续期间所得，除法律另有规定或夫妻另有约定之外，归属夫妻共同所有的财产。而家庭财产则是家庭成员各自所有的财产及全体家庭成员共同所有的财产的总和。其外延、范围要比夫妻共有财产广泛，它既包括夫妻个人财产、夫妻共有财产，又包括其他家庭成员个人财产和全体家庭成员共同共有的财产。夫妻离婚需要分割的仅仅是夫妻共有财产，因而，应当首先将夫妻共有财产从家庭财产中析出以后再进行分割。

《婚姻法》第39条规定："离婚时，夫妻的共同财产由双方协议处理；协议不成时，由人民法院根据财产的具体情况，照顾子女和女方权益的原则判决。夫或妻在家庭土地承包经营中享有的权益等，应当依法予以保护。"对于离婚后夫妻共有财产的分割，一直是司法实践中比较复杂的问题，对此，最高人民法院相继出台了许多相关的司法解释。

根据《婚姻法》第17条的规定和1993年最高人民法院《财产分割意见》、1996年《最高人民法院关于人民法院审理离婚案件中公房使用、承租若干问题的解答》、2003年《婚姻法解释（二）》及2011年《婚姻法解释（三）》的精神，在分割夫妻共有财产时，应注意把握以下问题：

1. 分割夫妻共有财产的原则。在分割夫妻共有财产时必须坚持下列原则：一是男女平等原则；二是保护妇女、儿童合法权益的原则；三是照顾无过错方的原则；四是有利于生产方便生活的原则；五是当事人的约定优于法定的原则。

2. 分割夫妻共有财产，应当首先进行调解，由当事人双方互谅互让，自愿协商，达成协议；在协议不成时，才由人民法院根据上述原则，结合具体情况依法处理。

（1）人民法院审理离婚案件，涉及分割发放到军人名下的复员费、自主择业费等一次性费用的，以夫妻关系存续年限乘以年平均值，所得数额为夫妻共同财产。（这里的年平均值，是指将发放到军人名下的上述费用总额按具体年限均分得出的数额。其具体年限为人均寿命70岁与军人入伍时实际年龄的差额。）但军人的伤亡保险金、伤残补助金、医药生活补助费属于个人财产。

（2）夫妻分居两地分别管理、使用的婚后财产，应认定为夫妻共有财产。在分割时，各自管理、使用的财产归各自所有。双方所分财产相差悬殊的，差额部分，由多得财产的一方以与差额相当的财产抵偿另一方。

（3）已经登记结婚，尚未共同生活，一方或双方受赠的礼金、礼物等应认定为夫妻共有财产，具体处理时应考虑财产的来源、数量等情况合理分割。各自出资购买、各自使用的财务，原则上归各自所有。

（4）夫妻共有财产，原则上均等分割。根据生产、生活的实际需要和财产的来源等情况，具体处理时也可以有所差别。属于个人专用的物品，一般归个人所有。

（5）属于夫妻共同财产的生产资料，可分给有经营条件和能力的一方。分得该生产资料的一方应对另一方给予相当于该财产一半价值的补偿。

（6）对夫妻共同经营的当年无收益的养殖、种植业等，离婚时应从有利于发展生产、有利于经营管理考虑方面，予以合理分割或折价处理。

（7）夫妻在婚姻关系存续期间所得的知识产权的收益，包括实际取得或者已经明确可以取得的财产性收益，可以作为夫妻共同财产进行分割。

（8）离婚时，夫妻双方分割共同财产中的股票、债券、投资基金份额等有价证券以及未上市股份有限公司股份时，协商不成或者按市价分配有困难的，人民法院可以根据数量按比例分配。

（9）人民法院审理离婚案件，涉及分割夫妻共同财产中以一方名义在有限责任公司的出资额，另一方不是该公司股东的，按以下情形分别处理：①夫妻双方协商一致将出资额部分或者全部转让给该股东的配偶，过半数股东同意，其他股东明确表示放弃优先购买权的，该股东的配偶可以成为该公司股东。②夫妻双方就出资额转让份额和转让价格等事项协商一致后，过半数股东不同意转让，但愿意以同等价格购买该出资额的，人民法院可以对转让出资所得财产进行分割。③过半数股东不同意转让，也不愿意以同等价格购买该出资额的，视为其同意转让，该股东的配偶可以成为该公司股东。

（10）人民法院审理离婚案件，涉及分割夫妻共同财产中以一方名义在合伙企业中的出资，另一方不是该企业合伙人的，当夫妻双方协商一致，将其合伙企业中的财产份额全部或者部分转让给对方时，按以下情形分别处理：①其他合伙人一致同意的，该配偶依法取得合伙人地位；②其他合伙人不同意转让，在同等条件下行使优先受让权的，可以对转让所得的财产进行分割；③其他合伙人不同意转让，也不行使优先受让权，但同意该合伙人退伙或者退还部分财产份额的，可以对退还的财产进行分割；④其他合伙人既不同意转让，也不行使优先受让权，又不同意该合伙人退伙或者退还部分财产份额的，视为全体合伙人同意转让，该配偶依法取得合伙人地位。

（11）夫妻以一方名义投资设立独资企业的，人民法院分割夫妻在该独资企业中的共同财产时，应当按照以下情形分别处理：①一方主张经营该企业的，对企业资产进行评估后，由取得企业一方给予另一方相应的补偿；②双方均主张经营该企业的，在双方竞价基础上，由取得企业的一方给予另一方相应的补偿；③双方均不愿意经营该企业的，按照《中华人民共和国个人独资企业法》等有关规定办理。

（12）由一方婚前承租、婚后用共同财产购买的房屋，房屋权属证书登记在一方名下的，应当认定为夫妻共同财产。双方对夫妻共同财产中的房屋价值及归属无法达成协议时，人民法院按以下情形分别处理：①双方均主张房屋所有权并且同意竞价取得的，应当准许；②一方主张房屋所有权的，由评估机构按市场价格对房屋作出评估，取得房屋所有权的一方应当给予另一方相应的补偿；③双方均不主张房屋所有权的，根据当事人的申请拍卖房屋，就所得价款进行分割。

(13) 离婚时双方对尚未取得所有权或者尚未取得完全所有权的房屋有争议且协商不成的，人民法院不宜判决房屋所有权的归属，应当根据实际情况判决由当事人使用。当事人就前款规定的房屋取得完全所有权后，有争议的，可以另行向人民法院提起诉讼。

(14) 夫妻一方婚前签订不动产买卖合同，以个人财产支付首付款并在银行贷款，婚后用夫妻共同财产还贷，不动产登记于首付款支付方名下的，离婚时该不动产由双方协议处理。依前款规定不能达成协议的，人民法院可以判决该不动产归产权登记一方，尚未归还的贷款为产权登记一方的个人债务。双方婚后共同还贷支付的款项及其相对应财产增值部分，离婚时应根据《婚姻法》第39条第1款规定的原则，由产权登记一方对另一方进行补偿。

(15) 婚姻关系存续期间，双方用夫妻共同财产出资购买以一方父母名义参加房改的房屋，产权登记在一方父母名下，离婚时另一方主张按照夫妻共同财产对该房屋进行分割的，人民法院不予支持。购买该房屋时的出资，可以作为债权处理。

(16) 离婚时夫妻一方尚未退休、不符合领取养老保险金条件，另一方请求按照夫妻共同财产分割养老保险金的，人民法院不予支持；婚后以夫妻共同财产缴付养老保险费，离婚时一方主张将养老金账户中婚姻关系存续期间个人实际缴付部分作为夫妻共同财产分割的，人民法院应予支持。

(17) 婚前或者婚姻关系存续期间，当事人约定将一方所有的房产赠与另一方，赠与方在赠与房产变更登记之前撤销赠与，另一方请求判令继续履行的，人民法院可以按照《合同法》第186条的规定处理；婚后由一方父母出资为子女购买的不动产，产权登记在出资人子女名下的，可按照《婚姻法》第18条第3项的规定，视为只对自己子女一方的赠与，该不动产应认定为夫妻一方的个人财产；由双方父母出资购买的不动产，产权登记在一方子女名下的，该不动产可认定为双方按照各自父母的出资份额按份共有，但当事人另有约定的除外。

(18) 婚姻关系存续期间，夫妻一方作为继承人依法可以继承的遗产，在继承人之间尚未实际分割，起诉离婚时另一方请求分割的，人民法院应当告知当事人在继承人之间实际分割遗产后另行起诉。

在本节导入案例中，周某在婚前以自己的名义购买商品房，并办理了完整的产权手续，而且婚后双方并未对该房屋所有权有任何变更的约定，则该房屋属于周某个人财产，其不因结婚而自动转化为夫妻共同财产。当婚姻关系不再存续时，陈某拥有的仅是偿还的购房贷款的原价及利息的返还请求权，而不能对婚前按揭房升值产生的孳息主张权利。因此，法院应驳回陈某的诉求。

(二) 夫妻对外债务的清偿

《婚姻法》第41条规定："离婚时，原为夫妻共同生活所负的债务，应当共同偿还。共同财产不足清偿的，或财产归各自所有的，由双方协议清偿；协议不成时，由人民法院判决。"这是法律关于离婚时债务清偿的一般规定。债务的性质不同，当事人的清偿责任也不相同。

1. 夫妻共同债务的清偿。所谓夫妻共同债务，是指夫妻在婚姻关系存续期间，为维持婚姻家庭共同生活或为共同生产、经营活动所负的债务。为共同生活所负的债务，主要包括购置家庭日常生活用品、支付家庭生活开支所负的债务；修建、购买和装修住房所负的债务；为抚养教育子女、赡养扶助父母所负的债务；一方或双方治疗疾病所负的债务；从事双方同意的文体活动所负的债务以及其他在日常家庭生活中发生的债务。为共同生产经营所负的债务主要包括：双方共同从事个体工商户、农村承包经营户所负的债务；双方共同从事投资或者其他金融证券交易活动所负的债务；经双方同意由一方经营且收入用于共同生活所负的债务；夫妻一方用夫妻共同财产以个人名义投资且收益用于共同生活所负的债务等。

《婚姻法解释（二）》第24条规定："债权人就婚姻关系存续期间夫妻一方以个人名义所负债务主张权利的，应当按夫妻共同债务处理。但夫妻一方能够证明债权人与债务人明确约定为个人债务，或者能够证明属于婚姻法第19条第3款规定情形的除外。"夫妻共同债务应当以夫妻共有财产清偿。如果离婚时没有夫妻共有财产或共有财产不足以清偿共同债务，或双方约定婚后财产分别为各自所有的，应由双方协商确定清偿责任；协议不成，由人民法院根据双方的经济能力，判决由一方清偿或双方分担清偿。

对于夫妻一方死亡后的债务清偿、离异后原配偶因连带债务对他方的追偿问题。《婚姻法解释（二）》第25条、26条分别规定："当事人的离婚协议或者人民法院的判决书、裁定书、调解书已经对夫妻财产分割问题作出处理的，债权人仍有权就夫妻共同债务向男女双方主张权利。一方就共同债务承担连带清偿责任后，基于离婚协议或者人民法院的法律文书向另一方主张追偿的，人民法院应当支持。""夫或妻一方死亡的，生存一方应当对婚姻关系存续期间的共同债务承担连带清偿责任。"

2. 夫妻个人债务的清偿。夫妻个人债务，是指夫妻一方非为共同生活所需而负担的债务。如夫或妻一方婚前所负的债务；一方为满足个人私欲而挥霍所负的债务等。最高人民法院《财产分割意见》第17条第2款规定："下列债务不能认定为夫妻共同债务，应由一方以个人财产清偿：①夫妻双方约定由个人负担的债务，但以逃避债务为目的的除外；②一方未经对方同意，擅自资助与其没有抚养义务的亲朋所负的债务；③一方未经对方同意，独自筹资从事经营活动，其收入确未用于共同生活所负的债务；④其他应由个人承担的债务。"

《婚姻法》第 19 条第 3 款规定："夫妻对婚姻关系存续期间所得的财产约定归各自所有的，夫或妻一方对外所负的债务，第三人知道该约定的，以夫或妻一方所有的财产清偿。"总之，夫妻对个人债务应当由本人以其个人财产承担清偿责任，离婚时不得要求以夫妻共有财产偿还。《婚姻法解释（二）》第 23 条规定："债权人就一方婚前所负个人债务向债务人的配偶主张权利的，人民法院不予支持。但债权人能够证明所负债务用于婚后家庭共同生活的除外。"

（三）对生活困难一方的经济帮助

离婚是人为解除婚姻关系的手段或方式，旨在消除因不和谐的婚姻生活所带来的社会问题，进而重新构成新的社会秩序，因而离婚是保障婚姻生活幸福的最后界限，是一件"无法避免的恶事"。基于婚姻法上男女平等和婚姻自由的原则，既然允许男女双方均得请求离婚，如果不消除离婚后生活维持的不安，并保障其生存，将使当事人（尤其是女方）不敢请求离婚。因此，通过离婚法律来保障离婚后配偶的生活既是必须且为必要的，也更有利于保障离婚自由。

我国《婚姻法》第 42 条规定："离婚时，如一方生活困难，另一方应从其住房等个人财产中给予适当帮助。具体办法由双方协议；协议不成时，由人民法院判决。"从而确立了与国外离婚立法赡养费给付制度相近似的经济帮助制度。

1. 关于经济帮助的性质。经济帮助是指夫妻离婚时，一方生活有困难，经双方协议或法院判决，由有条件的一方从其个人财产中给予另一方适当资助的制度。经济帮助既不以一方付出更多义务为条件，也不以一方是否有过错为必要，而是以离婚时一方存在生活困难为前提。因而其与离婚补偿制度和离婚损害赔偿制度有着本质的区别。

经济帮助也不同于夫妻间的抚养义务。夫妻间的抚养义务存在于夫妻关系存续期间，以夫妻人身关系为前提，并随着婚姻关系的终止而终止；而经济帮助则以婚姻关系的解除为前提，以一方有经济帮助能力和另一方生活上存在困难为条件。

我国《婚姻法》设立离婚经济帮助制度，其主要目的在于填补婚姻关系存续中抚养请求权的丧失，因离婚而无自立生活能力的一方可以向他方请求资助，以维持离婚以后的生活。因此，经济帮助并不是夫妻之间相互抚养义务的继续和延伸，而属于婚姻法上对离婚时生活困难一方予以经济救助的保障措施，是离婚效力的表现形式之一。

2. 关于经济帮助的条件。根据《婚姻法》第 42 条之规定，离婚时一方给予另一方经济帮助是有条件的。这些条件可概括为：

（1）被帮助的一方必须存在生活困难而且自己无力解决的情形。生活困难是指在夫妻共有财产分割后,一方的财产及其谋生能力不能维持其基本生活。《婚姻法解释(一)》第 27 条第 1、2 款规定:"婚姻法第 42 条所称'一方生活困难',是指依靠个人财产和离婚时分得的财产无法维持当地基本生活水平。一方离婚后没有住处的,属于生活困难。"生活困难的原因有多种多样,如年老多病,缺乏劳动能力;因受伤、疾病而丧失劳动能力,等等。

(2)被帮助的一方必须是在离婚时生活存在困难。即这种经济帮助具有严格的时间界限,仅限于离婚时。如果离婚时一方不存在生活困难,而离婚后才发生生活困难,另一方已无给予经济帮助的义务。

(3)另一方须具有给予经济帮助的能力。尽管一方存在生活困难,但如果另一方没有提供经济帮助的能力,如自己的生活也存在困难,或只能勉强维持生活,也不负有给予经济帮助的义务。

(4)这种经济帮助应当是适当的。即一方从其住房等个人财产中给予对方短期的或一次性的经济帮助,并且这种经济帮助不仅限于金钱,其他生活用品等事物也包括在内。

以上四个要件须同时具备,缺一不可。给予经济帮助的办法,由夫妻双方协议,协议不成,由人民法院判决。在执行期间,受帮助的一方如另行结婚或另有经济收入能维持生活时,帮助一方即可终止给付。

(四)关于离婚时的经济补偿

我国《婚姻法》第 40 条规定:"夫妻书面约定婚姻关系存续期间所得的财产归各自所有,一方因抚育子女、照料老人、协助另一方工作等付出较多义务的,离婚时有权向另一方请求补偿,另一方应当予以补偿。"这是修正后的《婚姻法》所确立的分别财产制中的补偿请求权。

1. 立法的目的及意义。修正后的《婚姻法》明确了对离婚补偿请求权的规定,意义十分重大。

(1)离婚补偿请求权的确立是法律对夫妻一方从事的家务劳动或协助对方工作,所作出的肯定评价。所谓家务劳动,是指不能直接产生经济效益的、为满足家庭成员的生活需要所从事的劳动。如料理家务、抚养子女、照顾老人等。虽然它不能直接创造经济价值,但可以节约家庭支出、减轻对方的生活负担和解除对方工作的后顾之忧,从而间接地增加家庭财富。夫妻实行共有财产制,从事家务劳动的一方对对方婚后享有共有权,就等于承认了家务劳动与社会劳动具有同等的价值。如果夫妻约定实行分别财产制,在离婚时一方不能分享对方婚后财产,就会漠视家务劳动的价值,就会导致一方无偿占有另一方的劳动。因此,规定离婚时一方对于另一方的补偿权是非常有必要的。

(2)离婚补偿请求权弥补了夫妻分别财产制的缺陷。基于尊重夫妻的意思自治及婚姻共同生活的协调，婚姻法承认了夫妻约定财产制度。但依据夫妻分别财产制，婚姻关系存续期间所得的财产依约定归各自所有，这种形式上的平等，容易造成事实上的不公平。也正因为如此，实行夫妻分别财产制的国家都通过制定法或判例法引入共有原理，以弥补夫妻分别财产制的不足与缺陷。我国《婚姻法》赋予在婚姻关系存续期间付出较多义务一方享有离婚补偿请求权，其目的也在于此。

（3）离婚补偿请求权是保障妇女合法权益，实现夫妻实质上平等的必然要求。受传统的夫妻分工模式和男女性别观念的影响，在现实婚姻生活中，抚养子女、照料老人、操持家务、协助对方工作的绝大多数都是妇女。妇女一方的生活在婚姻关系存续期间可以通过夫妻之间的扶养义务得到保障，但离婚后夫妻之间的扶养义务已不复存在，其生活可能会得不到保障。离婚补偿请求权正是基于女方在家庭中的实际付出，使经济上处于劣势的一方可以在离婚时获得经济上的补偿，从而实现夫妻实质上的平等。

2. 离婚补偿请求权的成立要件。根据我国《婚姻法》第40条的规定，离婚补偿请求权的成立应当具备两个要件：

（1）夫妻双方有婚姻关系存续期间所得的财产归各自所有的书面约定。这是离婚补偿请求权的适用范围，即只适用于约定实行夫妻分别财产制。对于实行法定夫妻财产制或者约定采取其他类型的夫妻财产制则不适用；对于夫妻约定婚后所得的财产部分共有，部分各自所有的，也不适用。

（2）夫妻须有一方在共同生活中对家庭付出较多的义务。这是离婚补偿请求权的原因条件。付出较多义务，包括抚养教育子女、照顾、赡养老人，支持、协助对方工作等各个方面。就义务的内容而言，可以是付出更多的钱财，也可以是付出更多的劳动、精力等。

3. 离婚补偿请求权的行使。顾名思义，离婚补偿请求权须是离婚时由付出义务较多的一方向另一方提出补偿请求。故该请求权的行使时间仅限于离婚之时，而且应在诉讼中向对方一并提出。离婚后，该请求权随即消灭。当然，作为一项民事权利，权利人既可行使，也可以放弃。

4. 离婚补偿的数额。对于离婚补偿的数额和给付方式，应当由双方协商确定；协商不成时，应由人民法院在查明夫妻各自财产状况、经济能力以及一方付出义务的多少、少付出义务一方因之而获得的利益等基础上，按照权利与义务对等的原则予以确定。

（五）关于一方侵犯他方财产共有权的处理措施

离婚时，一方隐藏、移转、变卖、毁损夫妻财产，或伪造债务企图侵占对方财产的行为，不但侵害了对方对夫妻共有财产的所有权，也妨碍了民事诉讼的顺利进行。我国《婚姻法》第 47 条规定了一方侵害对方夫妻共有财产权的行为及其处理措施，这对于保护离婚当事人的合法权益具有重要的现实意义。

1. 一方侵害对方夫妻共有财产权的行为。依据我国《婚姻法》第 47 条的规定，离婚时，一方侵害对方夫妻共有财产权的行为主要有两种：

（1）非法处置夫妻共有财产的行为。主要是指在离婚时，夫妻一方故意隐藏、移转、变卖和毁损夫妻共有财产权的行为。

（2）企图侵占对方财产的行为。这主要是指在离婚时一方伪造债务企图侵占对方财产权的行为。由于我国《婚姻法》是实行夫妻共有财产制，在婚姻关系存续期间所负的夫妻共同债务，应以夫妻共有财产偿还，因而伪造债务的行为一经实现，就会减少夫妻共有财产的数额，增加伪造一方个人财产的数额，其实质就是变相侵占另一方在夫妻共有财产中的财产份额。

2. 救济措施。针对上述两种侵害他方财产共有权的行为，《婚姻法》第 47 条规定两种救济的措施：

（1）对实施侵权行为的一方可以不分或少分给其财产。即在判决离婚分割夫妻共有财产时，对实施了隐藏、移转、变卖、毁损夫妻共有财产或伪造债务企图侵占他方财产行为的一方，可以少分或不分给其财产。

（2）离婚后，一方发现另一方有上述行为的，可以向人民法院提起诉讼，请求再次分割夫妻共有财产。所谓再次分割夫妻共有财产，是指重新分割离婚后被发现的夫妻一方非法处置的夫妻共有财产及伪造债务而多侵占的夫妻共有财产。再次分割夫妻共有财产请求权是离婚当事人依法享有的民事权利，该权利的保护适用《民法通则》关于诉讼时效的规定。对此，《婚姻法解释（一）》第 31 条规定："当事人依据婚姻法第 47 条的规定向人民法院提起诉讼，请求再次分割夫妻共同财产的诉讼时效为 2 年，从当事人发现之次日起计算。"

（六）关于离婚损害赔偿

我国《婚姻法》上的离婚损害赔偿，是指夫妻一方因法定的严重过错行为而导致离婚的，无过错方有权请求损害赔偿。它与夫妻间侵权损害赔偿不同。首先，夫妻间侵权损害赔偿是一方因过错而侵害对方人身权、财产权的行为，因而它必须符合一般侵权行为的构成要件；而离婚损害赔偿并非由引起离婚的原因构成侵权行为，离婚本身即是损害赔偿发生的原因之一，它应当具备《婚姻法》第 46 条规定的构成要件。其次，因夫妻间侵权而发生的损害赔偿请求权，属于侵权法上的规定；而因离婚而发生的损害赔偿请求权，尽管其不具备一般侵权行为的构成要件，但仍得请求赔偿，故其属于婚姻法上的特殊规定。

1. 法律确立离婚损害赔偿制度的意义。

（1）是婚姻义务的本质要求。婚姻一旦成立，就意味着婚姻当事人要履行婚姻所负载的法律义务和道德责任。这些义务和责任的履行是婚姻关系得以维持、延续的重要保证。从义务的形式上看，既有要求积极作为的，如夫妻间的扶助、子女的抚养教育、父母的赡养等，也有要求消极不作为的，如禁止重婚、有配偶者与他人同居、家庭成员间的虐待、遗弃等。如果夫妻一方不履行婚姻义务的行为，严重伤害了对方的感情，导致了感情破裂，并使婚姻走向解体，责令重大过错方给予对方因此而受到的损害进行赔偿，则是婚姻义务与责任的本质要求。

（2）是保障无过错方合法权益的重要体现。从当前我国的司法实践来看，因重婚、有配偶者与他人同居以及虐待、遗弃和实施家庭暴力等而引起的离婚占有很大的比例。许多无过错的当事人，身心受到严重的创伤。设立离婚损害赔偿制度，不仅有利于保护无过错方的合法权益，而且对于有效抑制重婚等违法行为、维护家庭与社会的稳定也有重要的作用。

（3）是完善婚姻立法的需要。对于现实生活中所发生的重婚、有配偶者与他人同居、家庭暴力等违法行为，立法需要从不同的层面来加以调整和规范，才能得以有效抑制和防范。对于重婚、情节恶劣的虐待、遗弃等行为，应以犯罪论处；情节较轻的可依法给予行政处罚。而对该行为所造成的民事损害，依法让有过错方承担损害赔偿责任，有利于婚姻立法体系的完善。

离婚损害赔偿制度，既有填补损害、精神抚慰和制裁、预防违法行为的功能，又有维持公平、规范及保障婚姻秩序的作用。因此，确立离婚损害赔偿制度，对于保护无过错方的合法权益，稳定婚姻家庭关系都具有重要的现实意义。

2. 离婚损害赔偿的构成要件。

（1）须配偶一方有法定的重大过错行为，而对方无过错，这是构成离婚损害赔偿的必要前提。根据《婚姻法》第46条的规定，重大过错行为仅限于：①重婚；②有配偶者与他人同居；③实施家庭暴力；④虐待、遗弃家庭成员。此为限制性列举规定，不能对此范围进行扩大化解释。因此，对于其他的过错行为如通奸、卖淫、嫖娼、赌博、吸毒等，虽有过错但不是婚姻法规定的过错行为，不能成为提出离婚损害赔偿的法定理由。对方无过错，不是指对方没有任何过错，对此应作限制性解释，是特指对方没有《婚姻法》第46条规定的重大过错行为。

（2）须有配偶一方重大过错行为而导致夫妻离婚的损害后果。只有配偶一方的重大过错行为导致了双方离婚，无过错方才能要求过错方进行赔偿。反之，即使配偶一方有重大过错行为，但双方并没有因此而离婚，婚姻关系还在存续，或人民法院判决不准离婚的，无过错方均不得以对方重大过错为由而提起损害赔偿之诉。

(3) 须一方的重大过错行为与无过错方因此而受到的损害之间有因果关系。根据《婚姻法解释（一）》第 28 条的说明，《婚姻法》第 46 条规定的"损害赔偿"，包括物质损害赔偿和精神损害赔偿。所谓物质损害，是指无过错方因另一方过错行为造成的物质上的现有财产权益的损失，但不包括遗产继承权、保险受益权等可期待财产权益的损失。精神损害则是指一方的过错行为导致婚姻破裂，由此给另一方造成的精神上的痛苦。值得注意的是，这种离婚精神损害无需请求权人举证证明，只要加害人有上述重大过错行为并且该行为是导致离婚的原因，法律即推定这种精神损害存在。因此，离婚精神损害是"名义上的精神损害"，而不是"需证明的精神损害"。[1]

3. 离婚损害赔偿请求权的行使。

(1) 必须由无过错方提出损害赔偿请求。离婚损害赔偿请求权是法律赋予无过错方离婚时所享有的权利。因而，提起离婚损害赔偿的无过错方应当是与过错方存在有效婚姻关系的配偶一方，其他任何人都无权行使。

(2) 必须向有过错方提出。《婚姻法解释（一）》第 29 条第 1 款明确指出："承担婚姻法第 46 条规定的损害赔偿责任的主体，为离婚诉讼当事人中无过错方的配偶。"因此，只有与无过错方具有有效婚姻关系的配偶才是赔偿义务的主体，其他任何人都不是该赔偿义务的主体。

(3) 离婚赔偿请求权的行使期限。《婚姻法解释（一）》第 30 条对离婚赔偿请求权的行使期限作了明确的规定：①符合《婚姻法》第 46 条规定的无过错方作为原告基于该条规定向人民法院提起损害赔偿请求的，必须在离婚诉讼的同时提出。②符合《婚姻法》第 46 条规定的无过错方作为被告的离婚诉讼案件，如果被告不同意离婚也不基于该条规定提起损害赔偿请求的，可以在离婚后 1 年内就此单独提起诉讼。③无过错方作为被告的离婚诉讼案件，一审时被告未基于《婚姻法》第 46 条规定提出损害赔偿请求，二审期间提出的，人民法院应当进行调解，调解不成的，告知当事人在离婚后 1 年内另行起诉。

4. 离婚损害赔偿数额的确定。基于离婚损害赔偿包括物质损害赔偿和精神损害赔偿，对于物质损害赔偿，可以责令赔偿义务主体以支付赔偿金等方式承担；而对于精神损害赔偿，则可以根据无过错方的请求判令赔偿义务主体赔偿其相应的精神损害抚慰金。

离婚精神损害抚慰金的数额如何确定？我国《婚姻法》没有作出明确规定。根据《婚姻法解释（一）》第 28 条的规定，"……涉及精神损害赔偿的，适用最高人民法院《关于确定民事侵权精神损害赔偿责任若干问题的解释》的有关规

---

[1] 参见王洪：《婚姻家庭法》，法律出版社 2003 年版，第 199 页。

定"。依该解释第 10 条之规定，精神损害赔偿的数额根据以下因素确定：①过错程度；②侵害的手段、场合、行为方式等具体情节；③所造成的后果；④过错方承担责任的经济能力；⑤当地平均生活水平等。

三、离婚对父母子女的法律后果

离婚对父母子女的法律后果，主要包括三个方面：离婚后父母子女之间的关系、离婚后子女的抚养和离婚后子女抚养教育费的承担。

（一）离婚后父母子女之间的关系

根据《婚姻法》第 36 条第 1 款的规定，"父母与子女间的关系，不因父母离婚而消除。离婚后，子女无论由父或母直接抚养，仍是父母双方的子女"。该条第 2 款又规定："离婚后，父母对于子女仍有抚养和教育的权利和义务。"夫妻关系可以因离婚而解除，但双方与所生子女之间的权利义务依然存在。这是因为父母子女关系是基于血缘关系而成立，这种血缘关系客观存在，不能通过法律程序而人为地加以终止。对于因收养而形成的拟制血亲，除依法变更收养关系外，也不因养父母的离婚而消除。而对于离婚后的继父母与继子女之间的关系，最高人民法院《子女抚养意见》第 13 条规定："生父与继母或生母与继父离婚时，对曾受其抚养教育的继子女，继父或继母不同意继续抚养的，仍应由生父母抚养。"由此可见，婚姻关系存续期间父母子女之间权利义务的规定，完全适用于离婚后父母子女关系，这也是世界各国立法的通例。

（二）离婚后子女的抚养

1. 离婚后子女抚养关系的确定。我国《婚姻法》第 36 条第 3 款规定："离婚后，哺乳期内的子女，以随哺乳的母亲抚养为原则。哺乳期后的子女，如双方因抚养问题发生争执不能达成协议时，由人民法院根据子女的权益和双方的具体情况判决。"离婚后子女是由父方还是由母方抚养，直接关系到子女的身心健康和成长。对此，最高人民法院在《子女抚养意见》中规定了"应从有利于子女身心健康，保障子女的合法权益出发，结合父母双方的抚养能力和抚养条件等具体情况妥善解决"的处理原则。

（1）哺乳期内的子女，原则上由哺乳的母亲抚养。所谓哺乳期内的子女，是指 2 周岁以下的婴幼儿，一般应随母方生活。但母方有下列情形之一的，可随父方生活：①患有久治不愈的传染性疾病或其他严重疾病，子女不宜与其共同生活的；②有抚养条件不尽抚养义务，而父方要求子女随其生活的；③因其他原因，子女确无法随母方生活的。如果父母双方协议 2 周岁以下子女随父方生活，并对子女健康成长无不利影响的，可予准许。

（2）对于 2 周岁以上的未成年子女的抚养问题。首先，应由父母双方协商，在自愿的基础上达成抚养协议。如果在有利于保护子女利益的前提下，由父母双方协议轮流抚养子女的,也可予准许。对于不能达成抚养协议的,应由人民法院依据父母双方的思想品质、抚养能力、生活环境、与子女的感情联系等多方面的因素,以判决的方式确定抚养关系。但如果父、母方均要求随其生活,一方有下列情形之一的,可予优先考虑:①已做绝育手术或因其他原因丧失生育能力的;②子女随其生活时间较长,改变生活环境对子女健康成长明显不利的;③无其他子女,而另一方有其他子女的;④子女随其生活,对子女成长有利,而另一方患有久治不愈的传染性疾病或其他严重疾病,或者有其他不利于子女身心健康的情形,不宜与子女共同生活的;⑤如果父方与母方抚养子女的条件基本相同,双方均要求子女与其共同生活,但子女单独随祖父母或外祖父母共同生活多年,且祖父母或外祖父母要求并且有能力帮助子女照顾孙子女或外孙子女的,可作为子女随父或母生活的优先条件予以考虑。

(3) 对于10周岁以上的未成年子女随父或随母生活发生争执的,应考虑该子女的意见。因为10周岁以上的未成年子女属于限制民事行为能力的人,已有一定的认知和识别能力,是随父还是随母生活,应尊重并考虑他们本人的意见。

2. 离婚后子女抚养关系的变更。子女抚养关系确定后,如果父母的抚养条件发生重大变化,或子女要求变更抚养关系的,可由双方协议变更;协议不成时,由人民法院根据有利于子女利益和双方的具体情况判决。一方要求变更子女抚养关系并有下列情况之一的,应予以支持:①与子女共同生活的一方因患严重疾病或因伤残无力继续抚养子女的;②与子女共同生活的一方不尽抚养义务或有虐待、遗弃等严重损害无民事行为能力一方的人身权利或者财产权益行为,或其与子女共同生活对子女身心健康确有不利影响的;③10周岁以上未成年子女,愿随另一方生活,该方又有抚养能力的;④有其他正当理由需要变更的。

3. 离婚父母一方对子女的探望权。

(1) 探望权的概念。所谓探望权,是指父母离婚后,不直接抚养子女的一方依法享有对未与其共同生活的子女进行探视、看望和交往的权利。它是与直接抚养权相对应的一项法定权利,既是父母子女关系的本质要求,也是子女健康成长和稳定社会秩序的必然需要。我国《婚姻法》第38条第1款规定:"离婚后,不直接抚养子女的父或母,有探望子女的权利,另一方有协助的义务。"即是对探望权的确认。

(2) 探望权的行使。探望以时间长短为标准可分为看望式探望与逗留式探望。前者是指非直接抚养子女的一方在约定或判决确定的时间、地点探视、看望子女。这种探望时间短、方式灵活。后者是指由探望人在约定或判决确定的时间内,领走该子女并按时送回子女的探望。该种探望时间较长,有利于对子女的了解和交流，但要求探望人有一定的居住、生活条件和较充裕的时间。

《婚姻法》第38条第2款规定："行使探望权利的方式、时间由当事人协议；协议不成时，由人民法院判决。"探望权的行使首先应由父母本着有利于子女身心健康的原则，就探望的时间、地点和方式进行协商。如果能协商妥善解决，不仅有利于平衡各方和子女的利益，而且还具有容易得到执行，成本低，对各方及子女的影响都较小的特点。如果协商不成，探望权人可向人民法院提出请求，由人民法院依法判决，确定探望的时间和方式。即使人民法院作出的生效离婚判决中未涉及探望权，当事人就探望权单独提起诉讼的，人民法院也应当受理。

（3）探望权的中止与恢复。探望权的中止，是指因发生一定的法定事由，致使探望权人不宜继续行使探望权，由人民法院依法暂时停止其探望的法律制度。探望权是法律赋予非直接抚养子女一方的法定权利，其目的在于保障子女的健康成长。因而一般不能加以限制、剥夺。但如果探望权的行使不利于子女的身心健康，甚至会严重损害子女的利益时，法律对其进行必要的限制是合乎探望权设立的宗旨的。《婚姻法》第38条第3款规定："父或母探望子女，不利于子女身心健康的，由人民法院依法中止探望的权利；中止的事由消失后，应当恢复探望的权利。"在适用该条款时应注意以下几个方面的问题：

第一，提出中止探望权的请求人。《婚姻法解释（一）》第26条规定："未成年子女、直接抚养子女的父或母及其他对未成年子女负担抚养、教育义务的法定监护人，有权向人民法院提出中止探望权的请求。"

第二，中止探望权的法定事由。对于中止探望权的法定事由，《婚姻法》只是概括性规定为不利于子女身心健康，并未具体列举。一般认为，不利于子女身心健康的情形主要有：探望权人是无民事行为能力人或限制民事行为能力人；探望权人患有严重传染性疾病或其他严重疾病，可能危及子女健康的；探望权人在行使探望权时对子女有侵权行为或犯罪行为的；探望权人与子女感情严重恶化，子女坚决拒绝探望的；其他不利于子女身心健康的情形。

第三，中止探望权须经人民法院判决，其他任何机关或个人都不能中止未直接抚养子女一方探望子女的权利。《婚姻法解释（一）》第25条规定："当事人在履行生效判决、裁定或者调解书的过程中，请求中止行使探望权的，人民法院在征询双方当事人意见后，认为需要中止行使探望权的，依法作出裁定……"

第四，探望权的中止，仅仅是暂时停止探望权的行使，并不是完全剥夺或消灭。一旦中止探望权的事由消灭后，应当依法恢复。当然，这种恢复不能由探望权人自行恢复，而应当通过司法程序，由人民法院依法作出决定。《婚姻法解释（一）》第25条规定："……中止探望的情形消失后，人民法院应当根据当事人的申请通知其恢复探望权的行使。"

第五，探望权的强制执行。由于探望权涉及相关当事人的人身问题。因此，如果强制执行措施运用得不当，不仅不能维护申请人的利益，而且会给子女的身心健康造成伤害。对此，《婚姻法》第 48 条规定，对拒不执行有关探望子女等判决或裁定的，由人民法院依法强制执行。《婚姻法解释（一）》第 32 条明确规定："婚姻法第 48 条关于对拒不执行有关探望子女等判决和裁定的，由人民法院依法强制执行的规定，是指对拒不履行协助另一方行使探望权的有关个人和单位采取拘留、罚款等强制措施，不能对子女的人身、探望行为进行强制执行。"

（三）离婚后子女抚养的负担

《婚姻法》第 37 条规定："离婚后，一方抚养的子女，另一方应负担必要的生活费和教育费的一部或全部，负担费用的多少和期限的长短，由双方协议；协议不成时，由人民法院判决。关于子女生活费和教育费的协议或判决，不妨碍子女在必要时向父母任何一方提出超过协议或判决原定数额的合理要求。"可见，离婚后无论子女是随父还是随母生活，另一方都应负担子女必要的抚养费和教育费。但在具体解决非直接抚养方负担子女抚养费时，应注意以下问题：

1. 确定子女抚养费的方式。依据《婚姻法》第 37 条的规定，确定子女抚养费的负担，首先由父母双方就负担费用的多少、期限和支付方式等，在平等自愿的基础上进行协商，达成明确、具体的协议。但协议应当以有利于子女健康成长，不损害子女合法权益为原则。《子女抚养意见》第 10 条规定："父母双方可以协议子女随一方生活并由抚养方负担子女全部抚育费。但经查实，抚养方的抚养能力明显不能保障子女所需费用，影响子女健康成长的，不予准许。"如果双方协议不成，或其协议不予准许时，应由人民法院从保护子女合法权益、有利于子女健康成长出发，根据子女的实际需要、父母双方的负担能力和当地的实际生活水平依法作出判决。

2. 子女抚养费的数额。子女抚养费数额的确定，既要根据子女的实际需要，又要考虑到父母的负担能力和当地的实际生活水平。有固定收入的，抚养费一般可按其月收入的 20%～30% 的比例给付。负担两个以上子女抚养费的，比例可以适当提高，但一般不得超过月收入的 50%。无固定收入的，抚养费的数额可依据当年总收入或同行业的平均收入，参照上述比例确定。有特殊情况的，可适当提高或降低上述比例。

3. 子女抚养给付的期限。依据《子女抚养意见》第 11、12 条的规定，对于子女抚养费给付的期限，一般至子女 18 周岁为止；16 周岁以上不满 18 周岁，以其劳动收入为主要生活来源，并能维持当地一般生活水平的，父母可停止给付抚育费；对于尚未独立生活的成年子女有下列情形之一，父母又有给付能力的，仍应负担必要的抚育费：①丧失劳动能力或虽未完全丧失劳动能力，但其收入不足以维持生活的；②尚在校就读的；③确无独立生活能力和条件的。

4. 子女抚养费的给付方式。子女抚养费应当定期给付，这是一般原则。有足够的经济能力的，也可以一次性给付。在农村地区，可按收益季度或年度给付。对一方无经济收入或者下落不明的，可以用财物折抵子女抚养费。

此外，根据《子女抚养意见》第19条的规定，父母不得因子女变更姓氏而拒付子女抚育费。父或母一方擅自将子女姓氏改为继母或继父姓氏而引起纠纷的，应责令恢复原姓氏。

5. 子女抚养费的变更。

（1）子女抚养费的增加。《婚姻法》第37条第2款规定："关于子女生活费和教育费的协议或判决，不妨碍子女在必要时向父母任何一方提出超过协议或判决原定数额的合理要求。"子女在必要时要求父母增加抚养费，是其一项重要的权利，也是其健康成长的物质保证。父母双方对于子女增加抚养费的要求，应当协商解决，协议不成时，子女可以向人民法院提起诉讼。《子女抚养意见》第18条规定，子女要求增加抚养费有下列情形之一，父母有能力给付的，应当支持：①原定抚育费数额不足以维持当地实际生活水平的；②因子女患病、上学，实际需要已超过原定数额的；③有其他正当理由应当增加的。

（2）子女抚养费的减少或中止给付。子女抚养费的实际给付应以父（母）具有履行给付义务的能力为条件。因此，如果给付方本身无力维持其生活，即使他（她）负有给付的义务，也无法实际履行。根据司法实践，有下列情形之一的，给付方可以提出减少或中止给付抚养费的请求：①给付方因长期患病或丧失劳动能力，失去经济来源，确实无力按原协议或判决确定的数额给付，而抚养子女的一方又能够负担，有抚养能力的；②给付方因犯罪被收监改造，无力给付的；③抚养子女的一方再婚，继父（母）愿意承担子女抚养费的一部或全部，在这种情况下，负有给付义务的一方所承担的抚养费数额可以减少或中止给付。

> **思考题**
>
> 1. 离婚与婚姻无效、婚姻被撤销有何区别？
> 2. 登记离婚应具备哪些条件？
> 3. 离婚诉讼外的调解与离婚诉讼中的调解有何异同？
> 4. 如何认定夫妻感情是否确已破裂？

5. 离婚会对当事人产生哪些法律后果？
6. 如何处理离婚时的夫妻财产分割问题？
7. 离婚时一方请求经济补偿应具备的条件是什么？
8. 离婚时夫妻的债务应如何清偿？其债务清偿的效力如何？
9. 离婚损害赔偿应具备哪些条件？其请求权如何行使？
10. 简述探望权的概念和特征，探望权的行使、中止及恢复。

实务训练

（一）示范案例

王某（女）与赵某（男）原系夫妻，双方均系再婚。1996 年 11 月赵某居住的房屋进行拆迁，被安置人口为赵某及其前妻、其子。被安置位于诉争的公有住宅二居室一套，承租人为赵某的前妻。1998 年 6 月，其前妻死亡后，赵某将房屋承租人变更为自己名下，2000 年 5 月赵某与王某再婚，2003 年 11 月，赵某以成本价购买了上述房屋，交纳购房款 65 724 元。2007 年 8 月，王某与赵某经人民法院民事判决书判决离婚，离婚诉讼中未对诉争房屋进行分割。2008 年 7 月，王某起诉法院要求对该房屋进行分割，经王某申请，法院委托评估机构对该房屋进行评估，该房屋目前价值为 366 300 元。王某认为该房屋是婚姻存续期间的夫妻共同财产，故要求分割上述房产。赵某认为该房屋系其婚前动迁安置所取得，系其个人与其儿子的共同财产，与王某无关，故不同意王某的诉讼请求。

问：本案该如何处理？

[分析要点提示]

赵某与王某再婚前承租诉争房屋，是婚后购买，应认定为夫妻共同财产，离婚时依法予以分割。但考虑到本案诉争房屋系因动迁安置而来的事实及赵某、王某在婚姻关系存续期间实际交纳的房款数额与其二人取得的该房屋实际价值差额较大的事实，根据公平原则，在分割房屋时应酌情考虑赵某儿子（拆迁时被安置人之一）的份额，根据房屋历史演变过程确认该房屋归赵某及其儿子所有，并综合考虑各方面因素，应给付王某房屋一定的补偿。

（二）习作案例

1. 李某（男）与高某（女）于 2008 年 3 月登记结婚，婚后双方因性格不和，常发生吵闹。2009 年 8 月，高某生一女，产后高某即丢下女儿回到娘家。李某几次到高某娘家想带回高某，均遭高某娘家人的辱骂和殴打，甚至李某的父母去说情时也遭到了殴打。李某无奈之下，于 2010 年 2 月向法院提起离婚诉讼。

问：本案法院是否应当受理？为什么？

2. 张某与李某于2002年结婚，2003年生育一子，孩子出生后，李某一直感觉长得不像自己，又听庄邻闲话不少，便怀疑孩子不是自己的。2005年2月双方发生吵打，在吵打中李某将张某致伤，经法医鉴定构成轻伤。3月，张某向法院起诉离婚，要求抚养孩子，并要求李某赔偿精神损害抚慰金。李某答辩同意离婚，也要求抚养孩子。诉讼中，张某承认孩子并非与李某所生，李某遂提出反诉，请求张某赔偿其精神损害抚慰金。

问：张某和李某要求对方赔偿精神损害抚慰金的诉求能否得到法院的支持？为什么？

延伸阅读

《婚姻法司法解释（三）》财产性规定解读[1]

一、婚内夫妻一方可诉请分割共同财产

众所周知，我国的法定夫妻财产制是婚后所得共同制，即婚姻关系存续期间夫妻双方或一方所得的财产，除法律另有规定或夫妻另有约定外，均为夫妻共同所有的制度。通常，夫妻共同财产分割应当以离婚或配偶一方死亡为前提。为此，《婚姻法解释（三）》第4条规定：婚姻关系存续期间，夫妻一方请求分割共同财产的，人民法院不予支持，但有下列重大理由且不损害债权人利益的除外：①一方有隐藏、转移、变卖、毁损、挥霍夫妻共同财产或者伪造夫妻共同债务等严重损害夫妻共同财产利益行为的；②一方负有法定扶养义务的人患重大疾病需要医治，另一方不同意支付相关医疗费用的。

本条明确了两点：①婚姻关系存续期间，原则上，当事人不能诉请分割夫妻共有财产；②有上述两方面理由之一，并在不损害债权人利益下，夫妻一方可以诉请分割共同财产。这是对《物权法》第99条"重大理由"含义在夫妻财产关系中的解释。因此，在婚姻关系存续的任何期间（不限于夫妻感情不和分居期间或法院判决不准离婚期间），只要有上述情形之一发生的，夫妻任何一方均可向法院起诉请求分割共同财产。

今后，适用本条时应注意：①此为不解除婚姻关系，不变更原夫妻共同财产制前提下的分割。当事人诉请分割的只是已经形成的现有夫妻共同财产。析产后，一方或双方重新取得的财产，仍是夫妻共有财产。夫妻一方侵害共有财产权的可能性依然存在。②请求分割共同财产的权利人为夫或妻，第三人无此

---

[1] 薛宁兰："《婚姻法司法解释（三）》财产性规定解读"，载《中国妇女报》2011年8月16日。

项请求权。

二、个人财产婚后孳息和自然增值不属于夫妻共同财产

《婚姻法》第18条和《婚姻法解释（一）》第19条规定，夫妻一方的婚前财产是个人财产，这些财产不因婚姻关系存续时间的长短而转化为夫妻共同财产。那么，一方个人财产在婚后产生的新的利益是否当然归其个人所有呢？

按照《婚姻法》和《婚姻法解释（二）》，一方个人财产婚后产生的新的利益中有两类是属于夫妻共同所有的：一是婚后一方以个人财产从事生产、经营取得的收益（《婚姻法》第17条）。二是婚后一方以个人财产投资取得的收益，如购买股票、债券、基金的收益（《婚姻法解释（二）》第11条）。前者属于所有权人将货币或实物直接投入到企业的生产经营活动中的直接投资；后者则是将货币用于购买金融资产的间接投资。

《婚姻法解释（三）》第5条规定："夫妻一方个人财产在婚后产生的收益，除孳息和自然增值外，应认定为夫妻共同财产。"这表明，除以个人财产从事生产、经营的收益和投资的收益为夫妻共同财产外，孳息和自然增值是原财产所有人的个人财产。

何谓"孳息"？依民法理论，孳息是原物（母物）上产生出的新的物。孳息又分为天然孳息和法定孳息两种。可见，投资收益也属于孳息的范畴。何谓"自然增值"？从字面意思看，它是指非人为的增值。进一步推论，它应当是由通货膨胀、供求关系变化等市场因素造成的物或权利价格的提升。比如，近年来我国房地产价格受供求关系变化影响而出现的飙升。

如此看来，《婚姻法解释（三）》将个人财产婚后自然增值排除在夫妻共同财产之外是合适的。然而，将孳息一律排除在共同财产之外的做法，值得商榷。①依《婚姻法》和《婚姻法解释（二）》，直接和间接投资收益已属于夫妻共同财产；②我国《物权法》第116条对孳息归属的认定，并不一律规定为原物所有人所有，而是区分天然孳息和法定孳息，考虑非所有权人占有使用原物的目的和双方当事人意愿，分别不同情形对其归属作出认定。

三、父母出资购房的产权归属

如今，两家父母在孩子结婚前或结婚后为子女出资购置房屋的现象愈益增多。《婚姻法解释（二）》第22条规定："当事人结婚前，父母为双方购置房屋出资的，该出资应当认定为对自己子女的个人赠与，但父母明确表示赠与双方的除外。当事人结婚后，父母为双方购置房屋出资的，该出资应当认定为对夫妻双方的赠与，但父母明确表示赠与一方的除外。"这一解释主要明确了父母出资的性质是赠与而不是借贷；确定该项赠与是对夫妻双方的赠与，还是对一方赠与的标准，即：赠与发生的时间（婚前、婚后）＋赠与人（父母）的意思。

这符合《婚姻法》第17条第4项、第18条第3项的规定精神。然而，离婚诉讼中，赠与人（父母）常会反悔，认为婚后为子女购置房屋出资是对其子女个人的赠与。现在，《婚姻法解释（三）》第7条规定：婚后由一方父母出资为子女购买的不动产，产权登记在出资人子女名下的，可按照《婚姻法》第18条第3项的规定，视为只对自己子女一方的赠与，该不动产应认定为夫妻一方的个人财产。由双方父母出资购买的不动产，产权登记在一方子女名下的，该不动产可认定为双方按照各自父母的出资份额按份共有，但当事人另有约定的除外。

与《婚姻法解释（二）》第22条相比，本条规制的对象有所不同。《婚姻法解释（二）》明确了父母出资的性质，并不涉及双方购置房屋产权的归属；本条则直接对父母出资为子女购置的房屋等不动产的产权归属作出认定。因此，《婚姻法解释（二）》第22条是否属于《婚姻法解释（三）》第19条所言与"本解释相抵触"的条款，需要最高法院作进一步明示。

再者，对第7条第1款所言"出资"应理解为"出全资"。否则，会损害到也有出资的另一方配偶利益。对于本条第1、2款所言"产权登记在一方子女名下的"，可理解为，如果产权登记在双方子女名下，则不适用这两款规定。因此，本条也有促使结婚的双方当事人在履行不动产登记手续时应明确产权归属的指引作用。

四、个人婚前按揭购房的产权归属

《婚姻法解释（三）》第10条规定：夫妻一方婚前签订不动产买卖合同，以个人财产支付首付款并在银行贷款，婚后用夫妻共同财产还贷，不动产登记于首付款支付方名下的，离婚时该不动产由双方协议处理。

依前款规定不能达成协议的，人民法院可以判决该不动产归产权登记一方，尚未归还的贷款为产权登记一方的个人债务。双方婚后共同还贷支付的款项及其相对应财产增值部分，离婚时应根据《婚姻法》第39条第1款规定的原则，由产权登记一方对另一方进行补偿。

本条第1款没有直接明确该类不动产的权属，而是允许"双方协议处理"，但第2款又规定，当事人不能达成协议的，法院"可以判决该不动产归产权登记一方"。这实际将以夫妻共同财产还贷，变成了产权方向非产权方的借贷。既是借贷关系，那么，离婚时"双方婚后共同还贷支付的款项及其相对应财产增值部分，由拥有产权的一方予以补偿"的规定，便有不妥之处：①以夫妻共同财产还贷所支付的款项，一半是非产权方的个人财产，产权方应予返还而不是补偿。②对于"相对应财产增值部分"，需区分是自然增值，还是因配偶他方支付金钱、提供智力或劳力所带来的增值。如果是后者，应视为夫妻共有财产予以分割。③《婚姻法》第39条第1款确立的"照顾子女和女方权益"原则，其适用对象是离婚夫妻共同财产分割，并且它是在适用均等分割原则基础上的"照顾"。因此，将它用于此种情形不妥，也会对男性非产权方不公平。

五、一方擅自处分夫妻共有房屋的效力

在共同财产制下，夫妻双方不论职业、社会地位及收入多少，对全部共同财产不分份额地平等享有占有、使用、收益和处分的权利，并承担相应的义务。《婚姻法》第17条第2款指出，夫妻对共同财产有平等的处理权。此所谓"平等的处理权"，是指夫妻在对共同财产行使处分权时，应平等协商，取得一致意见；夫妻在对重大的婚姻共同财产处理时，须双方同意，任何一方不得擅自处分。为此，《婚姻法解释（三）》第11条规定：一方未经另一方同意出售夫妻共同共有的房屋，第三人善意购买、支付合理对价并办理产权登记手续，另一方主张追回该房屋的，人民法院不予支持。夫妻一方擅自处分共同共有的房屋造成另一方损失，离婚时另一方请求赔偿损失的，人民法院应予支持。

夫妻一方擅自出卖夫妻共有房屋的行为，是对另一方财产权的侵犯。本条对出卖房屋效力的认定，符合民法善意取得制度的要求；同时又规定人民法院对另一方赔偿损失的请求，应予支持，体现了兼顾配偶权利保护和保障交易安全，保护第三人利益的现代法治精神。但将另一方请求赔偿损失的时间限于离婚之时，似不利于对受害配偶财产权益的及时救济。此外，按《婚姻法解释（三）》第4条，此属于受害配偶请求婚内分割共同财产重大理由中的第一种情形。她/他除请求对方赔偿损失外，还可请求分割其他夫妻共同财产。

第八章 救助措施与法律责任

学习目标与工作任务

通过本章的学习，使学生明确在婚姻制度中法律救助的意义、种类，掌握妨碍婚姻家庭的法律责任，并能够熟练运用所学的知识解决现实中侵害婚姻家庭关系的纷争。

第一节 救助措施

导入案例

2006年11月份，原告杨某与被告何某相互认识。2009年11月11日，双方登记结婚。2010年10月9日生育女儿杨甲。婚后原告杨某与被告何某没有共同财产。被告生育小孩后，双方因家庭琐事争吵不断，原告杨某还使用多次暴力殴打被告何某。2012年7月6日起原告杨某与被告何某双方分居生活。现原告向法院起诉离婚。

问：法院能否解除原、被告之间的婚姻关系？被告能否要求原告损害赔偿？

本案知识点：家庭暴力；损害赔偿

教学内容

一、救助措施概述

因受父权社会传统思想的影响，尽管家庭成员的暴力、虐待等违法行为在世界各国都不同程度地存在着，但最初并未引起足够的重视。认为这是家庭内部的私事，或者其主要涉及家庭成员的私权利，政府不应当介入，或介入后救济的效果不会令当事人满意，甚至还会激化当事人之间的矛盾。

直到20世纪70年代以来，这个问题才引起各国的重视。由于家庭成员间违法犯罪行为的受害者主要是妇女和儿童,所以保护妇女的权利便成为解决此问题的切入口。1979年联合国通过的《消除对妇女一切形式歧视公约》,首次将对妇女的暴力当做是一种歧视形式;1985年第三次世界妇女大会通过的《内罗毕提高妇女地位前瞻性战略》,在全面论述对妇女暴力问题的基础上,强调应给予受害妇女以特别的关注和综合性援助;1993年维也纳世界人权大会不但将妇女人权写入《行动纲领》,而且还通过了《消除对妇女暴力宣言》;1995年北京第四次妇女大会通过的《北京宣言》,重申"妇女的权利就是人权"。[1] 目前,已有美国、英国、加拿大等40多个国家和地区制定了相关法律,明确处罚有关违法犯罪行为,为受害者提供援助。2001年《婚姻法》修正之前,我国在刑法、民事法律、行政法律以及其他相关的法律中,对实施家庭暴力、虐待、遗弃等违法犯罪行为都规定了相应的处罚措施,但家庭成员间的违法犯罪现象依然严重。

2001年修正的《婚姻法》以专章的形式规定了妨碍婚姻家庭的救助措施和法律责任,这在世界各国亲属立法中是罕见的。正如上述所言,对于妨碍婚姻家庭的违法犯罪行为的制裁,在其他相关的法律中已有明确的规定,《婚姻法》可以不设专章对此进行规范。但增设此章,可以增强法律的可操作性,更有利于促成和解、制止犯罪,维护家庭关系的稳定,保护婚姻家庭当事人的合法权益。

二、救助措施的概念与特征

我国《婚姻法》所称的救助措施,是狭义上的,主要是指有救助义务的机关依据遭受家庭成员非法侵害的受害人的请求或在加害人的行为构成犯罪时而为受害人所提供救援和帮助的各种措施的总称。它具有如下法律特征:

1. 实施救助的主体是依法拥有救助义务的机关和组织。根据《婚姻法》第43~49条的规定,实施救助的主体包括居民委员会、村民委员会、当事人所在的单位、婚姻登记机关以及公安、检察、法院等司法机关。其他人对于妨碍婚姻家庭的不法行为所进行的劝阻、调解、制止,仅仅是基于道义上的援助,而非法律意义上的。而法定的救助主体依法救助受害人,既是其义务,也是其职责。

2. 救助措施通常是在受害人提出请求的情况下采取,除严重的违法犯罪行为外,救助机关一般不主动采取救助措施。因为婚姻家庭属于私人领域,涉及当事人的隐私,救助机关自行介入,可能会造成适得其反的不良后果。尤其是司法机关,作为解决婚姻家庭纠纷的最后一道防线,更不宜过早介入。

---

[1] 参见巫昌祯主编:《婚姻与继承法学》,中国政法大学出版社2007年版,第325页。

3. 对妨碍婚姻家庭的行为应作广义的理解，不应局限于《婚姻法》第五章所列举的家庭暴力、虐待、遗弃、重婚等行为，其他法律对有关婚姻家庭的违法行为和法律责任另有规定的，依其规定。

在本节导入案例中，原告杨某与被告何某在婚姻关系存续期间，原告杨某多次使用暴力殴打被告何某，以致双方感情破裂而导致离婚，符合我国《婚姻法》及相关司法解释判定双方感情破裂的认定标准。因此，法院应准予离婚。同时基于杨某有家庭暴力行为，对婚姻关系的解除有过错，故被告何某可以请求损害赔偿。

4. 实施救助的方法依救助主体不同而有所区别。居民委员会、村民委员会和当事人所在的单位所实施的救助措施有调解和劝阻；公安机关所实施的救助措施有对违法犯罪行为进行制止、给予行政处罚及侦查；检察机关所实施的救助措施为对犯罪行为提起公诉；法院所实施的救助措施为对违法犯罪行为进行审判，让其承担相应的民事、刑事责任。不同的救助主体对不同违法犯罪行为应当依法采取相应的措施，决不能错位。

三、救助措施的种类

根据《婚姻法》第五章的规定，对婚姻家庭违法犯罪的救助措施，主要有：

（一）劝阻

对正在实施家庭暴力、虐待、遗弃等婚姻家庭违法犯罪行为，基于受害人的请求，居民委员会、村民委员会和当事人所在的单位应当予以劝阻。

（二）调解

受害人、不法侵害人在居民委员会、村民委员会和当事人所在的单位的主持下，进行协商、说服教育，使双方化解矛盾，维护受害人的利益。但要注意的是，调解应当是基于受害人请求，一般不得主动调解或强制调解；调解的应当是家庭暴力、虐待、遗弃等一般的违法行为，或者属于告诉才处理的以及司法机关没有主动追究的轻微刑事犯罪；调解应当坚持查明事实，分清是非，合理合法的原则，本着平等协商，互谅互让的精神进行。

（三）制止

是指公安机关基于受害人的请求而强迫正在实施婚姻家庭违法犯罪的行为人停止其行为而采取的措施。

（四）给予行政处罚

是指对尚不构成犯罪的家庭暴力、家庭成员之间的虐待的行为人，基于受害人的请求，公安机关依照《治安管理处罚法》的规定，依法给予罚款、行政拘留等行政处罚。

（五）侦查、起诉和审判

对于婚姻家庭的犯罪行为，被害人要求婚姻家庭违法犯罪者承担民事责任的，应由被害人提起民事诉讼；对于属于告诉才处理的犯罪行为，可以由被害人提起刑事自诉，也可以基于被害人的请求，公安机关立案侦查后，由检察机关提起公诉，人民法院判决其承担相应的刑事责任；对于严重的婚姻家庭犯罪行为，司法机关应主动介入，实施侦查、起诉和审判的救助措施。

（六）强制执行

是指人民法院的判决、裁定生效后，义务人拒不履行，由人民法院依照法定程序，强制义务人履行义务的诉讼活动。《婚姻法》第 48 条规定："对拒不执行有关扶养费、抚养费、赡养费、财产分割、遗产继承、探望子女等判决或裁定的，由人民法院依法强制执行。有关个人和单位应负协助执行的责任。"

第二节 妨碍婚姻家庭的法律责任

导入案例

闭某与张某于 2008 年自行相识，2009 年 11 月 17 日登记结婚。双方均是再婚，婚后未生育子女。2010 年 4 月 16 日，张某（甲方）与闭某（乙方）签订《夫妻协议书》，约定："……一方有重婚的、有配偶者与他人同居的、实施家庭暴力的、虐待和遗弃家庭成员等情形之一，导致离婚的，有过错方必须向无过错方支付赔偿金，金额为一次性支付 40 万元人民币。"2011 年 12 月 4 日，张某将闭某打致轻伤并被法院以故意伤害罪判处管制 6 个月，该判决已发生法律效力。

问：闭某能否向法院起诉离婚并根据《夫妻协议书》要求张某支付赔偿金？

本案知识点：过错赔偿；法律责任

教学内容

本节所指称的法律责任，专指行为人对于其实施的违反婚姻家庭法律行为应当承担的带有强制性的法律后果。由于婚姻家庭关系是最为普遍的一类社会关系，因而其成为诸多部门法予以调整的对象，基于各部门法调整的方法和手段不同，各自对妨碍婚姻家庭的不法行为规定了不同的法律责任。

一、妨碍婚姻家庭的民事责任

根据《婚姻法》以及其他法律的相关规定，妨碍婚姻家庭的民事责任主要包括：

（一）侵害抚养权的民事责任

对于遗弃家庭成员的，受害人可以向人民法院起诉，要求依法负有扶养、抚养和赡养义务的人给付扶养费、抚养费和赡养费。人民法院应当根据义务人的经济能力和受害人的生活需要确定合理的扶养、抚养和赡养等费用。费用的给付，可以采取货币的形式，也可以采取实物形式。对于生活极为困难的受害人，人民法院还可以通过裁定先予执行以保障受害人正常生活的需要。

（二）离婚损害赔偿的民事责任

是指因配偶一方的重大过错而导致离婚的，无过错方依法享有损害赔偿的权利，也即过错方应当向无过错方承担损害赔偿的民事责任。我国《婚姻法》第46条规定："有下列情形之一，导致离婚的，无过错方有权请求损害赔偿：①重婚的；②有配偶者与他人同居的；③实施家庭暴力的；④虐待、遗弃家庭成员的。"

对于离婚损害赔偿的构成要件、损害赔偿请求权的行使、赔偿数额的确定，请参见第七章第五节"离婚的法律后果"部分。

对于本节导入案例中，闭某能否向法院起诉离婚并根据《夫妻协议书》要求张某支付赔偿金的问题，我们认为，本案中，夫妻双方在婚姻存续期间经过协商一致订立协议，在协议中约定，如出现《婚姻法》第46条规定的四种情形之一，导致离婚的，有过错方必须向无过错方支付赔偿金，金额为人民币40万元，通过这种方式将赔偿金的数额予以明确。根据约定大于法定的原则，一般情况下应优先适用当事人之间的约定。且根据《婚姻法》司法解释可知，这里的赔偿金实际上包含物质损害赔偿和精神损害赔偿。而且张某在夫妻关系存续期间多次对闭某实施家庭暴力，在闭某多次报警之后仍然未能改变其行为，并导致闭某轻伤，其主观过错不可谓不严重，行为亦不可谓不恶劣。故40万元的赔偿金并非明显过高。

（三）离婚时妨碍夫妻共有财产分割的民事责任

是指在离婚过程中，一方实施了隐藏、移转、变卖、毁损夫妻共有财产或伪造债务企图侵占对方财产的妨碍公平分割夫妻共有财产的行为，所应当承担的民事责任。我国《婚姻法》第47条对此作了明确规定（具体内容请参见第七章第五节"离婚的法律后果"部分）。

（四）其他法律规定的妨碍婚姻家庭的民事责任

1. 丧失继承权。《婚姻法》第24条规定："夫妻有相互继承遗产的权利。父母和子女有相互继承遗产的权利。"继承权因当事人的特定身份而取得，也因当事人实施特定的行为而丧失。根据《继承法》的规定，继承人有下列行为之一的，丧失继承权：①故意杀害被继承人；②为争夺遗产而杀害其他继承人；③遗弃被继承人或虐待被继承人情节严重的；④伪造、篡改或销毁遗嘱情节严重的。

2. 监护人责任。亲属关系是监护的基础法律关系。在监护人和被监护人为近亲属时，监护人不履行监护职责或侵害被监护人合法权益的，应当按照《民法通则》的规定承担相应的民事责任。

二、妨碍婚姻家庭的行政责任

对于那些妨碍婚姻家庭，情节较轻，尚未构成犯罪的行为，可以依法给予行政处罚。根据《婚姻法》和相关法律规定，这类行为主要包括：

（一）实施家庭暴力或虐待家庭成员

《婚姻法》第 43 条第 3 款规定："实施家庭暴力或虐待家庭成员，受害人提出请求的，公安机关应当依照治安管理处罚的法律规定予以行政处罚。"

（二）干涉婚姻自由

对包办、买卖或者其他干涉婚姻自由的行为，尚未使用暴力的，应当对行为人进行批评教育，必要时可以依据有关规定给予行政处罚。

（三）妨碍子女受教育权利的行为

对于适龄儿童、青少年的父母或其他监护人未按规定送子女或被监护人就学接受义务教育的，城市由辖区人民政府或其指定机构，农村由乡人民政府对其进行批评教育，必要时可以处以罚款，并采取相应的措施使其子女或被监护人就学。

（四）违反计划生育政策的行为

计划生育是我国的一项基本国策，夫妻双方都有实行计划生育的义务。对于某些违反计划生育政策的违法行为，应当按照有关规定予以行政处罚。

三、妨碍婚姻家庭的刑事责任

对于那些严重破坏婚姻家庭关系构成犯罪的行为，应当依法追究其刑事责任。根据我国《刑法》的相关规定，妨碍婚姻家庭的犯罪主要包括：

（一）重婚罪

重婚罪是指有配偶而重婚或者明知他人有配偶而与之结婚的行为。因此，重婚在客观方面表现为：一是有配偶者在婚姻关系存续期间又与他人结婚；二是无配偶者明知他人有配偶而与之结婚。值得注意的是，最高人民法院在有关司法解释中指出：1994 年 2 月 1 日发布的《婚姻登记管理条例》施行后，有配偶的人或明知他人有配偶的与他人以夫妻名义同居生活的，仍应按重婚罪处理。本罪为故意犯，过失不构成本罪。依《刑法》第 258 条之规定，犯重婚的，处 2 年以下有期徒刑或者拘役。

（二）虐待罪

虐待罪的主体是与受害人在同一家庭中共同生活的家庭成员；在客观方面表现为对家庭成员进行长期的、残酷的虐待，情节恶劣的行为；本罪为故意犯，过失不构成本罪。依《刑法》第 260 条之规定，虐待家庭成员，情节恶劣的，处 2 年以下有期徒刑、拘役或者管制；致使被害人重伤、死亡的，处 2 年以上 7 年以下有期徒刑。

（三）遗弃罪

遗弃罪是指扶养义务人有扶养能力而拒绝扶养没有独立生活能力的扶养权利人并且情节恶劣的行为。该罪在主观上为故意；在客观方面仅有遗弃行为尚不足以定罪，还要情节恶劣的后果。一般来说，情节恶劣主要是指：给受害人造成严重后果的；经多次教育仍不悔改；造成不良社会影响的等。依《刑法》第 261 条规定，对年老、年幼、患病或者其他没有独立生活的能力的人，负有抚养义务而拒绝扶养、情节恶劣，犯遗弃罪的，处 5 年以下有期徒刑、拘役或者管制。

（四）暴力干涉婚姻自由罪

本罪是指行为人故意以暴力手段干涉他人婚姻自由的行为。依《刑法》第 257 条规定，以暴力干涉婚姻自由的，处 2 年以下有期徒刑或者拘役。致使被害人死亡的，处 2 年以上 7 年以下有期徒刑。这里"被害人死亡"主要是指导致被害人自杀死亡，不包括暴力行为致被害人死亡。

（五）破坏军婚罪

本罪在客观方面表现为是与现役军人的配偶结婚或者同居的行为；在主观上为故意犯，即明知是现役军人的配偶，而与其结婚或同居。依《刑法》第 259 条的规定，犯破坏军婚罪的，处 3 年以下有期徒刑或者拘役。利用职权、从属关系，以胁迫手段奸淫现役军人的妻子的，以强奸罪论处。

（六）拐骗儿童罪

本罪是指使用欺骗、引诱等手段使未满 14 周岁的未成年人脱离家庭或者监护人的行为。依《刑法》第 262 条规定，犯拐骗儿童罪的，处 5 年以下有期徒刑或者拘役。

（七）拐卖妇女、儿童罪

本罪是指以出卖妇女、儿童为目的，对妇女、儿童实施拐骗、绑架、收买、贩卖、接送或者中转等行为。依《刑法》第 240 条之规定，拐卖妇女、儿童的，处 5 年以上 10 年以下有期徒刑，并处罚金；有下列情形之一的，处 10 年以上有期徒刑或者无期徒刑，并处罚金或者没收财产；情节特别严重的，处死刑，并处没收财产：①拐卖妇女、儿童集团的首要分子；②拐卖妇女、儿童 3 人以上的；③奸淫被拐卖的妇女的；④诱骗、强迫被拐卖的妇女卖淫或者将被拐卖的妇女卖给他人迫使其卖淫的；⑤以出卖为目的，使用暴力、胁迫或者麻醉方法绑架妇女、儿童的；⑥以出卖为目的，偷盗婴幼儿的；⑦造成被拐卖的妇女、儿童或者其亲属重伤、死亡或者其他严重后果的；⑧将妇女、儿童卖往境外的。

（八）收买被拐卖的妇女、儿童罪

本罪是指明知是被拐卖的妇女、儿童而依然对其收买的行为。收买的目的一般是为了收养或与之结婚，而不是为了出卖。依《刑法》第 241 条之规定，收买被拐卖的妇女、儿童的，处 3 年以下有期徒刑、拘役或者管制。收买被拐卖的妇女，强行与其发生性关系的，依照本法第 236 条的规定定罪处罚；收买被拐卖的妇女、儿童，非法剥夺、限制其人身自由或者有伤害、侮辱等犯罪行为的，依照本法的有关规定定罪处罚；收买被拐卖的妇女、儿童，并有第 2 款、第 3 款规定的犯罪行为的，依照数罪并罚的规定处罚；收买被拐卖的妇女、儿童又出卖的，依照本法第 240 条的规定定罪处罚；收买被拐卖的妇女、儿童，按照被买妇女的意愿，不阻碍其返回原居住地的，对被买儿童没有虐待行为，不阻碍对其进行解救的，可以不追究刑事责任。

此外，因我国《刑法》中未专设家庭暴力罪，对于实施家庭暴力致使受害人伤害、死亡的，分别适用故意杀人罪、过失致人死亡罪、故意伤害罪、过失致人重伤罪等规定。

第三节 违反收养法的法律责任

导入案例

2010 年 7 月 24 日，李某的妻子生产一女婴。因李某有重男轻女的思想，便于次日凌晨 1 时，将刚出生两个小时的女儿丢弃在郑某家门口，凌晨 5 时，郑某发现后报警。案发后，被遗弃女婴由李某家人抱回。

问：李某的行为是否构成犯罪？该如何处罚？

本案知识点：弃婴；法律责任

教学内容

我国收养法的基本原则之一，就是有利于被收养的未成年人的抚养、成长。因此，一切违反收养法规定，借收养名义买卖儿童、出卖亲生子女或溺婴、弃婴及其他残害婴儿的行为，均应承担相应的法律责任。

一、借收养名义买卖儿童的法律责任

借收养名义买卖儿童，是指行为人用欺骗、胁迫、利诱等手段，以营利为目的将儿童卖给第三人为养子女的违法行为。这种犯罪活动不仅严重摧残儿童的身心健康，而且给儿童的父母及其他近亲属带来极大的痛苦和不幸。因而，危害极大，后果也极为严重。

我国《宪法》第49条第1款规定："……儿童受国家的保护。"《婚姻法》第23条规定："父母有保护和教育未成年子女的权利和义务……"《未成年人保护法》第3条第1款规定："未成年人享有生存权、发展权、受保护权、参与权等权利，国家根据未成年人身心发展特点给予特殊、优先保护，保障未成年人的合法权益不受侵犯。"《收养法》第20条规定："严禁买卖儿童或者借收养名义买卖儿童。"《收养法》第31条规定："借收养名义拐卖儿童的，依法追究刑事责任……出卖亲生子女的，由公安部门没收非法所得，并处以罚款；构成犯罪的，依法追究刑事责任"。我国《刑法》第240条和第241条明确规定，拐卖或收买被拐卖的儿童的，都将给予一定的刑事制裁。由此可见，对儿童的保护是我国诸多法律部门的共同任务，不容忽视。

二、溺婴弃婴的法律责任

我国《婚姻法》第21条第4款规定："禁止溺婴、弃婴和其他残害婴儿的行为。"《未成年人保护法》第10条规定："父母或者其他监护人应当创造良好、和睦的家庭环境，依法履行对未成年人的监护职责和抚养义务。禁止对未成年人实施家庭暴力，禁止虐待、遗弃未成年人，禁止溺婴和其他残害婴儿的行为，不得歧视女性未成年人或者有残疾的未成年人。"《收养法》第31条第2款规定："遗弃婴儿的，由公安部门处以罚款；构成犯罪的，依法追究刑事责任。"我国《刑法》第261条规定："对于年老、年幼、患病或者其他没有独立生活能力的人，负有扶养义务而拒绝扶养，情节恶劣的，处5年以下有期徒刑、拘役或者管制。"这些规定，都是针对溺婴弃婴的违法犯罪行为而作出的专门性规定，它对于保障婴幼儿的人身权益，制止这类违法犯罪行为的滋长，具有重要意义。

在本节导入案例中，因李某重男轻女思想严重，刚出生仅两个小时的女儿便被其丢弃，依照我国相关法律规定，李某的行为已经构成遗弃罪。鉴于在郑某报警后，婴儿被李某家人抱回，没有出现严重的后果，因而可以考虑予以从轻处罚。

因此，借收养名义买卖儿童、遗弃婴儿或出卖子女的行为，不论出于何种动机、目的，都是严重侵害子女人身权益的违法犯罪行为，不仅收养法明文禁止，而且违法者还将受到严厉的刑事制裁。

思考题

1. 简述救助措施与法律责任的关系。

2. 我国婚姻法规定的救助措施有何特点？
3. 如何采取多层次的法律手段制裁婚姻家庭方面的违法行为？
4. 简述妨碍婚姻家庭的民事责任和刑事责任。

实务训练

（一）示范案例

伍某与黄某结婚4个月后即生下一男孩，伍某的前妻陈某遂以伍某在双方婚姻关系存续期间与黄某公开同居并导致黄某怀孕，给自己造成精神损害为由向法院起诉，要求伍某赔偿其精神损失。

问：陈某的诉请能否得到法院的支持？

[分析要点提示]

从原、被告离婚的时间与被告再婚的时间、黄某生下一男孩的时间对比可以判定，黄某受孕时间处于原、被告婚姻关系存续期间。按照人类生育繁衍的一般正常生理过程，黄某的受孕条件在一般情况下离不开与被告持续、稳定地共同居住生活，根据《最高人民法院关于适用〈中华人民共和国婚姻法〉若干问题的解释》，法院认定被告在与原告婚姻关系存续期间有在外与他人不以夫妻名义同居生活的行为，并认定该行为是导致原告与被告协议离婚的原因之一，且给原告造成一定程度的精神损害。因此，法院判令被告向原告支付精神损害抚慰金。

（二）习作案例

1. 陈某、吴某于2005年结婚，2007年1月生育男孩陈某某，2009年11月双方协议离婚，男孩由女方吴某抚养，陈某不负担小孩抚养费。2010年12月，陈某由于不能探视小孩向法院起诉。经法院调解，陈某、吴某达成探视及抚养小孩协议。至2012年5月，吴某因不堪打扰，终于告知陈某，孩子不是陈某的亲生子，并于同年6月出具给陈某一份声明。陈某心存疑虑，到医院作血型检验。结果陈某为"AB"血型，孩子陈某某为"O"血型。因"AB"血型者不可能有"O"血型子女，说明吴某所称属实。后陈某遂诉至法院，认为自己与孩子相处多年，已有深厚感情。被告吴某的欺骗行为致使原告精神上承受巨大痛苦，要求被告赔偿精神损失费。

问：陈某的诉求能否得到法院的支持？说明理由。

2. 原告王某（女）与被告李某（男）系夫妻关系，双方婚前了解不够，婚后因性格不合经常为家庭琐事发生争吵、打架，后又因夫妻感情不和双方分居3年。王某诉来法院，要求与李某离婚，对夫妻共同财产予以分割。双方对夫妻感情破裂无争议，只是对住房一套的性质及如何分割发生争议。经查，李某婚前以自己的名义购买住房一套，该住房原价 20 万元，李某支付了首付款共 6 万元。婚后取得房产证，登记所有权人是李某，李某用自己的工资存折累计还按揭款 4 万元。经评估，该住房现值 40 万元。

问：该房产应当如何分割？

延伸阅读

变性人婚姻家庭权利研究[1]

一、变性权之法理分析

性别承载着人类繁衍、主体角色辨认和特定秩序维持的重要功能，是仅次于姓名的能表明自然人基本身份的重要标志，是区别自然人男女身份的要素。依传统民法理论，性别只具有身份意义，尚未被赋予人格内涵，性别之法律价值仅在于表现一种社会意义上的角色定位，并且由此区分不同的亲属身份和权利义务关系。现行法律对"性别权"没有规定，自然人当然也就不具有变性权。但从民事法理上来说，性别之于自然人，不仅在身份领域发生效能，在人格领域也有其法律效能。就其本质而言，性别当属自然人的人格要素，它是人人享有的、用来判断人之性身份的基本要素。正是因为性别具有人格特质，所以才能够在法律身份领域发生诸如亲属称谓的效能，在法律行为领域发生诸如结婚条件规制的效能。性别对于自然人的人格具有法律意义，在法律确认之前属于自然权利，在法律确认之后则属于法律权利，即性别权。而性别权一旦上升为一项法律权利，即与生命权、身体权、姓名权、肖像权等权利共同构成自然人的具体人格权。在这一法律环境下，自然人即具有变性权，正如姓名变更权一样。因而变性行为，从自然权利的角度来说，是人行使自然权利的表现，只要没有明确的禁止性法律规定，即视为当事人有权行使这一权利。在当下性别权尚未被法律确认的情况下，对自然人变性权的解释，只能是一种法理上的阐释，可以借助现有法律规定和法理通说探寻他种解释。

二、变性人的离婚权

（一）变性手术前是否应离婚

因为自己没有提供离婚证明，承诺做免费变性手术的医院停止手术，梦想早日变为女儿身的山东男子高婷婷因此将医院告上法庭。该案一度在江苏闹得满城风雨，引起全国多家新闻媒体广泛关注。该案争议的焦点在于原告在变性之前是否必须先离婚，被告要求原告必须离婚是否具有法律依据。

---

[1] 张迎秀："变性人婚姻家庭权利研究"，载《河北法学》2014 年第 7 期，本文援引时有删减。

中国性别重塑外科中心陈焕然博士所提出的选择病例的8点标准，其中有一点就是"已婚者必须出具离婚判决书和子女监护等证明文件"，而在江苏省的这一案例，医院的依据则是由浙江科技出版社出版的《整形外科学》，该书上要求"已婚者必须解决好配偶问题并出具法院证明"。该案二审法院认为，东方医院提供的《整形外科学》一书所阐述的有关已婚者应于解除婚姻关系后变性的学术观点，并非审判依据。当然，这只是一个诉讼中的法律依据问题。但是，即使其能够规定在正式的法律文件中，我们也应该考虑其合理性的问题。笔者认为要求变性手术前必须离婚是对当事人身体权和婚姻权利的限制。从法律角度来说，当事人在变性之前还是其结婚时的性别，也就是说双方依然是婚姻法所承认的异性婚姻关系，而在这种情况下要求双方离婚，显然是侵犯当事人的合法权益的，而且目前也没有其他法律有此先例（必须是基于维护社会公共利益和国家的安全，才能限制公民的宪法权利）。就公民权利的角度来讲，只要法律未明文规定禁止，当事人就应该有相应的权利。该案二审法院的观点也与笔者的观点相同："就公民个人权利行使而言，在法律对已婚者变性未作禁止性规定的情况下，应当允许公民个人选择是否于变性前离婚，而不宜陷其于两难之中。只要其权利行使不损害他人利益或社会公共利益，即应受法律保护。"

（二）有配偶者变性后原婚姻关系的处理

1. 对相关观点的评析。婚姻的主体要素是男女两性，不管是婚姻关系的建立还是婚姻关系的解除，都只能是发生在异性之间，这为世界上绝大多数国家所肯定，虽然目前少数西方国家如荷兰、比利时、加拿大、挪威及美国的部分州相继立法承认了同性婚姻，其他欧洲国家如法国、意大利和西班牙的某些地区也陆续出台了与同性婚姻有相似意义的家庭伴侣法，但是我国是不会认可同性婚的，现行立法也只承认异性结合的婚姻形式。如果变性人与配偶的婚姻关系参照离婚办理，就等于变相承认同性婚，造成同性离婚的结果，如此就会与我国现行法律相矛盾，陷入法理上和伦理上的困惑和尴尬：一方面，我们不承认同性婚，一方面又要让他们按离婚程序解除婚姻关系。还有一个尴尬的问题是：有配偶者变性后，如果双方都不愿意解除婚姻关系，能否强制他们解除呢？婚姻关系的解除是以当事人的请求为前提的，没有当事人的离婚请求，任何人不能强制当事人解除婚姻关系。如果当事人没有提出解除婚姻关系的请求，他们就会继续像变性前一样生活，如此一来，又等于变相地承认了同性婚姻。

有一种观点认为，此种情形可参照婚姻关系终止原因中的死亡（包括宣告死亡）的精神办理，这是婚姻关系终止的自然原因，而离婚则是婚姻关系终止的人为原因。笔者认为：此观点固然可以解决"变性人与配偶的婚姻关系参照离婚办理"带来的尴尬，但其不符合法理基础。按此观点，夫妻一方变性就推定其自然死亡，换言之，变性等于自然死亡，这显然是讲不通的，配偶一方死亡是婚姻关系终止的自然原因，变性显然不是自然原因，而是人为原因。

2. 应把变性视为婚姻关系终止的单独的一种原因。在近现代的绝大多数国家法律中，都把死亡和离婚视为婚姻关系终止的两个基本原因，我国亦采用此种立法例。然而在人类历史的发展过程中，婚姻关系终止的原因并不是一成不变的，在不同时代的法律中是有所不同的：如在罗马法中，与奴隶制相适应，导致婚姻关系终止的原因除一方死亡和离婚外，还包括一方发生"人格大减等"即因受奴役而失去罗马公民权；又如在寺院法中，由于实行禁止离婚主义，配偶一方死亡成为婚姻关系终止的唯一原因。然而随着科学技术的迅猛发展，在婚姻家庭领域，越来越多的新情况新问题得以涌现，必然会对人类社会的伦理、道德、法律制度等形成巨大的冲击。法律应该紧跟形势、与时俱进，及时对一些新型社会关系用法律加以调整。有配偶者选择了变性，就意味着婚姻关系的解体，婚姻关系是一种民事法律关系，一方"变性"这个法律事实足以导致婚姻关系的终止。把变性视为婚姻关系终止的单独的一种原因，如此，前述的尴尬和困惑问题就会迎刃而解。变性人变性后应及时向公安部门申请性别变更登记，变性人与配偶的婚姻关系自批准性别变更登记之日起终止。

三、变性权与配偶权的冲突与对策

夫妻互为配偶，并以两性差异和两性生活为其生理基础。在婚姻关系存续期间，夫妻一方变性，改变了婚姻的两性结构，无法履行夫妻同居义务，另一方即被动丧失了性生活条件，造成配偶的性利益丧失，进而以性生活为主要内容的同居权的实现成为不可能。由此可见，变性权与配偶权存在冲突，保护了一方当事人的变性权就势必会侵害对方的配偶权，支持了一方的配偶权反过来就会侵害另一方的变性权。对此，必须明确以下观点，才能处理好两者的冲突问题：

1. 变性权是《宪法》赋予公民的人权。我国《宪法》第33条第3款规定"国家尊重和保障人权"。法理上变性权是公民的人格权，是与生俱来的自然权利。变性权作为一种特殊的人身权，其重要性与生存权等价。在法治社会，变性权与生命权几乎融为一体，是公民最基本的权利，受国家法律保护，是神圣不可侵犯的。

2. 夫妻同居权是基于《婚姻法》的规定，受婚姻法的保护，是缔结婚姻关系所产生的配偶身份权，对维系婚姻生活、家庭幸福、稳定社会起着极其重要的作用。那么，缔结婚姻后，妻子享有配偶权，是否就可以否定丈夫的变性权；或者强调丈夫的变性权，就可以剥夺妻子的配偶权。笔者认为，这两种观点都是错误的。变性权主张和夫妻同居权的行使都是法律赋予的权利，对夫妻双方来说，这两个权利至少应该是平等的，不应该厚此薄彼。变性是自然人选择性别的权利，同居是夫妻一方以配偶的身份要求对方与自己共同生活的权利，两项权利在民法上均属于以人身利益为客体的权利，并列存在于人身权体系。一般来说，当两项属于同一体系的权利发生冲突时，除非有法律的明确规定或者当事人的特别约定，是不能以牺牲一项权利来保全另一项权利的。

　　针对上述分析，笔者认为，要想解决变性权与配偶权的冲突，最关键的是要在二者之间找到一个最佳平衡点，如果夫妻一方有下列情形，如：患有严重的"易性病"；变性手术前进行了不少于2年的心里矫治、精神治疗，但其病态心理仍未矫治好；日常生活中试行异性角色至少3年，确感满意并坚持变性要求；年满25周岁且具备完全民事行为能力。即应优先保护变性权，否则，即应优先保护配偶权。这既是世界各国立法发展的趋势，也是我们正确处理变性权与配偶权冲突的关键所在，它既能保障夫妻一方配偶权的实现，稳定婚姻家庭生活，又能充分保障夫妻一方变性权的实现。

第九章　附　论

学习目标与工作任务

通过本章的学习，使学生了解我国《婚姻法》对于民族婚姻的特别规定；掌握处理民族婚姻应注意的问题；正确领会涉外婚姻及收养的适用条件，并能熟练处理在现实中出现的涉外婚姻纠纷及收养纠纷。

第一节　民族婚姻问题

导入案例

贵州省贵定县新巴镇新华村布依族农民陈某与江苏滨海县界牌镇镇南村汉族农民王某某在上海打工期间相识相爱，同居生活，后补办结婚登记。但陈某认为，尽管自己与王某某结婚6年，生育孩子，但王某某有大男子主义，不服从少数民族礼仪风俗，不尊重原告饮食习惯，双方冲突不断，长期分居，夫妻感情已经破裂，于2010年5月份，向滨海法院起诉离婚。但被告王某某坚决不同意离婚。

问：法院能否解除原、被告之间的婚姻关系？

本案知识点：民族婚姻特点

教学内容

一、民族婚姻的概念和特征

民族婚姻，是指少数民族之间、少数民族与汉族之间以及少数民族在本民族内的婚姻，包括结婚、离婚和复婚。我国是一个统一的多民族国家，全国有56个民族。由于长期以来所形成的生产条件、生活方式、文化宗教传统、风俗习惯的差异，各民族之间的婚姻习俗很不相同，尤其是少数民族与汉族之间的差异比较大，使得民族婚姻呈现出以下特点：

1. 从婚姻关系的主体上看，民族婚姻当事人双方或一方必须是少数民族。这是民族婚姻与双方都是汉族的婚姻相比所呈现的主体特点。

2. 婚姻习俗具有民族性。我国有55个少数民族，因各少数民族的生产条件、历史传统、生活方式、宗教、文化和风俗习惯等方面的原因，各少数民族都有自己独特的、有别于其他民族的婚姻习俗。

3. 婚姻习俗呈现地方性。我国少数民族分布在全国70%的地区，具有散居多、集居少的特点。基于各民族人民生活的社会环境和地域不同，民族婚姻往往表现出地方（区域）性的特色，即使是在同一民族的支系之间、居住在不同区域的少数民族之间，婚姻习俗也很不相同。

4. 民族婚姻具有强烈的传统习俗特色。因各少数民族的婚姻与家庭从形式到内容，都特别受制于各民族特有的婚姻家庭传统习俗和宗教、伦理道德观念，民族婚姻呈现出强烈的传统习俗特色，不太容易受外来因素的影响。当然，随着各少数民族地区的发展，少数民族人口的地域流动以及少数民族与汉族通婚的平常化，婚姻家庭的民族性色彩也会逐渐淡薄。

二、民族自治地方对《婚姻法》的变通或补充性规定

基于少数民族婚姻的特殊性，修正后的《婚姻法》第50条规定："民族自治地方的人民代表大会有权结合当地民族婚姻家庭的具体情况，制定变通规定。自治州、自治县制定的变通规定，报省、自治区、直辖市人民代表大会常务委员会批准后生效。自治区制定的变通规定，报全国人民代表大会常务委员会批准后生效。"由此可见，民族自治地方可以制定《婚姻法》的变通或补充性规定。但必须坚持三个立法原则：一是须符合婚姻法的基本原则；二是须适合当地民族婚姻家庭的实际情况；三是须由民族自治地方的人民代表大会或其常务委员会颁布，自治州、自治县制定的变通规定，须报省、自治区、直辖市人民代表大会常务委员会批准，自治区制定的变通规定，须报全国人民代表大会常务委员会批准。

自1980年《婚姻法》实施以来，许多民族自治地方先后制定颁布了《婚姻法》的变通或补充性规定。1980年12月14日，新疆维吾尔自治区颁行了《新疆维吾尔自治区执行〈中华人民共和国婚姻法〉的补充规定》；1981年4月18日西藏自治区颁行了《西藏自治区施行〈中华人民共和国婚姻法〉的变通条例》；1981年6月15日宁夏回族自治区颁行了《宁夏回族自治区执行〈中华人民共和国婚姻法〉的补充规定》；1981年9月21日内蒙古自治区颁行了《内蒙古自治区执行〈中华人民共和国婚姻法〉的补充规定》。此外，一些自治州如四川省的甘孜、阿坝、凉山自治州，青海省的海北、海西自治州等、自治县如云南省的孟连、沧源、宁蒗自治县，青海省的循化、化隆自治县等也作了变通或补充规定。这些结合当地实际的变通或补充规定，一方面加强了少数民族自治地方婚姻家庭方面的法制建设，另一方面也促进了当地少数民族婚姻家庭制度的改革。

三、变通或补充规定的主要内容

（一）关于基本原则方面的补充规定

1. 坚持婚姻自由的原则。婚姻自由是我国婚姻法的一项基本原则。各民族自治地方的变通或补充规定中，都明确规定实行婚姻自由，并结合本地区的实际情况作了更为具体的补充规定。如宁夏回族自治区规定，"回族同其他民族的男女自愿结婚，任何人不得干涉"；"保护寡妇的婚姻自由，任何人不得以任何借口进行干涉"。新疆维吾尔自治区规定，"禁止买卖婚姻和借婚姻索取财物"；"寡妇有再婚的自由，任何人不得以任何借口进行干涉"。四川省阿坝藏族羌族自治州规定，"实行男女婚姻自由。禁止强迫、包办、买卖、转房婚姻。禁止借婚姻索取财物。禁止利用宗教、家族、部落或者其他形式干涉婚姻自由"。这些具有针对性的补充规定，全面贯彻了婚姻自由的基本原则。

2. 实行一夫一妻制。基于民族习惯和历史原因，有的少数民族地区还残存着一夫多妻或一妻多夫的婚姻关系，必须予以改革和慎重处理。西藏自治区规定："废除一夫多妻、一妻多夫等封建婚姻，对执行本条例之前形成的上述婚姻关系，凡不主动提出解除婚姻关系者，准予维系。"但对该条例施行后形成的重婚，则应依法处理，以维护一夫一妻制的原则。

（二）关于结婚和离婚的变通或补充规定

1. 适当降低法定婚龄。我国许多少数民族，尤其是生活在农村、牧区的少数民族，历来就有早恋、早婚的习惯，青年男女一般在 16～18 周岁左右就结婚。《婚姻法》规定的男 22 周岁、女 20 周岁的法定婚龄在少数民族地区很难执行。因此，民族自治地方制定的《婚姻法》变通或补充规定，均把降低婚龄作为主要内容，即将结婚的法定婚龄变通为男不得早于 20 周岁，女不得早于 18 周岁。降低法定婚龄的规定一般仅适用于居住在该自治地方的各少数民族，或者是与少数民族结婚的汉族、或者是该自治地方农业人口中的各民族包括汉族。

2. 对禁止近亲结婚的变通。由于少数民族多集居在交通不便、人口稀少的偏远边疆、山区，造成了有些少数民族没有适量的可选择的通婚人群，加之有些少数民族还有族内通婚的习俗，因而近亲结婚较为普遍，表兄弟姐妹结婚更是许多少数民族的习惯。尽管少数民族也禁止直系血亲结婚，但是有些少数民族地方却无法严格执行婚姻法规定的禁止三代以内旁系血亲结婚的规定。对此，这些少数民族自治地方在制定执行《婚姻法》的变通、补充规定时，要么将婚姻法禁止三代以内旁系血亲结婚的规定作为倡导性规定，要么推迟其实施的日期。如内蒙古自治区规定："大力倡导三代以内旁系血亲不结婚。"宁夏回族自治区规定："禁止三代以内的旁系血亲结婚的规定，回族推迟到1983年1月1日起执行。"

3. 坚持结婚、离婚必须履行法律手续。受传统婚俗和宗教的影响，许多少数民族男女结婚、离婚一般都只按民族传统习惯举行一定的世俗仪式或宗教仪式，很少履行法律手续。为了对婚姻的成立和终止进行指导和监督，保护合法婚姻，防止违反婚姻法的行为发生，各民族自治地方都明确规定，结婚、离婚必须履行法律手续，禁止用宗教仪式代替婚姻登记。如新疆维吾尔自治区规定，"结婚、离婚必须履行法律手续，禁止一方用口头或文字通知对方的方法离婚"；"禁止以宗教仪式代替法定的结婚登记"。

（三）对实行计划生育的变通

计划生育是我国《婚姻法》规定的基本原则之一。但由于各少数民族地区的自然条件、经济、文化以及人口状况的不同，国家对少数民族是否实行计划生育并未作强制性规定。1991年5月12日中共中央、国务院发布《关于加强计划生育工作严格控制人口增长的决定》，明确指出在少数民族中也要实行计划生育，具体要求和做法由各自治区或所在省决定。一般情况是对少数民族的生育政策比汉族适当放宽，即一对夫妻可以生育2个孩子，有特殊情况的可以生3个孩子。有的民族地区只宣传生命科学知识，做好妇幼保健，不做生育数量要求。

（四）其他方面的补充规定

一些少数民族自治地区还结合当地的实际，对订婚、非婚生子女等问题作了补充规定。如新疆维吾尔自治区规定："禁止未达结婚年龄的男女预先订婚。"西藏自治区规定："非婚生子女生活费和教育费的负担，应按中华人民共和国《婚姻法》第19条的规定执行，改变全由生母负担的习惯。"这些补充性规定有利于维护婚姻当事人的合法权益。

四、处理民族婚姻纠纷应注意的问题

（一）关于不同民族间的通婚问题

纵观我国民族婚姻的发展历史，各民族之间有的有通婚的习俗，有的是基于宗教教规禁止与外族通婚，有的则是因民族之间的隔膜而不允许与某些民族通婚。我国法律并未限制不同民族之间通婚，对于不同民族之间的通婚问题，应遵循维护民族团结和尊重少数民族的风俗习惯的原则慎重处理。对于民族自治地方的变通或补充规定允许不同民族通婚的，应按规定执行；对于变通或补充规定并未规定允许不同民族通婚的，如果当地的民族习惯或宗教教规不允许与外族通婚的，应说服要求结婚的双方，尊重民族习惯，不要结婚，以免引起民族纠纷;如果双方当事人仍坚持结婚,则应做好婚姻法的宣传工作,尊重双方婚姻自由的权利,准予他们结婚。

(二)关于不同民族男女结婚后所生子女或收养子女的民族从属问题

根据《关于中国公民确定民族成分的规定》,不同民族的公民结婚所生的子女,或收养其他民族的幼儿(经公证机关公证确认)的,其民族成分在年满18周岁以前由父母或养父母商定,满18周岁者由本人确定,年满20周岁者不再更改民族成分。不同民族的成年人之间发生的收养关系、婚姻关系,不改变各自的民族成分。

(三)民族婚姻纠纷的处理

对于不同民族之间的婚姻纠纷,应坚持民族团结的原则,依据婚姻法和民族自治地方的变通或补充规定,本着尊重和照顾少数民族的风俗习惯,妥善处理。

在本节导入案例中,由于原被告在打工期相识,不久同居,后补办结婚登记,属于"闪婚"范畴,感情基础较差。婚后因双方生活成长环境的巨大差异,导致双方在民族礼仪风俗、个人生活习惯以及各自性格脾气上存在冲突,产生矛盾,造成感情冷淡,分居生活。维持这桩婚姻尽管能给孩子一个完整的家,但夫妻消除彼此间的差异,避免冲突的发生可能性不大,不离婚可能对双方造成更大的伤害,反而不利于孩子的成长。因此,法院应当做好双方的思想工作,准予离婚。

第二节 涉外婚姻家庭及收养问题

导入案例

1993年,美国人Ken与妻子Lily在美国结婚,婚后生育一子一女。Ken一直对中国很感兴趣,想到这个神秘的东方国度看一看。2001年,Ken所在的公司在华投资,Ken遂主动要求到驻华分公司工作。自2001年5月起,Ken一直在中国工作。但是Ken的妻子Lily一直住在美国,双方没有互相探访,处于分居状态,感情逐渐淡薄。由于工作和抚养子女等方面的原因,Ken认为回美国办理离婚手续将面临许多难以克服的困难,故以夫妻感情破裂为由向所居住地人民法院起诉离婚。

问:法院能否受理Ken的离婚请求?

本案知识点:涉外离婚;法律适用

教学内容

一、涉外婚姻的概念和特征

所谓涉外婚姻，是指具有涉外因素的婚姻（包括结婚、离婚和复婚）。这里的涉外，是指婚姻主体涉外或地域涉外。前者是指婚姻当事人一方或双方为外国人；后者是指结婚、离婚或复婚的行为地在国外。

涉外婚姻的概念，有广义和狭义之分。广义上的涉外婚姻，一种是指在本国境内，本国公民与外国人或者外国人与外国人之间的结婚、离婚或复婚；另一种是在外国境内，本国公民与外国人或者本国公民与本国公民的结婚、离婚或复婚。广义上的涉外婚姻需要解决冲突规范的法律适用，应由国际私法调整。

在本节导入案例中，因起诉人与被起诉人均不是中华人民共和国公民，且婚姻缔结地也不在中国，所以人民法院对此涉外离婚的诉讼没有管辖权，法院应对 Ken 的起诉裁定不予受理。

狭义上的涉外婚姻，是指中国公民与外国人，或外国人与外国人在中国境内结婚、离婚或复婚。本书所称的涉外婚姻，仅指狭义上的涉外婚姻。它具有如下法律特征：

1. 婚姻当事人中至少有一方是外国人，即主体涉外。在婚姻当事人中，一方为中国公民，另一方为外国人，或者双方均为外国人。这里的中国公民是指具有中华人民共和国国籍并居住在中国的自然人，包括已加入中国国籍的外国人。这里的外国人，是指不具有中国国籍的自然人，包括外国血统的外籍人、中国血统的外籍人（外籍华人）、定居在我国的外籍侨民和无国籍人。

2. 婚姻事项在我国境内办理，即地域不涉外。婚姻当事人结婚、离婚或复婚是在中国境内办理。

二、涉外婚姻家庭关系的法律适用

涉外婚姻家庭关系的法律适用，需要解决两个或两个以上国家婚姻家庭法的冲突问题。我国现行《婚姻法》对此未作专门规定。1987 年 1 月 1 日实施的《民法通则》第八章规定了涉外民事法律关系的法律适用。2003 年 10 月 1 日施行《婚姻登记条例》。这些法律、法规共同构成了我国涉外婚姻家庭关系适用的法律依据。

根据《民法通则》、最高人民法院的相关司法解释，涉外婚姻家庭关系的法律适用原则主要有：

（一）中国公民同外国人结婚适用婚姻缔结地法律

涉外结婚以婚姻缔结地法为准据法。包括结婚的实质要件、形式要件和婚姻的效力均适用婚姻缔结地国家（地区）的法律。

（二）中国公民同外国人离婚适用受理案件的法院所在地法律

涉外离婚以法院地法为准据法。包括离婚的实质要件和形式要件，均适用受理离婚案件的法院所在地国家（地区）的法律。我国最高人民法院的司法解释明确规定，我国法院受理的涉外离婚案件，离婚以及因离婚而引起的财产分割，均适用我国法律。

（三）扶养适用与被扶养人有最密切联系的国家的法律

根据《民通意见》第189条的规定，父母子女之间的扶养、夫妻相互之间的扶养以及其他有扶养关系的人之间的扶养，应当适用与被扶养人有最密切联系国家的法律。扶养人与被扶养人的国籍、住所以及供养被扶养人的财产所在地，均可视为与被扶养人有最密切的关系。

（四）监护的设立、变更和终止

《民通意见》第190条规定，监护的设立、变更和终止，适用被监护人的本国法律。但是，被监护人在我国境内有住所的，适用我国的法律。

（五）公共秩序保留的原则

根据该原则，适用外国法律或者国际惯例的，不得违背中华人民共和国的社会公共利益，婚姻当事人违反我国婚姻法基本原则或规避我国法律强制性、禁止性规定的行为，不发生适用外国法律的效力，仍适用中国法律。

三、涉外结婚

涉外结婚，是指我国公民与外国人在我国境内缔结婚姻关系的行为。

（一）涉外结婚的法律适用

依据国际通行的"结婚适用婚姻缔结地法律"的原则，我国《民法通则》第147条规定："中华人民共和国公民与外国人结婚适用婚姻缔结地法律……"可见，我国对涉外结婚的法律适用，也是遵循适用婚姻缔结地法律的原则。

（二）涉外结婚的程序

1. 登记机关。根据我国《婚姻登记条例》第2条的规定，中国公民与外国人在中国境内自愿结婚的，男女双方必须共同到内地居民常住地婚姻登记机关办理，该婚姻登记机关应是省、自治区、直辖市人民政府民政部门或者省、自治区、直辖市人民政府民政部门确定的机关。

2. 申请结婚登记的当事人应持有的证件和材料。中国公民应出具以下证件和证明材料：本人户口簿、身份证；本人无配偶以及与对方当事人无直系血亲和三代以内旁系血亲关系的签字声明。外国人应出具以下证件和证明材料：本人有效护照或其他有效的国际旅行证件；所在国公证机构或有权机构出具的、经中国驻该国使（领）馆认证或该国驻华使（领）馆认证的本人无配偶的证明，或该国驻华使（领）馆出具的本人无配偶的证明。

3. 结婚登记程序。对当事人的结婚申请，经婚姻登记机关审查后，认为符合我国法律的，应准予登记。在申请后 1 个月内，办理登记手续，发给结婚证。

4. 复婚。中国公民同外国人离婚后、外国人与外国人离婚后，双方自愿在中国境内复婚的，应按有关结婚的规定办理。

四、涉外离婚

涉外离婚，是指中国公民与外国人之间，在中国境内解除婚姻关系的行为。

（一）涉外离婚的法律适用

对于涉外离婚，我国法律也是奉行国际社会通行的"离婚适用受理案件的法院所在地法律"的做法。

（二）涉外离婚程序

我国《婚姻法》规定了登记离婚和诉讼离婚两种方式。但只有在中国境内登记结婚的涉外婚姻方可适用登记离婚。而对于在中国境外登记结婚的涉外婚姻，鉴于我国婚姻登记机关没有确认其婚姻效力的职责，即使是双方自愿离婚，也只能通过诉讼离婚的方式办理。

1. 登记离婚程序。在中国境内登记结婚的涉外婚姻，如自愿离婚且有离婚协议的，男女双方应当共同到内地居民常住户口所在地的婚姻登记机关办理离婚登记。该婚姻登记机关也应是省、自治区、直辖市人民政府民政部门或者省、自治区、直辖市人民政府民政部门确定的机关。离婚协议书应当载明双方当事人自愿离婚的意思表示以及对子女扶养、财产及债务处理等事项协商一致的意见。婚姻登记机关应当对离婚登记当事人所出具的证件、证明材料进行审查。如双方确属自愿离婚，并已对子女扶养、财产及债务处理等事项达成一致处理意见的，应当当场予以登记，发给离婚证。

2. 诉讼离婚程序。对于涉外诉讼离婚，无论是双方自愿离婚（不在中国境内登记结婚的）还是一方要求离婚的，当事人应当按照我国《民事诉讼法》的有关规定，向中国公民一方户籍所在地或常住地的人民法院起诉。如果一方当事人向外国法院起诉，而另一方当事人向我国人民法院起诉，我国人民法院仍享有管辖权。判决后，外国法院申请或者当事人请求我国法院承认和执行外国法院对本案作出的判决、裁定的，不予准许。但双方所在国共同参加或者签订的国际条约另有规定的除外。

对不在我国居住的外国人，不能来我国法院亲自参加起诉、应诉的，可以委托我国公民、律师或居住在我国境内的本国公民、本国驻华使（领）馆官员（以个人名义）担任诉讼代理人。但外国人一方向我国法院提交的离婚起诉书、答辩状、意见书、委托书等诉讼文书，必须经所在国公证机关公证，并经我国驻该国使（领）馆认证方为有效。

人民法院审理涉外离婚案件，应当根据我国《婚姻法》第 25 条和有关规定进行判决。对于因离婚而引起的子女扶养费的负担、夫妻共同财产的分割、债务的清偿、一方对他方的经济帮助、离婚损害赔偿等问题，也应按我国《婚姻法》的规定一并处理。

值得注意的是，由于我国目前与多数国家尚未签订司法协助协议，为保护我国公民及其子女的合法权益，防止判决的不便执行，对应由外国一方负担的子女扶养费、夫妻共同财产的分割、债务的清偿、一方对他方的经济帮助、离婚损害赔偿等问题，原则上应确定国外一方一次性给付。

五、涉外收养

本书所称的涉外收养是狭义上的，即指外国人或无国籍人在我国境内收养中国公民的子女，包括收养人夫妻一方为外国人或无国籍人。

我国《收养法》第 21 条第 1 款规定："外国人依照本法可以在中华人民共和国收养子女。"依据民政部 1999 年 5 月 25 日颁布实施的《外国人在中华人民共和国收养子女登记办法》（以下简称《收养子女登记办法》）第 3 条的规定："外国人在我国收养子女，应当符合我国收养法的有关规定，并应当符合收养人所在国的有关收养法律的规定；因收养人所在国法律的规定与中国法律的规定不一致而产生的问题，由两国政府有关部门协商处理。"

由此可见，我国对涉外收养成立的准据法基本上采取的原则是：涉外收养关系成立的实质要件，适用被收养人住所地法律，同时不得违背收养人所在国法律；涉外收养成立的形式要件，适用收养行为地法律。涉外收养的法律适用除《收养法》外，还有《收养子女登记办法》等。

（一）涉外收养的实质要件

涉外收养的实质要件，即外国人或无国籍人在中国境内收养中国儿童时所必须具备的条件。外国人在中国境内收养中国儿童，应当适用中国法律，与国内收养相同，应当具备我国《收养法》规定的收养关系成立的一般实质要件。

（二）涉外收养的形式要件

为确保建立有效的收养关系、保护被收养人的利益，我国《收养法》第 21 条、《收养子女登记办法》第 4～12 条对涉外收养应当履行的法定程序作了较为严格的规定，也即涉外收养关系成立的形式要件。具体的程序是：

1. 外国人向中国政府委托的收养组织提出收养申请。外国人在华收养子女，应当通过其所在国政府或政府委托的收养组织（以下简称外国收养组织）向中国政府委托的收养组织（以下简称中国收养组织）转交收养申请并提交收养人的家庭情况报告和证明。家庭情况报告和证明应由其所在国有权机构出具，经其所在国外交机关或外交机关授权的机构认证，并经我国驻该国使（领）馆认证。具体包括：①跨国收养申请书；②出生证明；③婚姻状况证明；④职业、经济收入和财产状况证明；⑤身体健康检查证明；⑥有无受过刑事处罚的证明；⑦收养人所在国主管机关同意其跨国收养子女的证明；⑧家庭情况报告，包括收养人的身份、收养的合格性和适当性、家庭状况和病史、收养动机以及适合于照顾儿童的特点等。

在华工作或者学习连续居住1年以上的外国人在华收养子女，除应提交上述规定的除身体健康检查证明以外的文件外，还应提交在华所在单位或有关部门出具的婚姻状况证明，职业、经济收入或者财产状况证明，有无受过刑事处罚证明以及县级以上医疗机构出具的身体健康检查证明。

2. 送养人应当向省、自治区、直辖市人民政府民政部门提交有关证明材料。送养人应当向省、自治区、直辖市人民政府民政部门提交本人的户口簿和身份证（社会福利机构作送养人的，应当提交其负责人的身份证件）、被收养人的户籍证明等情况，并根据不同情况提交下列有关证明材料：

（1）被收养人的生父母（包括已经离婚）为送养人的，应当提交生父母有特殊困难无力抚养的证明和生父母双方同意送养的书面意见；其中，被收养人的生父（母）因丧偶或一方下落不明，由单位送养的，应当提交配偶死亡或下落不明的证明以及死亡的或者下落不明的配偶的父母不行使优先抚养权的书面声明。

（2）被收养人的父母均不具备完全民事行为能力，由被送养人的其他监护人做送养人的，应当提交被收养人的父母不具备完全民事行为且对被收养人有严重危害的证明以及监护人有监护权的证明。

（3）被收养人的父母均已死亡，由被收养人的监护人作送养人的，应当提交其生父母的死亡证明、监护人实际承担监护责任的证明，以及其他有抚养义务的人同意送养的书面意见。

（4）由社会福利机构作送养人的，应当提交弃婴、儿童被遗弃和发现的情况证明以及查找其生父母或其他监护人的情况证明；被收养人是孤儿的，应当提交孤儿父母的死亡或宣告死亡证明，以及有抚养孤儿义务的其他人同意送养的书面意见。

（5）送养残疾儿童的，还应当提交县级以上医疗机构出具的该儿童的残疾证明。

3. 中国收养组织向外国人发出来华收养子女通知书。省、自治区、直辖市人民政府民政部门应当对送养人提交的证件和证明材料进行审查，对查找不到生父母的弃婴和儿童公告查找其生父母。认为被收养人、送养人符合收养法规定条件的，将符合收养法规定的被收养人、送养人的名单通知中国收养组织，同时转交下列证件和证明文件：①送养人的户口簿和身份证（社会福利机构作送养人的，应当提交其负责人的身份证件）复制件；②被收养人是弃婴或孤儿的证明、户籍证明、成长情况报告和身体健康检查证明的复制件和照片。

中国收养组织对外国收养人的收养申请和有关证明进行审查，应当在符合收养法规定条件的收养人中，选择适当的收养人，并将该被收养人以及送养人的有关情况通过外国收养组织送交外国收养人。外国收养人同意收养的，中国收养组织向其发出来华收养通知书，同时通知有关省、自治区、直辖市人民政府民政部门向送养人发出被收养人同意收养的通知。

4. 办理收养登记。外国人来华收养子女，应当与送养人订立书面收养协议。协议一式三份，由收养人、送养人各执一份，办理收养登记手续时收养登记机关收存一份。协议订立后，收养关系当事人应当共同到被收养人常住户口所在地的省、自治区、直辖市人民政府民政部门办理收养登记。

当事人在办理收养登记时，应当填写外国人来华收养子女登记申请书并提交收养协议，同时，收养人还应提交：中国收养组织发出的来华收养通知书、收养人的身份证件和照片；送养人应提交：被收养人已被同意收养的通知书、送养人的居民户口簿和居民身份证（社会福利机构作送养人的，为其负责人的身份证件）、被收养人的照片。收养登记机关在收到收养人和送养人的有关材料后，应当在7日内进行审查，对符合规定条件的，为当事人办理收养登记，发给收养登记证书，收养关系自登记之日起成立。

当事人办理收养登记后，一方或双方要求办理收养公证的，应当到收养登记地的具有办理涉外公证资格的公证机构办理收养公证。

第三节 涉及华侨、港澳台同胞的婚姻及收养问题

导入案例

原告郑某与被告王某于2001年经人介绍后相识。2002年1月15日，原告前往香港定居。2002年12月7日，双方在福建省晋江市民政局办理结婚登记手续。2003年，被告以会夫为由往香港探亲。2003年6月8日，双方在香港再次办理婚姻登记手续。2005年11月，被告随夫定居香港。在共同生活期间，原、被告双方为家庭琐事而产生纠纷，以致夫妻感情恶化，原告于2008年7月29日向香港民事法庭申请与被告离婚，被告于2008年12月7日应诉。在香港民事法庭排期审理期间，原告又于2009年4月23日向晋江市人民法院起诉与被告

离婚。

问：晋江市人民法院可有管辖权？

本案知识点：涉港婚姻；离婚管辖

教学内容

涉及华侨、港澳台同胞的婚姻，是指侨居在外国或定居在我国香港、澳门和台湾地区的中国同胞与内地公民之间以及华侨之间、港澳台同胞之间，依照我国法律在我国境内结婚或离婚。这类婚姻的主体均具有中国国籍，都是中国人，且婚姻事项都在我国境内办理，只是一方或双方的居住地不在内地。《婚姻登记条例》是处理此类婚姻的法律依据。

一、涉及华侨、港澳同胞的婚姻

（一）结婚问题

1. 华侨在中国境外结婚。为方便华侨结婚，我国法律历来鼓励华侨按居住国的法律在当地办理结婚登记，而且只要结婚时所适用的法律不违反我国《婚姻法》的基本原则，均承认其效力。若申请结婚的当事人双方均是华侨，并且居住国又允许外国使馆办理婚姻登记的，也可以到我国驻该国使（领）馆，依我国法律办理结婚登记。

2. 华侨、港澳同胞同内地公民在中国境内结婚。由于此类婚姻主体无涉外因素，婚姻缔结地又在境内，因而结婚的条件和程序完全适用我国婚姻法和其他法律的有关规定，仅在手续上有某些特殊规定。

（1）登记机关。双方必须共同到内地一方户口所在地的省、自治区、直辖市人民政府民政部门或者省、自治区、直辖市人民政府民政部门确定的机关办理结婚登记。

（2）双方所应持有的证件和证明材料：内地公民须持有：本人的户口簿、身份证、本人婚姻状况证明以及与对方当事人没有直系血亲和三代以内旁系血亲关系的签字声明。华侨须持有：本人的有效护照、经我国使（领）馆认证的居住国公证机关出具的本人无配偶证明，或我国驻该国使（领）馆出具的本人无配偶证明、婚前健康检查证明以及与对方当事人没有直系血亲和三代以内旁系血亲关系的证明。港、澳居民须持有：本人有效的通行证、身份证、经居住地公证机构公证的婚姻状况证明、在港澳从事的职业或可靠经济来源证明、婚前健康检查证明以及与对方当事人没有直系血亲和三代以内旁系血亲关系的声明。

（3）港澳同胞同内地公民在港澳地区结婚。对于港澳同胞同内地公民在港澳地区结婚的，参照《民法通则》第147条的规定，类推适用婚姻缔结地的香港地区或澳门地区的法律。香港、澳门的婚姻法律所遵循的原则与内地婚姻法基本上没有原则性冲突，只是结婚的实质要件与形式要件与内地婚姻法有所差别。香港实行婚姻注册和仪式相结合制度，澳门实行民事婚姻登记制度。只要当事人依照当地法律结婚，应承认其婚姻关系有效。

（二）离婚问题

1. 华侨、港澳同胞同内地公民之间的离婚。男女双方自愿离婚并已就子女抚养和财产分割等问题作了妥善处理的，须共同到婚姻登记管理机关申请离婚登记。

一方要求离婚或一方不能到婚姻登记机关申请离婚的，可由有关部门进行调解或直接向内地一方户籍所在地或居所地的人民法院提出诉讼离婚。一方要求离婚的，无论哪一方向人民法院提起离婚诉讼，内地一方所在地的人民法院都有管辖权；华侨、港澳同胞一方在居住国和港、澳地区法院起诉，内地一方向人民法院起诉的，受诉人民法院依然享有管辖权。判决离婚以及离婚后的子女抚养和财产分割等问题，按婚姻法的规定和侨务政策的要求，慎重处理。

（1）国内配偶以国外华侨已经重婚为理由提出离婚，查有实据的，应准予离婚。

（2）华侨久不回国，杳无音信，国内配偶提出离婚的，经调查属实，可以公告送达诉讼文书，在公告期满后判决准予离婚。判决书公告送达后，经上诉期满即发生法律效力。

（3）国外华侨与国内配偶有通讯联系，并汇款供养亲属，国内配偶要求离婚，华侨不同意离婚的，一般应尽量调解不离。如国内配偶坚决要求离婚，矛盾激化而有发生意外事件可能的，可根据具体情况，准予离婚。

（4）华侨以国内配偶作风不好或其他充足理由提出离婚的，如查证属实，一般应准予离婚。

2. 夫妻双方均是居住在国外的华侨的离婚。夫妻双方均是居住在国外的华侨离婚的，原则上向居住国有关机关办理。但如果居住国因某种原因不受理时，可以采取以下方法处理：

（1）如他们原先在国内办理婚姻登记的，双方可以回国到原婚姻登记机关办理离婚登记，或向婚姻缔结地或一方在国内最后居住地的人民法院提出离婚诉讼。

（2）如他们原先是在我国驻该国使（领）馆登记结婚的，可向我国驻该国使（领）馆办理离婚登记。双方有争议的，则应回国向出国前最后户籍所在地人民法院提出离婚诉讼。

（3）如他们原先是在国外办理结婚登记或按外国法律举行结婚的，他们的离婚问题国内人民法院原则上不予受理。

3. 夫妻双方都在港澳定居的港澳同胞的诉讼离婚。夫妻双方原在内地结婚，后来到港澳地区定居，因特殊原因，双方回到内地向人民法院提出离婚诉讼的，可由当事人原婚姻登记地、原婚姻缔结地或被告原住所地人民法院受理。受理涉港澳同胞离婚案件的人民法院，应根据我国《婚姻法》和有关法律的规定予以审理。涉及港澳同胞一方须负担子女抚养费等内容需要执行的，应力求避免判决或调解协议发生执行上的困难，尽可能采取一次性给付并立即执行的办法。

在本节导入案例中，虽然原告于2008年7月29日向香港民事法庭申请与被告离婚，被告也于2008年12月7日应诉。但在香港民事法庭排期审理期间，原告依然可以在内地法院起诉，因此被告于2009年4月23日向晋江市人民法院起诉与被告离婚符合我国法律规定，晋江市人民法院享有管辖权。

二、涉台婚姻

涉台婚姻关系，是指居住在我国台湾地区的台湾同胞与大陆居民之间的结婚、离婚及其复婚的关系。台湾是中国的领土，台湾居民与大陆居民、港澳同胞一样，都具有共同的中国国籍，其婚姻关系不具有涉外因素，不属于涉外婚姻家庭关系。

（一）台湾居民与大陆居民的结婚问题

自1979年1月1日以后来大陆定居、探亲、经商、旅游等的台湾居民要求与大陆居民结婚的，应根据《婚姻法》、《婚姻登记条例》的规定，按照以下情况分别处理：

1. 已在大陆定居的台湾居民与大陆居民结婚。已在大陆定居的原台湾居民在大陆申请结婚登记，应由县级以上的民政部门按照《婚姻登记条例》的规定办理。

申请结婚登记的台湾居民应向婚姻登记机关提供以下证件：①在大陆定居后所在单位或户口所在地的居（村）民委员会出具的婚姻状况证明。②台湾地区公证机关出具的无配偶声明和经证明无误的户口誊本（有效期为3个月）。如该居民是在香港、澳门地区连续停留6个月以上后来大陆定居的，除提交上述证件、证明外，还应提交香港婚姻注册处或澳门婚姻及死亡局出具的婚姻状况证明。如该台湾居民是在外国连续停留6个月以上后来大陆定居的，除提交上述证件、证明外，还应提交居住国出具的经公证机关公证和中国驻该国使（领）馆认证的婚姻状况证明。无法取得上述证明的，应当提交由大陆公证机关公证的无配偶声明。

2. 居住在台湾地区的台湾居民与大陆居民结婚。居住在台湾地区的台湾居民与大陆居民申请结婚登记的，双方应当共同到大陆一方居民户籍所在地的省

（自治区、直辖市）民政部门指定的婚姻登记机关申请办理结婚登记。

在申请结婚登记时，台湾一方居民应向婚姻登记机关提交下列证件：①有效通行证或其他有效旅行证件；②在台湾地区居住的有效身份证明和出入境证件；③台湾地区公证机关出具的无配偶声明和经证明无误的户口誊本；④婚前医学检查证明。台湾居民在大陆连续停留6个月以上的，除提交上述证件、证明外，还应提交大陆公证机关公证的无配偶声明。该台湾居民是在香港、澳门地区连续停留6个月以上后来大陆定居的，除提交上述证件、证明外，还应提交香港婚姻注册处或澳门婚姻及死亡局出具的婚姻状况证明。如该台湾居民是在外国连续停留6个月以上来后大陆定居的，除提交上述证件、证明外，还应提交居住国出具的经公证机关公证和中国驻该国使（领）馆认证的婚姻状况证明。无法取得上述证明的，应当提交由大陆公证机关公证的无配偶声明。

申请结婚登记的大陆居民应当提交下列证件、证明：①居民身份证；②居民户口簿；③所在单位或街道办事处、乡（镇）人民政府出具的婚姻状况证明；④婚前医学检查证明。

（二）大陆居民与台湾居民的离婚问题

1. 登记离婚。大陆居民与台湾居民在大陆要求离婚的，如果双方自愿离婚，并就子女的抚养、财产的分割等问题达成了一致协议的，双方应共同到大陆一方居民户籍所在地的省（自治区、直辖市）民政部门指定的婚姻登记机关申请办理离婚登记。但有下列情形之一的，婚姻登记机关不予受理：①婚姻关系不是在大陆依法缔结的；②一方要求离婚的；③双方就子女的抚养、财产的分割等问题未达成协议的；④一方或双方为无民事行为能力或限制民事行为能力的。婚姻登记机关受理后，应依法进行审查，符合条件的，自受理申请之日起30日内办理离婚登记。

2. 诉讼离婚。在大陆居住的或者是回大陆定居的大陆居民要求与台湾居民离婚，向其住所地或定居后的住所地人民法院提出离婚的，人民法院应当受理，并根据《婚姻法》的有关规定，参照港澳同胞在大陆的离婚处理原则，作出是否准予离婚的判决。

三、涉及华侨、港澳台同胞的收养问题

（一）华侨、港澳台同胞收养子女的条件

从总体上看，关于华侨回国收养子女的条件，较国内一般公民的收养条件要宽松，更多地尊重了我国传统的收养习惯。华侨在国内收养子女的，应当符合我国《收养法》第7条的规定，但对于华侨收养三代以内同辈旁系血亲的子女的，可以不受收养人无子女、被收养人是生父母有特殊困难无力抚养的不满14周岁的未成年人、送养人是有特殊困难无力抚养子女的生父母、无配偶的男

性收养女性时收养人与被收养人的年龄应当相差40周岁等条件的限制。

港澳台同胞回内地收养子女,在法律关系上属于国内公民之间的民事法律行为,因此,《收养法》对此未作特殊规定。

(二) 华侨、港澳台同胞收养子女的程序

1999年5月25日民政部颁布了《华侨以及居住在香港、澳门、台湾地区的中国公民办理收养登记的管辖以及所需要出具的证件和证明材料的规定》,据此,华侨、港澳台同胞在内地收养子女应遵循以下规定:

1. 收养登记机关。华侨、港澳台同胞在内地收养子女的,应当到被收养人常住户口所在地的直辖市、设区的市、自治州人民政府民政部门或者地区行政公署民政部门申请办理收养登记。

2. 收养登记时当事人应持有的证件和证明材料。

(1) 华侨办理收养登记时应持有的证件与证明材料。包括:收养申请书、护照、收养人居住国有权机构出具的收养人的年龄、婚姻、有无子女、职业、财产、健康、有无受到刑事处罚等状况的证明材料,该证明材料应当经其居住国外交机关或者外交机关授权的机构认证,并经中国驻该国使领馆认证,或经已与中国建立外交关系的国家驻该国使领馆认证。

(2) 香港同胞办理收养登记时应持有的证件与证明材料。香港居民中的中国公民申请办理成立收养关系的登记时,应当提交收养申请书,香港居民身份证,香港居民来往内地通行证或者香港同胞回乡证,经国家主管机关委托的香港委托公证人证明的收养人的年龄、婚姻、有无子女、职业、财产、健康、有无受过刑事处罚等状况的证明材料。

(3) 澳门同胞办理收养登记时应持有的证件与证明材料。澳门居民中的中国公民申请办理成立收养关系的登记时,应当提交收养申请书、澳门居民身份证、澳门居民来往内地通行证或者澳门同胞回乡证、澳门地区有机机构出具的收养人的年龄、婚姻、有无子女、职业、财产、健康、有无受过刑事处罚等状况的证明材料。

(4) 台湾同胞办理收养登记时应持有的证件与证明材料。台湾地区居民申请办理成立收养关系的登记时,应当提交收养申请书,在台湾地区居住的有效证明,中华人民共和国主管机关签发或签注的在有效期内的旅行证件,经台湾地区公证机构公证的收养人的年龄、婚姻、有无子女、职业、财产、健康、有无受过刑事处罚等状况的证明材料。

思考题

1. 简述少数民族地方制定的《婚姻法》变通或补充规定的主要内容。

2. 简述涉外婚姻家庭关系的法律适用原则。

3. 如何处理涉及华侨的离婚问题？

4. 外国人在华收养子女应履行哪些手续？

5. 在"一国两制"模式下，应如何处理内地与港、澳、台地区婚姻家庭法的区际冲突？

实务训练

（一）示范案例

李某（男）与丁某（女）同就读于某外国语学院日语系。大三的时候，两人正式携手成为一对恋人。2000年二人大学毕业，随即举行婚礼，2001年10月，二人喜得千金。2005年10月，李某赴日本留学，后定居日本。长期分居两地的生活，使得双方的感情逐渐淡薄。2008年10月，丁某赴日留学，双方终于在日本共同生活。但是，来之不易的团聚并没有给二人带来想象中的幸福和甜蜜，2010年初两人开始分居。2010年底，丁某向日本国名古屋地方法院提起离婚诉讼，该地方法院受理并进行调解，解除了李某和丁某的婚姻关系，丁某在日本的财产和双方在中国的财产归丁某所有，李某给付丁某生活费200万日元；李某在日本国的财产归李某所有；二人婚生女由丁某抚养，李某一次性给付抚养费200万日元。事后，丁某准备回国，向日本国名古屋地方法院要求提取李某已交付于法院的生活费、抚养费。日本国名古屋地方法院提出，李、丁双方解除婚姻关系的证明书须在得到中国法律的认可后，才能将上述费用交给丁某。因此，李某、丁某分别向我国某市中级人民法院申请承认日本国名古屋地方法院解除双方婚姻关系的调解协议。

问：我国法院是否承认日本国名古屋地方法院解除双方婚姻关系的调解协议的效力？

[分析要点提示]

日本国名古屋地方法院对李某、丁某离婚一案作出的解除双方婚姻关系的协议书，与我国法律规定的承认外国法院判决、裁定的条件不抵触，应作出裁定：日本国名古屋地方法院关于申请人李某、丁某离婚的2010年第364号调解协议书，在中华人民共和国领域内具有法律效力。

（二）习作案例

陈某，男，从某师范大学英语系毕业，2005年初与蒋某在中国登记结婚，双方婚后一直没有生育子女。2008年初，陈某自费前往新西兰留学，后在该国某市长期居住。蒋某仍在国内居住工作。长期分居两地使双方感情日渐淡薄，加之陈某准备在新西兰定居，2010年，陈某向新西兰国克赖斯特彻奇地区法庭起诉，要求与中国境内的蒋某离婚，并放弃在蒋某处的夫妻共同财产。该法庭将陈某的离婚起诉状副本通过陈某之父转送给蒋某，并附上诉讼通知书，告知蒋某对陈某的离婚起诉应提出答辩并通知该法庭，同时应向陈某提交答辩状副本；另外告知蒋某应直接或通过一名中国境内的律师用航空信件委托一名新西兰律师作为其诉讼代理人。然蒋某没有应诉答辩，对此诉讼未予理睬。不久，新西兰国克赖斯特彻奇地区法庭依据陈某的诉讼请求和新西兰国相关的法律，作出第1219号决议书，决议解除蒋某与陈某在中国达成的婚约。蒋某持新西兰国克赖斯特彻奇地区法庭的上述第1219号解除婚约决议书、该法庭的诉讼通知书和陈某的离婚起诉状副本的英文本和中文译本，向我国某市中级人民法院申请承认该解除婚约决议书的效力。

问：我国法院是否应当承认该解除婚约决议书的效力？为什么？

延伸阅读

少数民族婚姻案件审判规范化探析[1]

当审判行为的指向对象为与民族习俗相关的婚姻案件时，基于审判权与民族习俗的自然冲突性，更基于国家对少数民族地区的特殊自治政策，对审判行为必须进行有效调整与规范，使审判行为能为少数民族地区的人们认同并给予正面评价，取得法律效果与社会效果的统一。

一、少数民族婚姻案实体公正的规范化

审理少数民族婚姻案件，实体处理不外乎应把握好离与不离、婚姻有效或无效、财产分割、子女抚养、彩礼和嫁妆退不退还、婚姻过错赔偿等几方面，在少数民族婚姻案件中，因其固有的一些特性，审判行为应在不违背我国婚姻法的基本精神和原则的前提下，适应少数民族婚姻的固有特性，实现规范化的实体处理。

1. 应特别注意民族禁忌对婚姻案件处理的影响。约定俗成的禁忌，婚姻禁忌作为禁忌的一种，深受民族习惯的影响，规范少数民族大众的婚姻，具有法的效力。如苗族，主要的婚姻禁忌有三种：一是"同寨不婚"；二是"相克不婚"；三是"有蛊不婚"，即禁止与有"蛊"的家庭通婚（"蛊"是毒虫，古时一些苗族妇女专门饲养毒虫"蛊"，吸取毒汁专用于加害他人，谁家是有"蛊"人家，苗寨中均是心照不宣）。

---

[1] 吕德芳等："少数民族婚姻案件审判规范化探析"，载《人民法院报》2012年12月12日。本文援引时有删减。

2. 对违法、无效婚姻的处理应适当从宽掌握。在我国，合法的婚姻必须具备结婚的实质要件和形式要件，实质要件主要是具有结婚合意，须达法定婚龄，不得违反一夫一妻，不得近亲结婚，不能患有不宜结婚的疾病；形式要件主要是办理结婚登记。在少数民族地区，至今仍遗留早婚、近亲结婚、换婚、不登记结婚等无效和违法婚姻的婚姻习惯，与《婚姻法》的原则相悖。在广西苗族地区，当地乡政府在计划生育工作中统计结婚情况时，无法以结婚证领取与否作统计依据，只能以有无子女作为统计是否已结婚的依据，这些婚姻的陋俗虽然经过新中国六十多年的改造，仍不同程度地存在，在少数民族心目中仍有社会规范的效力。在审理少数民族婚姻案件中，在宣告婚姻无效、撤销或以同居案件处理时，应作人性化的说理，不宜动辄以违法为由强行处罚或生硬教育。

3. 在离婚标准的掌握上应尽量与少数民族离婚习惯吻合。从《婚姻法》规定的离婚标准看，离婚原则为过错离婚原则和破裂主义离婚原则，但考究少数民族很多情况下必须离婚的情形并未达到婚内过错或感情破裂的程度。如苗族习惯于"不生子应离婚"，从基本的生活风俗也看出民族社会对这一离婚条件的认同度。再如，《婚姻法》规定因感情不和、分居满2年为感情破裂的认定标准之一，然而苗族有"不落夫家"的婚俗：婚礼仪式后，新娘在娘家居住，在夫家有婚丧嫁娶大事才到夫家小住几天，平时双方处于分居状态，少则一年半载，多则七八年，只有在小孩出生后，到夫家举行"摸锅灶"仪式，才正式表明与夫家可以同一口锅灶吃饭而入住夫家。因"不落夫家"而导致双方感情转淡不在少数，在此情形下，不能认定为因分居满2年即属感情破裂。

4. 在婚约纠纷及离婚时的彩礼返还和财产分割上，应适当突破《婚姻法》的规定。在民族习惯法中，其主导观念是谁毁约、谁先提出离婚就应承担责任，而不论及毁婚和离婚原因；对于悔婚者的处罚主要集中在彩礼是否应返还上，而基本没有行使且依习惯也不会行使离婚损害赔偿请求权。如苗族因夫妻关系不睦而需离婚的，如男方提出，除不得索回定亲时给付的"你姜"聘礼外，还必须给女方一笔"陪礼钱"；如女方提出，必须返还男方的"你姜"并赔偿举办婚礼的费用——即对于毁婚或一方提出离婚的均具有惩罚性规定。而依我国现行《婚姻法》对于彩礼问题的规定，未办结婚手续的，应予返还；已办结婚手续的，不予支持，即没有追究毁婚一方的责任。因此，在将《婚姻法》运用于少数民族婚姻案件的审理时，需吸收少数民族习俗中的合理成分，使案件实体处理更切合少数民族实际。

二、少数民族婚姻案程序公正的规范化

少数民族在古代有自己独特的婚姻诉讼程序，比如在苗族，当婚姻发生纠纷时，一般先找宗族中长者或舅爷调解；如调解未果，则找理老公断（苗族古时的军事组织叫"姜略",由共祭一个祖鼓的几个村寨组成,共用一面祖鼓的几个村寨为一个鼓社。一个鼓社有理老,身兼一定的司法权,是比寨老还权威的长者),双方各请理师两人以上,一人是"送理师",是负责传递己方意见的人;一人是"掌理师",是负责为理老传达意见的。双方背对背讲各自离婚和不同意离婚的理由,理老公断双方是非。社会发展到今天,诉讼程序随着改革的深入在不断完善,但少数民族对本民族古老的诉讼程序仍情有独钟,法院在审判涉及少数民族婚姻案件时,应以法律规定的基本程序为立足点,以该民族对程序的自然评价为标准,进行相应调整与规范:

1. 调解可以邀请当地寨老参与。寨老一般由家庭中辈分较高、见多识广、知识全面的长者担任,凭才干、威信自然形成,也有靠族人全体推选,具有氏族社会中首领或巫师的身份,是沟通国家政权和少数民族乡土社会的第三种力量。调解是少数民族婚姻案件的必经程序,更多地体现为国家法律原则与民间习俗讨价还价的利益分配过程。民族习惯法在调解时作为话语资源,最熟悉精通民族习惯法的寨老自然应作为调解参与人进入审判行为中的调解过程。这实质上体现了国家法向民间法的妥协。

2. 离婚的诉讼程序应更简化。传统的诉讼程序总体划分为庭前程序、庭审程序、庭后程序,在诉讼程序改革进程中,单是庭审程序就增加了举证时限制度、证据交换制度、证据保全制度等——对于这些程序,少数民族因文化素养、习惯等,既不懂其含义也没有从内心认同。少数民族历来有简捷的离婚民族婚俗,只要不存在更多的财产和子女纠纷,审判程序完全可以简化到当日受理当日结案的程度,而这样的审判行为,不会给少数民族社会留下负面影响,反而会因其与民族离婚习惯相近的效率为当地民众赞许。

3. 庭审程序应更加人性化,更符合少数民族的程序需求。任何一种审判方式都有其产生的历史根源和存在的现实基础,就庭审方式而言,无论是职权主义的庭审方式还是当事人主义的庭审方式,均不完全符合民族地区的特点。首先,普通民事诉讼庭审程序所设置的对抗性不适用于少数民族婚姻案件,由于婚姻当事人特殊的身份关系及这种关系的自然属性,婚姻纠纷的解决更需要以情感人、以理服人,不宜讲求攻击防御的诉讼对抗性。其次,普通民事诉讼庭审程序中泾渭分明的当事人地位不完全适应少数民族对婚姻纠纷参与度的要求。在苗族地区,离婚案件并不常见,付之诉讼的婚姻纠纷积压了太多的宗族恩怨,对于婚姻中的被动离婚方,尤其是女方,有家庭复仇的原始冲动,家族参与庭审的意愿强烈。在庭审中当事人的亲族如不能得到充分发表意见的机会,会引起整个族群对该婚姻案件审理程序的否定,轻则对案件的处理不利,极端的会引发少数民族族群对法庭的冲击。因此,作为少数民族婚姻案件的庭审,应不拘泥于一般庭审制度，可允许婚姻纠纷双方的近亲属或亲族参与，并允许他们发表意见，也可以引导他们对当事人进行劝导和说服。最后，普通民事诉讼程序对庭审要求的公开性不完全适用于少数民族婚姻案件。婚姻是家事，属不宜示人的私事，婚姻细节不宜在大众面前论争。少数民族婚姻恋爱自由，性爱较开放，加之离婚禁忌的影响，有更隐秘进行婚姻诉讼的要求，在此情况下，庭审就应依当事人申请不公开进行，这也是审判行为规范运作很重要的一环。

附　录

中华人民共和国婚姻法

（1980年9月10日第五届全国人民代表大会第三次会议通过
根据2001年4月28日第九届全国人民代表大会常务委员会
第二十一次会议《关于修改〈中华人民共和国婚姻法〉的决定》修正）

第一章　总　则

第一条　本法是婚姻家庭关系的基本准则。
第二条　实行婚姻自由、一夫一妻、男女平等的婚姻制度。
保护妇女、儿童和老人的合法权益。
实行计划生育。
第三条　禁止包办、买卖婚姻和其他干涉婚姻自由的行为。禁止借婚姻索取财物。
禁止重婚。禁止有配偶者与他人同居。禁止家庭暴力。禁止家庭成员间的虐待和遗弃。
第四条　夫妻应当互相忠实，互相尊重；家庭成员间应当敬老爱幼，互相帮助，维护平等、和睦、文明的婚姻家庭关系。

第二章　结　婚

第五条　结婚必须男女双方完全自愿，不许任何一方对他方加以强迫或任何第三者加以干涉。
第六条　结婚年龄，男不得早于22周岁，女不得早于20周岁。晚婚晚育应予鼓励。

第七条 有下列情形之一的，禁止结婚：

（一）直系血亲和三代以内的旁系血亲；

（二）患有医学上认为不应当结婚的疾病。

第八条 要求结婚的男女双方必须亲自到婚姻登记机关进行结婚登记。符合本法规定的，予以登记，发给结婚证。取得结婚证，即确立夫妻关系。未办理结婚登记的，应当补办登记。

第九条 登记结婚后，根据男女双方约定，女方可以成为男方家庭的成员，男方可以成为女方家庭的成员。

第十条 有下列情形之一的，婚姻无效：

（一）重婚的；

（二）有禁止结婚的亲属关系的；

（三）婚前患有医学上认为不应当结婚的疾病，婚后尚未治愈的；

（四）未到法定婚龄的。

第十一条 因胁迫结婚的，受胁迫的一方可以向婚姻登记机关或人民法院请求撤销该婚姻。受胁迫的一方撤销婚姻的请求，应当自结婚登记之日起1年内提出。被非法限制人身自由的当事人请求撤销婚姻的，应当自恢复人身自由之日起1年内提出。

第十二条 无效或被撤销的婚姻，自始无效。当事人不具有夫妻的权利和义务。同居期间所得的财产，由当事人协议处理；协议不成时，由人民法院根据照顾无过错方的原则判决。对重婚导致的婚姻无效的财产处理，不得侵害合法婚姻当事人的财产权益。当事人所生的子女，适用本法有关父母子女的规定。

第三章 家庭关系

第十三条 夫妻在家庭中地位平等。

第十四条 夫妻双方都有各用自己姓名的权利。

第十五条 夫妻双方都有参加生产、工作、学习和社会活动的自由，一方不得对他方加以限制或干涉。

第十六条 夫妻双方都有实行计划生育的义务。

第十七条 夫妻在婚姻关系存续期间所得的下列财产，归夫妻共同所有：

（一）工资、奖金；

（二）生产、经营的收益；

（三）知识产权的收益；

（四）继承或赠与所得的财产，但本法第18条第3项规定的除外；

（五）其他应当归共同所有的财产。

夫妻对共同所有的财产，有平等的处理权。

第十八条 有下列情形之一的，为夫妻一方的财产：

（一）一方的婚前财产；

（二）一方因身体受到伤害获得的医疗费、残疾人生活补助费等费用；

（三）遗嘱或赠与合同中确定只归夫或妻一方的财产；

（四）一方专用的生活用品；

（五）其他应当归一方的财产。

第十九条 夫妻可以约定婚姻关系存续期间所得的财产以及婚前财产归各自所有、共同所有或部分各自所有、部分共同所有。约定应当采用书面形式。没有约定或约定不明确的，适用本法第17条、第18条的规定。

夫妻对婚姻关系存续期间所得的财产以及婚前财产的约定，对双方具有约束力。

夫妻对婚姻关系存续期间所得的财产约定归各自所有的，夫或妻一方对外所负的债务，第三人知道该约定的，以夫或妻一方所有的财产清偿。

第二十条 夫妻有互相扶养的义务。

一方不履行扶养义务时，需要扶养的一方，有要求对方付给扶养费的权利。

第二十一条 父母对子女有抚养教育的义务；子女对父母有赡养扶助的义务。

父母不履行抚养义务时，未成年的或不能独立生活的子女，有要求父母付给抚养费的权利。

子女不履行赡养义务时，无劳动能力的或生活困难的父母，有要求子女付给赡养费的权利。

禁止溺婴、弃婴和其他残害婴儿的行为。

第二十二条 子女可以随父姓，可以随母姓。

第二十三条 父母有保护和教育未成年子女的权利和义务。在未成年子女对国家、集体或他人造成损害时，父母有承担民事责任的义务。

第二十四条 夫妻有相互继承遗产的权利。

父母和子女有相互继承遗产的权利。

第二十五条 非婚生子女享有与婚生子女同等的权利，任何人不得加以危害和歧视。

不直接抚养非婚生子女的生父或生母，应当负担子女的生活费和教育费，直至子女能独立生活为止。

第二十六条 国家保护合法的收养关系。养父母和养子女间的权利和义务，适用本法对父母子女关系的有关规定。

养子女和生父母间的权利和义务，因收养关系的成立而消除。

第二十七条 继父母与继子女间，不得虐待或歧视。

继父或继母和受其抚养教育的继子女间的权利和义务,适用本法对父母子女关系的有关规定。

第二十八条 有负担能力的祖父母、外祖父母,对于父母已经死亡或父母无力抚养的未成年的孙子女、外孙子女,有抚养的义务。有负担能力的孙子女、外孙子女,对于子女已经死亡或子女无力赡养的祖父母、外祖父母,有赡养的义务。

第二十九条 有负担能力的兄、姐,对于父母已经死亡或父母无力抚养的未成年的弟、妹,有扶养的义务。由兄、姐扶养长大的有负担能力的弟、妹,对于缺乏劳动能力又缺乏生活来源的兄、姐,有扶养的义务。

第三十条 子女应当尊重父母的婚姻权利,不得干涉父母再婚以及婚后的生活。子女对父母的赡养义务,不因父母的婚姻关系变化而终止。

第四章 离 婚

第三十一条 男女双方自愿离婚的,准予离婚。双方必须到婚姻登记机关申请离婚。婚姻登记机关查明双方确实是自愿并对子女和财产问题已有适当处理时,发给离婚证。

第三十二条 男女一方要求离婚的,可由有关部门进行调解或直接向人民法院提出离婚诉讼。

人民法院审理离婚案件,应当进行调解;如感情确已破裂,调解无效,应准予离婚。

有下列情形之一,调解无效的,应准予离婚:
(一)重婚或有配偶者与他人同居的;
(二)实施家庭暴力或虐待、遗弃家庭成员的;
(三)有赌博、吸毒等恶习屡教不改的;
(四)因感情不和分居满2年的;
(五)其他导致夫妻感情破裂的情形。

一方被宣告失踪,另一方提出离婚诉讼的,应准予离婚。

第三十三条 现役军人的配偶要求离婚,须得军人同意,但军人一方有重大过错的除外。

第三十四条 女方在怀孕期间、分娩后1年内或中止妊娠后6个月内,男方不得提出离婚。女方提出离婚的,或人民法院认为确有必要受理男方离婚请求的,不在此限。

第三十五条 离婚后,男女双方自愿恢复夫妻关系的,必须到婚姻登记机关进行复婚登记。

第三十六条 父母与子女间的关系,不因父母离婚而消除。离婚后,子女无论由父或母直接抚养，仍是父母双方的子女。

离婚后，父母对于子女仍有抚养和教育的权利和义务。

离婚后，哺乳期内的子女，以随哺乳的母亲抚养为原则。哺乳期后的子女，如双方因抚养问题发生争执不能达成协议时，由人民法院根据子女的权益和双方的具体情况判决。

第三十七条　离婚后，一方抚养的子女，另一方应负担必要的生活费和教育费的一部或全部，负担费用的多少和期限的长短，由双方协议；协议不成时，由人民法院判决。

关于子女生活费和教育费的协议或判决，不妨碍子女在必要时向父母任何一方提出超过协议或判决原定数额的合理要求。

第三十八条　离婚后，不直接抚养子女的父或母，有探望子女的权利，另一方有协助的义务。

行使探望权利的方式、时间由当事人协议；协议不成时，由人民法院判决。

父或母探望子女，不利于子女身心健康的，由人民法院依法中止探望的权利；中止的事由消失后，应当恢复探望的权利。

第三十九条　离婚时，夫妻的共同财产由双方协议处理；协议不成时，由人民法院根据财产的具体情况，照顾子女和女方权益的原则判决。

夫或妻在家庭土地承包经营中享有的权益等，应当依法予以保护。

第四十条　夫妻书面约定婚姻关系存续期间所得的财产归各自所有，一方因抚育子女、照料老人、协助另一方工作等付出较多义务的，离婚时有权向另一方请求补偿，另一方应当予以补偿。

第四十一条　离婚时，原为夫妻共同生活所负的债务，应当共同偿还。共同财产不足清偿的，或财产归各自所有的，由双方协议清偿；协议不成时，由人民法院判决。

第四十二条　离婚时，如一方生活困难，另一方应从其住房等个人财产中给予适当帮助。具体办法由双方协议；协议不成时，由人民法院判决。

第五章　救助措施与法律责任

第四十三条　实施家庭暴力或虐待家庭成员，受害人有权提出请求，居民委员会、村民委员会以及所在单位应当予以劝阻、调解。

对正在实施的家庭暴力，受害人有权提出请求，居民委员会、村民委员会应当予以劝阻；公安机关应当予以制止。

实施家庭暴力或虐待家庭成员，受害人提出请求的，公安机关应当依照治安管理处罚的法律规定予以行政处罚。

第四十四条 对遗弃家庭成员，受害人有权提出请求，居民委员会、村民委员会以及所在单位应当予以劝阻、调解。

对遗弃家庭成员，受害人提出请求的，人民法院应当依法作出支付扶养费、抚养费、赡养费的判决。

第四十五条 对重婚的，对实施家庭暴力或虐待、遗弃家庭成员构成犯罪的，依法追究刑事责任。受害人可以依照刑事诉讼法的有关规定，向人民法院自诉；公安机关应当依法侦查，人民检察院应当依法提起公诉。

第四十六条 有下列情形之一，导致离婚的，无过错方有权请求损害赔偿：

（一）重婚的；

（二）有配偶者与他人同居的；

（三）实施家庭暴力的；

（四）虐待、遗弃家庭成员的。

第四十七条 离婚时，一方隐藏、转移、变卖、毁损夫妻共同财产，或伪造债务企图侵占另一方财产的，分割夫妻共同财产时，对隐藏、转移、变卖、毁损夫妻共同财产或伪造债务的一方，可以少分或不分。离婚后，另一方发现有上述行为的，可以向人民法院提起诉讼，请求再次分割夫妻共同财产。

人民法院对前款规定的妨害民事诉讼的行为，依照民事诉讼法的规定予以制裁。

第四十八条 对拒不执行有关扶养费、抚养费、赡养费、财产分割、遗产继承、探望子女等判决或裁定的，由人民法院依法强制执行。有关个人和单位应负协助执行的责任。

第四十九条 其他法律对有关婚姻家庭的违法行为和法律责任另有规定的，依照其规定。

第六章　附　则

第五十条 民族自治地方的人民代表大会有权结合当地民族婚姻家庭的具体情况，制定变通规定。自治州、自治县制定的变通规定，报省、自治区、直辖市人民代表大会常务委员会批准后生效。自治区制定的变通规定，报全国人民代表大会常务委员会批准后生效。

第五十一条 本法自 1981 年 1 月 1 日起施行。

1950 年 5 月 1 日颁行的《中华人民共和国婚姻法》，自本法施行之日起废止。

中华人民共和国收养法

(1991年12月29日第七届全国人民代表大会常务委员会第二十三次会议通过 根据1998年11月4日第九届全国人民代表大会常务委员会第五次会议《关于修改〈中华人民共和国收养法〉的决定》修正)

第一章 总 则

第一条 为保护合法的收养关系，维护收养关系当事人的权利，制定本法。

第二条 收养应当有利于被收养的未成年人的抚养、成长，保障被收养人和收养人的合法权益，遵循平等自愿的原则，并不得违背社会公德。

第三条 收养不得违背计划生育的法律、法规。

第二章 收养关系的成立

第四条 下列不满14周岁的未成年人可以被收养：
（一）丧失父母的孤儿；
（二）查找不到生父母的弃婴和儿童；
（三）生父母有特殊困难无力抚养的子女。

第五条 下列公民、组织可以作送养人：
（一）孤儿的监护人；
（二）社会福利机构；
（三）有特殊困难无力抚养子女的生父母。

第六条 收养人应当同时具备下列条件：
（一）无子女；
（二）有抚养教育被收养人的能力；
（三）未患有在医学上认为不应当收养子女的疾病；
（四）年满30周岁。

第七条 收养三代以内同辈旁系血亲的子女，可以不受本法第4条第3项、第5条第3项、第9条和被收养人不满14周岁的限制。

华侨收养三代以内同辈旁系血亲的子女，还可以不受收养人无子女的限制。

第八条 收养人只能收养1名子女。

收养孤儿、残疾儿童或者社会福利机构抚养的查找不到生父母的弃婴和儿童，可以不受收养人无子女和收养1名的限制。

第九条　无配偶的男性收养女性的，收养人与被收养人的年龄应当相差40周岁以上。

第十条　生父母送养子女，须双方共同送养。生父母一方不明或者查找不到的可以单方送养。

有配偶者收养子女，须夫妻共同收养。

第十一条　收养人收养与送养人送养，须双方自愿。收养年满10周岁以上未成年人的，应当征得被收养人的同意。

第十二条　未成年人的父母均不具备完全民事行为能力的，该未成年人的监护人不得将其送养，但父母对该未成年人有严重危害可能的除外。

第十三条　监护人送养未成年孤儿的，须征得有抚养义务的人同意。有抚养义务的人不同意送养、监护人不愿意继续履行监护职责的，应当依照《中华人民共和国民法通则》的规定变更监护人。

第十四条　继父或者继母经继子女的生父母同意，可以收养继子女，并可以不受本法第4条第3项、第5条第3项、第6条和被收养人不满14周岁以及收养1名的限制。

第十五条　收养应当向县级以上人民政府民政部门登记。收养关系自登记之日起成立。

收养查找不到生父母的弃婴和儿童的，办理登记的民政部门应当在登记前予以公告。

收养关系当事人愿意订立收养协议的，可以订立收养协议。

收养关系当事人各方或者一方要求办理收养公证的，应当办理收养公证。

第十六条　收养关系成立后，公安部门应当依照国家有关规定为被收养人办理户口登记。

第十七条　孤儿或者生父母无力抚养的子女，可以由生父母的亲属、朋友抚养。

抚养人与被抚养人的关系不适用收养关系。

第十八条　配偶一方死亡，另一方送养未成年子女的，死亡一方的父母有优先抚养的权利。

第十九条　送养人不得以送养子女为理由违反计划生育的规定再生育子女。

第二十条　严禁买卖儿童或者借收养名义买卖儿童。

第二十一条　外国人依照本法可以在中华人民共和国收养子女。

外国人在中华人民共和国收养子女，应当经其所在国主管机关依照该国法律审查同意。收养人应当提供由其所在国有权机构出具的有关收养人的年龄、婚姻、职业、财产、健康、有无受过刑事处罚等状况的证明材料，该证明材料应当经其所在国外交机关或者外交机关授权的机构认证，并经中华人民共和国驻该国使领馆认证。该收养人应当与送养人订立书面协议，亲自向省级人民政府民政部门登记。

收养关系当事人各方或者一方要求办理收养公证的，应当到国务院司法行政部门认定的具有办理涉外公证资格的公证机构办理收养公证。

第二十二条 收养人、送养人要求保守收养秘密的，其他人应当尊重其意愿，不得泄露。

第三章 收养的效力

第二十三条 自收养关系成立之日起，养父母与养子女间的权利义务关系，适用法律关于父母子女关系的规定；养子女与养父母的近亲属间的权利义务关系，适用法律关于子女与父母的近亲属关系的规定。

养子女与生父母及其他近亲属间的权利义务关系，因收养关系的成立而消除。

第二十四条 养子女可以随养父或者养母的姓，经当事人协商一致，也可以保留原姓。

第二十五条 违反《中华人民共和国民法通则》第55条和本法规定的收养行为无法律效力。

收养行为被人民法院确认无效的，从行为开始时起就没有法律效力。

第四章 收养关系的解除

第二十六条 收养人在被收养人成年以前，不得解除收养关系，但收养人、送养人双方协议解除的除外，养子女年满10周岁以上的，应当征得本人同意。

收养人不履行抚养义务，有虐待、遗弃等侵害未成年养子女合法权益行为的，送养人有权要求解除养父母与养子女间的收养关系。送养人、收养人不能达成解除收养关系协议的，可以向人民法院起诉。

第二十七条 养父母与成年养子女关系恶化、无法共同生活的，可以协议解除收养关系。不能达成协议的，可以向人民法院起诉。

第二十八条 当事人协议解除收养关系的，应当到民政部门办理解除收养关系的登记。

第二十九条 收养关系解除后，养子女与养父母及其他近亲属间的权利义务关系即行消除，与生父母及其他近亲属间的权利义务关系自行恢复，但成年养子女与生父母及其他近亲属间的权利义务关系是否恢复，可以协商确定。

第三十条 收养关系解除后，经养父母抚养的成年养子女，对缺乏劳动能力又缺乏生活来源的养父母，应当给付生活费。因养子女成年后虐待、遗弃养父母而解除收养关系的，养父母可以要求养子女补偿收养期间支出的生活费和教育费。

生父母要求解除收养关系的，养父母可以要求生父母适当补偿收养期间支出的生活费和教育费，但因养父母虐待、遗弃养子女而解除收养关系的除外。

第五章 法律责任

第三十一条 借收养名义拐卖儿童的，依法追究刑事责任。

遗弃婴儿的，由公安部门处以罚款；构成犯罪的，依法追究刑事责任。

出卖亲生子女的，由公安部门没收非法所得，并处以罚款；构成犯罪的，依法追究刑事责任。

第六章 附 则

第三十二条 民族自治地方的人民代表大会及其常务委员会可以根据本法的原则，结合当地情况，制定变通的或者补充的规定。自治区的规定，报全国人民代表大会常务委员会备案。自治州、自治县的规定，报省或者自治区的人民代表大会常务委员会批准后生效，并报全国人民代表大会常务委员会备案。

第三十三条 国务院可以根据本法制定实施办法。

第三十四条 本法自1999年4月1日起施行。

婚姻登记条例

(2003 年 7 月 30 日国务院第 16 次常务会议通过，
自 2003 年 10 月 1 日起施行)

第一章 总 则

第一条 为了规范婚姻登记工作，保障婚姻自由、一夫一妻、男女平等的婚姻制度的实施，保护婚姻当事人的合法权益，根据《中华人民共和国婚姻法》（以下简称婚姻法），制定本条例。

第二条 内地居民办理婚姻登记的机关是县级人民政府民政部门或者乡（镇）人民政府，省、自治区、直辖市人民政府可以按照便民原则确定农村居民办理婚姻登记的具体机关。

中国公民同外国人，内地居民同香港特别行政区居民（以下简称香港居民）、澳门特别行政区居民（以下简称澳门居民）、台湾地区居民（以下简称台湾居民）、华侨办理婚姻登记的机关是省、自治区、直辖市人民政府民政部门或者省、自治区、直辖市人民政府民政部门确定的机关。

第三条 婚姻登记机关的婚姻登记员应当接受婚姻登记业务培训，经考核合格，方可从事婚姻登记工作。

婚姻登记机关办理婚姻登记，除按收费标准向当事人收取工本费外，不得收取其他费用或者附加其他义务。

第二章 结婚登记

第四条 内地居民结婚，男女双方应当共同到一方当事人常住户口所在地的婚姻登记机关办理结婚登记。

中国公民同外国人在中国内地结婚的，内地居民同香港居民、澳门居民、台湾居民、华侨在中国内地结婚的，男女双方应当共同到内地居民常住户口所在地的婚姻登记机关办理结婚登记。

第五条 办理结婚登记的内地居民应当出具下列证件和证明材料：

（一）本人的户口簿、身份证；

（二）本人无配偶以及与对方当事人没有直系血亲和三代以内旁系血亲关系

的签字声明。

办理结婚登记的香港居民、澳门居民、台湾居民应当出具下列证件和证明材料：

（一）本人的有效通行证、身份证；

（二）经居住地公证机构公证的本人无配偶以及与对方当事人没有直系血亲和三代以内旁系血亲关系的声明。

办理结婚登记的华侨应当出具下列证件和证明材料：

（一）本人的有效护照；

（二）居住国公证机构或者有权机关出具的、经中华人民共和国驻该国使（领）馆认证的本人无配偶以及与对方当事人没有直系血亲和三代以内旁系血亲关系的证明，或者中华人民共和国驻该国使（领）馆出具的本人无配偶以及与对方当事人没有直系血亲和三代以内旁系血亲关系的证明。

办理结婚登记的外国人应当出具下列证件和证明材料：

（一）本人的有效护照或者其他有效的国际旅行证件；

（二）所在国公证机构或者有权机关出具的、经中华人民共和国驻该国使（领）馆认证或者该国驻华使（领）馆认证的本人无配偶的证明，或者所在国驻华使（领）馆出具的本人无配偶的证明。

第六条　办理结婚登记的当事人有下列情形之一的，婚姻登记机关不予登记：

（一）未到法定结婚年龄的；

（二）非双方自愿的；

（三）一方或者双方已有配偶的；

（四）属于直系血亲或者三代以内旁系血亲的；

（五）患有医学上认为不应当结婚的疾病的。

第七条　婚姻登记机关应当对结婚登记当事人出具的证件、证明材料进行审查并询问相关情况。对当事人符合结婚条件的，应当当场予以登记，发给结婚证；对当事人不符合结婚条件不予登记的，应当向当事人说明理由。

第八条　男女双方补办结婚登记的，适用本条例结婚登记的规定。

第九条　因胁迫结婚的，受胁迫的当事人依据婚姻法第 11 条的规定向婚姻登记机关请求撤销其婚姻的，应当出具下列证明材料：

（一）本人的身份证、结婚证；

（二）能够证明受胁迫结婚的证明材料。

婚姻登记机关经审查认为受胁迫结婚的情况属实且不涉及子女抚养、财产及债务问题的，应当撤销该婚姻，宣告结婚证作废。

第三章 离婚登记

第十条 内地居民自愿离婚的，男女双方应当共同到一方当事人常住户口所在地的婚姻登记机关办理离婚登记。

中国公民同外国人在中国内地自愿离婚的，内地居民同香港居民、澳门居民、台湾居民、华侨在中国内地自愿离婚的，男女双方应当共同到内地居民常住户口所在地的婚姻登记机关办理离婚登记。

第十一条 办理离婚登记的内地居民应当出具下列证件和证明材料：

（一）本人的户口簿、身份证；

（二）本人的结婚证；

（三）双方当事人共同签署的离婚协议书。

办理离婚登记的香港居民、澳门居民、台湾居民、华侨、外国人除应当出具前款第2项、第3项规定的证件、证明材料外，香港居民、澳门居民、台湾居民还应当出具本人的有效通行证、身份证，华侨、外国人还应当出具本人的有效护照或者其他有效国际旅行证件。

离婚协议书应当载明双方当事人自愿离婚的意思表示以及对子女抚养、财产及债务处理等事项协商一致的意见。

第十二条 办理离婚登记的当事人有下列情形之一的，婚姻登记机关不予受理：

（一）未达成离婚协议的；

（二）属于无民事行为能力人或者限制民事行为能力人的；

（三）其结婚登记不是在中国内地办理的。

第十三条 婚姻登记机关应当对离婚登记当事人出具的证件、证明材料进行审查并询问相关情况。对当事人确属自愿离婚，并已对子女抚养、财产、债务等问题达成一致处理意见的，应当当场予以登记，发给离婚证。

第十四条 离婚的男女双方自愿恢复夫妻关系的，应当到婚姻登记机关办理复婚登记。复婚登记适用本条例结婚登记的规定。

第四章 婚姻登记档案和婚姻登记证

第十五条 婚姻登记机关应当建立婚姻登记档案。婚姻登记档案应当长期保管。具体管理办法由国务院民政部门会同国家档案管理部门规定。

第十六条 婚姻登记机关收到人民法院宣告婚姻无效或者撤销婚姻的判决

书副本后，应当将该判决书副本收入当事人的婚姻登记档案。

第十七条 结婚证、离婚证遗失或者损毁的，当事人可以持户口簿、身份证向原办理婚姻登记的机关或者一方当事人常住户口所在地的婚姻登记机关申请补领。婚姻登记机关对当事人的婚姻登记档案进行查证，确认属实的，应当为当事人补发结婚证、离婚证。

第五章 罚 则

第十八条 婚姻登记机关及其婚姻登记员有下列行为之一的，对直接负责的主管人员和其他直接责任人员依法给予行政处分：

（一）为不符合婚姻登记条件的当事人办理婚姻登记的；
（二）玩忽职守造成婚姻登记档案损失的；
（三）办理婚姻登记或者补发结婚证、离婚证超过收费标准收取费用的。

违反前款第 3 项规定收取的费用，应当退还当事人。

第六章 附 则

第十九条 中华人民共和国驻外使（领）馆可以依照本条例的有关规定，为男女双方均居住于驻在国的中国公民办理婚姻登记。

第二十条 本条例规定的婚姻登记证由国务院民政部门规定式样并监制。

第二十一条 当事人办理婚姻登记或者补领结婚证、离婚证应当交纳工本费。工本费的收费标准由国务院价格主管部门会同国务院财政部门规定并公布。

第二十二条 本条例自 2003 年 10 月 1 日起施行。1994 年 1 月 12 日国务院批准、1994 年 2 月 1 日民政部发布的《婚姻登记管理条例》同时废止。

最高人民法院关于适用《中华人民共和国婚姻法》若干问题的解释（一）

(2001年12月24日最高人民法院审判委员会第1202次会议通过 法释〔2001〕30号)

为了正确审理婚姻家庭纠纷案件，根据《中华人民共和国婚姻法》（以下简称婚姻法）、《中华人民共和国民事诉讼法》等法律的规定，对人民法院适用婚姻法的有关问题作出如下解释：

第一条 婚姻法第3条、第32条、第43条、第45条、第46条所称的"家庭暴力"，是指行为人以殴打、捆绑、残害、强行限制人身自由或者其他手段，给其家庭成员的身体、精神等方面造成一定伤害后果的行为。持续性、经常性的家庭暴力，构成虐待。

第二条 婚姻法第3条、第32条、第46条规定的"有配偶者与他人同居"的情形，是指有配偶者与婚外异性，不以夫妻名义，持续、稳定地共同居住。

第三条 当事人仅以婚姻法第4条为依据提起诉讼的，人民法院不予受理；已经受理的，裁定驳回起诉。

第四条 男女双方根据婚姻法第8条规定补办结婚登记的，婚姻关系的效力从双方均符合婚姻法所规定的结婚的实质要件时起算。

第五条 未按婚姻法第8条规定办理结婚登记而以夫妻名义共同生活的男女，起诉到人民法院要求离婚的，应当区别对待：

（一）1994年2月1日民政部《婚姻登记管理条例》公布实施以前，男女双方已经符合结婚实质要件的，按事实婚姻处理；

（二）1994年2月1日民政部《婚姻登记管理条例》公布实施以后，男女双方符合结婚实质要件的，人民法院应当告知其在案件受理前补办结婚登记；未补办结婚登记的，按解除同居关系处理。

第六条 未按婚姻法第8条规定办理结婚登记而以夫妻名义共同生活的男女，一方死亡，另一方以配偶身份主张享有继承权的，按照本解释第五条的原则处理。

第七条 有权依据婚姻法第10条规定向人民法院就已办理结婚登记的婚姻申请宣告婚姻无效的主体，包括婚姻当事人及利害关系人。利害关系人包括：

（一）以重婚为由申请宣告婚姻无效的，为当事人的近亲属及基层组织。

（二）以未到法定婚龄为由申请宣告婚姻无效的，为未达法定婚龄者的近亲属。

（三）以有禁止结婚的亲属关系为由申请宣告婚姻无效的，为当事人的近亲属。

（四）以婚前患有医学上认为不应当结婚的疾病，婚后尚未治愈为由申请宣告婚姻无效的，为与患病者共同生活的近亲属。

第八条　当事人依据婚姻法第 10 条规定向人民法院申请宣告婚姻无效的，申请时，法定的无效婚姻情形已经消失的，人民法院不予支持。

第九条　人民法院审理宣告婚姻无效案件，对婚姻效力的审理不适用调解，应当依法作出判决；有关婚姻效力的判决一经作出，即发生法律效力。

涉及财产分割和子女抚养的，可以调解。调解达成协议的，另行制作调解书。对财产分割和子女抚养问题的判决不服的，当事人可以上诉。

第十条　婚姻法第 11 条所称的"胁迫"，是指行为人以给另一方当事人或者其近亲属的生命、身体健康、名誉、财产等方面造成损害为要挟，迫使另一方当事人违背真实意愿结婚的情况。

因受胁迫而请求撤销婚姻的，只能是受胁迫一方的婚姻关系当事人本人。

第十一条　人民法院审理婚姻当事人因受胁迫而请求撤销婚姻的案件，应当适用简易程序或者普通程序。

第十二条　婚姻法第 11 条规定的"1 年"，不适用诉讼时效中止、中断或者延长的规定。

第十三条　婚姻法第 12 条所规定的自始无效，是指无效或者可撤销婚姻在依法被宣告无效或被撤销时，才确定该婚姻自始不受法律保护。

第十四条　人民法院根据当事人的申请，依法宣告婚姻无效或者撤销婚姻的，应当收缴双方的结婚证书并将生效的判决书寄送当地婚姻登记管理机关。

第十五条　被宣告无效或被撤销的婚姻，当事人同居期间所得的财产，按共同共有处理。但有证据证明为当事人一方所有的除外。

第十六条　人民法院审理重婚导致的无效婚姻案件时，涉及财产处理的，应当准许合法婚姻当事人作为有独立请求权的第三人参加诉讼。

第十七条　婚姻法第 17 条关于"夫或妻对夫妻共同所有的财产，有平等的处理权"的规定，应当理解为：

（一）夫或妻在处理夫妻共同财产上的权利是平等的。因日常生活需要而处理夫妻共同财产的，任何一方均有权决定。

（二）夫或妻非因日常生活需要对夫妻共同财产做重要处理决定，夫妻双方应当平等协商，取得一致意见。他人有理由相信其为夫妻双方共同意思表示的，另一方不得以不同意或不知道为由对抗善意第三人。

第十八条 婚姻法第 19 条所称"第三人知道该约定的",夫妻一方对此负有举证责任。

第十九条 婚姻法第 18 条规定为夫妻一方所有的财产,不因婚姻关系的延续而转化为夫妻共同财产。但当事人另有约定的除外。

第二十条 婚姻法第 21 条规定的"不能独立生活的子女",是指尚在校接受高中及其以下学历教育,或者丧失或未完全丧失劳动能力等非因主观原因而无法维持正常生活的成年子女。

第二十一条 婚姻法第 21 条所称"抚养费",包括子女生活费、教育费、医疗费等费用。

第二十二条 人民法院审理离婚案件,符合第 32 条第 2 款规定"应准予离婚"情形的,不应当因当事人有过错而判决不准离婚。

第二十三条 婚姻法第 33 条所称的"军人一方有重大过错",可以依据婚姻法第 32 条第 2 款前 3 项规定及军人有其他重大过错导致夫妻感情破裂的情形予以判断。

第二十四条 人民法院作出的生效的离婚判决中未涉及探望权,当事人就探望权问题单独提起诉讼的,人民法院应予受理。

第二十五条 当事人在履行生效判决、裁定或者调解书的过程中,请求中止行使探望权的,人民法院在征询双方当事人意见后,认为需要中止行使探望权的,依法作出裁定。中止探望的情形消失后,人民法院应当根据当事人的申请通知其恢复探望权的行使。

第二十六条 未成年子女、直接抚养子女的父或母及其他对未成年子女负担抚养、教育义务的法定监护人,有权向人民法院提出中止探望权的请求。

第二十七条 婚姻法第 42 条所称"一方生活困难",是指依靠个人财产和离婚时分得的财产无法维持当地基本生活水平。

一方离婚后没有住处的,属于生活困难。

离婚时,一方以个人财产中的住房对生活困难者进行帮助的形式,可以是房屋的居住权或者房屋的所有权。

第二十八条 婚姻法第 46 条规定的"损害赔偿",包括物质损害赔偿和精神损害赔偿。涉及精神损害赔偿的,适用最高人民法院《关于确定民事侵权精神损害赔偿责任若干问题的解释》的有关规定。

第二十九条 承担婚姻法第 46 条规定的损害赔偿责任的主体,为离婚诉讼当事人中无过错方的配偶。

人民法院判决不准离婚的案件,对于当事人基于婚姻法第 46 条提出的损害赔偿请求，不予支持。

在婚姻关系存续期间，当事人不起诉离婚而单独依据该条规定提起损害赔偿请求的，人民法院不予受理。

第三十条 人民法院受理离婚案件时，应当将婚姻法第46条等规定中当事人的有关权利义务，书面告知当事人。在适用婚姻法第46条时，应当区分以下不同情况：

（一）符合婚姻法第46条规定的无过错方作为原告基于该条规定向人民法院提起损害赔偿请求的，必须在离婚诉讼的同时提出。

（二）符合婚姻法第46条规定的无过错方作为被告的离婚诉讼案件，如果被告不同意离婚也不基于该条规定提起损害赔偿请求的，可以在离婚后1年内就此单独提起诉讼。

（三）无过错方作为被告的离婚诉讼案件，一审时被告未基于婚姻法第46条规定提出损害赔偿请求，二审期间提出的，人民法院应当进行调解，调解不成的，告知当事人在离婚后1年内另行起诉。

第三十一条 当事人依据婚姻法第47条的规定向人民法院提起诉讼，请求再次分割夫妻共同财产的诉讼时效为两年，从当事人发现之次日起计算。

第三十二条 婚姻法第48条关于对拒不执行有关探望子女等判决和裁定的，由人民法院依法强制执行的规定，是指对拒不履行协助另一方行使探望权的有关个人和单位采取拘留、罚款等强制措施，不能对子女的人身、探望行为进行强制执行。

第三十三条 婚姻法修改后正在审理的一、二审婚姻家庭纠纷案件，一律适用修改后的婚姻法。此前最高人民法院作出的相关司法解释如与本解释相抵触，以本解释为准。

第三十四条 本解释自公布之日起施行。

最高人民法院关于适用《中华人民共和国婚姻法》若干问题的解释(二)

(2003年12月4日最高人民法院审判委员会第1299次会议通过
法释〔2003〕19号)

为正确审理婚姻家庭纠纷案件,根据《中华人民共和国婚姻法》(以下简称婚姻法)、《中华人民共和国民事诉讼法》等相关法律规定,对人民法院适用婚姻法的有关问题作出如下解释:

第一条 当事人起诉请求解除同居关系的,人民法院不予受理。但当事人请求解除的同居关系,属于婚姻法第3条、第32条、第46条规定的"有配偶者与他人同居"的,人民法院应当受理并依法予以解除。

当事人因同居期间财产分割或者子女抚养纠纷提起诉讼的,人民法院应当受理。

第二条 人民法院受理申请宣告婚姻无效案件后,经审查确属无效婚姻的,应当依法作出宣告婚姻无效的判决。原告申请撤诉的,不予准许。

第三条 人民法院受理离婚案件后,经审查确属无效婚姻的,应当将婚姻无效的情形告知当事人,并依法作出宣告婚姻无效的判决。

第四条 人民法院审理无效婚姻案件,涉及财产分割和子女抚养的,应当对婚姻效力的认定和其他纠纷的处理分别制作裁判文书。

第五条 夫妻一方或者双方死亡后1年内,生存一方或者利害关系人依据婚姻法第10条的规定申请宣告婚姻无效的,人民法院应当受理。

第六条 利害关系人依据婚姻法第10条的规定,申请人民法院宣告婚姻无效的,利害关系人为申请人,婚姻关系当事人双方为被申请人。

夫妻一方死亡的,生存一方为被申请人。

夫妻双方均已死亡的,不列被申请人。

第七条 人民法院就同一婚姻关系分别受理了离婚和申请宣告婚姻无效案件的,对于离婚案件的审理,应当待申请宣告婚姻无效案件作出判决后进行。

前款所指的婚姻关系被宣告无效后,涉及财产分割和子女抚养的,应当继续审理。

第八条 离婚协议中关于财产分割的条款或者当事人因离婚就财产分割达成的协议,对男女双方具有法律约束力。

当事人因履行上述财产分割协议发生纠纷提起诉讼的，人民法院应当受理。

第九条 男女双方协议离婚后1年内就财产分割问题反悔，请求变更或者撤销财产分割协议的，人民法院应当受理。

人民法院审理后，未发现订立财产分割协议时存在欺诈、胁迫等情形的，应当依法驳回当事人的诉讼请求。

第十条 当事人请求返还按照习俗给付的彩礼的，如果查明属于以下情形，人民法院应当予以支持：

（一）双方未办理结婚登记手续的；
（二）双方办理结婚登记手续但确未共同生活的；
（三）婚前给付并导致给付人生活困难的。

适用前款第2、3项的规定，应当以双方离婚为条件。

第十一条 婚姻关系存续期间，下列财产属于婚姻法第17条规定的"其他应当归共同所有的财产"：

（一）一方以个人财产投资取得的收益；
（二）男女双方实际取得或者应当取得的住房补贴、住房公积金；
（三）男女双方实际取得或者应当取得的养老保险金、破产安置补偿费。

第十二条 婚姻法第17条第3项规定的"知识产权的收益"，是指婚姻关系存续期间，实际取得或者已经明确可以取得的财产性收益。

第十三条 军人的伤亡保险金、伤残补助金、医药生活补助费属于个人财产。

第十四条 人民法院审理离婚案件，涉及分割发放到军人名下的复员费、自主择业费等一次性费用的，以夫妻婚姻关系存续年限乘以年平均值，所得数额为夫妻共同财产。

前款所称年平均值，是指将发放到军人名下的上述费用总额按具体年限均分得出的数额。其具体年限为人均寿命70岁与军人入伍时实际年龄的差额。

第十五条 夫妻双方分割共同财产中的股票、债券、投资基金份额等有价证券以及未上市股份有限公司股份时，协商不成或者按市价分配有困难的，人民法院可以根据数量按比例分配。

第十六条 人民法院审理离婚案件，涉及分割夫妻共同财产中以一方名义在有限责任公司的出资额，另一方不是该公司股东的，按以下情形分别处理：

（一）夫妻双方协商一致将出资额部分或者全部转让给该股东的配偶，过半数股东同意、其他股东明确表示放弃优先购买权的，该股东的配偶可以成为该公司股东；

（二）夫妻双方就出资额转让份额和转让价格等事项协商一致后，过半数股东不同意转让，但愿意以同等价格购买该出资额的，人民法院可以对转让出资所得财产进行分割。过半数股东不同意转让，也不愿意以同等价格购买该出资额的，视为其同意转让，该股东的配偶可以成为该公司股东。

用于证明前款规定的过半数股东同意的证据，可以是股东会决议，也可以是当事人通过其他合法途径取得的股东的书面声明材料。

第十七条　人民法院审理离婚案件，涉及分割夫妻共同财产中以一方名义在合伙企业中的出资，另一方不是该企业合伙人的，当夫妻双方协商一致，将其合伙企业中的财产份额全部或者部分转让给对方时，按以下情形分别处理：

（一）其他合伙人一致同意的，该配偶依法取得合伙人地位；

（二）其他合伙人不同意转让，在同等条件下行使优先受让权的，可以对转让所得的财产进行分割；

（三）其他合伙人不同意转让，也不行使优先受让权，但同意该合伙人退伙或者退还部分财产份额的，可以对退还的财产进行分割；

（四）其他合伙人既不同意转让，也不行使优先受让权，又不同意该合伙人退伙或者退还部分财产份额的，视为全体合伙人同意转让，该配偶依法取得合伙人地位。

第十八条　夫妻以一方名义投资设立独资企业的，人民法院分割夫妻在该独资企业中的共同财产时，应当按照以下情形分别处理：

（一）一方主张经营该企业的，对企业资产进行评估后，由取得企业一方给予另一方相应的补偿；

（二）双方均主张经营该企业的，在双方竞价基础上，由取得企业的一方给予另一方相应的补偿；

（三）双方均不愿意经营该企业的，按照《中华人民共和国个人独资企业法》等有关规定办理。

第十九条　由一方婚前承租、婚后用共同财产购买的房屋，房屋权属证书登记在一方名下的，应当认定为夫妻共同财产。

第二十条　双方对夫妻共同财产中的房屋价值及归属无法达成协议时，人民法院按以下情形分别处理：

（一）双方均主张房屋所有权并且同意竞价取得的，应当准许；

（二）一方主张房屋所有权的，由评估机构按市场价格对房屋作出评估，取得房屋所有权的一方应当给予另一方相应的补偿；

（三）双方均不主张房屋所有权的，根据当事人的申请拍卖房屋，就所得价款进行分割。

第二十一条　离婚时双方对尚未取得所有权或者尚未取得完全所有权的房

屋有争议且协商不成的，人民法院不宜判决房屋所有权的归属，应当根据实际情况判决由当事人使用。

当事人就前款规定的房屋取得完全所有权后，有争议的，可以另行向人民法院提起诉讼。

第二十二条 当事人结婚前，父母为双方购置房屋出资的，该出资应当认定为对自己子女的个人赠与，但父母明确表示赠与双方的除外。

当事人结婚后，父母为双方购置房屋出资的，该出资应当认定为对夫妻双方的赠与，但父母明确表示赠与一方的除外。

第二十三条 债权人就一方婚前所负个人债务向债务人的配偶主张权利的，人民法院不予支持。但债权人能够证明所负债务用于婚后家庭共同生活的除外。

第二十四条 债权人就婚姻关系存续期间夫妻一方以个人名义所负债务主张权利的，应当按夫妻共同债务处理。但夫妻一方能够证明债权人与债务人明确约定为个人债务，或者能够证明属于婚姻法第 19 条第 3 款规定情形的除外。

第二十五条 当事人的离婚协议或者人民法院的判决书、裁定书、调解书已经对夫妻财产分割问题作出处理的，债权人仍有权就夫妻共同债务向男女双方主张权利。

一方就共同债务承担连带清偿责任后，基于离婚协议或者人民法院的法律文书向另一方主张追偿的，人民法院应当支持。

第二十六条 夫或妻一方死亡的，生存一方应当对婚姻关系存续期间的共同债务承担连带清偿责任。

第二十七条 当事人在婚姻登记机关办理离婚登记手续后，以婚姻法第 46 条规定为由向人民法院提出损害赔偿请求的，人民法院应当受理。但当事人在协议离婚时已经明确表示放弃该项请求，或者在办理离婚登记手续 1 年后提出的，不予支持。

第二十八条 夫妻一方申请对配偶的个人财产或者夫妻共同财产采取保全措施的，人民法院可以在采取保全措施可能造成损失的范围内，根据实际情况，确定合理的财产担保数额。

第二十九条 本解释自 2004 年 4 月 1 日起施行。

本解释施行后，人民法院新受理的一审婚姻家庭纠纷案件，适用本解释。

本解释施行后，此前最高人民法院作出的相关司法解释与本解释相抵触的，以本解释为准。

最高人民法院关于适用《中华人民共和国婚姻法》若干问题的解释（三）

（2011年7月4日最高人民法院审判委员会第1525次会议通过
法释〔2011〕18号）

为正确审理婚姻家庭纠纷案件，根据《中华人民共和国婚姻法》、《中华人民共和国民事诉讼法》等相关法律规定，对人民法院适用婚姻法的有关问题作出如下解释：

第一条 当事人以婚姻法第10条规定以外的情形申请宣告婚姻无效的，人民法院应当判决驳回当事人的申请。

当事人以结婚登记程序存在瑕疵为由提起民事诉讼，主张撤销结婚登记的，告知其可以依法申请行政复议或者提起行政诉讼。

第二条 夫妻一方向人民法院起诉请求确认亲子关系不存在，并已提供必要证据予以证明，另一方没有相反证据又拒绝做亲子鉴定的，人民法院可以推定请求确认亲子关系不存在一方的主张成立。

当事人一方起诉请求确认亲子关系，并提供必要证据予以证明，另一方没有相反证据又拒绝做亲子鉴定的，人民法院可以推定请求确认亲子关系一方的主张成立。

第三条 婚姻关系存续期间，父母双方或者一方拒不履行抚养子女义务，未成年或者不能独立生活的子女请求支付抚养费的，人民法院应予支持。

第四条 婚姻关系存续期间，夫妻一方请求分割共同财产的，人民法院不予支持，但有下列重大理由且不损害债权人利益的除外：

（一）一方有隐藏、转移、变卖、毁损、挥霍夫妻共同财产或者伪造夫妻共同债务等严重损害夫妻共同财产利益行为的；

（二）一方负有法定扶养义务的人患重大疾病需要医治，另一方不同意支付相关医疗费用的。

第五条 夫妻一方个人财产在婚后产生的收益，除孳息和自然增值外，应认定为夫妻共同财产。

第六条 婚前或者婚姻关系存续期间，当事人约定将一方所有的房产赠与另一方，赠与方在赠与房产变更登记之前撤销赠与，另一方请求判令继续履行的，人民法院可以按照合同法第186条的规定处理。

第七条　婚后由一方父母出资为子女购买的不动产，产权登记在出资人子女名下的，可按照婚姻法第18条第3项的规定，视为只对自己子女一方的赠与，该不动产应认定为夫妻一方的个人财产。

由双方父母出资购买的不动产，产权登记在一方子女名下的，该不动产可认定为双方按照各自父母的出资份额按份共有，但当事人另有约定的除外。

第八条　无民事行为能力人的配偶有虐待、遗弃等严重损害无民事行为能力一方的人身权利或者财产权益行为，其他有监护资格的人可以依照特别程序要求变更监护关系；变更后的监护人代理无民事行为能力一方提起离婚诉讼的，人民法院应予受理。

第九条　夫以妻擅自中止妊娠侵犯其生育权为由请求损害赔偿的，人民法院不予支持；夫妻双方因是否生育发生纠纷，致使感情确已破裂，一方请求离婚的，人民法院经调解无效，应依照婚姻法第32条第3款第5项的规定处理。

第十条　夫妻一方婚前签订不动产买卖合同，以个人财产支付首付款并在银行贷款，婚后用夫妻共同财产还贷，不动产登记于首付款支付方名下的，离婚时该不动产由双方协议处理。

依前款规定不能达成协议的，人民法院可以判决该不动产归产权登记一方，尚未归还的贷款为产权登记一方的个人债务。双方婚后共同还贷支付的款项及其相对应财产增值部分，离婚时应根据婚姻法第39条第1款规定的原则，由产权登记一方对另一方进行补偿。

第十一条　一方未经另一方同意出售夫妻共同共有的房屋，第三人善意购买、支付合理对价并办理产权登记手续，另一方主张追回该房屋的，人民法院不予支持。

夫妻一方擅自处分共同共有的房屋造成另一方损失，离婚时另一方请求赔偿损失的，人民法院应予支持。

第十二条　婚姻关系存续期间，双方用夫妻共同财产出资购买以一方父母名义参加房改的房屋，产权登记在一方父母名下，离婚时另一方主张按照夫妻共同财产对该房屋进行分割的，人民法院不予支持。购买该房屋时的出资，可以作为债权处理。

第十三条　离婚时夫妻一方尚未退休、不符合领取养老保险金条件，另一方请求按照夫妻共同财产分割养老保险金的，人民法院不予支持；婚后以夫妻共同财产缴付养老保险费，离婚时一方主张将养老金账户中婚姻关系存续期间个人实际缴付部分作为夫妻共同财产分割的，人民法院应予支持。

第十四条　当事人达成的以登记离婚或者到人民法院协议离婚为条件的财产分割协议，如果双方协议离婚未成，一方在离婚诉讼中反悔的，人民法院应当认定该财产分割协议没有生效,并根据实际情况依法对夫妻共同财产进行分割。

第十五条 婚姻关系存续期间,夫妻一方作为继承人依法可以继承的遗产,在继承人之间尚未实际分割,起诉离婚时另一方请求分割的,人民法院应当告知当事人在继承人之间实际分割遗产后另行起诉。

第十六条 夫妻之间订立借款协议,以夫妻共同财产出借给一方从事个人经营活动或用于其他个人事务的,应视为双方约定处分夫妻共同财产的行为,离婚时可按照借款协议的约定处理。

第十七条 夫妻双方均有婚姻法第46条规定的过错情形,一方或者双方向对方提出离婚损害赔偿请求的,人民法院不予支持。

第十八条 离婚后,一方以尚有夫妻共同财产未处理为由向人民法院起诉请求分割的,经审查该财产确属离婚时未涉及的夫妻共同财产,人民法院应当依法予以分割。

第十九条 本解释施行后,最高人民法院此前作出的相关司法解释与本解释相抵触的,以本解释为准。

参考文献

[阅读与参考书目]

1. 马克思:"论离婚法草案",载《马克思恩格斯全集》第1卷,人民出版社1965年版。
2. 恩格斯:"家庭、私有制和国家的起源",载《马克思恩格斯全集》第21卷,人民出版社1965年版。
3. 杨大文主编:《新婚姻法释义》,中国人民大学出版社2001年版。
4. 贺小电、周利民:《婚姻继承适用新论》,中国政法大学出版社2001年版。
5. 陈苇主编:《婚姻家庭继承法学》,法律出版社2002年版。
6. 马原主编:《新婚姻法及司法解释适用指南》,人民法院出版社2002年版。
7. 马忆南:《婚姻家庭法新论》,北京大学出版社2002年版。
8. 范李瑛主编:《婚姻家庭继承法案例教程》,北京大学出版社2004年版。
9. 曹诗权主编:《婚姻家庭法》,中国政法大学出版社2005年版。
10. 巩沙、郝惠珍主编:《婚姻家庭法篇/新版以案说法》,中国人民大学出版社2005年版。
11. 杨大文主编:《婚姻家庭法》,中国人民大学出版社2006年版。
12. 巫昌祯主编:《中国婚姻法》,中国政法大学出版社2007年版。
13. 陶毅主编:《婚姻家庭法案例分析》,高等教育出版社2008年版。
14. 王国平主编:《婚姻家庭法案例教程》,法律出版社2009年版。
15. 张迪圣、张素编著:《婚姻家庭法案例讲堂》,中国法制出版社2009年版。
16. 吴国平、张影主编:《婚姻家庭法原理与实务》,中国政法大学出版社2010年版。

[法规与司法解释]

1.《中华人民共和国婚姻法》(2001年4月28日)
2.《中华人民共和国收养法》(1998年11月4日)

3. 《婚姻登记条例》（2003年10月1日）
4. 《中华人民共和国人口与计划生育法》（2002年9月1日）
5. 《中华人民共和国妇女权益保障法》（2005年8月28日）
6. 《中华人民共和国未成年人保护法》（2013年1月1日）
7. 《中华人民共和国老年人权益保障法》（2013年7月1日）
8. 《最高人民法院关于人民法院审理未办结婚登记而以夫妻名义同居生活案件的若干具体意见》（1989年12月13日）
9. 《最高人民法院关于人民法院审理离婚案件如何认定夫妻感情确已破裂的若干具体意见》（1989年12月13日）
10. 《最高人民法院关于人民法院审理离婚案件处理财产分割问题的若干具体意见》（1993年11月3日）
11. 《最高人民法院关于人民法院审理离婚案件处理子女抚养问题的若干具体意见》（1993年11月3日）
12. 《最高人民法院关于审理离婚案件中公房使用、承租若干问题的解答》（1996年2月5日）
13. 《最高人民法院关于适用〈中华人民共和国婚姻法〉若干问题的解释（一）》（2001年12月27日）
14. 《最高人民法院关于适用〈中华人民共和国婚姻法〉若干问题的解释（二）》（2004年4月1日）
15. 《最高人民法院关于适用〈中华人民共和国婚姻法〉若干问题的解释（三）》（2011年8月13日）

声　明　1. 版权所有，侵权必究。
　　　　2. 如有缺页、倒装问题，由出版社负责退换。

图书在版编目（CIP）数据

婚姻家庭法原理与实务/王明霞主编.—北京：中国政法大学出版社，2014.8
ISBN 978-7-5620-5442-9

Ⅰ. ①婚… Ⅱ. ①王… Ⅲ. ①婚姻法—基本知识—中国 Ⅳ. ①D923.9

中国版本图书馆CIP数据核字(2014)第165009号

出 版 者	中国政法大学出版社
地　　址	北京市海淀区西土城路25号
邮　　箱	fadapress@163.com
网　　址	http://www.cuplpress.com（网络实名：中国政法大学出版社）
电　　话	010-58908435（第一编辑部） 58908334（邮购部）
承　　印	北京中科印刷有限公司
开　　本	720mm×960mm 1/16
印　　张	20
字　　数	370千字
版　　次	2014年8月第1版
印　　次	2018年8月第4次印刷
印　　数	9001~12000册
定　　价	38.00元